U0835358

本研究得到2021年海南热带海洋学院职业教育人才培养及招生试点项目资助，并得到2021年海南省哲学社会科学研究基地课题（NO.HNSK（JD）21-34）、2021年海南省自然科学基金高层次人才项目（NO.421RC591）、海南省高等学校教育教学改革研究项目（NO.Hnjg2022-94）、2020年海南热带海洋学院引进人才科研启动项目（NO.RHDRC202015）、海岛旅游资源数据挖掘与监测预警技术文化和旅游部重点实验室建设项目（NO.KLITRDMM）及天津农学院本科教育教学研究与改革项目（NO.2021-A-69）相关支持。

乡村旅游创意开发理论与实践研究

杨东伟　汤洁娟　刘宏兵　著

華中科技大學出版社
http://press.hust.edu.cn
中国·武汉

内容提要

新时代我国乡村发展面临如何让农民增收、农业增效，提升乡村经济附加值的难题；同时，旅游业发展亦面临寻找新增长点的问题，二者的顺势融合，促成乡村旅游的产生。本著作立足乡村、农民、农业的基础地位，通过对乡村旅游的概念界定、市场需求、诉求根源、文化救赎、时空变迁、文化重构等多维视角的分析，剖析乡村旅游的理论依据，构建起乡村旅游的理论基础。研究认为，农民与传统是乡村旅游资源的核心要素，提出了乡村旅游创意开发的路径选择及不同类型乡村旅游创意开发模式的价值取向、业务范围与基本范式；以全新的视角构建起包括实施方法、操作原则、功能定位、技术保障、开发程序和开发模式等乡村旅游创意开发的技术范式，构建乡村旅游 AHP 评价体系，并进行实证研究，为乡村旅游产品的打造提供方法论。

图书在版编目(CIP)数据

乡村旅游创意开发理论与实践研究 / 杨东伟，汤洁娟，刘宏兵著．—武汉：华中科技大学出版社，2024.1

ISBN 978-7-5772-0372-0

Ⅰ.①乡…　Ⅱ.①杨…　②汤…　③刘…　Ⅲ.①乡村旅游－旅游资源开发－研究－中国
Ⅳ.①F592.3

中国国家版本馆CIP数据核字(2024)第015297号

乡村旅游创意开发理论与实践研究
Xiangcun Lüyou Chuangyi Kaifa Lilun yu Shijian Yanjiu

杨东伟　汤洁娟　刘宏兵　著

策划编辑：王　乾
责任编辑：王梦嫣　张　琳
封面设计：原色设计
责任校对：刘　竣
责任监印：周治超
出版发行：华中科技大学出版社(中国·武汉)　电话：(027) 81321913
武汉市东湖新技术开发区华工科技园　邮编：430223
录　　排：孙雅丽
印　　刷：武汉科源印刷设计有限公司
开　　本：710mm×1000mm　1/16
印　　张：17
字　　数：338千字
版　　次：2024年1月第1版第1次印刷
定　　价：69.80元

华中出版

本书若有印装质量问题，请向出版社营销中心调换
全国免费服务热线：400-6679-118　竭诚为您服务
版权所有　侵权必究

前　言

新时代，我国乡村发展面临如何让农民增收、农业增效，提升乡村经济附加值的难题；与此同时，旅游业面临的问题是寻找新的旅游资源与产品，既能满足旅游者的消费需求，又能为社会创造价值，即双效旅游资源成为旅游业追逐的热点。于是，乡村旅游作为一种旅游新业态便应运而生，逐渐成为旅游市场上的新宠，备受旅游者的青睐。从政治学层面来看，马克思曾提出让劳动成为生活的第一需要这一伟大构想。就现实层面来看，自从马克思主义诞生以来，如何找到实现这一伟大构想的途径，一直是困扰人类社会发展的一个难题。从理论上讲，任何一个问题局限于狭小的领域，往往很难找到突破口，而交叉学科跨领域研究往往可找到解决问题的良方。乡村旅游不但能够解决乡村、农民、农业的增收问题，而且找到了旅游与乡村及其生产并行的发展模式，还为让劳动成为生活的第一需要的这一伟大战略构想找到了实现的途径。本研究是在强调乡村、农民、农业的基础性地位、保障国家粮食安全的大背景下提出乡村旅游的发展思路，以尝试解决这些领域的相关问题。在这种理念的引领下，本研究展开了以下几个方面的探索。

第一部分，乡村旅游界定与释义。通过分析选题的目的与意义、梳理国内外相关研究及文献，重新对乡村旅游进行界定，提出研究方法，阐述研究创新点与学术价值。

第二部分，乡村旅游的理论基础。通过对乡村旅游的市场需求、诉求根源、文化救赎等多维视角的分析，剖析乡村旅游的理论依据，介绍乡村旅游的哲学原理构建的生态美学、心理学、行为学和经济学等基础理论，提出乡村旅游的原则及构成要素与属性；从景观生态学、植物群落学、生态演替理论等方面为乡村旅游研究与开发提供理论支撑，构建起乡村旅游的理论基础。

第三部分，乡村旅游产业化的理论与政策。通过对乡村旅游的纵向变迁、横向扩张与层次升级等多维视角的分析，阐述乡村旅游资源、乡村旅游资源的地域空间范畴、乡村景观资源的内涵、乡村旅游资源的景观类型，以及乡村旅游资源与产品开发的关系；介绍乡村旅游的地貌和水文资源、气候资源、生物资源、文化资源等资源基础及生态系统与空间拓展，提出农民与传统是乡村旅游资源的核心要素，强调了自然景观、生产景观、生活景观、商贸景观等乡村旅游的审美要素；归纳出乡村旅游资源特征，阐释乡村旅游文化内涵，以及乡村旅游文化重构理念、认知及影响因素，提出乡村旅游文化重构的路径选择，总结乡村旅游产品与开发、乡村旅游经营管理、乡村旅游形象与要素、乡村旅游形象设计、乡村旅游品牌构建与传播，以及乡村旅游发展的政策保障等乡村旅游产业化的理论框架与实践。

第四部分，乡村旅游创意开发的技术研制。在介绍乡村旅游创意开发的时间路径、多样化路径、兴趣化路径、主动化路径、改变节奏路径、机械化路径、养生路径、知识化路径、景观提升路径等路径研制的基础上，阐释乡村旅游创意开发的陈列法、图片法、演出法、造像法、做大法、做奇法、做古法、竞赛法等十多种方法的原理、步骤与注意事项；提出观光采摘园开发经营模式、教育农园开发经营模式、高科技农业示范园开发经营模式、农家乐开发经营模式四种类型乡村旅游创意开发模式的价值取向、业务范围与基本范式；以全新的视角构建了包括实施方法、操作原则、功能定位、技术保障、开发程序和开发模式等乡村旅游创意开发的技术范式，归纳总结出塑形技术、变性技术、变色技术、同效替代技术、时光隧道技术、台前幕后技术、同根共生技术、全息技术、情景再现技术、环境治理技术、康体健身技术、景观营造技术、化劳为怡技术、田间种画技术等乡村旅游创意开发的技术集成；建立起乡村旅游的AHP评价体系，并进行实证研究，为乡村旅游产品的打造提供方法论。

第五部分，乡村旅游创意开发的技术集成与实证研究。把乡村及其生产过程、林业生产过程、牧业生产过程和渔业生产过程各自划分成不同的生产环节，然后根据每个环节不同的特点，把每个乡村及其生产过程设计成乡村旅游产品，完成乡村及其生产全过程的旅游设计，进行乡村旅游产品的创意开发，研制农、林、牧、渔等多种类型乡村旅游创意开发的技术范式。同时，伴随乡村旅游的开发融入乡村生产知识、农谚农俗、农耕文化等文旅农融合的多重基因，以增加乡村旅游产品的科普性、趣味性与体验性，结合乡村旅游开发进行目的地的整体规划与设计，并对旅游目的地的容量和旅游目的地的综合评价测评模型进行实证检验。

本书具体写作分工如下：第一章、第三章、第六章为杨东伟所写，第二章、第四章、第七章、第八章为汤洁娟所写，第五章为杨东伟和汤洁娟共同所写，第九章为汤洁娟和刘宏兵共同所写，第十章为杨东伟和刘宏兵共同所写。此外，感谢朱伟在研究框架及内容等方面提供的建议与帮助。

目　录

第一章 绪 论

第一节 选题目的与意义

一、选题背景

乡村旅游作为独立的旅游方式在欧美发达国家最先出现，其历史可以追溯到18世纪后半叶①，当时比较富裕的城市居民，为了躲避城市的喧嚣，释放工业化带来的压力，开始到乡村寻找放松，随着乡村旅游队伍的不断壮大，旅游者在欣赏田园风光的同时，又加入了各式各样的娱乐活动。经过100多年的发展，到20世纪30年代，乡村旅游由小规模的观光发展成集观光、娱乐、休闲、教育等多功能于一体的大型乡村园区活动，呈现出多层次、多元化的发展模式，仅美国夏威夷一地就有5500多个农场开展乡村旅游活动，美国东部也有1500多家农场开设乡村旅游项目；1995年至2000年，意大利提供乡村旅游的农庄数量增加了一倍，年接待旅游量高达2100多万人次，营业额达到9000多亿里拉；在新西兰一个面积只有1 km^2的彩虹农场，每年吸引全球几千个旅游团的参观，每年门票收入就可以达到几百万新西兰元；澳大利亚、荷兰、日本等国的乡村旅游也开展得如火如荼。

我国台湾地区于20世纪70年代在台北市有53户茶农推出“木栅观光茶园”，开启了乡村旅游的先河，1982年台湾地区实施了“发展观光农业示范计划”，台湾的乡村旅游迅速发展起来，短短一年乡村旅游园区面积就突破1000 hm^2(1 hm^2＝10000 m^2)。我国大陆各省份的乡村旅游相对来说起步较晚，20世纪80年代贵州率先选择了安顺、黔东等地的8个少数民族村寨作为乡村旅游的试点，当地村民脱贫效果显著，1991年贵州在全国第一个提出旅游扶贫的理念，挑选出126个村寨开展乡村旅游，2005年底贵州的乡村旅游收入达到22.99亿元，占贵州旅游行业的8.36%，旅游人均收入接近2000元，解决了63万人的就业问题②。从此乡村旅游在全国范围内红红火火地快速发展起来，典型代表有江西的婺源、安徽的西递和宏村等。2004年胡锦涛到上海崇明前卫村视察，指出农家乐这种旅游形式前途无量。2006年全国

---

①史蒂芬·佩吉，保罗·布伦特，格雷厄姆·巴斯比，等．现代旅游管理导论[M]．北京：电子工业出版社，2004.

②夏林根．乡村旅游概论[M]．上海：东方出版中心，2007.

的旅游主题定为“中国乡村游”,2006年国家旅游局出台了《关于促进农村旅游发展的指导意见》。农业农村部乡村产业发展司副司长刁新育表示,2018年,全国休闲农业和乡村旅游接待人次达30亿人次,营业收入达8000亿元,整个产业呈现出“井喷式”增长态势。各类返乡下乡创业创新人员达到700万人,新型职业农民超过1400万人,新型经营主体290万家。休闲农业与乡村旅游已从零星分布向集群分布转变,空间布局已从城市郊区和景区周边向更多适宜发展的区域拓展。截至2018年底,农业农村部已创建388个全国休闲农业与乡村旅游示范县(市),推介了710个中国美丽休闲乡村。

二、选题目的

乡村旅游是乡村、农业、农民与旅游业互相结合的一种新型旅游产品,是乡村生产、生活和旅游开发技术集成的产物,它利用农业资源环境、农业生产过程、农田景观、农产品、农俗文化、农村生活等,为旅游者提供一种集娱乐、休闲、体验、观赏于一体的愉悦放松方式。我国是传统农业大国,地域上东西跨度约5200 km,南北相距约5500 km,加上地形多样、气候复杂,为农、林、牧、渔的发展提供了十分有利的自然环境,选择乡村旅游作为研究对象[①],有三个方面目的。

第一,乡村旅游发展能够优化农村产业结构。乡村旅游是农村新的经济增长点,可以充分开发并有效利用乡村资源和乡村生产空间,优化产业结构,就地发展第三产业,实现农村剩余劳动力的就地转移,拓展剩余劳动力的转移通道,增加农户收入,拉动乡村经济的增长,同时还可以改善乡村生态环境,打造良好的乡村风貌。

第二,乡村旅游发展能够加速城乡一体化进程。乡村旅游的客源构成主体是生活在城市的居民,当下城市居民是现代文化和精神文明的主要载体,城市居民到乡村旅游带来了金钱以及先进的文化,随着乡村旅游的不断发展,乡村和城市之间的经济差距越来越小,文化差距也必将逐渐缩小,最终实现城乡一体化的目标。

第三,乡村旅游发展能够促进旅游业的发展。乡村旅游是当今旅游的新形式,它不但使旅游内容更加丰富,而且具有其他旅游方式不可替代的功能,乡村旅游能够让旅游者体验乡村及其生产过程,了解乡村及其生产的重要意义,享受乡村及其生产成果,领略乡村民俗风情,普及农业基础知识,它拓展了旅游发展的空间,让旅游者步入乡村的大世界,分散城市旅游目的地的客流压力,推动现代旅游在更广阔的领域更快更好地蓬勃发展。

三、选题意义

在全球化市场经济消费时代,大规模的商品消费不但改变了人们日常生活的

---

①骆高远.观光农业与乡村旅游[M].杭州:浙江大学出版社,2009.

内容与方式，而且改变了人们的社会结构地位与人际关系模式，以及整体性的文化与信仰。2013年12月23日在北京召开了中央农村工作会议，会议强调：小康不小康，关键看老乡。中国要强，农业必须强；中国要美，农村必须美；中国要富，农民必须富。这充分说明了乡村的重要性，以及乡村旅游已经得到中央的高度重视。通过乡村旅游资源研究，创新乡村旅游具有如下七个方面的重要意义。

第一，乡村旅游发展能够延长乡村产业链，拓宽增收渠道，增加农民收益。乡村旅游打破传统乡村局限在第一产业的局面，使乡村由第一产业向第二、第三产业延伸，延长了产业链，扩大了产业经营规模，拓宽了农民增收渠道，直接增加了农民的经济收入。例如，北京顺义从2003年开始每年举办不同主题的乡村旅游博览会，每年的博览会收益都在10亿元以上。

第二，乡村旅游发展能够为旅游业增加一个新的经济增长点。随着城镇化进程的不断推进，越来越多的城镇人口希望返璞归真，向往风光旖旎的田园生活、古朴的农耕情调、丰富的民风民俗，暂时离开喧嚣的城市、享受宁静的乡间美景成了时代的潮流，有需求就有供给，乡村旅游成了旅游业的新的增长极。例如，北京平谷桃园每年旅游者采摘的不同品种的“桃王”销售额可达数万元，2009年最大的“桃王”拍卖价高达3.8万元。

第三，乡村旅游发展能够减少农副产品的运销环节，直接增加农民的收入。乡村旅游的另一个特点是，把农副产品直接销售给旅游者，降低了农副产品的劳动力成本，减少了农副产品的运销环节，避免了中间商的盘剥，降低了运输成本，直接实现了农副产品的直销，变相增加了农民收入。例如，北京怀柔凤山百果园建成后，每年旅游者众多，农民收入逐年增加。

第四，乡村旅游发展能够缩小城乡差别。乡村旅游带来两方面的流动，一方面是旅游者的流动，从城市流向农村，带来了新思想、新观点，提升了农村居民的审美意识，城市文明延展到了农村；另一方面是经济的流动，城市旅游者带着金钱来到农村消费，为农村增加了资金积累，助推了农村经济的发展，缩小了城乡差距，促进了社会和谐。

第五，乡村旅游发展能够促进乡村转型，增加农村人口就业。乡村旅游必然需要“一条龙”的服务与乡村旅游相配套，推动了第三产业的发展，第三产业的发展又提供了大批旅游服务岗位，这些岗位为农村人口就业大开方便之门。

第六，乡村旅游发展能够保护农村的自然资源和文化资源。乡村旅游可以让人们清楚地了解到，不仅农村的山山水水、一草一木是乡村旅游的宝贵资源，而且农村的民风民俗也是乡村旅游的宝贵资源，这些资源不但属于当地居民，也属于广大的旅游者，提高人们保护自然、保护乡村文化遗产的自觉性。

第七，乡村旅游发展能够保护生态环境，使乡村走上健康的可持续发展之路。乡村旅游，严格按照生态乡村和有机乡村的要求进行规划设计，残留的有害物质必须控制在标准的范围之内，产品必须是无公害的、安全的、绿色的、营养的、健康的，必须使生产、生活、生态“三生”功能在乡村旅游中同步体现[①]。

第二节 国内外相关研究现状

一、乡村特色发展

国外的乡村特色发展研究可追溯到20世纪30年代，中国的乡村特色发展研究可追溯到20世纪80年代，比国外推后了约半个世纪。乡村特色发展就是将区域内独有的乡村资源开发成特有的名优产品，开发成特色商品的现代乡村。

现代乡村面临着四大压力：第一，农民增产不增收的市场竞争压力；第二，乡村长期开发而引起的生态环境破坏压力；第三，乡村生产供给与市场需求不匹配的压力；第四，国外农产品争夺市场的压力。乡村特色发展正是应“压”而产生的乡村研究新课题，简而言之，乡村特色发展就是为乡村增收寻找一条“新、奇、特”的发展之路。目前，乡村特色发展的路径主要包括：①因地制宜，发挥地域比较优势，以农民增收为目标，发展精品乡村、特色乡村，宜农则农、宜林则林、宜商则商，一乡一业、一村一品，突出地域特色，实现农民增收致富；②重视新技术的应用，尽快把新技术转化成新产品，提升传统农产品品质，增加特色农产品的产量；③紧密对接市场需求，做到市场需求什么，乡村就生产什么，做到产、供、销渠道的畅通。例如焦作市近年来大力发展特色乡村，形成了“四大怀药”[②]、食用菌、无公害蔬菜三大特色；特色乡村以四分之一的土地面积产出占有农民收入份额的一半以上；“四大怀药”是焦作独有的资源，截至2019年10月，焦作“四大怀药”种植面积约20万亩，总产值约50亿元，产品远销我国港澳台地区及马来西亚、韩国等国家；食用菌2000年投料不足0.3万吨，到2010年发展到12.5万吨，品种由单一的平菇发展为双孢菇、白灵菇、鸡腿菇、金针菇、木耳等；蔬菜种植面积稳定在70万亩，通过省级认证的无公害蔬菜种植面积达25万亩，亩均效益5000元以上[③]。

二、乡村多功能化

“农业多功能”一词最早可追溯到20世纪80年代末日本的“稻米文化”，1992年联合国通过的《21世纪议程》中公开使用农业多功能，从此农业多功能就被广泛使用。

乡村的基础是农业，农业的多功能性必然带来乡村的多功能性。乡村多功能

---

①潘贤丽.观光农业概论[M].北京：北京大学出版社，2009.

②“四大怀药”是指山药、地黄、牛膝、菊花。

③焦作市政策研究办公室.焦作特色乡村的调查与思考[N].焦作日报，2010-07-08.

化是打破乡村单一生产经营模式的必经之路，是乡村经济发展的大方向，符合当代经济社会发展的趋势，乡村多功能化的路径有两条：第一，把乡村从第一产业向第二、第三产业延伸，增加乡村的服务功能；第二，城乡融合，把城市的居民需求与乡村生产结合起来①。

乡村多功能化是指乡村不但有生产功能，而且还具有旅游功能、环保功能、经济功能、文化传承功能、教育功能、社会功能等。乡村多功能化就是在乡村生产功能的基础之上，拓展出乡村的旅游、环保、经济等衍生功能。乡村旅游实际上就是乡村生产功能与旅游功能互相融合的过程。这种相互融合，使乡村多功能化被赋予了新的内涵。

生产功能：乡村旅游是把第一产业、第二产业与第三产业融合在一起的新兴产业，因此它的生产功能是不可以动摇的。它不但生产农产品，而且生产旅游产品；不但生产物质产品，而且生产精神产品。乡村旅游生产出有形的物质产品所拥有的功能称为硬功能，生产出无形产品所拥有的功能称为软功能。从是增加社会资源还是耗费社会资源来区分，把既有愉悦功能又有生产功能的旅游叫作生产性旅游，把只有愉悦功能而且耗费社会资源的旅游叫作愉悦性旅游。图1-1、图1-2和图1-3分别列出了乡村旅游、愉悦性旅游和农业生产与人类活动的关系。从图1-1中看出，乡村旅游不但具有愉悦的旅游功能，而且具有生产功能；从图1-2中看出，愉悦性旅游仅仅具有愉悦功能，不具有生产功能，而且还会耗费社会资源；从图1-3中看出，单一的农业生产只具有生产功能，不具有愉悦功能。

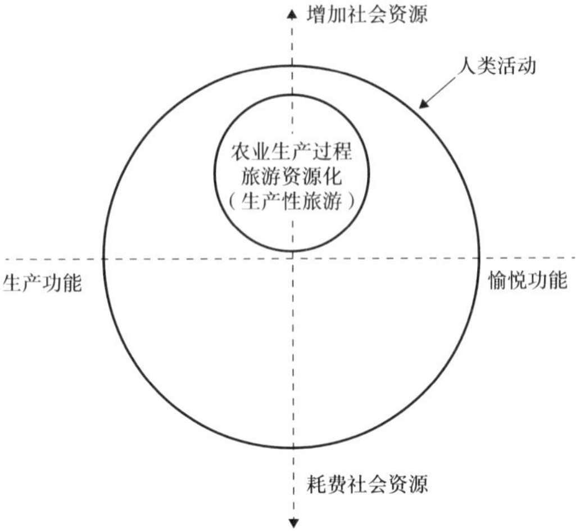

图1-1　乡村旅游与人类活动的关系

①宋玉军.农业多功能化：以工促农，以城带乡的又一着力点[J].经济问题探索，2010(3).

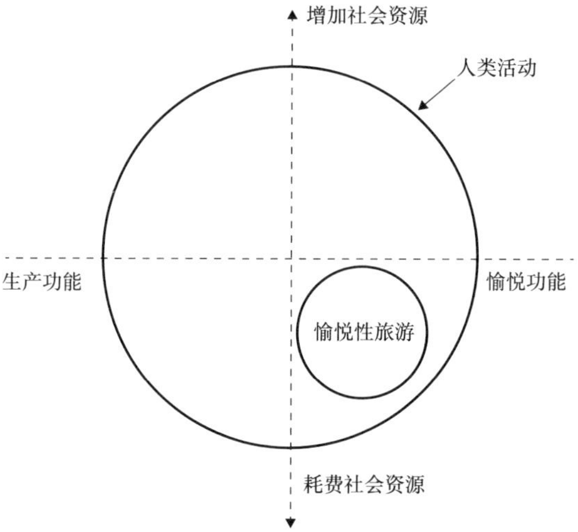

图1-2　纯粹的旅游与人类活动的关系

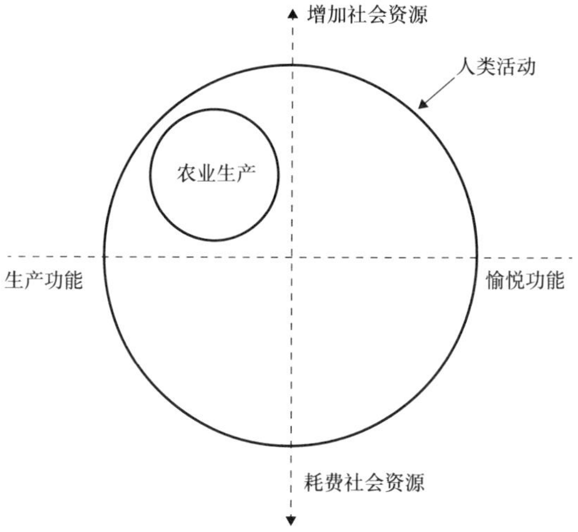

图1-3　农业生产与人类活动的关系

旅游功能:乡村旅游的最主要目的是为旅游者提供一个清新自然的休闲场所,让旅游者从事休闲活动,让远离泥土气息的城市居民领略乡村的情趣,体验返璞归真的幸福感,以便消除工作与学习的压力,达到颐养身心、修身养性的效果。旅游可以分为积极旅游和消极旅游,积极旅游在休闲放松的同时又为社会带来物质财富,消极旅游就是单纯的休闲放松,而不会给社会带来物质财富。对乡村而言,生产功能是硬功能,旅游功能是软功能;对旅游而言,生产功能是软功能,旅游功能是硬功能。

环保功能:乡村旅游可以促使乡民改变不好的生活习惯,在乡村旅游景区优美的环境熏陶下，乡民的个人素质也会得到大幅度的提高，从而潜移默化地增强环境保护的意识。

经济功能：乡村旅游可以优化农村的产业结构，增加农民的就业机会，提供更多的农民增收渠道，达到富农的效果，以北京平谷国际桃花节为例，2023年桃花节10天主要赏花期，平谷区旅游接待总人数达34.45万人次，收入达2824.69万元。

文化传承功能：乡村旅游使农村独有的生活文化、有传统特色的农耕文化、农俗文化、乡村产业文化、乡村饮食文化等能够保留下来，并且得到继承与升华。

教育功能：乡村旅游让旅游者了解乡村和农耕文化，知晓动物与植物生长过程，学习科学知识，体验收获的愉悦感，远离喧嚣的农村生活，激发旅游者热爱大自然、保护乡村环境的积极性。

社会功能：乡村旅游可以加强城市居民与农村居民的交流，拓展农民的人际关系，加快新农村建设，推进中国的城镇化进程，提高农村的生活品质，缩小农村与城市之间的差距，构建社会主义和谐社会。

三、乡村观光体验

乡村观光体验最早出现在欧洲，时间可以追溯到19世纪30年代，大规模开展乡村观光在20世纪80年代以后，根据经合组织（Organization for Economic Cooperation and Development，OECD）1978年报告：欧洲国家中有40%～60%农民从事乡村观光活动，乡村观光已经成为欧洲休闲生活的潮流[①]。乡村观光体验是指利用乡村及其生产空间、乡村生产资料、农村人文环境等开展的供游人观赏和游憩的活动。传统的观光体验是以旅游吸引物为媒介开展的观赏和游憩活动，乡村观光体验是以乡村生产过程、乡村生产空间等为媒介开展的观赏和游憩活动。乡村观光首先可以提升乡村的经济附加值，增加农民收入；其次有利于促进和美化乡村生态环境；再次可以满足城市居民回归大自然、返璞归真的旅游消费需求，具有发展经济和促进社会和谐发展的作用。开展乡村观光体验，重点要做好以下几个方面的工作。

首先，以科学为指导，合理开发乡村观光体验项目。只有在科学的指导下，才能避免盲目，开发何种乡村观光项目，必须根据当地的土壤、气候、水分、光热条件等合理进行，否则就会事与愿违。

其次，因地制宜，挖掘当地的民俗文化。在乡村自然资源的基础上加上社会文化资源，加入民风民俗的“土”味，才能做到乡村观光体验的“新”感觉，才能突出当地的特色。

最后，“软硬”兼施。发展乡村观光体验，不但要有硬件（物质条件），还有要软环境（人文条件），经营者的文化素养、业务能力，以及淳朴的民风，这也是乡村观光

①王浩，等．农业观光园经营与规划[M]．北京：中国林业出版社，2003.

必不可少的条件。

例如，新加坡的乡村观光体验别具特色，20世纪80年代新加坡政府设立观光农业科技园，经过多年的建设，建成了一流的乡村观光体验园，每年吸引国际游客几百万人，年创汇额较高。

四、乡村旅游产业

伴随18世纪工业革命的开始乡村旅游就逐渐出现，乡村旅游是指以乡村生产过程及其乡村生产场景为主要吸引物的旅游方式，乡村旅游大多数在乡村开展，但是有些大城市开发的“农村高新技术产业示范区”等类似的参观景点，也属于乡村旅游范畴。乡村旅游的主要旅游项目有体验农事活动、参观农业园、欣赏乡村景观、掌握乡村科普知识等，比如采茶叶、摘果子、牧羊、剪羊毛、挤牛奶等亲自参加的活动，从原来的传统乡村发展为集体验、观光、休闲、素质拓展等于一体的旅游乡村，增加乡村的附加产值，乡村旅游就是把乡村和旅游业融合在一起，利用乡村的生产过程和乡村生产景象来吸引游客前来旅游的新型乡村经营模式，是把农、林、牧、渔、副等生产活动过程转化为旅游资源。

乡村旅游既增加了乡村的经济收入，又满足了游客的旅游消费需求，为乡村和旅游业都找到了经济增长点，经过长期的发展，这种零星式的分散经营模式的弊端也逐渐凸显出来：第一，零星式的经营游客接待量有限，规模做不大，很难形成品牌效应，经济附加值一直在低层次徘徊；第二，单体农户市场信息量不足，市场看不准，缺乏市场的抗风险能力；第三，单体的乡村旅游项目品质难以提高，人员经营服务意识不强，经营具有盲目性。于是乡村旅游产业就应运而生，乡村旅游产业是指相同或类似的乡村旅游景点按照一定的管理模式集结起来的集合体，乡村旅游产业的健康发展需要政府监管、行业主导，以及农户积极参与，相关部门的技术支持和资金帮助要同抓并举。以法国为例，20世纪70年代以前法国北部工业区有部分农户开辟菜园为城市居民提供休闲娱乐场所，经营了多年却收入甚微，乡村旅游收入占旅游年收入的比例不到0.02%，20世纪70年代以后政府在不同地区组建了多个联合经营组织，提炼特色，规模经营，形成不同的乡村旅游产业，全国加入的农户达到16000多家，乡村旅游年收入达700亿法郎，占旅游收入的25%。

五、乡村旅游研究

乡村旅游概念和内涵方面，谢彦君(1999)[①]、杜江[②]认为乡村旅游是以都市居民为目标市场的一种旅游。Reichcle等(2000)强调“乡村性”是乡村旅游整体推销的

---

①谢彦君.以旅游城市作为客源市场的乡村旅游开发[J].财经问题研究,1999(10).

②杜江,向萍.关于乡村旅游可持续发展的思考[J].旅游学刊,1999(1).

核心和独特卖点。[①]何景明(2003)着重分析了乡村旅游与相关概念的关系及乡村性的界定问题。[②]彭兆荣(2005)从人类学视角探讨乡村旅游的本质诉求[③],王艳平(2006)、陶玉霞(2009)分别从认知过程与发展目标的角度提出了二层级说[④]、三级概念说[⑤]。沈刚(2007)基于生态系统的视角探讨了乡村旅游的空间地域性。[⑥]刘英杰、王伟伟(2006)从客体、主体、目标三个模块探讨乡村旅游的概念体系[⑦],陶玉霞(2009)从需求、供给、层次、开发和消费导向几个方面来把握乡村旅游的子系统[⑧]。

乡村旅游发展模式和存在问题方面,Sharpley等(2003)指出未来乡村旅游发展的核心问题在于其可持续性与生态环境的保护。[⑨]吴建华、郑向敏(2004)探讨了我国乡村旅游在思想认识、乡村旅游统筹规划与开发管理等方面存在的问题。[⑩]李开宇(2005)认为目前国民人均收入水平还较低,满足其日常游憩与旅游需求的短程旅游活动具有较广泛的适应性和现实性。[⑪]邹统钎(2005)以成都农家乐与北京民俗村为例探讨了中国乡村旅游初级阶段的发展模式。[⑫]黄成林(2006)认为乡村旅游地应以原生态的"三农""三生"和乡村民舍吸引和接待游客,不宜专门设计旅游性体验活动。[⑬]马波(2011)认为乡民对乡村旅游绩效的认同度是评价乡村旅游的最有效指标,否则,为保护乡村而发展旅游的逻辑就会崩溃。[⑭]魏小安(2011)总结了中国乡村旅游发展的基本模式与延伸模式,探讨了中国农谷作为中国乡村旅游

---

①Reichel A, Lowengart O, Milman A. Rural tourism in Israel: service quality and orientation[J]. Tourism Management, 2000, 21(5).

②何景明. 国外乡村旅游研究述评[J]. 旅游学刊, 2003, 18(1).

③彭兆荣. 旅游人类学视野下的"乡村旅游"[J]. 广西民族学院学报(哲学社会科学版), 2005(4).

④王艳平. 乡村旅游需要二级概念[J]. 旅游学刊, 2006, 21(5).

⑤陶玉霞. 旅游的空间公平问题与乡村旅游的三级概念[J]. 河南师范大学学报(哲学社会科学版), 2009, 36(2).

⑥沈刚. 基于生态系统视角的乡村旅游空间地域性探讨[J]. 干旱区资源与环境, 2007(9).

⑦刘英杰, 王伟伟. 乡村旅游概念体系的新思考[J]. 理论界, 2006(4).

⑧陶玉霞. 乡村旅游的概念体系构建[J]. 江西农业大学学报(社会科学版), 2009, 8(3).

⑨Sharpley R, Hall D, Roberts L, et al. Rural tourism and sustainability: a critique[J]. New Directions in Rural Tourism, 2003.

⑩吴建华, 郑向敏. 我国乡村旅游发展存在的问题与对策分析[J]. 桂林旅游高等专科学校学报, 2004, 15(3).

⑪李开宇. 基于"乡村性"的乡村旅游及其社会意义[J]. 生产力研究, 2005(6).

⑫邹统钎. 中国乡村旅游发展模式研究——成都农家乐与北京民俗村的比较与对策分析[J]. 旅游学刊, 2005, 20(3).

⑬黄成林. 乡村旅游发展若干问题研究[J]. 安徽师范大学学报(自然科学版), 2006, 29(4).

⑭马波. 乡村的力量 乡民的立场[J]. 旅游学刊, 2011, 26(10).

转型升级的新型发展模式。[①]周春发(2012)探讨了由于旅游分红不公导致的新村建设难产、村落保护失效、社区迅速衰退的社会问题。[②]张树民、钟林生、王灵恩(2012)基于乡村旅游系统理论及其驱动因素归纳了我国乡村旅游的发展模式类型与特点。[③]马勇、张学习(2014)从产业融合角度探讨了乡村旅游全价值链体系的构建。[④]单福彬、周静(2014)从产业价值体系角度探讨了乡村旅游产业升级的理论路径。[⑤]

乡村旅游产品开发的国际比较与借鉴方面,王云才(2002)指明要结合我国实际情况,注重规划的规范、科学与有效管理。[⑥]王云才、刘滨谊(2003)进一步探讨了现阶段我国乡村景观规划的核心内容。[⑦]黄洁(2003)从“乡土情结”这一驱动力角度谈乡村旅游产品开发。[⑧]尹振华(2004)提出在乡村旅游开发规划中,旅游产品的设计应注意融入农耕文化要素,加强农耕文化与现代文化的“和谐相融”;旅游开发中秉持“做减法”的原则,减少对乡村环境的干扰和破坏。[⑨]戴斌、周晓歌、梁壮平(2006)从发展背景、进程和模式方面分析比较国内外乡村旅游的异同。[⑩]刘海鸿(2007)从定义、起源、发展动因以及双向影响方面对国外乡村旅游理论研究与发展实践梳理评价,提出自然文化环境保护、政府调控、参与性体验性强化和精神诉求满足方面的重要启示。[⑪]陈辰(2011)从乡村旅游影响、发展策略、旅游供需、与可持续发展之关系及相关利益者等方面探讨了国外乡村旅游研究的内容、方法及对国内研究的启示。[⑫]

乡村旅游的经济作用与文化影响方面,Walmsley(2003)警告说乡村旅游开发并不一定是发展农村经济的灵丹妙药[⑬],但人们对这一问题主要持乐观态度。Del-

①魏小安于2011年11月19日在中国合作经济学会主办的论坛上发表的题为《乡村旅游:新局与新题》的演讲。

②周春发. 乡村旅游地居民的日常抵抗——以徽村拆建房风波为例[J]. 旅游学刊,2012,27(2).

③张树民,钟林生,王灵恩. 基于旅游系统理论的中国乡村旅游发展模式探讨[J]. 地理研究,2012,31(11).

④马勇,张学习. 基于产业融合的乡村旅游全价值链体系构建研究[J]. 武汉轻工大学学报,2014,33(2).

⑤单福彬,周静. 基于产业价值体系的乡村旅游产业升级路径分析[J]. 贵州农业科学,2014,42(7).

⑥王云才. 国际乡村旅游发展的政策经验与借鉴[J]. 旅游学刊,2002(4).

⑦王云才,刘滨谊. 论中国乡村景观及乡村景观规划[J]. 中国园林,2003(1).

⑧黄洁. 从“乡土情结”角度谈乡村旅游开发[J]. 思想战线,2003(5).

⑨尹振华. 开发我国乡村旅游的新思路[J]. 旅游学刊,2004,19(5).

⑩戴斌,周晓歌,梁壮平. 中国与国外乡村旅游发展模式比较研究[J]. 江西科技师范学院学报,2006(1).

⑪刘海鸿. 乡村旅游:国外的理论与实践对中国的启示[J]. 经济问题,2007(7).

⑫陈辰. 近二十年国外乡村旅游研究进展——《Tourism Management》和《Annals of Tourism Research》文献分析[J]. 东南大学学报(哲学社会科学版),2011(Z1).

⑬Walmsley D J. Rural Tourism: a case of life style led opportunities[J]. Australian Geographer, 2003, 34(1).

ler（2010）认为乡村旅游资源的旅游经济价值要大于其作为传统资源属性价值在经济增长中的贡献。[①]赵磊（2011）通过实证检验发现旅游发展有利于促进农村地区经济增长，但影响效应程度较小，这与其旅游发展基本保障体系尚不健全有关；旅游发展有助于提高人均收入水平，但对缩小城乡收入差距效果不明显。[②]许峰、吕秋琳、秦晓楠等人（2011）认为乡村旅游是推进新农村经济发展的重要途径，分析了真实性在促进乡村可持续旅游经济开发中的作用，提出了促进乡村经济发展的真实性角度的管理策略。[③]尤海涛（2014）分析了各种身份的乡村旅游参与者在乡村旅游发展中的寻租行为从而导致乡村旅游巨大的经济效益漏损及相应的一系列问题。[④]阮洛瑶（2004）注意到乡村旅游中民族文化因涵化、商品化失去原有的庄严感和神秘感，以及民族文化被假借或恶意曲解而制造的伪文化等现象。[⑤]何丽芳（2006）着重从传统文化基础、传统乡村景观、传统文化发掘与传统文化保护等方面系统介绍了乡村旅游的文化影响。[⑥]江立华、陈文超（2010）认为乡村旅游必须努力实现旅游与农耕文化、乡土文化、民俗文化的融合，而传统文化的时间形塑与空间错位必然会改变传统文化原有的结构，同时也使其功能得到延伸，文化价值得以拓展。[⑦]于东明（2011）在山东省淄博市峨庄乡的调查中注意到乡村旅游对乡村重构的影响。[⑧]左晓斯、刘小敏、缪怀宇（2011）也非常关注乡村旅游引发的乡村重构现象。[⑨]孙九霞（2011）[⑩]、邱洁威（2011）认为乡村旅游有利于城市居民采借传承优秀传统文化元素，推动城乡文化融合，保护乡村弱势和边缘文化[⑪]。伍乐平、肖美娟、苏颖（2012）以日本为例，探讨了乡村旅游对强化地方文化认同、影响传统文化重构和再创造的作用。[⑫]郭凌、王志章（2014）以红砂村为例应用空间生产理论分析了乡村旅游开发促使乡村文化空间再生产从而导致乡村原文化异变的机理。[⑬]

---

①Deller S. Rural poverty, tourism and spatial heterogeneity[J]. Annals of Tourism Research, 2010, 37(1).

②赵磊. 旅游发展能否减小城乡收入差距？——来自中国的经验证据[J]. 旅游学刊, 2011, 26(12).

③许峰, 吕秋琳, 秦晓楠, 等. 真实性视角下乡村旅游经济可持续开发研究[J]. 旅游科学, 2011, 25(1).

④尤海涛. 乡村旅游利益之殇与本源回归[J]. 旅游学刊, 2014, 29(12).

⑤阮洛瑶. 旅游开发与民族文化传承[J]. 经济与社会发展, 2004, 2(6).

⑥何丽芳. 乡村旅游与传统文化[M]. 北京：地震出版社, 2006.

⑦江立华, 陈文超. 传统文化与现代乡村旅游发展[J]. 湖北大学学报（哲学社会科学版）, 2010, 37(1).

⑧于东明. 鲁中山区乡村景观演变研究——以山东省淄博市峨庄乡为例[D]. 泰安：山东农业大学, 2011.

⑨左晓斯, 刘小敏, 缪怀宇. 城乡移民与乡村重构[J]. 广东社会科学, 2011(6).

⑩孙九霞, 苏静. 人类学与社会学视野中的旅游：对话与思辨[J]. 旅游学刊, 2011, 26(11).

⑪邱洁威. 旅游在统筹城乡文化建设中的价值[J]. 旅游学刊, 2011, 26(12).

⑫伍乐平, 肖美娟, 苏颖. 乡村旅游与传统文化重构——以日本乡村旅游为例[J]. 生态经济, 2012(5).

⑬郭凌, 王志章. 乡村旅游开发与文化空间生产——基于对三圣乡红砂村的个案研究[J]. 社会科学家, 2014(4).

第三节 乡村旅游的理论研究

国内外学者在推动与乡村旅游相关的乡村特色发展、乡村多功能化、乡村观光体验及乡村旅游产业等方面研究的同时,对乡村旅游相关的理论也进行了一系列探讨。

一、国外研究文献梳理

在国外,乡村旅游的名称各不相同,通常被称为农村旅游、休闲乡村、观光农业等。国外乡村旅游最早起源于19世纪30年代法国的沿海地区和德国的山区,经历了多年的发展,逐渐走上了规范化发展道路。虽然亚洲国家乡村旅游的发展要迟于欧美国家,但韩国、日本、新加坡、马来西亚等国在乡村旅游方面也积累了较丰富的经验。

本研究分别以 agro-tourism、agri-tourism、agrotourism、agritourism、agricultural tourism、farm tourism、farm based tourism、vacation farm 为关键词,在以下平台进行检索:ProQuest 数据库、Elsevier SDOL(ScienceDirect Online)数据库、EBSCOhost数据库、Springer Link数据库、英国皇家学会期刊(网络版)、Socolar数据库、Kluwer Online Journals、Taylor & Francis Online,截至2018年6月共检索出587篇相关文献。这些文献最早公开发表在1980年,绝大部分发表在2004年以后。经过分类整理主要内容涉及以下几个方面。

关于定义的研究(共63篇(本),约占10.73%):国外学者很重视对乡村旅游、农村旅游、休闲农业、观光农业的概念研究,他们认为这关系到构建乡村旅游理论的体系,因乡村旅游的内涵及其外延的不确定性,对农村旅游、乡村旅游、观光农业、休闲农业的概念的界定没有取得一致性意见,鉴于乡村旅游各种各样的特征,乡村旅游被贴上了很多标签,出现了很多种定义,一些人将乡村旅游等同于农村旅游,例如在欧洲的法律文献内,乡村旅游和农村旅游是一组互换词,但也有部分学者并不认可这一观点。例如,学者Nilsson和Clarke认为,乡村旅游并不等于农村旅游,它只是农村旅游整体概念中的一个特殊的子系统。到目前为止,关于乡村旅游、休闲农业、农村旅游、观光农业的概念仍然是争议不断。本研究为了方便研究,在以下的表述中将乡村旅游、农村旅游、休闲农业、观光农业统一表述为乡村旅游。

关于乡村旅游的多样化经营模式研究(共117篇(本),约占19.93%):一些学者研究了乡村旅游的经营管理模式,从管理学和经济学的角度研究乡村旅游,在这方面比较典型的是学者Grykien,他针对波兰存在许多小型农场的现实状况,指出应该大胆地尝试并且积极鼓励乡村旅游的多样化发展,成立有关乡村旅游咨询部门,并积极地做好推进工作。随着波兰许多家农场开始提供乡村旅游服务,乡村旅游收入在农场收入中占据的份额迅速扩大,乡村旅游很受旅游者欢迎。

关于乡村旅游可持续发展研究(共132篇(本),约占22.49%):随着全球对可持续发展的重视,乡村旅游的可持续发展也得到一些学者的重视。例如,Loumou指出,发展乡村旅游有助于乡村生态系统的良性发展,过度的乡村开发致使环境恶化,消耗掉大量自然资源,限制了自然的自我更新,但是发展旅游却可以为这些地区提供保护,促进乡村生态系统的良性发展;Akpinar指出,农村地区应该在可持续发展的生态前提下发展乡村旅游,使乡村和旅游业向着良性的互动方向发展。

关于乡村旅游的开发意义研究(共87篇(本),约占14.82%):Pizam 和 Pokela在乡村旅游的开发意义方面做了大量研究,他们指出,乡村旅游不仅可以满足城市居民的娱乐与休闲需求,还有助于提升城市居民对乡村生产活动的尊重意识,使人们感受到乡村生产对提高生活质量和促进经济发展做出的巨大贡献,教育现代人要认识到乡村生产活动及其乡村环境的重要性,也让青少年清楚了解食物的来源和加工过程,深刻意识到乡村的重要性,同时也有利于加强城乡居民之间的联系,促进社会经济的平衡和谐发展。

关于乡村旅游的政策研究(共188篇(本),约占32.03%):Franz等人指出,乡村补偿项目可以通过发展乡村旅游来解决,他从经济视角进行了乡村旅游评估,从乡村政策的角度来看,为给旅游者提供舒心的乡村旅游环境,应该对乡村居民实行经济补贴政策,这样才能够促进乡村生产、改善生活环境、缩小城乡之间的差距,使经济欠发达的乡村地区得到更好发展。

二、国内研究文献梳理

我国乡村历史悠久,但是把乡村旅游作为产业来研究,却晚于国外。我国开展相关研究,可追溯到1989年刘达华发表的《略论旅游农业》,在接下来的30多年,乡村旅游的研究迅速发展起来,以乡村旅游、休闲农业、农村旅游、观光农业为关键词在维普、万方、龙源等数据库进行检索,得到文献6012篇(本),经过整理,去除39篇新闻稿等非学术文献,共得到5973篇(本)有关研究论文(见表1-1)。

表1-1 文献来源统计一览表

	学术期刊	报纸和会议等	硕士论文	博士论文	专著	合计
文献数量	4604	1276	22	8	63	5973
所占百分比	77.08%	21.36%	0.37%	0.13%	1.05%	100%

注:数据截至2018年。

从文献来源上分析:将5973篇(本)有关文献按照来源(学术期刊文献、报纸和会议、硕士论文、博士论文、专著)进行分类,结果如表1-1所示。关于乡村旅游的文献发表在学术期刊上最多,其次源于报纸和会议,两者所占比例超过98%;而硕士论文、博士论文和专著所占比例不到2%。一般认为,源于学术期刊、报纸和会议的论文是比较零散的局部研究;硕士论文、博士论文和专著是相对系统的研究,所以关于乡村旅游、农村旅游、休闲农业、观光农业等“点”的研究很多,而关于系统的“面”的研究很少,乡村旅游的系统研究急需加强。

从文献研究发现,上传到中文数据库关于乡村旅游、农村旅游、休闲农业、观光农业的科技文献最早是在1989年6月。为了便于科学统计,截取1989年到2018年的中文数据库中关于乡村旅游的文献资料,去除非学术文章后进行统计分析。国内乡村旅游研究的历程可以分为三个阶段:第一阶段(1989—2003年)为缓慢发展阶段,每年的发文量基本在20篇(本)以下,这说明人们对乡村旅游的研究处于自发状态,没有重视对乡村旅游的研究;第二阶段(2004—2009年)为快速发展时期,年发文量从100篇(本)迅速增长到500篇(本),这表明随着经济发展和人们休闲意识的快速提升,人们对乡村旅游的研究提到应有的重视高度,导致研究成果大量井喷式产出;第三阶段(2010—2018年)为稳步发展阶段,年发文量约600篇(本),对乡村旅游的研究在高度重视的前提下,开始了逐步有序发展,走上了正常的发展轨道,这也是乡村旅游开始走向成熟的标志。

从文献内容上分析:对收集到的5973篇(本)关于乡村旅游的文献资料进行分类整理,排除未能明确进行分类的84篇,其他5889篇从内容上基本可以分为以下五大类。

一是乡村旅游的个案研究(共5435篇(本),占91%)。在国内的研究成果中,个案研究的数量最多,个案研究涉及全国所有的省(自治区、直辖市),从地市级层面统计来看,乡村旅游的个案研究覆盖了全国地市的81%,县级区域的乡村旅游的个案研究也覆盖到52.6%。个案研究基本上是以一个区域为研究对象,描述当地乡村旅游、农村旅游的概况,然后运用某种理论进行分析,得出建议性对策,以分布在上海、浙江、四川等地个案研究的密度最大。

二是乡村旅游的开发、经营、管理研究(共119篇(本),占2%)。在开发方面主要是强调因地制宜,围绕着原有乡村资源进行设计旅游新产品,开发当地的乡村旅游产品,进行整体规划和统一布局;在经营方面主要以“农家乐”为运营模式,侧重于乡村生活的体验;在管理方面以农户自主经营管理为主,也有大规模的公司化管理模式,在凸显民俗文化层面上的旅游管理开始出现。

三是乡村旅游的概念内涵研究(96篇(本),占1.6%)。在吸收外来研究成果方面,不同的学者有不同学术背景,因此,在概念的辨析和理论探讨方面存在较大差异。例如,台湾地区的学者多使用休闲农业、观光农业的概念,大陆的学者多使用农村旅游、乡村旅游的概念,两者理论上都借鉴文化学、生态学、经济学、地理学、管理学等理论。

四是乡村旅游的文化研究(共179篇(本),占3%)。研究主要聚焦在我国农村地区丰富的民俗文化和悠久的乡村发展历史。广袤的中国大地孕育了乡村地区丰富的文化内涵以及多彩的民俗风情，由于区域乡村生产条件的不同，各个乡村生产区域有不同的乡村民俗文化和乡村生产的地域特征，比如中国东部的渔猎、中国西部的放牧、中国南方的热带风光、中国北方的冰天雪地。不同地域的乡村生产方式和乡村习俗有着明显的差异，以及众多少数民族风俗习惯的差异，都成为丰富的乡村文化旅游资源。

五是乡村旅游的其他内容研究（共60篇（本），占1%）。国内乡村旅游研究还有一些分散在其他方面，其研究具有一定的学术价值，但由于研究的数量不多，构不成一定的规模和体系。例如，可持续发展理论在乡村旅游中的应用研究，宏观政策对乡村旅游的影响，游客对乡村旅游的感知度研究，当地居民对乡村旅游的感知度研究，气候条件对乡村旅游的影响，等等。

第四节 国内外相关研究展望

一、目前相关研究存在的问题

从来源种类、时间、内容等几个方面对乡村旅游相关文献进行分析，可以得知：首先，科学研究永远是为社会服务、为经济服务、为人类造福的，乡村旅游研究更是如此，只要乡村旅游存在，就必须有对应的理论研究为之服务；其次，乡村旅游研究在不同的历史时期反映不同的社会需求，乡村旅游的消费需求在不同的历史时期是不一样的，随着乡村旅游的不断发展，乡村旅游的相关研究也要及时跟进；再次，乡村旅游的理论研究虽然有一些成果，但是与蒸蒸日上的乡村旅游发展趋势相比，研究还是稍显薄弱，特别是“点”研究居多，而理论的系统研究需要加强，本研究旨在这方面做出努力。

二、目前相关研究未来的趋势

生产劳动是人类生存的基础，休闲愉悦永远是人类追寻的目标，乡村旅游恰好是把生产与愉悦结合起来的最佳路径，乡村旅游的发展势头必将越来越强劲，为之服务的乡村旅游研究也必将越来越深入，研究的前景十分广阔。本研究在遵循乡村生产规律的基础上研究乡村旅游，把乡村及其生产过程和乡村生产空间等打造成旅游产品，偏重的是旅游学方向的系统化理论研究，把乡村旅游的理论与各地实际情况相结合，从而打造出具有特色的乡村旅游产品，是进一步研究的方向。从社会学的视角去研究乡村旅游在未来社会中的重要作用，以及对于构建未来社会的意义，是另一个进一步研究的方向。

第五节 研究方法、主要观点、创新点与学术价值

本研究主要是对乡村旅游创意开发进行理论、实践与技术集成的研究，围绕“乡村、农业、农民及其生产的旅游化”展开的。在本研究中若无特殊说明，“乡村、农业、农民及其生产的旅游化”简称“乡村旅游”。

一、研究方法

乡村旅游既属于乡村学范畴又属于旅游学范畴，所以不但要使用乡村学的研究方法，还要使用旅游学的研究方法，本研究用到的研究方法主要有以下几种。

实证分析法：对乡村旅游的主体、客体、媒体样本和管理部门分别做调查研究、观察访问、深入访谈等，进行实地调研，从而获得相关数据和资料，通过模式或内容分析解释和揭示乡村旅游有关原理和规律，归纳规律性的结论。

系统分析法：运用系统论方法对乡村旅游进行演绎推理、归纳分析和框架建构，结合本研究实证初步论断，提出预测性结论。

综合分析法：综合容量分析法、比色分析法、过程分析法、情景分析法、主位客位互换研究法、动静结合研究法等多种方法，系统分析建构理论与技术范式，通过实践进一步比较分析验证理论与技术范式的科学性，确保研究结果的全面可靠。

具体来讲，在乡村旅游生态容量的测定时，采用容量分析法和比色分析法测定碳、氮、磷微生物生物量，再通过微生物生物量判断旅游生态容量。过程分析法主要记录乡村旅游每个时间段的真实变化，再将其抽象化、理论化，便于对乡村生产过程的整体把握，便于乡村旅游的系统开发。情景分析法主要对乡村旅游涉及的食、住、行、游、购、娱等关联因素做场合性分析、综合性分析，不能孤立审视任何一个乡村旅游要素。主位客位互换研究法主要用于设计乡村旅游产品，既要从管理者和经营者的角度去考虑，也要从旅游者的角度考虑，两者都通过时，设计的旅游产品才符合要求。动静结合研究法主要用于乡村旅游产品的研制方面，不仅考虑静态美的视觉欣赏，还要结合动态美的体验，这样打造出来的乡村旅游产品才具有生命力。

二、主要观点

第一，乡村发展历史可分为辛勤劳作的求温饱阶段、激烈竞争的求富裕阶段和休闲舒适的求愉悦阶段。

关于乡村发展阶段的划分，现代乡村学通常将乡村发展分为原始乡村、传统乡村和现代乡村三个阶段。本研究认为，人们发展乡村的目的和追求才是乡村发展的永恒的真正动力，因此，从人类发展乡村的目的和劳作的特点两个角度出发，把

乡村发展历史分为三个新阶段,即辛勤劳作的求温饱阶段、激烈竞争的求富裕阶段和休闲舒适的求愉悦阶段。

第二,乡村旅游的理论体系与技术范式是乡村旅游产业实践基础上的理论应用与技术集成。

根据产业集群和可持续发展理论,从景观生态学、植物群落学、生态演替理论等方面为乡村旅游产业化找到理论支撑;结合农、林、牧、渔等乡村旅游产业实践的技术操作要领,以全新的视角构建了包括实施方法、操作原则、功能定位、技术保障、开发程序和开发模式在内的乡村旅游的技术范式。

第三,乡村旅游要兼顾国家粮食安全、乡村特征、社会公平、文化生态安全和乡村经济发展。

乡村旅游是乡村与旅游业互相融合的新型业态,是在遵循乡村生产规律的基础上,把乡村及其生产过程和乡村生产空间等打造成旅游产品,丝毫不能动摇乡村的生产功能,强化乡村的旅游功能、环保功能、经济功能、文化传承功能、教育功能、社会功能等多功能性是乡村旅游可持续发展的战略性保证。

第四,乡村旅游助推乡村振兴战略实施。

乡村旅游作为打造美丽乡村、助推乡村振兴的创造性生产经营活动,能够让游客在乡村旅游体验中与乡村振兴同构,实现从"安天下、稳民心"到"近者悦、远者来"的文化愿景,提升乡村旅游的经济、社会效益,复兴乡土文化,实现乡村与人性的文化救赎,振兴乡村产业,助力乡村振兴战略实施。

三、主要创新点

第一,本研究通过广泛深入乡村旅游的产业实践,把乡村及其生产过程和乡村生产空间等打造成旅游产品,探寻乡村旅游的理论、方法和路径,科学建构乡村旅游的理论支撑与技术范式,在国内相关研究中尚属首次,具有开创性意义;通过乡村旅游探索为马克思让劳动成为生活的第一需要的伟大构想找到实现途径。

第二,改变之前对乡村旅游业研究的单一要素分析,引入系统论将乡村旅游置于国民经济和旅游业发展的宏观环境和微观机制中进行全方位、多尺度研究,运用对比分析法、归纳演绎法研究不同时空维度下乡村旅游产业化问题,从静态分析到动态研究。

四、学术价值

第一,理论价值。

本研究增强了对乡村旅游的科学与整体认知,开阔了乡村旅游研究视野,开拓了乡村旅游研究新维度,提升了乡村旅游研究理论高度与哲学深度;同时也为乡村旅游、休闲农业等理论与实践发展提供新理念、新思路和相关理论依据。

第二,应用价值。

本研究是乡村旅游产业实践的理论应用、技术集成与实践总结,科学构建乡村旅游的理论体系、技术范式与方法路径。基于产业化视角研制乡村旅游的路径、方法、开发模式与基本范式,以全新视角研究乡村旅游的技术集成问题,能够为农旅、文旅融合发展寻找新的突破口,为新型乡村业态和旅游业态发展提供新思路,为我国乡村、旅游业、文化产业等政府监管部门及相关产业经营部门提供借鉴或策略参考。

第二章 乡村旅游的理论构建

第一节 文献回顾与问题的提出

关于旅游动机的研究，影响最大的是推一拉理论(push-pull theory)。1918年，Woodeworth提出驱力(drive)概念；1943年，Hull提出了驱力递减理论，认为驱力包括原始内驱力和习得驱力，它引起行为，使需要得到满足，进而减少驱力。后来他又接受诱因理论，补充了外在环境对人们行为的作用。1950年，Tolman认为行为动机可分为内在动机(以驱力为基础的推的因素)和外在动机(外部刺激目标的拉的因素)。1977年，Iso-Ahola从社会心理动力角度提出逃避一追求二分法旅游动机理论，用逃逸因子(escaping element)和逐求因子(seeking element)与个人环境和人际环境的交互作用的因素来解释旅游动机，构建旅游驱动力社会心理模型。后来的旅游研究者主要就推的因素或拉的因素或二者关系进行研究，对旅游动机进行具体分类。在规范研究方面，主要用理论与经验分析方法进行旅游行为动机研究。麦金托什将旅游动机归纳为身体健康、文化、人际、地位与声望四种类型的动机。皮尔斯等以马斯洛需要层次理论为基础提出了旅行需求梯级模式。在实证研究方面，主要用统计学方法剖析旅游行为动机。克罗姆顿对39名旅游者的动机进行研究，总结出9种动机。加拿大旅游局、美国的民意测验公司通过旅游动机实证调查，分别得出十几项不同动机。其他学者关于旅游动机的研究基本上大同小异，粗略概括表层分类，缺乏对旅游动机的深层次心理诉求的哲学分析。杜娟等以推一拉理论为框架，认为乡村旅游动力结构由3个推力公因子(需求)和3个拉力公因子(供给)构成。①

人们对乡村旅游最重要的需求是一种对乡村“意象”的追寻。同时，“危机感日益内在化，社会认同感和羞耻感逐渐转变成个人问题”。②人们想回家，想找到母亲曾经给予自己的温暖的感觉，想找到最初的自我，这是一种心底最真挚、最热烈的期盼。可是，乡村旅游能否实现人们的期望呢？鉴于此，本研究想从历史深处和人们心灵深处来探讨：人们与乡土之间究竟有一种什么样的关系，人们的亲土习性究

①杜娟，张红，白凯．基于“推一拉”理论的西安农家乐旅游者动机实证分析[J]. 北京第二外国语学院学报，2008(5).

②Oswalt P. 收缩的城市[M]. 胡恒，史永高，诸葛净，译．上海：同济大学出版社，2012.

竟是一种怎样的心理结构，乡村旅游究竟给了人们一种怎样的期盼，现代社会的人们走向乡村究竟要寻找什么，乡村旅游能够满足人们吗？媒体社会的供给固然给乡村旅游者带来诱惑，但人们内心深处向往乡村的驱动力才是乡村旅游的根本动力源。

第二节　乡村旅游的需求分析

一、乡村旅游的必然性分析

乡村在任何时代都为人类社会的进步提供物质基础，人类一代一代繁衍生息靠的就是乡村的哺育，没有乡村就没有人类，今天乡村不但仍然养育着人类，而且还在为人类社会的经济发展提供原料、动力等，所以说，乡村伴随着人类的起源和发展而与人类的生存息息相关；同时，只有了解乡村发展的历史，探求乡村发展的规律，才能预测乡村未来的发展，才能更好地去应对未来的变化。

关于乡村发展的阶段划分，常见的为三个阶段划分方法，就是将乡村发展分为原始乡村、传统乡村和现代乡村三个阶段。这种划分方法，从理论上可以理解，但是不具有历史的确定性，现在的所谓“现代”，在1000年后的人类看来可能就是“传统”，甚至“原始”，“原始”“传统”“现代”这些词本来就是一些模糊的不确定概念，用这些词来给乡村发展历史划分阶段肯定也不是科学严谨的做法。本研究认为：人们发展乡村的目的和追求才是乡村发展的永恒的真正动力，比如原始人类追求温饱就是当时乡村发展的原动力，不同追求阶段表现出来的劳作的特点当然也不一样。因此，我们可以从人类发展乡村的目的和劳作的特点两个角度，把乡村发展历史分为三个新阶段，即辛勤劳作中求温饱阶段、激烈竞争中求富裕阶段、休闲舒适中求愉悦阶段。

（一）辛勤劳作中求温饱阶段

辛勤劳作中求温饱是乡村发展的第一阶段。在这一阶段中，脱离动物界的先民生活在这片广阔的大地上，当时还没有乡村，先民以采集和渔猎为生存手段，但是，随着人口的不断增长，人类经常面临饥饿和寒冷的威胁，获得稳定并且可靠的食物来源就成了乡村发展的原动力，生活在地球上的先民创建了乡村，开始了人类艰辛的劳作之路，由于劳动经验缺乏、劳动工具简陋、土地资源贫瘠、自然灾害频繁发生等，农作物产量很低，人们过着食不果腹、衣不遮体、饥寒交迫的痛苦生活，人们在这一阶段，从事劳作的目的就是吃饱穿暖，不但追求一个人的温饱，而且还要追求一家人的吃饱穿暖，保证人类正常地繁衍生息。

（二）激烈竞争中求富裕阶段

激烈竞争中求富裕是乡村发展的第二阶段。在这个阶段中，随着乡村的不断发展，人们的乡村生产经验越来越丰富，劳动工具不断改进和完善，劳动强度不断降低，乡村劳动不再仅仅是年富力强的男人的事情，老人、妇女、儿童也能够从事乡村劳动，特别是新品种的研发和高效施肥的出现，乡村劳动满足人们的温饱需求已不再成为问题，人们发展乡村就有了另一个重要目标，发展乡村及相关产业是为了积累财富、追求经济利益。当大部分国家和地区的乡村进入这个阶段，乡村的产量过剩，就会出现激烈的竞争，乡村生产的国际化越来越明显，很多国家的乡村都面临激烈的国际竞争，中国在加入世界贸易组织以后，农产品的国际贸易迅速增长，国际农产品竞争日益加剧，激烈竞争成为这一阶段乡村的特点。如果人们发展乡村的目的是追求温饱，那么不论年代早晚，这个地区的乡村就该划分为第一阶段；如果人们发展乡村的目的是"温饱＋财富积累"，也不论年代早晚，这个地区的乡村就该划分为第二阶段。

（三）休闲舒适中求愉悦阶段

休闲舒适中追求愉悦是乡村发展的第三阶段。在这个阶段中，由于社会分工不同，不同地区、不同人群生产的产品各不相同，不同人群之间为了得到另一群体的劳动产品，就出现了交换，为了方便交换，人们发明了货币，货币的本质用途是使人们之间的交换更加畅通，交换的最终目的是生活得更好、更愉悦，但是现在却走入了一个误区——拼命地、无休止地追求经济财富的积累，最终也没有得到幸福。研究结果表明：经济财富不是越多越幸福，多到一定的程度，不但造成社会的不公平，财富也成为自己生活的负担，劳动的真正目的不是无休止地追求经济财富，劳动的真正目的应该是追求生活的愉悦，乡村旅游恰好为人类追求乡村劳动的愉悦性打通了一条通道，当人们发展乡村的目的是"温饱＋愉悦生活体验"，不论年代早晚，这个地区的乡村发展就该划分为第三阶段。

以上对乡村生产目的、目标和价值追求的"新三阶段"的演替分析，表明了乡村及其生产旅游化的必然性。

二、乡村旅游诉求的根源

（一）人的亲土习性与心理结构

土地是乡村生产的源头，是农村发展的根基，是人类生命的根系所在。在传统社会，人类生活所需几乎全部来源于土地。随着生产力的提高，土地成为人们财富的重要来源。"宁送三石粮，不让一寸田"体现了人们对土地发展价值的认识。土地上的人勤劳、协作、和谐、熟悉。乡村是熟人社会，年长的智者是乡村的权威，舆论是人们行为的社会规范。乡土大众是传统中国的社会的根基，孕育了中国人的智慧和精神。以土地为生的人们都有共同的品质和基本信仰，那就是勤劳、坚强、善良、质朴，并深深热爱脚下的土地。

传统中国自古以来就存在着土地崇拜观念，土地是中国百姓心目中最崇高的“神灵”。乡村聚落作为人地关系表现的核心，它一方面反映了人类适应自然条件对生存生活环境的营造，另一方面表达了人类对自然规律的主动探索与认知把握。当人踏上哺育生命的大地时，人的呼吸和生命节律会融入自然有序而活跃的和谐运动状态，人自然性态的潜意识被激活，譬如一滴水汇入河流，成为自然的一部分。人们经过犁耕、播种、施肥、浇灌，并顺应自然规律轮作、间种、休耕让土地自我修复，从而获得丰硕的收获。乡民与土地休戚与共、唇齿相依，亲土、爱土、敬土、重土是乡民生存与生活的日常逻辑，“穷家难舍，故土难离”这句话每个中国人都感受深刻，理解透彻。即使现代社会发生了翻天覆地的变迁，中国人始终无法割舍对乡土的心理归属感与天然依赖情结。

（二）人对乡土的心理认同与回归诉求

千百年来，人们熟悉乡土如同自我，认同乡土如同自己的生命，虽然不能预测未来，但就像认识自己的身体一样，日复一日揣摩乡土的习性，融入乡土的血脉。乡村环境的自然性及人工性和人的自然性及文化性趋于同构、达成契合。近年兴起的“新乡土运动”实质上是一种挑战现有生活理念和生活方式的文化活动，是一场“家园运动”，寻找心灵的身份认同，以及重建信仰。

（三）传统乡村审美与中国人的田园精神

我国先民郊野春游踏青的习俗就是一种对乡村风物主动欣赏的文化行为。如《管子·小问》有齐桓公到郊野乡村享受明媚春光愉悦身心的春游活动的记录。《桃花源记》建构起了净化心智、栖息灵魂的精神家园，营造出明净纯洁宁静淡远的世外桃源。唐代田园诗派的王维、储光羲、刘昚虚等，营构了后世历代文人学士官员的精神故乡。宋元以来，记述乡村风物的名作也比比皆是，这些清新隽永、意象丰富的田园诗文，千百年来成为滋养人们心灵、涤荡人们精神的源泉。

就田园诗歌文献分析来看，不同历史时期政治经济与文化背景形塑了不同时代中国人不同的田园精神。诗人追求的是超越物质规定性的精神之美，体味人生的艰辛与真意，领悟“托体同山阿”的生命意识，实现了“诗意的栖居”，也开启了中国式田园牧歌传统。田园耕作是坚守人生品质的一道防线，进可报国济民，退可淡泊明志，享受着心迹合一、半官半隐的耕读生活。

三、乡村旅游根性诉求的社会背景

（一）现代生产与人性异化

从古代的小国寡民生活模式到如今城市化、全球化消费时代的时尚潮流模式，异化的社会背景一步步增强，异化的内涵越来越深刻，异化的范围越来越广泛，异化的程度越来越大。

1. 劳动与消费异化

劳动首先是为了在物质上满足人类生存所必须付出的代价，从精神方面来说，费希特提出绝对自我的哲学概念，黑格尔提出对象化一异化概念[①]，马克思通过对资本主义生产关系的研究发现了资本剥夺劳动的秘密，提出了异化劳动理论[②]。劳动产品不再属于劳动者，不再是自我价值的表征，反过来人的命运要受其生产出来的不属于自己的产品左右，被自己创造的物质和精神文明所束缚。人类劳动经历了从满足需求的生产、物化、“物的异化”到“自我异化”的过程。因此，现代社会大多数人们工作不是为创造和自我实现，而是在为获得“购买”快乐的薪金忍受必要的辛劳、无情的竞争与高效的要求，让这些为薪金而工作的雇佣劳动者承受着巨大的身心压力，劳动成为一种看不见终点的劳役。19世纪末到20世纪，消费主义在美国产生和盛行，21世纪由传统走向现代的中国受其影响也进入了消费时代。

2. 教育异化

教育的目的是充分发展人的智力、创造力和爱的能力，培养全面发展、身心健康的人。教育应该是一首诗[③]，人们应在有勇气、有创意、有良知、有激情、有理想的教育中享受成长的快乐，掌握做事的本领，增强自我意识和仁爱能力，开发创造思维。理念决定未来，教育改变世界，这是一条真理。现代社会的功利性追逐与残酷竞争，让教育在某种程度上偏离其本质，每一个人都有面对世界的思索，思想家并非“只在我们仰望的星空中闪烁”[④]。人的成长要适应外界标准，重视自我本真的存在，以及思考能力、创造能力与仁爱能力的培养。

3. 人性异化

在马克思劳动异化理论的基础上，针对现代社会文化畸变、扭曲等现象，弗洛姆基于弗洛伊德精神分析学原理，提出了人性异化是现代西方社会最为深刻的异化现象。弗洛姆认为“生存的两歧”—— 生与死、人的潜能的实现与生命短暂、个人化与孤独感之间的“两歧”是人性异化的根源。[⑤]人们生活在物质优越、科技发达的文明社会，但人与自然、人与人、人与自身的关系却日趋紧张，孤独、空虚、恐慌感与

①黑格尔．精神现象学：上卷[M]．贺麟，汪玖兴，译．北京：商务印书馆，1962.

②马克思，恩格斯．马克思恩格斯全集：第42卷[M]．北京：人民出版社，1979.

③朱永新．走在教育的路上[M]．福州：福建教育出版社，2005.

④王尧．教育是一首诗——关于朱永新的阅读札记[J]．读书，2012(3).

⑤Fromm E. Man for himself：an inquiry into the psychology of ethics[M]. London：Routledge & Kegan Paul，1947.

日俱增，人之存在状态与其本质生命属性之间的距离越来越远。[①]人与人之间缺乏爱与理解、缺乏信任、缺乏心灵的沟通，个人孤独、抑郁、感伤、冷漠，失去了为之奋斗的精神支撑与自我价值认知的根源。爱是一种人自身内涵的权利[②]。人性异化的社会根源是现代体制的非人性化，现代科技与文明的进步只能进一步加深人性异化，因此，人们需要心灵的慰藉和本性的复苏，实现人性的本真回归。

（二）全球化文化交流碰撞与民族身份认同危机

马克思早在19世纪初就预言资本主义生产方式的世界扩张性。如今，在金融资本和高新科技的推动下，各种生产要素开始在全球范围内重新配置，以经济扩张为特征、文化扩张为内质的全球化正在改变我们的社会，包括生产方式、意识形态、价值观念、工作和生活方式、伦理准则、消费观念、沟通模式等。文化包括政治文化、意识形态、价值观念、伦理准则、社会理想、生活习惯、各种制度等。[③]这种文化的地域性进而形成了文化的个性，因而就孕育了其扩张性与广博性。《周易》云："观乎人文，以化成天下"，文化的实质即"人化"，从精神意识上"内化"人，以"文"所代表的意识形态塑造、改造人。文化能够通过自身的吸引力影响和驾驭他人按照自己的目标行动，达到不战而屈人之兵的效果。

代表先进性或具备强大经济后盾的强势文化扩张到落后地区时，就会导致这一地区的人们的思想混乱与心理压力，引发文化的碰撞与冲突。此时，"软权力"作为衡量一个国家与民族国际地位的标准被普遍接受，文化主权的安全日益被奉为开展国际政治与外交的"潜规则"。以民族文化传统、价值观与信仰体系为核心构成的文化主权是精神、政治、经济高度融合的统一体，各文化主体间的任何摩擦和冲突都会映射到文化领域。

费孝通先生提出"美美与共"、多元一体的文化发展原则。[④]在一个多极化和多样化的现代社会，一种文化或文明主宰世界的时代已经结束，文化的冲突与碰撞并不可怕，在全球视野下比较不同价值体系的得失，求同存异，在互补中发展，这就是中国哲学所讲的"和而不同"之道，符合文化发展的自然规律。受人性异化的影响，如果我们没有自己的文化传统和信念理想作支撑，就很容易被其他文化影响，丧失自己的文化身份，从而可能出现民族身份认同危机。

---

①复旦大学哲学系现代西方哲学研究室．西方学者论《一八四四年经济学—哲学手稿》[M]．上海：复旦大学出版社，1983．

②Fromm E. Man for himself: an inquiry into the psychology of ethics[M]. London: Routledge & Kegan Paul, 1947.

③费孝通．费孝通九十新语[M]．重庆：重庆出版社，2005．

④费孝通．师承·补课·治学[M]．北京：生活·读书·新知三联书店，2002．

（三）城市化引发时空危机

我国城市化率大幅度提高的重要原因之一就是大量农民进城务工，但这并非真正的城市化，他们在城市做着很累、很脏、很危险、很廉价的工作，住在条件很差、很偏远的地方，一旦"混不下去"就得立刻卷铺盖回家。乡村的城市化在20世纪80年代主要通过以发展乡村企业为特征的工业化过程来实现，进入21世纪，主要通过发展第三产业比如商业、旅游业等来实现，特别是距离城市较近的乡村城市化进程更加迅速。而新农村建设的目标之一就是现代化，在执行者对目标模糊不清的情况下，很多地方将现代化等同于城市化，实践证明，乡村的城市化比建设和美的乡村更容易，因为它忽略了乡村真正的生态乡村的发展，忽略了农民自身的发展和幸福指数的提升。

四、乡村旅游的文化救赎

乡村是中国传统文化之根基，这正是20世纪初梁漱溟、晏阳初、陶行知等著名"乡村建设"学者们在探讨和践行中国发展途径时将视线投向乡村的思想基础，也是如今人们回望传统时映入脑海的首先是乡村田园的原因。传统文化是一个民族在特定的社会环境中形成的心理积淀和世代传承的精神结晶，它渗透于人们的心理结构之中，表现为一种普遍的社会文化心态，是民族身份认同的心理根据和符号象征。同时，它又随着社会环境发展变化的影响不断重构、生成和发展。特别是现代社会，中国的乡土社会同样经历着深刻的变化，但比之于城市居民，乡村居民的价值判断和人格精神依旧保持着特有的乡土性与民族性，传统村落尚保留着高度身份认同与价值同构的特征及和谐社会文化生态，并通过各种草根文化传统体现其精神和价值观。

有关乡村的历史文献中承传的历史形象与接收者自己的经验形象相结合，形成乡村旅游的原生形象。这一形象又与媒体传播形象相协调，生成引致形象，游客在旅游体验中感知的形象与引致形象再次调和生成修正形象，修正形象最终与游客脑海中作为期望形象的原生形象再次比较调适，最后形成游客认可和接受的乡村旅游形象。如今我们的视野里作为旅游目的地的乡村与传统的景区已经没有本质区别，再没有传统乡村的宁静淡然、稚拙淳朴与和谐欢畅，再找不到家的亲切融洽，再不是栖息心灵的净土。冯骥才在对山东地区古村落调查后感叹"你能想象齐鲁大地找不到古村落吗"，贾平凹在《秦腔》里呼喊"故乡啊，从此失去记忆"，古村落将不再是镌刻在大地上的珍宝而只留下一纸名录，桃花源里人家将永远只给人们留下一种文化想象。

丧失了传统乡村生产生活的"经济人"和"知识人"很容易忘却自己的由来和根本，中国乡村危机的本质即是民族自信不足和主体性迷失危机，一些明智之士已开始了乡村生产生活方式回归的旅程。所以拯救乡村，需从拯救人们的内心开始，从生态文明的目标起航，保护传统生产方式，为乡村文明留下复生的根①，拯救乡村就是拯救中华民族的文化系统和价值系统。“放弃与人隔离的苦境，重新回到共享的、相互依靠的、丰富的共同体生活中去”②，人们的文化行为要靠温润的气质慢慢养成。

从根本上讲，现代文明和交通、通信技术的进步使相当一部分人脱离土地，失去了家园意识生成的土壤，在疲惫和迷茫的时候，他们找不到家之所在。旅游的过程是寻找家园、追寻自己梦想的过程，乡村旅游的过程是洗涤心灵的过程。然而，基于经济利益和异化旅游的诉求，乡村、政府、游客集体选择了商业化（只有少数游客排斥）。③

乡村旅游具有强大的文化建构功能，是促进民族身份认同、传统文化现代传承、美丽乡村建设的重要路径。乡村旅游需要主动实施文化嵌入战略，以保持乡村生产生活性功能为基础，以重构乡村健康的文化系统和价值系统为核心内涵，应用符号学理论和技术手段构建高品位乡村旅游产品体系，为乡村生态化生产生活的复兴和传统文化的现代传承作出贡献。因此，建构大游憩发展理念，需要兼顾乡村特征、社会公平、文化生态安全和经济发展的乡村旅游发展模式创新。从乡村旅游的文化转向与功能建构的保障来讲，需要构建严密科学的乡村旅游产业理论架构与实践体系，当然这一理论架构与实践体系的构建难度较大，也关乎新农村建设及统筹城乡政策的诸多理论与实践的经验总结和哲学批判，尚需进一步深入研究。

五、乡村旅游的需求机制框架构建

（一）现代乡村旅游的企望

当前，人和人之间存在的利益链条关系可能会使处于激烈竞争和冷漠孤独中疲惫奋斗的人们找不到归属感和持续奋斗的精神价值。乡村旅游恰好能寻找一种替代性方式抚慰人们渴望自由的心灵，因此获得了发展的契机。

1. 田园理想的精神追求

这是具有传统理念的现代中国知识分子的追求。在他们的心里，桃花源与辋川始终是其人生至境，无论身处何境，不管是顺利还是艰难，诗意的栖居始终是其心灵得以安宁的唯一境界。当然，城市的陌生、环境的狭仄、人性的异化、身份的丧失等一系列现代性因素进一步增强了他们回归家园的信念。

---

①张孝德．中国乡村文明研究报告——生态文明时代中国乡村文明的复兴与使命[J]．经济研究参考，2013(22)．

②郝大维，安乐哲．先贤的民主：杜威、孔子与中国民主之希望[M]．何刚强，译．南京：江苏人民出版社，2004．

③保继刚，王宁，马波，等．旅游学纵横：学界五人对话录[M]．北京：旅游教育出版社，2013．

2. 人性根基的回归

劳动异化、生产和消费的异化、教育异化、人际关系的异化，最终导致人性的异化。人的心灵一旦出现了空虚与柔弱，就难以再提供内在精神的支撑。

3. 身份认同的寻找

我们需要通过身份认同获得家的爱与温情。而现在，能够称得上家的地方，需要在乡土间寻找，那里是生命之源。生命的终点是拥抱大地，乡土也许尚能给你母亲般温情的怀抱，那里有一种牵系民族自豪感和认同感的信仰和传统。它是与人同根同源的天地自然，是生命的所来之处，也是所归之处，只有在那里才能印证生命的位置与身份。

4. 文化与传统的皈依

现代社会的忙碌，繁华都市的喧嚣，高科技时代的效率，后现代生活的张扬……传统的村落里也许还有供文化与传统生存的空间。乡土田园的播种与灌溉、打理与收割，乡土百姓的老屋旧巷、街坊邻居，农家日子的布衣行头、果蔬粗粮，乡里民间的游艺娱乐、迎送往来，热情善良的乡民有着勤劳坚韧的品格、沉静恬淡的心境，淳朴的乡民生活里沉淀着悠远的文化，表达着生命丰富而细腻的情感。从共生共荣的理性逻辑背后的精神图景来看，在物质极其丰富的时代，人们仍眷恋不舍的传统社会或许真的是温情和浪漫的[①]。

5. 优美自然环境的颐养

目前，乡村旅游对游客较直观、较普遍的吸引力体现在幽静美丽的自然环境、清新的空气和恬淡闲适的乡村田园风光等方面。潘顺安对城市居民乡村旅游需求意愿的调查也表明，不同年龄、不同职业、不同城市的游客对优美环境感兴趣的比例占到60%～70%。[②]大多数游客认为到乡村和到其他自然风景名胜区的区别不大，但乡村更实惠、更质朴一些，其他地方价格比较高、人比较多，景观更精致一些。这些游客到乡村旅游大多是厌倦了城市“水泥丛林”和狭小、拥堵的生存环境，是对异化的生存环境的一种抵抗，同时兼顾了田园理想的精神追求。其中还有少数经济条件好的游客有意在生态环境优越的乡村租赁、购置、建造度假或养老别墅，从而兼顾优质环境与和谐恬淡的人地、邻里关系的心理需求。

6. 农家的餐饮娱乐

对农家餐饮感兴趣的游客，并非因为可以体验淳朴乡村文化韵味的农家饭，而是因为农家饭的原材料和烹调方式更为生态也更实惠。同时，在乡村旅游的娱乐活动中很难看到传统的乡村娱乐项目，游客在乡村这种更具“野放”特质的环境里追求新鲜刺激。因此，这种农家餐饮娱乐的追求反映的是一种探新求异的更具旅

---

①王晓宁. 冰冷如今，温情如昔[J]. 读书，2013(12).

②潘顺安. 中国乡村旅游驱动机制与开发模式研究[D]. 长春：东北师范大学，2007.

游特质的行为心理，也许这种需求也有点异化的味道，潜意识里可能也有那么一点对乡村质朴文化环境的心理渴求和皈依。

7. 乡野的休闲放松

随着科技的发展、全球化市场竞争的激烈、城市化进程的加快，人们的生活、工作、环境压力越来越大，人们对缓解压力、放松身心的需求越来越强烈。同时由于传统景区的拥挤、产品的单调、价格的昂贵，人们把目光投向了新的目的地——乡村，这里不仅游客较少，而且乡村休闲内容比较丰富，如果蔬采摘、认种体验、垂钓划船、游憩度假等。

（二）乡村旅游的需求机制分析框架

人性根基的回归、身份认同的寻找等行为在历史上主要表现为弃官返乡、衣锦还乡的“力耕养读”或者是坐三槐而门垂五柳的“冠冕巢由”，表达的是一种田园理想的精神追求。个别有条件者返乡建造自己的现代理想田园，就好似盛唐时期王维在现世构筑的辋川。乡村旅游需求机制分析框架如图2-1所示。

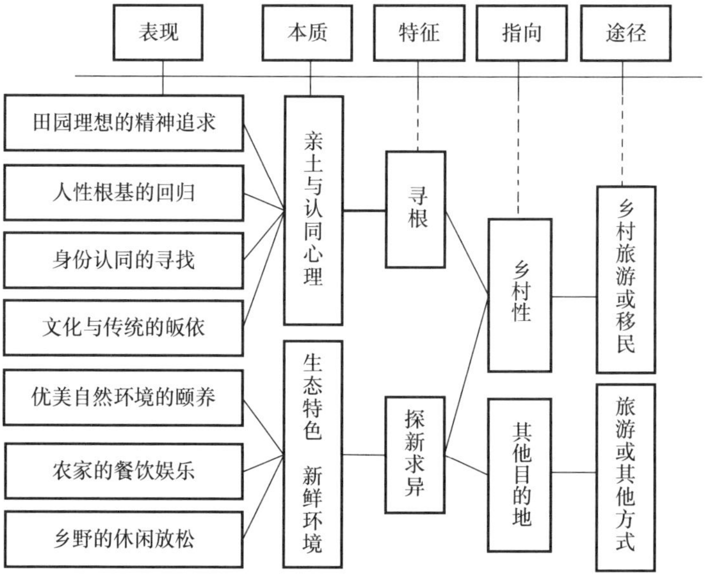

图2-1 乡村旅游需求机制分析框架

六、乡村旅游的可行性分析

乡村旅游不但具有历史的必然性而且具有现实的可行性，这可以从以下五个方面看出。

（一）从“第六产业”理论分析考虑具有可行性

日本东京大学教授今村奈良臣在20世纪90年代提出了“第六产业”的概念，鼓励农户搞多种经营，不仅种植农作物（第一产业），而且搞农产品加工（第二产业），还要销售农产品和加工的产品（第三产业），以便实现更多的经济效益，“1+2+3=6”“1×2×3=6”，这就是“第六产业”的来历。乡村旅游比“第六产业”理论更加丰富，“第六产业”理论中的第一产业和第二产业只具有生产功能，乡村旅游的第一产业和第二产业不但具有生产功能，而且具有旅游功能，“第六产业”理论中的第三产业主要强调销售功能，乡村旅游中的第三产业包括销售旅游产品的功能。

（二）从产业集群发展考虑具有可行性

乡村旅游强调发挥乡村生态系统整体性功能，也就是大乡村集群发展的模式，强调整体协调、循环再生的原则，主张农、林、牧、副、渔相结合，提倡第一产业与第二、第三产业相结合，乡村旅游就是要打造旅游产品的多样化，在旅游产品设计中必须考虑多方面结合，才能设计出丰富多彩的旅游产品，所以乡村旅游符合产业集群发展的大政方针，与乡村综合发展的策略相吻合。

（三）从乡村的高效发展考虑具有可行性

乡村旅游通过物质的循环利用、能量的多层次高效传递、农俗文化内涵的深层加工，实现经济增值规模化、资源利用生态化、乡村产业成本降低化、经济效益提高化，以及农村剩余劳动力就业本地化、及时化、长期化，提升农民从事乡村生产的积极性，同时快速、高效地提高乡村产业化经济的附加值。

（四）从乡村的可持续发展考虑具有可行性

乡村旅游能够保护和改善生态环境，防止污染，维持生态平衡，提升农产品的安全可靠性，把乡村经济的常规发展变为可持续发展，把农村环境建设同乡村经济发展密切结合起来，最大可能地满足游客对乡村旅游产品日益增长的消费需求，同时提高生态环境质量，理性地、有效地、可持续地推动乡村产业的深化与改革进程，真真切切地增加农民收入，优化乡村的产业结构。

（五）从乡村旅游资源的丰富度考虑具有可行性

中国是一个古老的农业大国，悠久的乡村孕育了丰富的农耕文化，中国乡村地域广、乡村景观差异大、乡村资源非常丰富、乡村季相新奇多样，经济和社会发展的差异，使中国拥有从原始农耕文化到高新科技乡村产业园的完整的乡村演变画卷，游客可以体验从推磨、扶犁、踩水车，到运用高新科技进行的无土栽培，加之中国疆域辽阔、乡村资源丰富、少数民族众多，具有开发乡村旅游的天然优势，中国城镇化的蓬勃发展，为乡村旅游的发展提供了经济基础，为乡村旅游提供了广阔的客源市场。

七、乡村旅游的操作性分析

乡村生产的方式要求人类在遵循乡村生产自然规律的基础上加入人类的劳

动,旅游业要求旅游者在遵循生态规律的基础上开展旅游活动,所以可以从以下方面分析乡村旅游的可操作性。

（一）乡村生产方式上的可操作性

气候、土壤、乡村耕作习惯、乡村物种的错综复杂,导致乡村生产方式千差万别,随着旅游业的不断发展,旅游者的消费需求各不相同,因此,两者具有天然的吻合性。

（二）乡村生产管理上的可操作性

乡村生产管理不仅包括植物与动物生长的管理,而且还包括从事乡村生产的人的管理,其实是一种人与物的综合管理。乡村旅游不仅要管理旅游的客体(乡村),还要管理好旅游的主体(旅游者),更是人与物的综合管理,两者有异曲同工之妙。

（三）乡村生产目的上的可操作性

乡村生产的最终目的就是发展乡村经济、提高农民收入,乡村旅游的目的也是增加乡村附加值、发展乡村经济,两者的终极目标是一致的,所以乡村及其生产旅游化具有可操作性。

第三节　乡村旅游的理论基础分析

一、乡村生产与旅游资源的内涵界定

（一）乡村生产内涵界定

乡村生产的内涵:人们依靠自然环境,遵循生物生长规律,协调生物与环境之间的关系,控制或强化生物的生长过程,以期取得更多所需农产品。

乡村生产的外延:使生产的农产品发挥更大的效用,以期获取更多的经济利益,实现乡村经济利益最大化。

（二）旅游资源内涵界定

旅游资源的内涵:在法律制度允许的前提下,对旅游者具有吸引力的有形物体或物体集合(景观)。

旅游资源的外延:在法律制度允许的前提下,对旅游者具有吸引力的无形的非物质文化,如民俗、仪式、传统文化等无形的东西。

（三）乡村旅游资源内涵界定

乡村旅游资源的内涵:在法律制度允许的前提下,对旅游者具有吸引力的有形乡村物体或物体集合(乡村景观)。

乡村旅游资源的外延：在法律制度允许的前提下，对旅游者具有吸引力的无形的非物质文化，如农俗、农村信仰、传统乡村生产方式等无形的东西。

从以上三个视角和系统的完整性层面分析，乡村生产的内涵包含了乡村生长的生机美、季相美、和谐美、生态美等，这些正好是旅游资源内涵中的"在法律制度允许的前提下，对旅游者具有吸引力的有形物体或物体集合(景观)"；乡村生产的内涵中"控制或强化生物的生长过程"就必然产生农俗、农村信仰、传统乡村生产方式等，这些又恰恰是旅游资源外延中的"在法律制度允许的前提下，对旅游者具有吸引力的无形的非物质文化"。由于乡村生产的内涵部分在理论上可以转化为旅游资源，发展旅游的目的是发展经济，而发展经济、实现经济利益最大化刚好迎合了乡村生产外延的要求，因此乡村旅游在理论上是可行的。当然，旅游资源在内涵、外延上都包含了乡村旅游资源，反之，乡村旅游资源在内涵、外延上都是旅游资源的一部分，在内涵、外延上具有高度一致性，是大概念与小概念的关系。

二、乡村生产与旅游资源的符合度分析

乡村生产转化为旅游资源，必须符合旅游资源的要求，即要与旅游资源的五个标准有很高的符合度。

（一）法律性的符合度

旅游资源必须符合当地法律法规的要求，乡村生产是受当地法律保护的，违反中国法律规定的乡村生产就不能作为旅游资源，乡村生产必须遵守当地法律。

（二）吸引性的符合度

旅游资源对旅游者必须具有吸引力，乡村生产场景和谐美、生境美、体验美、感悟美等，对生活在城市里的居民来说都具有无限的吸引力。

（三）休闲性的符合度

旅游资源不能让旅游者感觉到劳累，随着科技的进步和机械化程度的提高，乡村劳动的强度不断降低，通常截取乡村生产过程的一小段，使旅游者"有体验之乐，无劳累之苦"。

（四）经济性的符合度

旅游资源一定要有经济收益，把乡村生产过程开发为旅游资源就可以提高乡村经济附加值，两者是统一的。

（五）文化性的符合度

旅游资源要求不仅要有形态之美，还要有内涵文化之美，乡村生产经历了几千年，是持续时间最长的人类活动，在此期间产生了大量的农俗、农艺、乡村信仰等文化遗产，达到旅游资源文化性的要求。

三、乡村旅游释义

我国乡村历史悠久，乡村文化灿烂辉煌，形成了举世瞩目、彪炳千秋的乡村文明。乡村旅游作为集生产性、生活性、生态性于一体，将乡村与休闲、旅游等相融合的一种新的交叉型产业，以乡村生产经营为根本，以绿色休闲为主题，以旅游化为途径，以亲近自然、崇尚自然、返璞归真为新生活方式，具有经济效益、生态效益、文化效益和社会效益显著等特点。

从产业成长的角度来看，由于乡村旅游在内地尚处于起步阶段，关于“乡村旅游”的概念有观光休闲、观光乡村、观赏乡村、体验乡村、生态乡村旅游、田园乡村、饭店乡村、乡村旅游、休闲乡村等，但较常见的是乡村旅游、观光乡村、旅游乡村以及乡村旅游。本研究的乡村旅游以“三农”(农业、农村、农民)为背景，以“三生”(生产、生活、生态)为属性，是乡村和旅游业相结合的新型产业形态。

尽管学者关于乡村旅游的研究多是根据自身的研究需求来界定其内涵，但我国学者在以下方面基本达成共识。

第一，乡村旅游发展的地域范围主要在乡村，它是针对城市而提出的。尽管随着城乡一体化建设进程的加快，城乡地域范围逐步模糊，但就目前乡村旅游在我国的发展情况来看，它被赋予了太多除经济功能外的使命，往往被政府和当地居民作为改善生活环境、提升人民素质、美化自然生态、加强城乡文化融合、促进乡村精神文明建设的重要载体和途径，乡村和城市的二元特色明显。

第二，乡村旅游的主要客源地是城市，客源市场是城市居民。乡村地区主要依托独特的乡村聚落、民俗风情、田园风光、乡村文化、农耕劳作、乡村居所等吸引物来吸引城市居民观光游览乡村风光，体验、感受和城市不一样的生活环境、生活状态。

第三，乡村旅游作为旅游活动的一种，可以满足城市居民食、住、行、游、购、娱，以及体验、学习、度假等多方面的需求，可以开展多种旅游活动。乡村旅游资源可以开发为高、中、低档多层次，以及具有观赏性、体验性、参与性等多样化的旅游产品。

第四，乡村旅游的特色主要体现在“乡村性”与“涉农性”。乡村旅游产品的开发必须依托独特的乡村旅游资源，要体现乡村特色和文化内涵。乡村旅游资源以乡村所在的自然环境为背景，不仅包括乡村范围内人文、建筑景观，聚落、文化景观，还包括乡村的民风民俗、服饰餐饮、日常乡村劳作等。游客不仅要游览乡村优美的自然景观、体验乡村特殊的文化习俗，还要感受乡村的宁静、广阔、亲切、友好、放松的氛围。

正确理解乡村旅游的内涵应从以下四个方面来认知和把握。

第一，乡村旅游的地域范围。“乡村性”强调：①以乡村为主要生产对象(生产对象也可以是以林业、牧业、渔业为主);②以栽培农作物和饲养牲畜的生产事业为主业(活动方式和主收入也可以林业、牧业、渔业、加工业为主);③以栽培农作物为主业的人口聚居;④具有一定的涉农空间尺度。工业化改变了乡村生活的基础,逆城市化加剧了乡村社会的变迁,乡村性决定了乡村旅游是与都市具有一定距离的乡村社区。

第二,乡村旅游的景观内容。乡村旅游资源主要包括乡村自然生态景观、乡村聚落景观、乡村民居建筑景观、乡村劳作景观、乡村经济景观、乡村民俗文化景观及农耕文化等资源,即“乡村性”资源是乡村旅游发展的核心。从乡村旅游的活动内容看,乡村旅游主要包括农事体验、乡村民俗节庆体验、乡村休闲度假、乡村观光等活动。同时,乡村地区开展的乡村主题公园观光、城市型涉农度假村旅游、高科技乡村产业园区观光等活动,以及在城市开展的乡村型度假村旅游和乡村民俗园、高科技乡村园区观光等活动也应属于乡村旅游的范畴,因为在人们心底积淀的乡土情结是乡村旅游吸引的内核支撑。

第三,乡村旅游的规模及层次。乡村旅游的规模应属于乡村范畴之内,即无论是居民点还是建筑群都应是小规模和突出乡村特色的,其社会结构和文化内涵应具有乡村传统特征,发展和变化较为缓慢,旅游活动的开展常与社区居民家庭密切联系,乡村旅游在很大程度上受当地具体情况的影响和控制。目前充斥我国乡村旅游市场的“农家乐”是一种较低层次的大众旅游形式,在发展乡村旅游过程中,生态旅游意识比较薄弱,乡村旅游应该成为隶属于生态旅游的一种专项旅游形式,其发展必须与生态环境保护相协调,坚持可持续发展原则。真正高品位的乡村旅游应是传统的文化内涵与村寨田园风光完美结合的产物,是一种能够给旅游者提供深度文化体验的高端旅游产品。

第四,乡村旅游的客源市场。乡村旅游的目标市场定位应该是高度商品化的大都市居民,应充分考虑区位条件,覆盖所有与乡村旅游目的地景观存在差别的区域,即乡村旅游的目标市场是居住地客源的生活方式、地域环境、旅游经历、劳作方式等有别于当地乡村社区的居民。

第五,乡村旅游主要以乡村自然、人文景观、乡村资源等为旅游对象,主要依托乡村种植、乡村生产、农事体验等来开展旅游活动,具有融通性、区域差异性、参与体验性和文化传承性的特点,往往具有促进城乡发展和示范辐射的社会功能,发挥生态屏障、促进生态环境保护的生态平衡功能,肩负传统乡村文化发展、延续和继承的文化功能,具有满足旅游者需求的旅游功能,以及了解与传播农耕文化普及的科普教育功能。美丽迷人的乡村环境本身就是极具魅力的旅游吸引物,乡村自然景观与村民生活构成一幅诗画田园。

因此,乡村旅游是主要发生在乡村地域范围内,以乡村自然、人文景观为旅游对象,依托乡村种植、乡村生产、农事体验等业态的一种旅游活动。乡村旅游主要是以乡村社区为其活动场所,以乡土文化为吸引核心,以乡村自然生态景观、乡村聚落景观、乡村劳作景观、乡村经济景观、乡村农耕文化及民俗文化景观、乡村民居建筑景观等“乡村性”与“涉农性”景观为旅游资源,以乡村地域环境、乡村生活方式及乡村经历、乡村农事劳作方式有别于当地乡村社区的居民为目标市场,以满足旅游者休闲观光、回归自然与求知学习等需求,着眼于生态环境保护与可持续发展的一种旅游形式。这种形式的乡村旅游开发促进了当地社区自然、社会经济的可持续发展,因而属于生态旅游的范畴。

四、乡村旅游的理论依据剖析

乡村旅游就是乡村、农业、农民及其生产过程的旅游化,通俗地讲就是原来不是旅游资源的乡村、农业、农民及其生产事物,通过某种方式使之成为旅游资源,进而达到可以利用的目的,即产生新的价值。传统的乡村生产过程是艰辛、劳苦的过程,肯定不是资源。乡村生产过程可以分为自然过程和人文过程,所谓乡村旅游,就是在遵循乡村生产自然过程的基础上,通过人文过程的调控,使乡村生产过程愉悦化、休闲化且具有可观赏性、知识性、趣味性、参与性,从而达到满足旅游者消费需求的目的。

乡村旅游也就是乡村生产过程的艺术化,给旅游者美的享受、优雅的氛围、清新的空气、自然的熏陶、情操的陶冶。因此,乡村旅游艺术化需要以乡村生产过程为载体,以乡村生产环境为依托,以农俗风情为要素,经过创意设计与美学相结合,从而营造纯美的视觉感受和体验氛围,拓展乡村的功能,拉动乡村向第二、第三产业延展和融合,用同样的乡村资源,创造更多的精神财富和就业机会。

和传统乡村相比,乡村旅游具有其特定的外延。传统乡村的外延性是指对土地的过度使用,属于粗放型经营模式;乡村旅游的外延是第一产业和第二、第三产业融合过程中的外延,具体表现在以下几个方面。

一是科技外延:乡村旅游不仅仅需要传统的农艺技术,在整个生产过程中更需要不断地投入新技术,向科技密集型产业发展。

二是艺术外延:乡村旅游在遵循乡村生长规律的前提下,需要注入大量的艺术外延,旅游产品的构思、策划、设计,乡村旅游目的地的打造、包装等,都需要艺术和文化创意,实践证明,乡村生产过程只有与艺术外延彼此结合,才能开拓乡村旅游的增值空间。例如,河北农民培植的“京剧脸谱”苹果(每套售价700多元),“八仙过海”苹果(每套售价800多元),“金陵十二钗”苹果(每套售价1200元),这类苹果的每亩产值是普通苹果的8～10倍。

三是产业外延:从宏观上看,乡村旅游把第一产业外延到第二、第三产业;从微观上看,乡村旅游的发展外延到交通行业、餐饮行业、住宿行业、零售行业、制造行业等。

四是资源外延：乡村旅游不仅利用乡村生物资源的有效部分，还利用乡村生物资源的废弃部分，例如，在蛋壳上烙画、用玉米皮编制工艺品等，提高资源的使用价值。

第四节　乡村旅游的原理构建

乡村旅游的原理：旅游的过程实际上是旅游者体验的过程、观光的过程、学习的过程，运用科学的技术手段把乡村生产的劳作过程转化为旅游者体验的过程，把乡村生产场景打造成旅游者的观光景点，把乡村生产知识凝练成旅游者的学习过程。这个转化过程需要运用哲学、生态美学、行为学、心理学、经济学的方法。

一、旅游本质、类型与发展趋势

（一）旅游本质论

从旅游者的旅游需要到旅游动机的产生，从旅游过程中的旅游思想到旅游行为的基本特征，从旅游资源的开发导向到旅游产品的设计策略，作为一种基本生存需求之上的活动或现象，旅游已走过了几千年的发展历程。20世纪五六十年代人类迎来了大众旅游时代，旅游成为普遍的社会现象深入人心。而今，旅游已成为现代生活不可或缺的组成部分，甚至成为一种逐渐流行的现代生活方式，或者说生活旅游化正在成为一种趋势。然而，旅游的本质这一最基本的问题在当今学术界仍颇有争议。不少执着于基础理论研究的学者，努力探索旅游的科学内涵，试图构建旅游研究的科学体系。

旅游本质的探讨由来已久却方兴未艾，学者们基于各自不同的学科与研究背景分别从经济、文化审美、旅游体验、社会人类学等角度做了诸多有益的探索和论述。[①]旅游本质的探讨，需要通过引致表层旅游行为动机所蕴含的心理诉求的深层价值观指向来考察，是显性或隐性的深层心理需求表达为行为层的旅游动机，从而决定了旅游活动的本质内涵。

经济论者认为旅游就是在异地消费，从而拉动目的地的经济增长。此观点主要源于旅游研究伊始旅游的经济影响，混淆了旅游目的与影响的关系，或者混淆了旅游业的目的与个人旅游的目的，目前这种说法已经销声匿迹。

旅游体验论者代表人物是科恩（Cohen）。布斯汀（Boorstn，1964）将旅游定义为一种流行的体验消费行为，批判现代大众旅游者基于流行时尚追风逐浪式的标签性旅游，甚至哀叹出自追寻真实体验的纯粹性旅游的日趋式微。麦肯奈尔（Maccannell，1973）则认为旅游体验是人们抵抗现代生活造成的人生困窘状态从而对“本真”体验的一种追求。谢彦君也曾经认为旅游的本质是旅游审美愉悦的追求，后来

①申葆嘉．国外旅游研究进展（连载之二）[J]．旅游学刊，1996(2)．

又做了修正，将世俗愉悦追求纳入旅游追求的范畴。①科恩认为旅游体验对于不同社会背景和生活环境的旅游者而言具有不同的价值和意义，因此不同人的旅游需要各不相同，并就此建立了休闲、消遣、经验、实验、存在五种旅游体验范式。②国内也在形成以谢彦君为代表的，包括龙江智、徐菊凤、曹诗图等的旅游体验论学派，对体验的内涵又有不同见解。

在旅游本质研究方面，谢彦君是坚持不懈的探索者。他应用现象学方法探讨旅游研究的内核，构建旅游质性研究的框架，认为旅游的根本目的是寻求愉悦体验，旅游的本质是由愉悦体验这一内核所决定的，“旅游是个人利用其自由时间并以寻求愉悦为目的而在异地获得的一种短暂的休闲体验”③。王玉海对谢彦君的“愉悦”说提出疑问，强调旅游休闲体验的非惯常环境性。④曹诗图否定了王玉海“环境体验”说和徐菊凤“休闲体验活动”说⑤，重申了谢彦君“愉悦”说的客观科学性，但更强调旅游是基于愉悦体验之上追求身心自由的休闲活动⑥。

曹诗图以科考、修学、宗教、探险等旅游诉求类型反驳谢彦君的休闲体验说，其实之前“愉悦体验”这一概念就曾受到不少人的质疑。谢彦君在不同场合从哲学角度对这一概念做过详细的回应和解释，认为愉悦不仅仅是快乐，而是一种紧张或失衡的心理得到释放和平衡的满足感，是一种淋漓尽致的畅快感的获得，旅游愉悦则通过发生在旅游世界的体验活动得以实现。⑦因此，愉悦体验既能涵盖消遣、求知、审美、宗教等大众性旅游诉求，也能涵盖探险甚至“黑色旅游”体验。本研究认为，曹诗图的身心自由追求与谢彦君的愉悦体验并没有旅游活动范畴的不同，只是身心自由的极致体验是旅游愉悦诉求的最高境界。

社会人类学者主要从“通过”式表达性仪式本质和扩张特征的建构性仪式本质来探讨旅游的本质。美国学者纳尔逊·格雷本认为旅游对惯常生活环境的突破，实现了旅游者视野、消费能力、文化影响、活动范围的扩张。⑧

实质上，体验是伴随着整个人生从不停歇的过程，旅游是人类体验愉悦的途径之一；现代消费社会中，部分旅游又被作为一种身份地位的标志符号或生活阶段的仪式表达手段。同时，人类的任何一种主动性文化、经济或政治交往都具有自我扩

---

①谢彦君．基础旅游学[M]．3版．北京：中国旅游出版社，2011．

②Cohen E. A phenomenology of tourist experiences[J]. The Journal of The British Sociological Association，1979，13(2)．

③谢彦君．基础旅游学[M]．3版．北京：中国旅游出版社，2011．

④王玉海．“旅游”概念新探——兼与谢彦君、张凌云两位教授商榷[J]．旅游学刊，2010，25(12)．

⑤徐菊凤．关于旅游学科基本概念的共识性问题[J]．旅游学刊，2011，26(10)．

⑥曹诗图．对“旅游”概念的进一步探讨——兼与王玉海教授等商榷[J]．人文地理，2013，28(1)．

⑦谢彦君．旅游体验的两极情感模型：快乐—痛苦[J]．财经问题研究，2006(5)．

⑧Graburn N H H. The anthropology of tourism[J]. Annals of Tourism Research，1983，10(1)．

张的效果,部分旅游活动也一样。孔子的学生曾点描述自己的志向:“暮春者,春服既成,冠者五六人,童子六七人,浴乎沂,风乎舞雩,咏而归。”孔子喟然叹曰:“吾与点也!”(《论语·先进》)这反映孔子渴望从社会桎梏和生活重压下解脱出来,达到一种随心所欲而不逾矩的理想境界,这种飘忽悠然的暮春之舞、陶然之咏,自然是中国人历来人生至高境界的一种表达,享受生命和自然之美方是人生存在的终极意义。“游”是中国士人对理想人生境界与审美生存方式的颖悟和畅想,对诗意人生由来已久的行为表达方式。[①]

从文献来看,古人曾对旅游活动的本质做出了质朴的解释。《说文解字》说:“游,旌旗之流也。”旌旗之流没有任何实用价值,它的存在只是起一种装饰作用,是为了满足人们的审美需要,所以“游”字又被引申来指称人们审美、娱乐方面的活动。《广雅·释诂三》云:“游,戏也。”《孟子·梁惠王下》云:“吾王不游,吾何以休?吾王不豫,吾何以助?”孔颖达亦云:“闲暇无事谓之游。”(《礼记注疏》)朱熹云:“游者,玩物适情之谓。”(《四书章句集注》)……可见,“游”的核心意蕴恰恰指向旅游活动审美性的本质内涵。

中国历史上以游著名的莫过于谢灵运与李白。山水诗鼻祖谢灵运同时也以旅行家的身份彪炳史册,认为“夫衣食人生之所资,山水性分之所适”,好营园林、游山水,尽幽居之美、纵山水之乐、屏尘世之忧,并制作出专门的登山鞋“谢公屐”;当然不得志也是其出游的因素之一,但不是主要因素。伟大浪漫主义诗人李白不甘人后,道“脚著谢公屐,身登青云梯”;但后期也因不能见容于权贵,隐游四方。山水比德、寄情山水、游目骋怀是中国传统文化的审美追求与境界,在传统的旅游时代,娱乐性世俗愉悦的追求比较少见,作为符号或标志手段的旅游也不存在,旅游的扩张倾向是罕见的。

就现代大众旅游来看,纯粹的山水比德型审美旅游承续不断,探新求异、增长见识的传统旅游市场仍是旅游大军的主流,通过陌生环境的新体验和高度参与的活动体验达到彻底放松身心从而逃避社会与环境压力的旅游市场形势看涨,新兴的奢华娱乐、康体等旅游诉求也渐成潮流,但不论是审美愉悦还是世俗愉悦的旅游诉求的终极目标都是通过“旅且游”这一途径从物质束缚或精神压抑中解脱出来,实现精神的满足和身心的自由,旅游作为一种得以超越物外获得精神自由和解放的技术手段自古而然。[②]很显然,旅游的终极目的是解放与发展诉求的仪式性实现,是以主体的情感释放与个性张扬为旨归的,只是阅读审美的载体是文本,而旅游审美的载体是实景实物。

但在大众旅游时代,审美体验与世俗体验在旅游诉求中同时并存,面对消费主

①刘方.中国美学的基本精神及其现代意义[M].成都:巴蜀书社,2003.

②陶玉霞.乡村大旅游的构建理想与旅游终极目的的回归——以光山县边地潜开发区马畈周区为例[J].广东农业科学,2009(7).

义、多元文化冲突、信仰缺失与人性异化，空虚感是现代社会人们主要的心理问题，其根源在于“自我感的丧失”[①]。无论是单纯审美诉求还是世俗感官刺激的追求，存在于世界上的意义和价值对人来说是生命存续的精神支撑。

（二）旅游概念与范畴的界定

关于旅游概念的界定，学术界至今尚未达成共识，这导致学者们对旅游功能的认知各不相同。旅游研究的泛化倾向也成为学界的热门话题但又无可奈何，其实质是人们潜意识里想找到一个能够调和理论研究与实践操作的同一概念，这样就陷入了学术研究与统计操作概念均被质疑的泥潭。

第一，政府和经济等相关部门需要的是旅游经济计量操作统计的方便，相关部门可以有自己的统计标准，当然，旅游计量经济的研究也不妨使用这种统计标准下的旅游概念，而旅游学定性研究的学者不必干预统计范畴的旅游概念。

第二，旅游社会学研究应该关注的是旅游的质性特征，其概念界定的标准要从旅游的本质属性出发，不具备旅游本质属性的活动均应排除在旅游范畴之外，不能用经济的标准来界定精神文化范畴的概念。

第三，旅游概念的外延要涵盖所有具备旅游本质特征的现象，不能因其计量的微不足道而否定其本质的旅游属性。

谢彦君关于旅游活动属性和特征的论述明晰而完整，但在旅游范畴的界定上陷入一种调和思维模式，本研究认为值得商榷。这里借用谢教授建立的“旅游与各个相关范畴之间的区别与联系”这一模型图（见图2-2）对旅游的范畴做一个重新剖析。

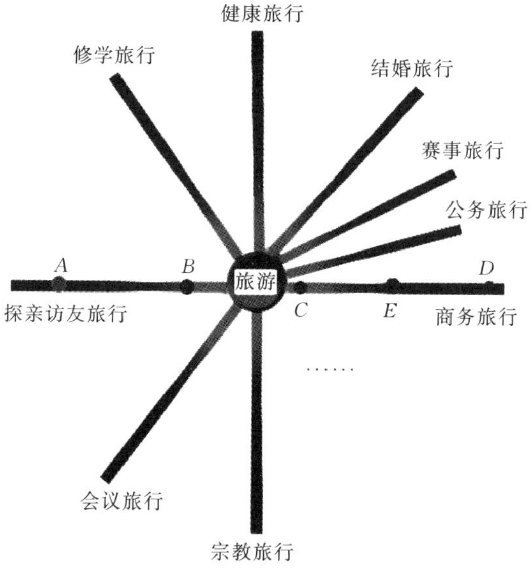

图2-2　旅游与各个相关范畴之间的区别与联系[②]

①罗洛·梅．人寻找自己[M]．冯川，陈刚，译．贵阳：贵州人民出版社，1991.

②谢彦君．旅游的本质及其认识方法——从学科自觉的角度看[J]．旅游学刊，2010，25(1).

目前由于经济统计的需要，涉及商务、会议、探亲访友、宗教、修学、健康等内容的行为均被界定为旅游活动，理由是这些活动往往附带旅游环节，然而不附带旅游环节的这类活动也被列入统计范畴中，从事定性研究的学者们虽有异议但又无法给出一个让人满意的清楚的界定标准。旅游与旅行等相关概念的混淆和使用，源于这些概念指涉的活动都具有异地性、暂时性、跨越空间等共同特征。而旅游作为旅游者的活动与这些有相同特征的活动存在的根本不同之处是其目的上的愉悦体验性和时间范畴的休闲性。但是在实际生活中，我们发现旅游经常与商务、修学、会议等活动相伴而行，这就造成了旅游经济统计区分的尴尬，但本研究认为，对这些活动的质性区分并不是那么困难。在谢教授的模型图中，按照其根据目的主次来识别是旅游还是其他行为的逻辑，研究认为：位于A点上这种以探亲访友为主附带旅游的情况，因其主要活动是探亲，所以我们应该将其视为探亲访友者；位于B点上以旅游为主附带拜访亲友的行为，因其主要目的是旅游，所以我们应将其视为旅游者；位于C点、D点上的商务旅行者依例视之，那么位于E点上的商务旅行者怎么办呢？尽管谢教授力倡旅游学术研究应以界定纯粹现象进行质性研究为根本和起点，但遇到这样具有典型综合行为性质的情况，谢教授依然未能给出一个清晰界定的科学方法，因此以这样一种逻辑对模型中可能存在的诸种行为的界定和判断依然让人感到无所适从。

本研究认为，无论是位于A点、B点还是C点、E点、D点上的行为者，当他在进行探亲访友或商务活动时，他不是旅游者；当他在进行旅游体验活动时，无论旅游是他此次出行的主要目的还是次要目的，他都是旅游者。当在A点或E点上时，其旅游活动的差异只在于他是以什么身份参与旅游的，从而造成其旅游消费行为特征的不同，比如A点上的旅游者因为是探亲身份的旅游者，他的旅游消费可能追求物美价廉，而E点上的旅游者出于商务身份的需要，可能更看重其旅游消费水平代表的身份地位。旅游的概念是质性的界定，旅游者身份具有暂时性，无论贵贱贫富、男女老幼，当且仅当这个人在旅游时，才是旅游者。旅游学术研究主要是关注其旅游进行时的活动特征及对其旅游活动、自身和旅游目的地等产生影响的其他相关社会特征或身份要素。[①]

（三）旅游的类型与发展趋势

关于旅游类型的划分多种多样，不同的工作或研究需要采用不同的划分标准，不同的划分标准可以划分出不同的类型。较早对旅游进行划分的是科恩，他从体

①陶玉霞．旅游本质辨析与学科体系构建再思考[J]．旅游论坛，2014，7(1)．

验需要的角度把旅游划分为休闲、消遣、经验、实验、存在五种旅游体验模式。[①]这种划分有利于深层次研究人类的旅游动机、人类精神追求的目标与途径选择的关系，以及人类的旅游行为特征与旅游影响。基于乡村旅游的理论研究的需要，我们主要从活动内容和组织形式两个角度来探讨旅游的类型及其发展趋势。

从活动内容的角度来看，旅游可以分为以下几组相关的类型：观光旅游、度假旅游、民俗旅游等传统旅游；探险旅游、考察旅游、寻根旅游、生态旅游等专题旅游；康体旅游、娱乐旅游、节事旅游等新兴旅游；乡村旅游、都市旅游等区域旅游……由于旅游动机的多样性、潜在性和可调适性，旅游类型的划分是相对的，其中某些旅游类型之间可能会有交叉。比如乡村旅游中可能会有民俗旅游的成分，度假旅游中可能会有康体旅游的需求，节事旅游可能事关都市主题等，都市旅游与乡村旅游可能包含不同活动内容的旅游，这一点需要我们理解。

在近年的旅游发展中，随着旅游队伍的迅速壮大，传统的观光旅游依然火热，民俗旅游仍然是旅游者探新求异的目标所在。而人们经济收入的增加和休闲生活观念的树立使得度假旅游目的地建设者和旅游者队伍都在迅速发展，度假旅游在今后的发展中会渐渐取得优势地位。

专题旅游古老而常新。考察旅游是一种古老的旅游方式，徐霞客是我国科考旅游的先行者和杰出代表。有人认为徐霞客是旅行家而不是旅游者，但是我们不能否认他的旅行过程中有许多旅游的成分。一些统计性定义对定性研究的意义不大，同时基于交通条件和旅行方式的不同，时长界定的适用性也不同。现在的考察旅游内容更加丰富，形式更加多样，条件更加便利，旅游者身份也更加复杂。探险旅游和寻根旅游也都有悠久的历史，随着交通、通信技术的发展，探险旅游者会逐渐增多；随着人们文化信仰与身份认同需要的增强，寻根旅游者队伍也会逐渐壮大。红色旅游、白色旅游、绿色旅游、黑色旅游等是基于人们特殊的目的或需要逐渐兴起的新型主题旅游，这些旅游主要在某些市场流行。生态旅游严格来说应该是一种旅游理念，它是从旅游开发、旅游经营、旅游者活动等各个环节全方位树立生态理念、开展保护生态的旅游活动角度提出来的。但是目前诸多旅游企业将生态旅游作为一种活动内容指向的旅游项目来开发，旅游的目的地是生态旅游区，而在项目开发、设计和活动开展等方面并没有贯彻生态理念，所以有人将现在的生态旅游称为“破坏生态的旅游”，这是值得人们警醒的。在人类面对越来越严峻的环境、文化、经济、生态等各种危机时，真正的生态旅游应该是旅游发展的基本方向。

随着新技术的大量采用，越来越多的康体、娱乐器械和设备给人们提供了丰富的康体、健身和娱乐项目，这就是布斯汀所认为的“浅薄的”旅游，也可以归为科恩

①Cohen E. A phenomenology of tourist experiences[J]. The Journal of the British Sociological Association, 1979,13(2).

所认为的休闲或消遣旅游的类型。虽然这类旅游活动对人们的精神建设意义不大，但对于缓解部分旅游者的工作和生活压力，从而减轻其精神负累还是有意义的，当然，也有部分旅游者没有任何目标追求，他们属于纯粹消遣娱乐的类型。节事旅游是近几十年来逐渐升温的旅游类型，主要是借节事活动开拓市场、挖掘经济效益，但近年来泛滥成灾的节事旅游也给人们敲响了警钟，没有内涵、没有品位主题、商品化严重的节事旅游难以成功，至少是没有多少社会文化效益。盲从的旅游者也总结教训说这类旅游往往是看个热闹、落个劳累。

都市旅游是文化旅游的热点，它包括将都市作为古都或古城的文化与景观项目、将都市作为旅游中转站和旅游集散地的枢纽项目，以及现代都市的科技、建筑、娱乐、文化项目等。目前作为古都的城市旅游热度还比较高，现代都市设施的吸引力虽在不断增强，但也遭到不少抨击，特别是现代技术应用和打造的游乐设施让人迷失了方向，人为物役，技术遮蔽了人性的光辉。于是，人们开始追寻“诗意栖居”的理想，希冀在乡村旅游中实现“自然之子”的身份回归，寻求精神家园所能给予的心灵慰藉，乡村旅游的发展逐渐成为慰藉心灵的一剂良药。但很快，通过旅游开发发展起来的乡村成为“飞地”和“孤岛”，乡风吹散，乡味不再，乡村作为生产生活的空间转换为乡村旅游者的审美对象和消费空间。乡村旅游何去何从，不但是旅游研究的课题，而且成为关系文化安全和国家发展的重大研究课题。

从组织形式来看，旅游可以分为团体旅游、散客旅游和自助旅游。团体旅游是20世纪五六十年代大众旅游形成的基础，基于廉价、便利的优势，迄今仍然占据主导地位，但由于其浅层、呆板、不自由等，不能满足旅游要求高的客人，因此，与之相对就有基于灵活、自由、深层次优势的散客旅游。自助旅游是自主性强、旅游经验丰富的游客自己安排一切旅游活动的旅游方式。随着人们可支配收入的提高、旅游经验的丰富、目的地条件的成熟，人们的个性化要求日渐高涨，散客旅游和自助旅游成为未来发展的方向。而乡村旅游对体验和参与性的要求较高，相对来说价位比较低，安全性系数高，所以其组织形式主要是散客旅游和自助旅游。

（四）可持续旅游发展

可持续发展是全球问题，也是每个人的问题，个人的生存、成长、环境、资源都实现了可持续的发展，整个人类才能实现可持续发展，从这个角度看，可持续发展也就是和谐发展。所以，可持续旅游发展不仅是一种发展方式、一种发展价值取向，也是一种理性的社会伦理观念。作为一种哲学方法论，它要求我们立足于生态和谐、代际平衡和空间公平，秉持生命平等、社会公平、永续成长的发展理念，实施人与自然和谐相处、相互促进的发展措施，保证人类发展是人性的、温情的、美好的，使我们面对未来有足够的勇气和力量。

在旅游业发展伊始，人们为旅游发展带来的经济效益而兴奋，从经济的角度评价这种比较新的产业，认为旅游业是无污染的绿色产业，是投入小见效快的朝阳产业。随着环境污染、景区拥堵、资源破坏、旅游“废都”等一系列问题的出现，人们开始全面、科学地分析旅游和旅游业发展问题，否定了之前的论调，可持续旅游发展被提上研究、政策与管理日程。

1993年，世界旅游组织(WTO)接受了1990年加拿大旅游局对可持续旅游发展这一概念的界定，认为它是一种科学的旅游资源管理与开发理念，是一种在维持自然生态进程、文化完整、生物多样化和生命支持系统的基础上，能够满足经济发展、社会进步与人们旅游审美需要的同时，既为当下的旅游目的地提供生计，又能增进和维护后代人旅游资源开发和旅游活动开展的机会与权益的旅游发展方式。本研究认为，除了这种历时发展维度代际公平的强调，可持续旅游发展还要关注空间发展维度区域发展的平衡，以及社会阶层维度旅游发展的公平问题；同时，可持续旅游发展不仅关注旅游业发展的可持续性，更应当关注旅游质量的可持续提升——关注旅游活动本身的健康、和谐、高质量发展。旅游发展的终极目标是人性的解放和发展，所以发展旅游时应致力于促进人性解放与发展的实现。旅游业是当下中国乃至全球促进经济发展途径的产业，人们对于旅游休闲的质量和平等权益的诉求在将来的社会生活中则会不断提高和增加，这就要求我们的旅游规划和旅游活动朝着终极目标的要求逐渐成长为一种创造性活动，在创造中展示人性的自由与生命的美好。

在旅游业发展方面，有的政府和企业将眼睛盯在经济利润的获取上，无视旅游资源及所在地的情况和承载力，无视当地经济条件和文化环境，盲目地将旅游业作为支柱产业来发展，造成经济漏损、产业失衡、文化破坏、旅游废墟等诸多问题。

在旅游规划与项目策划方面，旅游规划资质的申请门槛低，以及受各种人情关系的影响，各种学术背景、各种职业经历的人都能涉足旅游规划与项目策划。专业理论素养差、实践经验少、责任感不强的规划者很容易出现一些失误，造成诸多旅游资源破坏、价值丧失、环境污染、生态失衡、文化商业化等问题。在项目策划方面，一部分规划者的眼睛仍然盯在经济效益上，越来越多的旅游项目只顾豪华、奢侈，而无视大多数普通人的需求，在旅游方面形成巨大的消费鸿沟。

因此，在旅游可持续发展方面，我们有非常多、非常重要的事情要做，而且十分紧迫。尤其是随着近年来乡村旅游的发展，由于大部分乡村经济、自然、文化环境还比较脆弱，旅游发展的一系列问题对乡村的危害逐渐显现。在统筹乡村发展的政策背景下，在旅游地产介入乡村旅游发展的特殊时段，乡村不但遭遇着城市化发展的煎熬，还面临着重构的巨大风险，这些问题对乡村及可持续旅游发展构成极大的威胁。

二、乡村旅游的哲学原理构建

乡村旅游的哲学原理：世界是物质的，物质是运动的，运动是有规律的，乡村生产过程实际上是物质生产过程，它是按照乡村生产规律进行物质运动的过程，乡村生产过程中的物质运动是需要人类参与的，人类的参与过程就是劳动体验过程，从某种意义上讲，旅游是一种参与过程、体验过程，运用科学的方法把旅游参与体验过程和劳动体验过程结合在一起，就可以实现乡村旅游，这本身就是具有浓郁体验特色的乡村旅游形式。人类本身就是物质的，人类的生存发展也离不开物质，人类生存的物质需要靠劳动获得，所以马克思和恩格斯认为应让劳动成为生活的第一需要。

劳动成为生活的第一需要是马克思和恩格斯所描绘的未来共产主义社会基本特征，是人类劳动的最终形式，更是人类社会孜孜不倦追求和奋斗的终极目标。但是，现在人们想到劳动，就会联想到辛苦、单调、枯燥、流汗……那么怎样才能让劳动成为生活的第一需要呢？要想实现共产主义的这一终极目标，劳动除了具有原来的生产功能，还必须具有以下属性。

其一，未来的“劳动”不以追求经济利益为目标。现在的劳动基本上是为了获得经济利益，一切以追求经济利益最大化为目标。在这种情况下，劳动不可能成为生活的第一需要，只能成为人们生存的手段，而且是竞争压力越来越大的谋生途径。人们的价值取向源于政府的宣传与引导、源于世界上不同国家的共同努力，当经济发展到一定的阶段，要积极倡导人们追求生活的幸福、工作的愉悦，社会环境的宜居、自然环境的优美，而不是一味追求经济效益，只有这样，才能把人们从高压力的劳动中解放出来，简而言之，未来的“劳动”不是以赚钱为唯一目的。

其二，未来的“劳动”要充满愉悦感而不是辛苦感。在科技水平不是很高的情况下，劳动者的劳动条件恶劣、劳动强度大、劳动过程辛苦，这样的劳动肯定不会有愉悦感，但随着科技的不断进步，劳动工具大幅度改进，劳动强度大大降低，劳动环境明显改善，劳动者在劳动过程中的辛苦感逐渐减少，愉悦感逐渐增强，这是社会发展的必然趋势。

其三，未来的“劳动”不是简单的劳役而是高端的需要。劳动往往是迫于生活的压力，特别是乡村生产劳动，给人们的印象是低级、枯燥、辛苦的，那怎样才能使劳动成为高层次的需要呢？马斯洛需要层次理论将人们的需要分为生理需要、安全需要、社交需要、尊重需要和自我实现需要五类，依次由低层次向高层次逐级递升（见图2-3）。人类的最高层次需要就是自我实现需要，如果劳动成为人们自我实现的需要，那么劳动就不再有高低贵贱之分，只有社会分工不同，大家都在不同的劳动岗位上践行着自己的自我实现需要。旅游是人们的高层次需要，如果能够把乡村劳动过程旅游化，就恰好可以把“劳动”转化为人们高层次的需要。

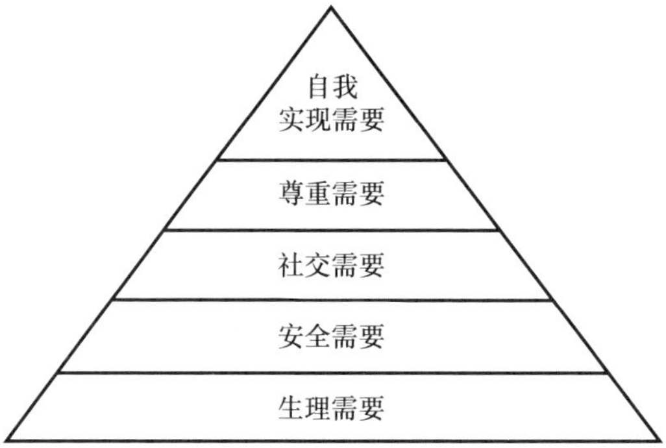

图2-3 马斯洛需要层次理论

其四,未来的"劳动"不是被动的而是劳动者自发自动的活动。每一个人作为单个生物体,适当锻炼能促进新陈代谢及血液循环,提高机体免疫力,使身体保持健康状态,特别是一些脑力劳动者和轻体力劳动者更需要锻炼。锻炼分为两种:一种是纯粹的单一锻炼,为锻炼而锻炼,对社会不会产生价值;另一种是积极的、能产生社会价值的锻炼,自身锻炼的同时,又为社会创造了价值,比如愉悦式的休闲劳动就是有社会价值的锻炼。随着科技的进步,劳动者的劳动强度不断降低,人们需要更多的锻炼来维持自身的新陈代谢,这种休闲式、愉悦式的劳动将会成为人们自发、自动的选择。

综上所述,劳动如果具备了这些功能,马克思和恩格斯描绘的劳动成为生活的第一需要的构想就可能实现。简单来讲,未来的"劳动"是不以赚钱为目的的实现自身高层次需要的愉悦过程。这些功能恰恰是旅游的特征,旅游就是不以赚钱为目的,而以实现自身高层次需要为目的的愉悦过程,换言之,只要把劳动过程旅游化,就可以实现劳动成为生活的第一需要的终极目标。

三、乡村旅游的生态美学原理构建

乡村旅游的生态美学原理:旅游过程就是对美的寻找和感悟过程,特别是生态美,更是旅游者追寻的高端产品,旅游者对乡村生态美的追寻是乡村旅游的基础。乡村生产过程是在遵循自然生长规律的基础之上加入了人类调控行为的生物生产过程,乡村生产过程的生态之美,一是强调自然美与艺术美、内容美与形式美的辩证统一,以艺术美来展示自然美、以形式美来彰显内容美,达到不是原生自然胜是原生自然的景观效果;二是强调动静结合、动中求静、静中寓动,乡村生产过程中有生长的动感,动态的生长过程中又蕴涵着无限的静谧与清幽;三是强调大与小、远与近、露与藏、明与暗的对比,农作物的高与低、疏与密、俯与仰勾画出乡村生态景观丰富多彩的边际线;四是强调心境深远,以悟性去意会乡村景观艺术的灵性和游趣,重视含蓄,重视民风农俗,忌讳人情淡薄;五是强调以农作物组景为主,追求乡村景观的色相和季相的变化，尽量追求层次美、形象美、风韵美；六是强调乡村景物的相互烘托与映衬，注重乡村场景与村落的融合、渗透与呼应。

乡村生产过程的生态之美从有机整体的自然视角来看，其内涵即彰显生境之美、和谐共生之美和生命样态之美。

生境之美：以自然生命为主体，自然生命与乡村生产环境和谐一致表现出来的健康样态之美，乡村生产过程的生态之美从感性样态上表现为季相美、生机美、和谐美和整体风貌美，从形式上来看，乡村生产过程的生态之美表现为原生态自然美、人化态自然美和共生态自然美。

和谐共生之美：乡村生产过程的生态美强调人的生命与万物的生命的和谐共生，包括人在内的任何单一种群一旦过度扩张，就意味着生态机制可能被破坏，生态系统有可能崩溃，从而危及整个生态系统中的所有生命体，和谐共生不是生命的竞争消亡，而是在对立统一的生态系统中形成天然的制衡机制，和谐是良性生态系统的表现，共生是地球生命价值的最大化。

生命样态之美：乡村生产过程的生态美不能进行形式与内容的二元割裂，更不能对其进行还原式分解，按照有机整体自然的观点，乡村生产过程的生态美应该是内容和形式的有机统一，乡村生产过程的生态之美不是一枝一叶的美，更不是单纯的外在形式美，它是整体的、有机的、完整的、统一的生命大和谐之美。

乡村生产过程的生态之美的研究范畴：生态美学强调整体性和系统性，所以乡村生产过程的生态之美研究范畴应该包括以下几个方面：第一，乡村景观自身之美，田园风光本身就是美之所在，也是成为旅游资源、吸引旅游者的重要因素；第二，乡村作物与环境的协调之美，农作物与村落、山川、河流等之间的生境是构成美的重要组成部分；第三，农业、林业、畜牧业、副业、渔业之间的调和之美，农业、林业、畜牧业、副业、渔业之间的物质与能量循环是乡村生产过程中必不可少的环节，系统循环之美是乡村生产过程的生态美学的研究内容之一；第四，人与乡村之间的互动之美，人们在从事乡村生产之时要遵循自然，按照自然规律去安排农事，不误农时，使乡村生态系统向着良性方向发展，乡村生态系统也会给人们带来更多的回报和丰收的喜悦；第五，人们从事乡村生产时的体验感悟之美，人们从事乡村生产的时候可以获得体验之美、感悟之美，换言之，乡村景观给人们带来陶冶之美。

乡村生产过程的生态之美是在生态科学的指导下，从有机整体自然观的视角来审视美，乡村生产过程的生态之美的具体表现如下。

（1）乡村生产过程的生机之美。《周易·系辞上》有“生生之谓易”，就是万事万物随时都在变化，随时都在产生新的东西，乡村生产过程表现出生命蓬勃向上、积极努力的生长趋势，乡村生产过程就是生命潜能的激发过程，这样的生机之美早已经被人们发现。“离离原上草，一岁一枯荣；野火烧不尽，春风吹又生”“大雪压青松，青松挺且直”等诗句都是积极向上的健康的生机之美的描述。

(2) 乡村生产过程的季相之美。一年分四季,季季景不同。随时间的推移,乡村景观呈现不同的季相:春季冰雪融化,大地复苏,风和日丽,开犁春种,百鸟争鸣;夏季温度渐升,荷花盛开,夏草疯长,菜花飘香;秋季五谷成熟,丹桂飘香,枫叶似火,满地金黄;冬季冬雪飘飘,寒风刺骨,寒鸦鸣叫,梅花吐香。

(3) 乡村生产过程的整体风貌之美。在乡村生产过程中生态美的体现不是孤立的,而是系统的、整体的,小桥、流水、人家描绘了一幅恬美的乡村生活画面,但是如果分散开来,单独看一件景物,就完全失去了原来的意境,《国语·郑语》中有"声一无听,物一无文,味一无果,物一无讲",乡村生产过程的生态之美需要多种元素共同组合,才能创造出乡村的生态美。

(4) 乡村生产过程的和谐之美。乡村生产过程的和谐之美包括内在和谐与外在和谐,内在和谐是指生命体内部各要素的和谐,外在和谐是指生命体与生存环境之间的协调一致,包括动物与动物之间的和谐共生、植物与植物之间的和谐共生、动物(包括人)与植物之间的和谐共生。对生态系统来讲,复杂多样的合作胜于简单的竞争,乡村生态系统只有在相克相生中形成和谐有序的有机整体,才能彰显生态之美。

四、乡村旅游的心理学原理构建

乡村旅游的心理学原理:乡村生产过程中有视觉美、听觉美、嗅觉美、味觉美、触觉美等,这些美需要旅游者去感知、想象、共情和理解,乡村旅游就是架起旅游者与乡村生态之美间的一座桥梁。

按照心理学的观点,旅游景物的美是需要人们去认知的,认知的方式有视觉感知、听觉感知、嗅觉感知、味觉感知、触觉感知等,乡村生产过程可以从这些方面构建乡村的生态之美,生态之美是因主体(人)的感知而被发现的,没有主体的感知就不会知道客体的美,所以按照生态之美的感知方式可以把乡村生产过程的生态之美划分为以下几种类型。

(1) 形态之美:乡村生产过程中有许许多多美的自然和人文形态,如一望无际的麦田、辽阔的草原、错落有致的梯田、风格各异的农舍等,这些共同构成了乡村生产中形态各异的生态之美。

(2) 颜色之美:蔚蓝的大海、碧绿的草原、火红的辣椒、绿油油的麦苗、金灿灿的谷穗、雪白的梨花、红彤彤的高粱等,乡村的颜色可谓丰富多彩,所以乡村也能够被称为色彩乡村。

(3) 声音之美:乡村生产过程中会有很多声音体现乡村的生态之美,比如小桥流水声、百鸟争鸣、虫叫蝉鸣、牧笛声、手工作坊的叮咚声、草原上嘹亮的歌声、牛叫马嘶、鸡鸣犬吠等,这些都是乡村具有的声音符号。

(4) 味觉之美:到农村品尝新鲜与美味的绿色食品已经成为当今的时尚,如苹果的甘甜、葡萄的酸甜、甘薯的香甜、大蒜的辛辣、辣椒的火辣、苦瓜的微苦、野菜的清新、马奶酒的醇厚等，这些共同构成了乡村的味觉之美。

（5）嗅觉之美：美妙的嗅觉感受能使人心情愉悦，思维流畅，乡村生产中有很多环节可以给人的嗅觉带来美妙的感受，比如麦田的清香、泥土的芬芳、丹桂飘香、农家饭的香味、袅袅炊烟升腾起来的农家气息等。

（6）触觉之美：赤脚走在乡间的田野中，清风拂面，举手抚摸沉甸甸的高粱穗，弯腰摸一摸地上的小草，抓一把泥土，吻一吻初开的花骨朵，这种对生态之美的感知会更直接、更深刻。古人对触觉之美也有类似的描绘："古木阴中系短篷，杖藜扶我过桥东。沾衣欲湿杏花雨，吹面不寒杨柳风。"

（7）体验之美：单纯的观赏往往不能满足旅游者的需求，亲身参与、亲身经历可以给旅游者更多美的感受，比如放一天羊、当一天果农、做一天农活、犁一块地、摘一篮果实、挤一次牛奶等，可以丰富一个人的经历。

（8）感悟之美：感悟就是在乡村生产过程中有所知、有所悟，知晓以前不了解的知识，知识的增长可以让旅游者感受到收获之美，在乡村生产过程中设计一些科普性乡村旅游产品，能让旅游者产生感悟之美。

（9）康健之美：厌倦了城市车水马龙、人声鼎沸生活的人们，来到清新悠闲的乡村过一过返璞归真的生活，可以达到康体的效果。

五、乡村旅游的行为学原理构建

乡村旅游的行为学原理：行为是人体生命的特征表现，生命是由躯体与灵魂组成的，躯体是组成生命的有形部分，灵魂是组成生命的无形部分，在相同的社会群体之中，拥有相同的习俗和文化，成员的个性灵魂会有较多的共同点，因此就形成了社群成员某些行为的共同特征，当今社会远离乡村的城市人口渴望了解乡村，希望返璞归真，这种文化心理催生了乡村旅游。

在特定的环境之中，具有特定个性的人会有特定的行为表现；在相似的环境之中，具有相似个性的人或相似共性的群体会有相似的行为表现。按照行为学理论旅游行为产生的动因可以分为两类：第一类是由内部变量（internal inputs）内在的压力推动旅游者外出旅游；第二类是由外部变量（external inputs）引发的拉力拉动旅游者前去旅游。

第一类，因为"推"而产生的旅游行为。

社会的进步使得人们竞争越来越激烈，经济的发展使得人们工作与生活的压力越来越大，这种自身的压力会逐渐转化为推力，从而推动现代城市居民去放松、去旅游呢？城市居民首选自己相对陌生的乡村，体验乡村旅游的休闲与放松。

第二类，因为"拉"而产生的旅游行为。

第一类旅游者因"推"而产生旅游行为是人类发展到一定阶段的社会现象，是宏观的，对旅游企业而言，是不可以控制的社会大环境，只能适应，不能改变。第二类旅游者因为旅游资源吸引力的“拉”而产生的旅游行为，对旅游企业而言，是可以操控的，旅游企业可以首先了解现代旅游者的旅游消费需求，然后有针对性地开发旅游产品去满足市场需求，当今社会旅游的时尚潮流是绿色、环保、生态、返璞归真，乡村旅游是最契合这种潮流要求的，随着乡村产业化的不断发展，乡村不仅仅具有生产功能，还具有改善人们生活环境，为人们提供愉悦、休闲、观光、度假的功能。乡村旅游是利用乡村自然田园景观、乡村资源、乡村生产经营活动以及农村民俗文化等，经过规划、开发、设计，使乡村发挥观光功能和休闲功能，提升城市居民对乡村生活的体验，增加旅游品种，增加农民收入，促进乡村经济发展的一种新型旅游活动。它是以乡村生产为依托，与旅游业相结合的一种新型乡村发展模式，也是旅游业中的一个新型项目，是旅游业在乡村沃土中的一种延伸，是当今人们追求个性化、生态化、返璞归真、回归自然心态的一种表达。这种旅游人群的旅游行为是乡村旅游的主要研究对象。

六、乡村旅游的经济学原理构建

乡村旅游的经济学原理：乡村生产属于第一产业，有自己的生产、流通、消费、分配体系，但是乡村作为传统行业，它的经济效益相对第二、第三产业来说更低，社会经济发展的目的之一就是缩小贫富差距，构建和谐社会。乡村旅游可以促使居民收入的再次分配，旅游的过程就是居民收入二次分配的过程，这是乡村旅游的经济基础。

乡村旅游既是一种旅游形式，又是一种经济现象。在乡村旅游过程中，首先，乡村旅游可以促进产业融合，延伸乡村价值链。第一、第二、第三产业的融合可促使产业上规模，形成地方特色，减少产业间的交换成本，推进产业升级，助推当地经济的综合发展，提升当地经济竞争力。其次，乡村旅游可以使乡村剩余劳动力就地转移。就业是当今社会的一大难题，农村剩余劳动力就业劣势明显，乡村旅游可以增强农村劳动力的“两栖性”，农忙时是农民，农闲时是旅游从业者，避免产生外地人口争夺本地就业岗位的“飞地化”现象。最后，乡村旅游有利于收入再分配，构建和谐社会。任何一个社会制度的分配方式都不可能是绝对公平合理的，一般来讲，城市居民的收入分配会高于农民，造成城乡差异及社会的不和谐发展。乡村旅游的消费主体是城市居民，受益者是农民，因此，发展乡村旅游对于促进社会收入再分配和构建和谐社会是利好之事。

第五节　乡村旅游的原则、构成要素及属性

一、乡村旅游的原则

乡村旅游的实现必须遵循科学的开发原则，按照原则去打造乡村旅游产品。

（一）因地制宜突出特色原则

乡村的生产过程离不开现实的自然环境，现实的自然环境又具有时空性和多样性，因此乡村旅游就具有明显的季节性和地域性。乡村旅游必须依据各地的具体条件、乡村生产资源和季节性特点，充分考虑乡村的区位条件及交通条件，因地制宜、因时制宜，突出区域乡村的特色。

（二）借助邻近旅游景点原则

在乡村旅游的选址过程中，应尽可能与原有的旅游点相结合，邻近原有的旅游景点和景区，增加旅游产品的项目，延长旅游线路的长度，与原有旅游景点组合，带动新兴的乡村旅游景点，以乡村旅游促进原有旅游景点发展，从而增加经济收入，为发展高效乡村提供条件。

（三）临近服务大中城市原则

乡村旅游的目的就是要吸引旅游者，所以要接近客源市场，乡村旅游的主要客源在城市，因此首先应在大城市郊区，或者经济发达的中等城市群周边发展乡村旅游，那里的居民对乡村旅游消费有强烈的需求，具备消费能力，交通比较便利，拥有旅游动机，发展乡村旅游的条件相对优越。

（四）基础设施先行配套原则

乡村旅游发展的前提是基础设施建设必须搞好，如水电、交通、餐饮、住宿等旅游基础设施，专门设计的旅店、农舍、餐厅、娱乐场所和度假村，并且开发具有特色的旅游产品和旅游纪念品，以供旅游者开展游览、观光、购物、品尝、参与、体验、度假、休闲等多项旅游活动。

（五）与新农村建设相结合原则

乡村旅游要与新农村建设规划相结合，搞好乡村民居及道路规划，合理开发旅游，保证土地的生态化利用，改善乡村环境，在保留民居、民俗的同时，建设具有当地特色的乡村新民舍，以供旅游者体验乡村生活。

二、乡村旅游的构成要素

发展乡村旅游的前提必须要有丰富的乡村要素，比如丰富的土特产、淳朴的乡村农俗、优美的田园风光、迷人的田野景观等。

（一）景观构成要素

按照景观，乡村旅游的构成要素可以划分为自然要素、人工要素、事件要素。

(1) 自然要素：清新的乡村空气、静谧的田园山水、令人思乡的泥土气息、安静的山村空间、纯真的民风农俗、绿色新鲜的农副产品等，是构成乡村旅游的自然要素。

(2) 人工要素：赏心悦目的现代化乡村设施、规划科学的乡村田园、便利通畅的乡村路网、功能配套的水利设施等，是构成乡村旅游的人工要素。

(3) 事件要素：旅游者可以直接参与的简单的乡村实践活动，如捉鱼捕虾、采莲摘藕、放牧挤奶、推磨打粉、收瓜种菜、嫁接剪枝、采花摘果、插秧收稻、乡间餐饮、采茶品茗等，是构成乡村旅游的事件要素。

（二）形态构成要素

按照形态，乡村旅游的构成要素可以划分为物理要素、生态要素、文化要素。

(1) 物理要素：由一些无生命的要素组成，如道路、农舍、桥梁、温室大棚等，主要表现为静态的旅游景观。

(2) 生态要素：由有生命的元素构成，如田园、牧场、水系、荷塘、绿地等，主要表现为动态旅游景观。

(3) 文化要素：由人文因素融合其中，如乡村文化、农耕人文、乡村艺术、乡村生活、农俗民风等，主要表现为有特色的旅游文化景观。

（三）功能构成要素

按照旅游功能，乡村旅游的构成要素可以划分为观赏要素、示范要素、体验要素、产品要素、认知要素。

(1) 观赏要素：如缤纷绚丽的花卉种植园、整齐划一的农田带、令人惊叹的园林造型、品种繁多的瓜果园、可爱活泼的动物饲养园等在旅游过程中的主要功能是供旅游者观赏。

(2) 示范要素：如乡村高新科技示范区、乡村科普示范区、生态乡村示范区等，向旅游者展示特色的乡村生产景观和管理经营模式，传授系统的科学知识，使旅游者在旅游过程中增长知识，开阔眼界，了解乡村生产过程，珍惜劳动成果。

(3) 体验要素：民居农舍、农事活动场所、整治的土地、播种的田地、收获的场景、加工作坊、饲养场地、水产养殖场等构成旅游者的体验要素，使旅游者体验农事，了解农业技术，知晓经营管理的程序，达到做农家事、享农家乐的田园境界。

(4) 产品要素：主要由自助采摘果园、自助采摘菜园、自助采摘花园、自助挤奶场、自助酿酒坊、自助豆腐坊、自助田园料理坊等要素构成，让旅游者亲身参与成果的收获、加工、制作等过程，这一要素也是乡村土特产直接销售的最佳渠道。

(5) 认知要素：可以由昆虫世界、蝴蝶谷、蜜蜂农场、鸟类乐园、小型植物园、锦鲤池、科普教育区等构成，主要目的是让旅游者获得科学知识。

三、乡村旅游的属性

乡村旅游作为乡村生产特殊方式和旅游特殊形式的集成，它具有自然属性和社会属性，其中社会属性又分为文化属性和经济属性。乡村旅游的多重属性是乡村旅游的本质特征。

(一) 乡村旅游的自然属性

自然属性是乡村生产的固有属性，乡村旅游以乡村生产过程为载体，受自然资源禀赋的限制和自然环境的影响，所以具有自然属性，乡村劳动的对象是具有生命的动植物，我们利用动植物体的生活机能，把自然界的物质与能量转化为人类需要的产品，所以乡村旅游必然具有自然属性。

乡村的自然属性具体如下：一是不可替代性，无论社会发展到什么地步、科技进步到什么水平，乡村都是人类获取能量和营养的重要来源，这一点不可替代；二是地域性，不同的地域的光、热、水、土壤等条件不同，适合不同的动植物生长；三是时间性，乡村生产必须遵循时间规律进行播种、收获；四是差异性，不同种类的动植物拥有各自的生长规律，这种规律千差万别，这是乡村旅游产品丰富多彩的原因；五是规律性，相同或相似的动植物，它们的生长规律具有相似之处，这是乡村可以扩大种植区域的原因。乡村旅游追求的不仅仅是农作物生长的自然属性，而且是把环境的自然属性内生化。随着克隆技术和生物固氮技术的广泛应用、分子生物学的发展、遗传工程的崛起、生物基因库的建设，乡村的面貌会发生新变化，但是这些变化也是在遵循基本自然属性的基础上产生的。

(二) 乡村旅游的社会属性

乡村旅游的社会属性包括文化属性和经济属性。乡村旅游从经济角度上讲是为社会提供精神、文化产品，乡村旅游产品面向全社会，全社会人口都有机会消费乡村旅游产品，乡村历来就是人类文明的基础，也是人类文化形成的重要基础，乡村自身具有非常丰富的文化内涵，乡村旅游的文化不单指乡村文化，也包括乡村文化之外的相关文化，乡村旅游的创意尽管多种多样，但文化创意是最重要的途径，赋予乡村生产过程文化内涵，因此文化属性是乡村旅游的基本属性。乡村旅游为社会提供直接和间接的就业机会，乡村旅游产品面向全社会，全社会人口都有机会生产乡村旅游产品，乡村旅游产品以物质产品为载体，以满足旅游者的精神需求为目的，从而增加乡村经济收入，乡村旅游不追求农产品的数量，而是追求乡村经济的总量，因此它的主要属性是经济属性。

第六节　乡村旅游文化与重构路径

传统中国是乡土社会，乡村是中国传统文化的根基。党的十九大报告提出，实施乡村振兴战略。党的二十大报告提出，全面推进乡村振兴。全面建设社会主义现代化国家，最艰巨最繁重的任务仍然在农村。党的二十大报告对乡村振兴在当前和今后一个时期的主要任务做出了全面部署。本研究在介绍乡村旅游文化内涵、核心、特征、类型与构成要素的基础上，基于游客、主体意识、社会历史、文化建构主义、后现代主义、文化复兴、文化救赎等方面对我国乡村旅游文化重构进行多维认知研究，阐述我国乡村旅游文化重构的哲学、生态、人性发展、健康消费等理念，深入分析影响我国乡村旅游文化重构的乡村旅游产品异化、乡村认知异化、虚幻消费、乡村旅游体验差异、游客身份与诉求差异等诸多因素，研究我国乡村旅游文化重构的社会背景、发展现状与面临的挑战，提出确立传统文化现代传承的旅游发展导向，以高品位产品正确引导游客的消费理念，加强乡民的乡村重构意识建设，重建乡村文化，发挥游客积极作用，强化乡村旅游文化强大的文化建构功能，为中国传统文化的现代传承、乡村文化的全面振兴贡献旅游的力量。

一、乡村旅游文化概述

21世纪，中国社会、经济、技术的发展日新月异，城市化、工业化与现代化进程不断加快，同时也步入了消费主义时代。2001年诺贝尔经济学奖获得者、美国经济学家约瑟夫·斯蒂格利茨把“中国的城市化”与“美国的高科技”并列为影响21世纪人类发展进程的两大关键因素[①]。但城市在为人们提供现代化便利的同时，也产生了交通、环境、安全、生态方面的诸多问题。面对城市的喧嚣与混乱，人们开始拷问自己的心灵：生命到底需要什么？哪里才是心灵的真正归宿？乡村旅游文化就是要营造人类心灵向往之生产生活性理想家园和灵魂栖息地。

（一）乡村旅游文化的内涵

1. 旅游文化内涵

旅游文化的界定一直是学界高度关注的问题。借鉴国内外关于旅游文化界定的诸说之长，结合多年旅游研究的实践，本研究认为，旅游文化是人们的旅游活动体验与介入过程及其精神产品的总和。这个定义主要包含以下四层含义[②]。

第一，旅游文化既包括其创造过程——旅游活动体验与介入，也包括这个过程的结果——精神产品。旅游体验即旅游者特有的旅游认知与经历；旅游介入即非

①田雪原，王国强．全面建设小康社会中的人口与发展（2003）[M]．北京：中国人口出版社，2004．

②朱伟．旅游文化学[M]．武汉：华中科技大学出版社，2011．

旅游者对旅游活动有目的地直接干预;精神产品则是以观念形态为主的产品。文化是主体与客体在人类社会实践中的对立统一物,有过程,有结果,旅游文化也是如此。

第二,旅游文化是一种精神现象。定义中的"体验"与"介入"固然包含行为因素,但按精神物质两分法,行为仍属精神范畴;"体验"与"介入"的结果固然也会产生物质产品,但这些产品大多以观念为核心、以物质为载体,基本属于精神文化,主要是一种文化的介入。旅游体验来自旅游活动之中,旅游介入来自旅游活动之外,由此形成的精神文化构成旅游文化的主要部分,这是旅游文化与非旅游文化的重要区别之一。

第三,旅游文化的主体——人,除旅游者外,还包括旅游从业人员、旅游地居民、旅游研究者等。凡参与旅游文化创造的人,都是旅游文化的主体。这是旅游文化与非旅游文化的又一重要区别。

第四,旅游文化的客体——旅游本体,既包括旅游诸要素,也包括旅游对象。旅游体验是人们对旅游活动的体验,旅游介入是人们对旅游本体的介入。没有旅游活动这个体验对象,人们不可能创造出旅游体验文化;没有旅游本体这个介入对象,自然也没有旅游介入文化。人们对旅游要素(如旅游景观)的体验或介入,形成单项性旅游文化,如旅游景观体验文化、旅游景观开发文化;人们对旅游整体的体验或介入,形成综合性旅游文化,如旅游体验文化、旅游介入文化。

2. 乡村旅游文化内涵

综合相关研究成果,结合乡村旅游乡村性特征的要求,融合国内外乡村旅游文化内涵,本研究认为,乡村旅游文化是以乡民传统生产和乡土生活文化为吸引核心,以乡村自然生态背景、乡村生态聚落、传统乡村劳作、乡村地域特色经济、传统农耕与民俗文化、乡村民居建筑与家具陈设等整体系统性的乡村性文化形态为内涵的乡村旅游目的地的乡土文化。乡村旅游目的地的地域空间是乡村旅游文化的核心处所,系统性的乡村景观文化是乡村旅游文化的内涵,不同时具备乡村性空间特征与内涵特征的乡村文化亦可归属于乡村旅游文化。因此,乡村旅游文化的内涵需从地域空间范畴和乡村景观文化两个内涵方面来认知和把握。

第一,乡村旅游文化的地域空间范畴。乡村旅游文化是位于乡村这个特定地域范围内的一切乡村性文化资源。从土地利用类型看,土地主要用于农、林、牧、渔业的粗放型基础性生产,乡村乃是近期尚处于粗放型土地利用状态的那些偏远的地区[①]。从生态构成上看,乡村主要处于原生态自然生产区域,人口稀少且分散,受城市影响较小。总之,乡村是相对"城市"概念而言的,具有粗放的土地利用、开敞

①Robinson G M. Conflict and change in the countryside[M]. London:Belhaven Press,1990.

的乡村生产地带、小规模斑点状分布的聚落、社会结构简单、人口密度较低等特征。

随着工业化、城市化和现代化进程的加速，大量非乡村性或现代性因素不断向传统乡村渗透，乡村性的传统意涵被扭曲，工业化与现代性改变了乡村传统生活，乡村旅游的发展、逆城市化、新农村建设等因素加剧了乡村传统社会的变迁，全球化及现代信息传播对乡村社会的变迁也产生了越来越深刻的影响。

第二，乡村景观文化的内涵。在乡村旅游视野中，乡村景观文化的内涵需要从文化的乡村性和旅游性两个方面来理解和把握。

乡村旅游文化的乡村性是指乡村传统产业生产性、传统乡村生活性、整体系统结构的原生态性文化、要素及载体。乡村旅游文化的旅游性是指在旅游开发的过程中，乡村资源要素的审美和参与体验功能被逐渐开发出来，使其逐渐兼具适宜旅游活动开展的属性。因此，在乡村旅游开发过程中，必须保持乡村旅游文化的乡村性，以及把握好旅游性开发的度。

（二）乡村旅游文化的核心

文化是人们对自然和社会实践及其认知规律进行历史总结的成果，也是将这一成果世代传承下去的途径和工具。所以《周易》云："观乎人文，以化成天下。"文化既以有形的符号载体通过物质实体予以展示，又以无形的知识体系、价值取向、思想意识渗透于人们日常的社会实践、生活方式、行为言语中，从而形成一个人类群体共同的生存和发展框架，并规范和化育着成长在这一文化氛围中的人，最终体现为群体的文化认同感和个人的人格。文化既以文饰人，又以"文"所代表的意识形态来塑造人，从精神意识上"内化"人，即文化或文化场域的化育功能和建构意义。那么在乡村地域空间长期的农事生产生活实践中积淀和传承下来的乡村文化传统，对生活于其间的乡民有着引导与化育的作用，也有着规范与约束的作用；同时，作为文化实体，它对前来的游客同样有化育引导和规范建构的作用。

1. 乡村是我国传统文明的载体

中国五千年的文明是农耕社会的文明，乡村支撑着以农耕文明为根基的城市文明。从历史到当下，乡村都是我国的重要财富。首先，乡村是乡村生产即食粮生产的主要空间和载体，农业是人类生存和发展的基础，农产品生产的安全关乎人类的生存。其次，乡村是中国五千年传统文明的载体。乡村是原生的，是家园，而走向城市就好比孩子长大了到外面探险，到外面寻找新的发展与生活方式。到外面闯荡的游子携带着世世代代在乡村生产生活中积累、承传和发展起来的地域性乡土文化和农耕文明，携带着中华文明演化的秘密和基因，希望新的城市能给他们带来机遇和好的生活。但落叶归根是中国人特有的情怀和传统，不论走多远，生命的归宿仍在乡村家园，因为乡村家园给了我们生命的自然感和归属感，中国人心底里对乡村家园有着根性的文化心理认知。

乡村文明传统与习俗是几千年沉淀、传承下来的，这些传统与习俗维系着乡村社会与人心的和谐与稳定。乡村传统文明是中华民族文化之根，是确立中华民族主体性和自信的根基。当下，中国乡村危机的实质是民族主体迷失和自信不足的危机。一个没有乡村历史的民族是没有根的民族，一个丢掉了传统的民族是没有未来的民族。

2. 乡村旅游文化的核心功能是文化传承

生命的本质是追求心灵自由与人性健康发展，而不是追逐奢华的物质享受。而作为城市现代病之一的消费主义正在向乡村主体渗透，诱导着乡村走向经济功利与消费时代，吞噬着乡村勤俭节约、诚信敦厚的优良传统。实质上，摆脱贫困窘境的乡村及乡民，他们需要的是文化素养的提升、心灵的强大、社会公平与人权尊严，而不仅仅是物质生活的提升。

"三农"问题的解决思路必须从"消灭农村"向"建设农村"转变，必须从"非农产业"回归"乡村重建"，只有提升乡村财富生产力才能获得真正的发展。就乡村旅游发展来说，乡村游客的本真需求不是乡村的舒适、便利、现代化等，而是乡村的简单、质朴、宁静、恬淡、绿色，是通过辽阔的大地、挥洒汗水播种希望的耕耘、养育生命绵延文明的嘉禾、高远蓝净的天空、简单恬淡的生活、质朴祥和的民风、怡神康体的娱乐来涤荡自己的灵魂，重铸民族与传统的信仰。这些要素都是乡村旅游特有的文化底蕴，是中华文化发展的不竭源泉，也是保证乡村健康、可持续发展的基础，它对人性具有巨大的精神化育作用。也就是说，农民拥有的真正财富具有养育生命、化育人性的力量。所以乡村旅游文化发展的源泉正在于此。以中国本土价值观和意识形态为核心的传统文明的主要载体是乡村，借助乡村旅游文化化育之力，实施乡村旅游文化传承战略，应当成为发展乡村旅游的核心目标。

3. 乡村旅游文化的核心要素是乡民与文化传统

从文化属性角度而言，乡村是滋养文化传统的土壤和家园，而乡民与文化传统犹如在乡村这片土壤里流动的空气和水，使乡村充满活力。乡民是乡村的建造者，是创造乡村史的主体。没有乡民，乡村就失去了它的主人，或者换了新的非乡村性(不以传统农、林、牧、渔业为生)主人，乡村也就失去了它原有的属性，不再是乡村。这就是黄成林所说的：没有了"三农"要素的地域空间，即使不是旷野，也不再是乡村。乡村是孕育文化传统的土壤，乡民是文化传统的创造者和传承者；特定文化传统是特定地域乡村社会的特征和标志，是特定地域乡民的身份表征与形象内涵。丧失了文化传统的乡民就丧失了其身份，褪去了特定文化传统的乡村的属性与结构也必然要改变。乡民是乡村的主人，文化传统是乡村的灵魂。

从文化角度而言，游客的到访主要是通过与乡民的文化交流、参与乡民的劳作生产与生活娱乐来深入体验乡村的传统文化底蕴与生命本真状态。乡村性是乡村旅游文化的核心属性，文化传统是乡村的灵魂，是乡村的标志，是乡村的根；而乡民就是这灵魂、这标志、这根的创造者、培育者、传承者。因此，乡民与文化传统是乡村旅游文化的核心要素。

（三）乡村旅游文化的特征

旅游是个人前往异地寻求愉悦时光体验的一段短暂的休闲性生活经历，是个人的事情。旅游发生的前提条件之一是人类审美意识的生成，而审美意识又是随着社会物质条件的提升和人类思维活动的发展逐渐产生的。因此，旅游是在人类审美思维得到一定发展，并且具备物质和时间剩余时才能够实现的一种精神文化活动现象。同时，人们的旅游需求和特征与社会的经济、文化、政治、科技等各种环境条件密切相关。从时间上看，旅游现象最初大约发生在某些社会统治阶层具备了审美、物质、闲暇条件的奴隶社会早期，它不是市场经济的产物。但旅游流却是近代社会市场经济的产物，是在近代社会经济发展为旅游培育了大量有条件出游的旅游者之后，火车、轮船的发明推动人们从商务旅行的时代步入休闲旅游的时代。旅游的发展既是一种文化消费，同时也创造了一种具有时代气息的新型文化。

1. 乡村旅游文化的生产性与根性特征

乡村的本质是乡村生产（包括农、牧、渔、林业），作为人类自身再生产的基础，乡村的主要矛盾决定了乡村的一切资源要素都要围绕乡村生产和人类生产，因此，它是一种生产性的结构，与城市的经济性结构相比较而存在。这一生产奠定了人类生命存在的基础，任何时代，人类都要依靠乡村生产而延续，并在此基础上衍生了相应的乡土文化。这是一种建立在人类生存、延续与发展的基础之上的生产与文化，是关于生命哲学的根性生产与文化，这一“根性”就决定并形成了人们对于乡村“根性”的认同，从而乡村又发展为一种根性结构。

因此，乡村旅游文化所要求的旅游性功能任何时候都不能超越或遮蔽乡村的生产性和根性，农业是乡村的经济支柱和发展根基，任何服务业包括旅游业都不可能取代乡村作为人类生存、延续的根基的地位。当下，乡村问题从长远意义来看，重中之重是如何保证农产品的绿色生产，它是农民财富生产力的核心体现与决定因素，关系着人类生存安全，维系着乡土文化传统，同时也决定着人类文化与文明传统的未来走向。就旅游角度而言，游客到乡村不但能够体会原生态生产的伦理价值，获得参与生产劳作的成就感与自我生产能力的自信，而且能够获得根性回归的心灵启迪。乡村旅游文化的魅力也正在于此，生产性和根性是乡村旅游文化的自然历史属性，也是其独具吸引力的核心价值所在，它促成了乡村游客的根性文化诉求。

2. 乡村旅游文化的生命性与生活性特征

从乡村自然环境与生产环境来看，乡村更多的要素是植物和动物，以生机勃勃的生命为基底和本色，在乡村，人们感受最深的是生命的成长与活力。从乡村生产的目的来看，人们为养育生命、延续种族而勤奋劳作，因此，这是一种与生命打交道的产业。乡村是人类生命延续和发展的根基，农产品的安全生产问题关系着国家民族能否安定兴旺，关系着人类生命安危与存亡。从乡村生活本质来看，这是一种追求更高质量的生命再生产和发展的生存模式，所有相关的产业和文化与传统都围绕这一终极目的而衍生和承传，人们为了最为本真的生存与发展需要而劳作和歌唱、欢欣与悲悯，在乡村能够深刻体味与享受这种人类最质朴的生命状态。

一片园地就是一面回照心灵的镜子，是生命诞育、成长的地方，是栖息在大地上的生命脉搏跳动着的绿色音符。这是一片充满生命诗意、承载人类精神的土地，一片洋溢着整个人类传统与图腾的土地。庄稼在成长，花儿在怒放，羊儿在奔跑，鸟儿在歌唱，农人在除草……每一种生命都是乡村生命系统中的一部分，每一个个体都与大地浑然一体，同步同构，有条不紊地进行着生命的旅程。这是乡村吸引人们前往体验和感受的巨大魅力。

乡村旅游文化的一个明显特征是它的生活性，即乡村有其自给自足性，它是乡民的生产生活空间；并且游客正是由于羡慕和渴望自在舒缓、忙闲有致、淳朴简单、热情真实、符合生命节律的生活节奏与状态而前往。在陶渊明的世界里，乡村有着自然、闲适的田园生活；在荷尔德林乡村生活的歌唱里，乡村虽然“充满劳绩，但人诗意地栖居在这片大地上”①。海德格尔描绘了他在南黑森林乡下居住时看到和体验的生活场景：“当农家少年将沉重的雪橇拖上山坡，扶稳橇把，堆上高高的山毛榉，沿危险的斜坡运回坡下的家里；当牧人恍无所思，漫步缓行赶着他的牛群上山；当农夫在自己的棚屋里将数不清的盖屋顶用的木板整理就绪。”②乡村里讷言而真诚的老汉、质朴忠实的老妇人勤谨而满足地劳作；夜幕降临，乡人们围火而憩，漫漫絮语，寂静中飘逸着烟草的香味，烟雾中跳跃着伐木、鸡棚、母牛和天气的话题……诗人的哲思如乡里人每日的劳作和生活一样在他的“融入”和“体验”中成为一个无尽延续的自然过程在我们眼前展开。因此，贝斯顿认为在大地上创造性的农事劳作与对大自然的珍视和思索是“人类生活的两个最好支柱”，只有通过融入大地，辛勤劳动获得收获，成为生活的合伙人与参与者，达致一种完满的平静，享受人类充实的欢乐，并“意识到大地及其诗意时，才堪称真正的生活”③。因此，乡村旅游文化必须建立在保护乡村传统生活的基础上，保证乡民正常的生活秩序和氛围不能被打乱或受较大影响。当然这不仅仅是旅游业的社会职责，居民的生活除了受旅游开发影响，全球化市场经济、多元文化冲突、中国的城市化和现代化发展、统筹城乡政策、新农村建设与村镇规划、城乡土地流转政策等都在改变乡村现有的生活秩序、发展理念与生存状态。但目前来说，乡村旅游几乎所有的工作均围绕旅游发展这一中心来展开，此时，旅游规划的责任就显得尤其突出。企业、旅游规划师们必

---

①海德格尔．海德格尔选集[M]．孙周兴，选编．上海：生活·读书·新知上海三联书店，1996.

②海德格尔．海德格尔选集[M]．孙周兴，选编．上海：生活·读书·新知上海三联书店，1996.

③Beston H. Herbs and the earth[M]. Boston：David R. Godine Publisher，2002.

须杜绝以屈尊俯就的态度假装对乡民关心而实为欺骗式掠夺的行为，学会严肃地对待乡村那原始、单纯的生存意识和传统生活模式，谨记对自然和大地、对精神与信仰的敬畏，对乡村旅游进行生活化设计，保护人类最后的精神家园与心灵净土。

3. 乡村旅游文化的生态性与系统性特征

乡村作为与乡村生产方式相适应的乡村文明的产物，对土地、水源、气候、植被等自然因素具有高度的依赖性。由于人类的智慧与生产力必须顺应自然界的运行规律，人类形成了与自然和谐相处、天人合一的关系意识。生态是指一切生物在整体生命系统链条中的生存状态及其与周围环境之间环环相扣的天然关系，从文化人类学的角度来看，生态主要关注人类与自然之间的相互关系。就人类的生存而言，大地万物是给予人类生命汁液滋养的慈母，上天则是规范人类行为动向的严父，由此诞生了人类对自然的崇拜、热爱与敬畏意识。原始社会的人类或栖于洞穴或逐于水草。到了新石器时代，随着乡村生产能力提高，人类逐渐展开畜牧业和简单手工业生产，并且开始建造自己的住所，村落由此诞生。在农耕文明时代，作为社会群落主体的乡村是人们心目中"采菊东篱下，悠然见南山""枯藤老树昏鸦，小桥流水人家"等充满诗情画意的桃源世界。

直到近200多年，"人类人口与生物圈间的基本平衡才被打破"[①]，乡村旅游文化的生态性要求乡村旅游遵循生态旅游的原则，游客与乡民一样融入乡村的生产生活与环境，把自己看作乡村景观的构成要素，将自己的行为融入生态平衡的运行，与乡村、乡民、文化、自然等各种要素密切互动，与乡村世界建立起一种全身心的交流关系，从而达到心灵自由与生命和谐的状态。

在传统的乡村社会，被乡村生产束缚在土地上的农民世世代代维持着自然封闭的小农耕作方式，在土地上耕种各种维持生存和再生产的庄稼，村落、庭院周边还种植着修建房屋需要的树木及适宜当地生长的果树，庭院里饲养着各种家禽，家里有纺纱织布的纺车和织机，村落里还有一些简单农具和生活用具的生产铺、农副产品加工店等，基本上保证了村落生产生活和发展的自给自足。一个完整的系统一般具有如下特性：整体系统的功能由其要素或子系统的结构方式决定；系统整体功能大于部分之和；每一个要素系统或者子系统都包含着整体的全部信息；系统通过自身结构要素的专门化运作，来确立它与环境的边界，从而接纳或排斥某些可能性，以及由各种偶然性而导致的复杂性；如果系统的部分脱离系统整体结构，这个部分将不再具有系统整体的功能；每个子系统或要素系统之外的其他子系统构成该子系统的环境；开放系统与外界保持物质和信息的交流，以平衡系统无序的熵增，使系统免于热寂、死亡、解体。乡村是一种完整的自生系统，包含自然生态系

①White R R. 生态城市的规划与建设[M]. 沈清基，吴斐琼，译. 上海：同济大学出版社，2009.

统、产业生态系统、文化生态系统等。乡村的每一个子系统都携带着这一村落的完整信息，代表着这一村落的整体形象。乡村的每一个子系统的变化会影响其特性随之变化，比如土地的质量与结构变化会直接关系到人类身心的健康。一旦社会生活模式系统中的主体——乡民脱离这一乡村系统，它就不再具有乡村生产生活的基本功能；反过来，这个系统也会排斥不具备本村落基本特征的要素。同时，乡村作为一个整体系统，需要保持与其他村落或社会单元的物质信息联系和交流，比如婚姻、贸易、教育、文娱活动等功能性交流，以保证它的活力和发展。

所以乡村旅游文化要尊重乡村文化的系统性特征，关注开发规划工作对乡村每一要素系统的影响。比如乡村旅游地产的开发造成新增建筑与乡村民居特征的不协调，同时使村落整体风貌发生异化，不但形成村落形象二元结构，而且随着游客或新主体的入住，生活资源分配发生变化，会在村落组织结构上形成二元世界，破坏乡村整个生态系统的和谐与完整，影响整个村落的社会公平，影响乡民的乡村认知与社会意识形态，村落的乡村性特征将受到极大挑战。

（四）乡村旅游文化的构成要素

乡村旅游文化是以自然生态性环境为背景基础、以传统生产生活民生性文化符号为主导的人文与自然历史融合发展的文化形式。乡村旅游文化从本质上看属于人文的范畴，是由自然环境、物质要素和非物质要素结构而成的乡村地域文化体系。

1. 自然环境

自然环境是由地质、地貌、土壤、水文、气候、生物等要素组合而成的自然综合体，是形成乡村文化的自然生态性基底和背景。乡村文化的内部结构和外部特征均与自然环境条件相呼应，从而形成天人合一的自然人文生态系统。地质、地貌是形成乡村文化特征类型的骨架，决定着地域资源的开发类型和利用程度，影响着乡村社会的经济文化水平、交通、生活景观特征。土壤、水文和气候条件不仅决定着动植物的类型、分布和自然景观的基本特征，还决定着土地类型、耕作制度、农作物的类型和乡村生产的布局，也影响着水陆交通、聚落布局及民居类型等地域特征。生物是构成乡村景观不同审美特征的标志符号，如我国南方与北方、东部与西部的森林、果园、农田、草原等具有不同特征，其审美差异巨大，生存于其间的不同动物群落也形成了不同景观。

2. 物质要素

物质要素是乡村旅游文化中可视、可触、可感的有形物质性具象，如农田、作物、房屋、聚落、服饰、舞蹈等。这些物质要素的不同组合，构成了具有不同地域和民族特征的乡村景观。例如，杉木的吊脚楼、层层叠叠的梯田、壮族山歌、竹竿舞、浓香的油茶、具有民族图腾的服饰、精致的红绣球等，构成了龙胜地区壮族村寨特有的景观。一个地区的聚落布局和建筑式样是顺应该地域自然环境和人文社会诸要素而产生的文化成果的集中展示。建筑材料与式样、庭院布局与装饰、聚落格局与规模、设施功能与布局等方面可以反映出该地域的地势地貌、气候气象、水文水系、生物群落等自然条件，以及土地利用方式、乡村结构特征、经济发展水平、民族风俗文化、人口密度与结构、乡村耕作制度、生产生活习惯等社会文化取向。民族服饰与装扮也是地域自然条件、民族文化风俗与历史发展的集中反映。

3. 非物质要素

乡村旅游文化中的非物质要素是指基于自然条件和文化历史形成的人们无法直接通过感官感知的无形的非物质成分，如不同地域的民族性格、思维方式、价值观念、意识形态、道德取向、民间信仰、行为方式、民风民俗等在具体的行为活动中体现出来的文化性特征。人们只有在欣赏乡村有形物质审美要素的同时，通过与目的地居民的沟通交流和集体活动的融入性参与，用心感受其言语行为、劳作方式、建筑布局等物质要素所蕴含的文化精神内涵，才能真正领会其中的生命要义和精神意蕴，获得心灵洗礼。

（五）乡村旅游文化的类型

从成因、结构、属性、特征、功能等不同角度可以对乡村旅游文化进行不同标准的类型划分。根据适用原则，为研究方便，本研究主要从结构、属性角度对乡村旅游文化进行分类。

1. 自然景观文化

自然景观是山水、气候和生物等条件构成的乡村自然环境表征，是乡村地域景观的基础和背景，具有生态性和多样性等特点。由于乡村土地利用开发较粗放，自然景观受到人为破坏较少，大多空气清新、土地肥沃、溪水潺潺、鸟鸣幽幽、树木郁郁葱葱、庄稼欣欣向荣、果园硕果累累，生态环境优美。自然景观的生态性也体现了人对土地、自然的珍视和敬畏，以及天人和谐相处的意识及关系处理态度。乡村这种恬静、和谐、舒缓、优雅的自然之美正是远离乡土的都市人所缺少和渴望的，它一方面为游客提供了自然生态之美的欣赏空间，另一方面也给游客以天人关系的认知和启迪。

2. 乡村农耕文化

我国乡村生产源远流长，乡村劳作形式多种多样，有渔猎捕捞、放牛牧羊、饲养畜禽、采药摘茶、锄作牛犁、灌溉施肥、刀耕火种等。各种农事景观与劳作生产过程，各种各样的不同时代的农具及其使用方式，以及传统的农具制造，都充满了蓬勃的生产活力、劳作激情和浓郁的乡土风情与地域文化气息，体现出不同农耕文化的历史特征与地域精神，对不事耕作的游客和生活生产方式差别较大的国内外游客都极具吸引力。田园风光是乡村农耕文化景观中最主要的构成部分，如大规模连片的农田带、多种类型的经济果林与蔬菜园区、一定面积的天然或人工水域等。

不同地域拥有不同特色的典型田园景观资源，比如青藏雪域高原天高日丽的青稞田、广西龙胜层层叠叠的梯田、淮河丘陵地带高低错落的农田、黄河中下游一望无际的大平原、黄土高原和河谷地带沉甸甸的谷穗、东北白山黑水间青纱帐里红彤彤的高粱、沿海渔村连片的池塘，还有以海为生的村落海滩上熠熠生辉的大片盐场……每一种农耕文化景观都在诉说着悠长的历史。

3. 乡村聚落文化

聚落是人类活动的依托中心，也是人类生产劳动的文化成果，它既是人们居住、休息、生活、交流的公共社会活动场所，也是人们劳动生产与经济贸易的空间。我国乡村聚落按形式分为集聚型、散漫型和特殊型。集聚型，包括平原地区的团状、沿水带状和以淡水养殖业为特色的沿湖环水环状村落；散漫型，即点状村落，主要是山地聚落和丘陵带水湾聚落；特殊型，主要有草原上的游牧帐篷、广阔水域上的水村、闽粤地区的客家土楼、黄土高原的窑洞等。乡村聚落的形态、分布特点及建筑布局构成了乡村聚落景观旅游资源丰富的内涵。这些乡村聚落景观具有地域性、历史性、整体性、传统性、文化性等特点，反映了人们的聚居习惯、历史沿革、居住方式、生产结构关系特征，往往成为乡村地域文化特征的显著标志。

4. 乡村建筑文化

乡村建筑包括乡村民居、庭院、乡村宗祠、畜禽饲养场所及其他建筑形式。不同地域的乡村民居代表了该地域自然、劳作、信仰、经济、历史等诸多方面的差异，形式多样、风格迥异，给游客以深刻的文化与历史感悟。例如，东北地区的“木刻楞”、内蒙古草原的毡房、新疆喀什的“阿以旺”、贵州苗乡侗寨的吊脚楼、云南纳西族的井干式木楞房、青藏高原的碉房、黄土高原的窑洞、安徽宏村的徽派建筑、福建客家的土楼、广东开平侨乡的碉楼等，千姿百态，底蕴深厚，美不胜收。乡村宗祠建筑，如东南沿海气派的祠堂、中部平原高大挺拔的文笔塔、青藏高原装饰华美的寺庙等，是乡村孝悌、宗族与信仰文化发展的历史见证，也反映出乡村居民文化生活的历史渊源。

5. 乡村民俗文化

乡村民俗反映出特定地域乡村居民的文化信仰、生活习惯、审美取向、人情世故等，是乡村生产生活与文化承传长期积淀的结果。乡村传统节日纷繁多样、内容丰富多彩，汉族的传统节日有元宵节、清明节、中秋节、端午节、重阳节等，藏族的传统节日有酥油灯节、浴佛节、雪顿节等，彝族的传统节日有跳歌节、火把节等；傣族的传统节日有泼水节、开门节、关门节等，蒙古族的传统节日有那达慕节等。乡村还有各种民俗活动，如踩高跷、扭秧歌、划旱船、舞龙舞狮、踏青游春、荡秋千、上巳祓禊、三月三放风筝、端午龙舟竞渡，以及侗族的赶歌坪、彝族的阿细跳月、西南地区的芦笙歌会、陕北的大秧歌、东北的二人转等，这些都具有浓郁的文化底蕴和较高的旅游开发价值。此外，各地的民间工艺品，如朱仙镇木版年画、潍坊风筝、天津泥人张彩塑、贵州蜡染、乐清黄杨木雕、青田石刻，以及各种刺绣、香扇、草编、糖人、剪纸等，皆因其精湛的工艺、深厚的历史内涵、独特的民族文化而备受游客青睐。

6. 乡村社会礼俗文化

在中国的乡土社会中，由于协作、安全的需要，人们聚村而居；由于生活生产的自足性，各区域间接触少、生活隔离，所以乡土社会富于地方性。乡村常态的生活是终老是乡，所以乡民们彼此熟悉，有着族群的身份与礼俗规范的认同，是一种自然成长起来的礼俗社会。世代形成的意识使他们能够在生活中实现从心所欲而不逾规矩的自由，由此自然形成了有机团结的聚落组织，完全不同于城市那种功利性的机械团结的社会组织。

二、乡村旅游文化重构的多维认知

乡土是耕作者与大地共同播种希望、收获期待的家园，希望与期待使人与大地的价值合一，使人的自然和文化心理过程与大地的生产过程同构；乡村环境的自然性和人工性与人的自然性和文化性趋于同构、达成契合。近年兴起的“新乡土运动”实质上是一种挑战现有生活理念和生活方式的文化活动，是一场从物质到内心的“家园运动”，就是在寻找家园的过程中获得身份认同并重建信仰，让生命重新扎根于厚重的土地，让灵魂回家，温习久违的淡泊与宁静。人们能够满怀着对丰硕收获的希望和期待，在这种和谐宁静的环境中辛勤劳作，是乡村的真正魅力之所在。现代技术能解决的是临时性问题，而能最终解决根性问题的还是价值观。

（一）乡村旅游文化重构之游客认知

1. 乡村旅游文化的个体特征与整体认知

一般来说，游客对旅游形象的认知源于他对乡村旅游目的地特征的具体感知，但在当下大众参与媒体建构的过程中，游客对乡村的认知便有一个来源于媒体建构形象的先验想象或期望；然后在乡村旅游中，形象期望与目的地实际形象相匹配，从而获得感性化认知，二者相比照而产生惊喜、满意或不满等情绪或评价。此时，游客认知的乡村形象是一种具有典型地域特征的具体形象，它的个体性特征通过结构要素村落景观、民风民俗、生产生活等方面展示出来。

但实质上，人们对事物的兴趣并不在于具体的感性认知，人们天生具有追求真理的欲望和勇气，人们旅游并不是为了空间移动，空间移动只是途径；也不仅仅是为了看别处的景观，看不同的景观是为了满足心里对一种审美姿态的渴望，或者说一种生命存在方式的实现。乡村旅游文化个体特征只是人们心中乡村根性意识符号化的载体，人们来到乡村，通过景观和活动的刺激，从而获得“回到家”的满足感。因此，乡村旅游文化的整体认知是游客基于具体乡村要素感知获得的关于“回家”的精神满足感，无论什么地域有怎样特色的乡村目的地，最终的体验和感受结果应该是“回到了家”。无论家在什么地方，是大是小，是什么房屋有什么家产，是富裕还是贫穷，这些都不重要，重要的是，家是真实原生的、世代传承的、温情脉脉的，是能给人们提供精神支撑和前进动力的所在。

2. 乡村旅游文化的个人诉求与大众认同

在消费时代，许多在异乡漂泊的人希求回到家园，重温大地的辽阔与稼穑的蕴藉，感受心头的温情与生命的希冀，但是，对大多数人来说，乡村已经“回不去了”，只能通过乡村旅游聊以慰藉。

每个人的阅历不同、学养不同、工作生活环境不同、个性心理特征不同，作为乡村游客，他们对乡村形象的想象和诉求也各不相同。在对成都三圣花乡、北京门头沟爨底下村、河南辉县郭亮村三个旅游地游客的调研中，研究者通过问卷调查和深入访谈，对乡村游客的人口统计特征、乡村经验、乡村想象、乡村旅游诉求、乡村旅游认知、信息获取途径等做了统计、整理与分析，结论认为乡村游客的个人诉求主要表现在以下几个方面：田园理想的精神追求，身份认同的寻找，人性根基的回归，文化与传统的皈依，优美自然环境的颐养，乡野休闲放松，农家餐饮娱乐与交际，等等。

从调研数据来看，选择田园理想的精神追求、人性根基的回归、身份认同寻的找、文化与传统的皈依的游客占总游客人数的比例分别是5.2%、1.9%、2.3%、3.2%，共计12.6%。而选择优美自然环境的颐养、农家餐饮娱乐与交际、乡野休闲放松的比例分别是21.4%、36.5%、28.2%，共计86.1%，占了绝大多数。通过进一步的选择性访谈，研究者发现主要是关于乡村旅游的形象宣传影响了游客的选择，包括乡村旅游宣传册、乡村旅游网络信息平台、旅行社乡村旅游产品宣传信息、乡村类影视、亲朋好友的介绍等。乡村旅游的形象宣传大多是介绍乡村的美丽自然风光、绿色餐饮产品、休闲娱乐设施，游客们到目的地看到的也大多是这些要素，没有更多更深的体验。那些根性诉求的游客主要是基于个人的乡村生活经历（比如上山下乡运动中的知青后代、从农村走出来的知识分子）、中国传统田园诗的解读、中国传统文化与哲学思想的熏陶等，从而产生回归自然、耕作生产的想法，同时有些游客也谈到基于对现代城市生活与饮食安全的考虑，从而产生到农村自耕自种的念头。研究者在访谈中发现，那些以餐饮娱乐、休闲方式为目的的游客也大多认为乡村旅游应该提供更多的农事劳作体验，“起码是有乡村特色的一些活动项目，让人觉得像电影里那样有一种回老家的感觉，但这些（特色活动）都没有，只能接受现实了，要不就自己到那些比较偏僻的农村体验”。游客的文化诉求使得部分乡村经典元素在乡村重构中得以保留，这是积极的影响，但更多的是消极影响。乡村以消费空间和审美对象的新形象而重塑，这给了乡民重建文化自信的机会，但也动摇了乡村作为生产空间和生命根基的地位。

（二）乡村旅游文化重构之主体意识

中国乡村旅游文化是建立在传统社会田园诗歌式乡村之上的文化形态，因此，可以说，中国历代的田园诗人、作家也都是乡村旅游文化建构的主体之一，而且是奠基人。虽然他们已成为历史，但现在的乡村旅游仍需要从他们的田园诗歌中挖掘深层次的内涵为现代形象的建构所用。

早期乡土作家在乡村的描绘中会展现出其贫穷落后的一面，虽然这些形象并不利于现代乡村旅游的形象宣传，但是，这给我国的乡村旅游规划者一个警醒，在当今美丽乡村建设、传统文化传承的大背景下，现代乡村旅游文化塑造在选择“美丽”要素时必须考虑确实存在的一些弱点，应谨慎处理、恰当表述，既不能使其成为游客鄙弃乡村的导引，也不能一味遮掩、扭曲乡村历史或现状。沈从文等人继承了传统田园诗人的乡土依恋情结，描绘着理想中的诗意乡村形象，一部《边城》至今让人眷恋记忆里的乡村世界，这说明生活需要诗意的乡村。

20世纪80年代中期，乡村进入国家旅游发展的体系，开始了旅游形象塑造的新阶段，政府、旅游经营企业、旅游规划师、乡村影视制作者、度假别墅地产商、游客、目的地居民等通过各种途径表达着自己关于乡村旅游的见解。

政府基于“三农”问题，立足统筹城乡政策，大力推进新农村建设，希望通过旅游这条“捷径”寻找乡村发展新的经济增长点，建设乡村旅游文化，积极发展旅游业以带动相关产业发展。因此，在新农村建设过程中，在城市化进程背景下的村镇规划中，在美丽乡村建设中，稍有资源的乡村均着力向旅游化方向发展，希望旅游带给乡村新的生命力。

旅游经营企业以营利为目的，在传统旅游景区人车拥挤、价格高企、环境污染、审美疲劳形势下，积极引导城市游客的乡村旅游诉求，分析游客的需求特点，通过口号、标语、宣传册、宣传短片、影视等方式，利用报纸杂志、影视媒体、网络视频等，选择乡村宜游宜居元素，摒弃其认知中“不美”的元素，努力打造诗意乡村、净土乡村、淳朴乡村、广阔乡村等，开展观光、采摘、认种、餐饮、娱乐、民俗体验等满足人们不同需求的乡村旅游项目，在乡村兴建大量专门的旅游设施。

目前，旅游规划师是为政府、旅游企业工作的乡村旅游设计者，他们有自己的规划理论和实践经验，在尊重资源特色、审美规律、历史形象的基础上，根据旅游大众诉求，兼顾政府政策要求与企业经济效益诉求，塑造乡村旅游文化。

乡村影视首先是展示中国新农村、新文化、新风尚的大众媒体，是国家意识形态的传播载体，在乡村旅游时代，它也兼为旅游目的地政府、企业代言，并在乡村旅游文化的塑造与传播中起到举足轻重的作用，相当多的影视村像河南辉县郭亮村、东北刘老根系列影视拍摄地等均是因影视而被人们认识并前往游览的。

游客可基于乡村的艺术形象、曾经的记忆或媒体的宣传形象，比照自己关于乡村的理想形象，用自己的符号系统重新加工整合乡村旅游文化，通过填写调查问卷、向政府或乡村旅游项目管理者提出意见和建议等方式，表达自己的诉求，并影响政府、旅游经营者、旅游规划师等对乡村旅游文化的建构。

目的地居民在现阶段很少参与乡村发展或旅游规划决策，但他们为了抓住机会谋取经济收益，通过开餐馆、旅馆、小商铺，或作为导游，进行民俗表演等方式为游客提供旅游服务，参与乡村旅游文化的再建构，乡村最终投射到游客心目中的旅游形象与乡民参与是分不开的，乡民本身就是构成乡村旅游文化的基本元素符号。

这样，乡村旅游文化在乡村传统形象的基础上，在大众主体的参与中，围绕旅游度假这一目标建构起来。乡村修筑了公路、停车场，建起了乡村饭店、星级旅馆、商场、酒吧、健身俱乐部、民俗演艺舞台等，有些乡村成为现代化度假综合体，有些乡民集中住进了小城镇的安置楼。研究者在调查中发现，有人把乡村理解为城市边缘的山庄，甚至有人认为在城市单元楼的阳台上种植花草也叫乡村……外部事实只有被主体认为心理实在时，才能影响主体行为；没有外部事实的存在，但被主体认为心理实在时，同样能影响主体行为。当乡村被建构为旅游场时，乡民被旅游磁化，并认同了旅游化、商品化的乡村和旅游经营与服务者的自我身份，这就是场的建构性。在追逐GDP及现代消费主义的背景下，乡村符号价值的建构与消费成为联系各旅游参与主体的基础和纽带，政府、游客、乡民与旅游经营者、旅游地产商一起，忘却了乡村的由来与传统，共同选择了商业化。

乡村旅游文化形象实质上已游离于乡村哺育生命、滋养文化、固延根基的传统，从田园世界到园林世界再到旅游世界，曾经寄予诗人人生理想和乡愁情思的家园、村落和茫茫大地在我们的记忆中渐行渐远，乡村由生命起源与生产化育的根性空间转换为以观光度假为主要内容的消费空间，那些寻找心灵故乡的人们希望通过乡村旅游实现精神维度上的诗意栖居变得奢侈，执着于诗意寻根甚至重建精神家园的游客心里盛满了深刻的孤独与理想幻灭的痛楚。

总之，乡村形象由于建构主体与背景的差异，主要表现为基于审美发展、经济技术进步、社会制度演进、世俗生活变迁、生存环境突变等因素影响的历时性建构和基于自然环境、经济传统、民俗文化差异等因素影响的地域性建构。其中，地域性建构很少有政治意识形态的地域性差异，而历时性建构则表现出深刻的主体意识形态化倾向，具体表现为历代田园诗人、作家、诗意寻根理想者基于"根""家""诗意""理想""生命"等的诗性建构，革命诗人、乡土反思作家等基于革命、土地改革等的政治性建构，新农村建设者、乡村旅游开发者（政府、旅游经营企业、旅游规划师、乡民等）、乡村影视制作者、游客等基于旅游、度假等开发经营观念的多媒体旅游性建构。

（三）乡村旅游文化重构之历史与社会认知

一方水土孕育一方文化，受地理区域、气候、地势地貌等自然环境因素差异，以及经济发展不平衡的影响，中国乡村在生产（农林牧渔业、土地利用方式、生产关系、生产资料、技术水平等）、作物（各类作物品种、习性、特征、耕种布局等）、耕作（水田或旱田、两熟或三熟、畜力或机械、灌溉方式、播种方式等）、建筑形式与结构（聚落布局形式与集散度、庭院结构与绿化树种、房屋式样与特征等）、生活（餐饮原料与加工、室内装饰与家具特征、交通工具与方式、服饰习惯与特征、婚丧节庆方式与特征、邻里关系与交流方式、民间文化娱乐与健身活动等）各方面存在差异，从而在这一基础上又形成了乡村文化的地域差异。对于乡村文化地域差异的认知是乡村旅游活动开展的前提，实质上，这一文化差异也正是乡村地域性的具体体现，是乡村旅游文化吸引力所在。这种认知背后是深刻的人地关系意识和哲学认同，传统的人地关系促使人们形成了根深蒂固的亲土心理结构。但在历史发展的沧桑巨变中，现代乡村的社会结构发生了深刻的变化，游客心中对乡村的期待和想象与现实乡村境况往往不符甚至相差甚远。同时，在消费主义时代的城市化背景下，社会制度、权力结构、物质、环境等方面的发展都在异化人的属性，甚至生命力都在异化为一种资本；多元文化的交流与冲突、盲目的经济诉求，改变了人们对民族社会身份的认同，人的生存空间被重构，“危机感日益内在化，社会认同感和羞耻感逐渐转变成个人问题”①。

1. 亲土情结与心理结构

从一个人出生开始，厚重的土地成为其生命延续的首要条件。作为人类生活和生产的场所，土地是一切生产和存在的基础，是我国最基本的自然资源和生产资料。人类利用土地资源，改变土地的结构和功能，给土地打上经济、技术、文化的烙印，使土地具有了社会的属性。在传统社会，人类生活所需几乎全部来源于土地。随着生产力的提高，土地成为人们各类财富的重要来源。在土地上辛勤劳作的人们，将自己的一生与土地融为一体，土地为人们提供了生存的信心和保障，并成为人们对生命和美好生活的精神寄托。土地是生产性的、是母性的，它是母亲，孕育着万物，是生命之本。

中国社会具有乡土性，乡民是中国社会的基层②，乡土是社会生态的根基。人与土地的依存关系是自有人类以来的客观存在，并逐渐形成了人们日常的认知。乡村聚落作为人地关系表现的核心，反映了人类适应自然条件对生存生活环境的营造，表达了人类对自然规律的主动探索与认知把握，同时还反映了人类活动与自

---

①Oswalt P. 收缩的城市[M]. 胡恒，史永高，诸葛净，译. 上海：同济大学出版社，2012.

②费孝通. 乡土中国[M]. 北京：北京大学出版社，2012.

然环境的相互作用与影响。人的生产与自然生产同理，人的心理与乡土社会同构。人在风雨中成长，在接受土地丰收的馈赠的同时，也承受大自然带来的灾害。人地关系在乡村聚落的发展中成长，土地是乡土社会关系的核心，土地是乡民的身份符号，人和土地的关系构成了中国乡村社会的独特结构①。人与土地的这种生死相依的关系已经深深融入人们的血液和潜意识之中，这是一种地缘兼血缘联系，农民与土地融为一体，并逐渐渗透，形成了人们日常的意识结构。

乡土心理结构和身份认知构筑了人们由土而生的系列人生观和价值观，同时也深刻地影响着人们的生活行为方式和空间认知。中国人自古以来就有着“土生万物由来远，地载群伦自古尊”的土地崇拜观念，土地是中国人心目中崇高的神灵。

2. 心理认同与回归诉求

千百年来，人在与土地相互作用的过程中，养成了总结自然规律、顺应自然、与自然和谐相处、遵循季节变更、适应节气变化的习惯。在千百年来的磨砺中，人们熟悉乡土如同自我，认同乡土如同自己的生命，虽然不能预测未来，但就像认识自己的身体一样，日复一日揣摩乡土的习性，融入乡土的血脉。建立在血缘与地缘基础上的乡村社会中，人们相互熟知，基于共同的生产生活，建立了共同的信仰，形成了共有的风俗，认定了共同遵循的公德规范。

长久的依存关系养成了人们根深蒂固的亲土习性和与土地同呼吸共命运的心理结构，生产、劳作、希望、收获、和谐、安谧、信守、生命、生机、成长等，是人们对土地和自我心灵与精神同一的价值认知。从未经历乡土洗礼的城市人，可以说没有体验过生命根基的厚重，特别是在现代消费经济时代商品价值取向的社会背景下，自我生命价值和意义的追寻成为最严峻的问题，生命处于一种失衡或失重的状态；仿佛一个人从小就失去了母亲，甚至没有任何关于母亲温情的回忆。人本应该诗意地栖居在大地上，但在城市里人工化的异化景观中，人们失去了大地，失去了本当借之以定位、以之为归属的诗意栖居的大地，失去了自我的空间向度。人们迫切地需要回归到土地，找到这个星球上与其彼此照应、价值同构的土地。

荷尔德林说，虽然“充满劳绩，但人诗意地栖居在这片大地上”。海德格尔强调诗歌的意义首先是“把人带上大地，使人归属于大地”②。回归乡土就是要达成人生“诗意栖居”理想的实际行动，完成人类之于土地从生命机理的联系到行为表达的认同。荷尔德林居无定所、贫病交加时，以诗人敏锐的直觉预感到科学与文明将使人日渐异化，因而呼唤人们以平常的心态领悟寻常景观的诗意，通过栖居地诗意化来抵制人性异化与个性泯灭，寻找回家之路，皈依人的精神家园。中国古代的卜居

①康来云．乡土情结与土地价值观——改革开放30年来中国农村土地的历史变迁[J]．河南社会科学，2009，17(5)．

②海德格尔．海德格尔选集[M]．孙周兴，选编．上海：生活·读书·新知上海三联书店，1996．

风水与诗人所追求的诗情画意以及荷尔德林对栖居的阐释不谋而合。所以，无论从习得经验、艺术追求，还是从心理结构、哲学期望的角度，无论是东方还是西方，获得心灵解放与自由、寻求生命价值与意义的探索体验，总是将人带回大地，回到人对于土地的真实的归属与认同。这种努力有多种途径，每一种途径都只是一种符号象征的建构，“所有外在的追寻，其实都在完成一个内心旅程”[①]。

3. 乡村审美与田园精神

在传统历史时代，乡村只是文化人审美的对象，可能还谈不上旅游性。乡村形象是文化人通过乡村生活践行与认知的文化、观念性积累建构并因袭下来的记忆性文本或图像形态的形象[②]，从历史发展的角度来看，乡村作为审美对象的魅力，一是它的生态性，乡村审美远远早于城市审美（在中国文学中，乡村作为审美对象最早出现在《诗经》之中，而城市作为描摹的对象最早出现在宋代诗词之中），正在于其有别于城市人为刻板特征的生态自然之美。二是它的生产性，审美特征的本质源于其实用性，最早对人类有用的东西是人们心目中美的、善的东西，乡村孕育生机、滋养生命的生产性特征在人们心目中是根的象征，只要人勤劳善良、敬畏自然，乡村就能维持人类的生存繁衍。三是它的生活性，乡村是人类对自然适应和选择建构的结果，是人类在大自然中营造的宜于生活的生产性空间，包含了肥沃的土地、愉悦的协作、丰茂的庄稼、和谐的邻里、宁静的环境、宜居宜产的院落村庄等。四是它的文化性，人之所以区别于动物，就在于人有文化、有记忆、有历史、有未来，乡村有人类源起发展的历史记忆，是传统文化孕育生发的肥沃土壤，是人们民族精神绵延成长的家园空间，有人们生产学习休闲娱乐的文化传统，所以乡村旅游不同于原野旅行和深山探险。

人们的春游踏青活动特别是文人墨客的郊游可视为我国乡村旅游活动的文化行为。《管子·小问》中“桓公放春，三月观于野”，即对齐桓公到郊野乡村享受明媚春光愉悦身心的春游活动的记录。在田园意象营造史上划时代的诗篇是《桃花源记》，它营造了明净纯洁、宁静淡远的世外桃源，给后世的人们建构了澄净心智、栖息灵魂的精神家园。

首先是作为恬淡宁静、躬耕自养的归隐者典型代表的陶渊明，为中国文人建构了世代传承的田园精神。他的田园生活与诗文体现的是一种向往自由、追求生命本真、亲土躬耕、安贫乐道的田园精神，一种在艰辛劳作中追求旷达、超脱、卓然于世的人生境界。田园耕作是坚守人生品质的一道防线，是人们在规避政治风险时得以保证生命存续的最好归宿，进可报国济民，退可淡泊明志，并于此过程中修君子之身、养浩然之气，是实现“穷则独善其身、达则兼济天下”理想主义人生的途径。

---

①杨炼．寻找当代杰作——为《诗意的环球对话》而写[J]. 读书，2012(3).

②郑飞中．像海德格尔一样下乡[J]. 创作评谭，2005(7).

其次是追求逍遥闲适、"冠冕巢由"的半官半隐者代表王维，其诗文与实践体现的是一种坐三槐而门垂五柳、自信练达、耕读悠游、安居乐业、忘怀自逸的田园精神。太平盛世的唐代士人拥有良田桑竹、面水带山的田庄别墅，不仅"青山白云为念"的精神得以满足，而且饱食安居的物质所需得以保证，享受着心迹合一、半官半隐的耕读生活。他们描绘的是令人神往的悠闲而富足的田园牧歌式现实的桃源，体现了富足的大唐士人在物质与精神方面相对稳定时暂时顺化于自然的自我扬弃，是对功利主义暂时的超越①。实际上，王维建构的辋川意象已借诗情画意的园林世界代替了陶渊明的田园世界，以怡情养性、调适精神的审美空间代替了苦寒之士的山野村居②，这一可供自由栖止和悠游吟赏的辋川，既保留了"桃源"境界的高洁追求，又避免了力耕贫苦的窘迫困顿，构筑了更易于为后来者接受和仿效的现实"桃花源"③。力养耕读与"冠冕巢由"这两种不同的田园精神为后世的文人仕宦提供了人生选择的理论依据与不竭源泉，拥有不同价值追求和人生理想的人们在面对人生失意时，都能找到适合自己的人生模式。

(四) 乡村旅游文化重构之文化建构主义认知

语言是人基于表达需要创造的，是实物的规范性和社会性表达符号，是实物的符号化，是一个为大众所认同的概念意义系统，是对象化的人。语言既是主观意味的表达，又是人人能接受的尺度、规律。它既可以是抽象的文字符号，也可以是具象的实物符号，是物质与意识的统一。把表示某物的景象和外观的名称谓之"形象"，其本质是让人看某物④，即实物的概念化。

从语义学角度来讲，"乡村"这个词代表着人们共同接受的概念表达，既包含乡村所蕴含的自然社会要素，也抽象概括着乡村历时空间的感性形象。在旅游中，乡村形象是乡村要素的符号化建构，其象征意义基于基本载体又游离于其上，生成一种概念或观念性的东西，乡村概念价值取向的变化反映了其在历史变迁中社会价值和意义的变化。

例如，在旅游审美中，庄稼已不是具体的粮食产品的载体，而是被赋予了劳作、收获或生命成长的意义，抑或是一种生命自在状态的象征；梯田上的庄稼可能还意味着贫困、艰辛和历史的积淀。这其实就是一种文化，是乡村文化的意象。建立在乡村结构要素基础上的乡村意象被赋予了传统审美习得的意义且为社会普遍认同和接受，并逐渐概念化为承载某种社会价值与理想的符号。乡村意象是乡村旅游审美的核心诉求，乡村空间是乡村意境营造的载体，乡村形象是乡村意象的符号化

①林继中．试论盛唐田园诗的心理依据[J]．文史哲，1989(4)．

②袁晓薇．《辋川集》的经典化和辋川模式的建立[J]．深圳大学学报(人文社会科学版)，2011(1)．

③孟二冬．中国文学中的"乌托邦"理想[J]．北京大学学报(哲学社会科学版)，2005(1)．

④海德格尔．海德格尔选集[M]．孙周兴，选编．上海：生活·读书·新知上海三联书店，1996．

表达。在历史发展过程中，乡村社会的构成要素、结构功能、审美特征等随着生产、科技、经济、文化的发展和地域条件的不同处于不断变迁之中，乡村审美价值取向的变化反映了其在历史变迁中社会价值和意义的变化。①

乡村意象认知在不同阅历、不同处境的人们心中也不一而足。当乡村进入人们的审美视野，乡村意象诞生了；当乡村进入旅游诉求的视野，乡村旅游文化形象诞生了。乡村旅游文化形象是乡村形象在旅游审美过程中建构起来的符合人们社会理想和价值观并由不同旅游目的地乡村通过各种途径展示给游客的旅游性文化形象。乡村旅游文化形象不同于乡村形象，它是作为旅游目的地被旅游经营者规划设计过或被媒体宣传过并为乡村游客所接受的旅游性乡村文化形象，是以独特旅游吸引力为核心，由富有社会诉求价值的乡村典型吸引要素系统建构起来的整体文化形象。

由于乡村旅游的规划设计者、宣传描绘者、形象接受者并非都具有丰富的乡村生活生产经验，实质上，其中大多数是没有真正的乡村生产生活经验的，因此，乡村概念就存在一个重构的问题，存在一个脱离乡村事实的符号建构问题。另外，建构主义告诉我们，基于意识诱导按照自我意愿对某一事实进行的符号化概念建构能够反作用于事实本身从而导致事实的重构。首先是旅游规划者和乡村旅游媒体基于审美原理和消费心理采撷乡村田园诗元素、融合大量非乡村元素(主要是城市性审美元素符号)、摒弃在城市人看来不美的元素来建构乡村形象，这种形象被学界称为“伪乡村”形象。其次是这种形象通过各种媒体的传播逐渐被大众接受(相当多受众是没有多少乡村经验的游客)，大众以为乡村就是这样的。进而，有着深刻乡村生产生活经验的乡民由于缺乏对城市审美价值观和对媒体建构特征的认知，久而久之便以为乡村本该是这样的，原来的生产生活已经过时了，从而接受了被概念化的“伪乡村”形象，放弃了对原生态乡村的珍惜。于是包括新农村建设执行者在内的社会各界开始了另一种乡村——审美的和消费的乡村——的重建，乡村从生产、生活、景观、娱乐到村落布局和建筑风格、文化观念与价值取向、产业结构与社会关系、自我认知与风俗民情一一重构，大众旅游语境中的乡村其实已是人们观念中的一种虚假符号。托克维尔认为，“人性本有崇高和伟大的潜质，但为个人主义与物质主义所遮蔽”②，所以阎连科在《四书》中感叹道：“信仰的天幕的星星早已坠落人间，凡俗是何等地吸引人。人们在日常里的乐趣，早已不会去仰望星空了。”意识形态标准是实用性，物质消费给人们带来刺激、舒适和满足，人们寻根问真的心灵变得麻木，在旅游消费促进经济发展的征途中，乡村的根基意识、淳朴民风、传统美德、神性敬畏都已荡然无存。

---

①Sharpley R. Tourism, tourists & society[M]. Huntingdon: ELM, 1994.

②杨泽章. 托克维尔：政治的回归[J]. 读书, 2012(6).

（五）乡村旅游文化重构之后现代主义认知

消费是生命存续的保证、是生命质量提升的基础、是社会发展的动力，消费是必需的、正当的，否则，生产也就失去了意义。但是，当生产过剩，为维持资本增值而通过市场政策、商业广告诱导民众非理性消费盛行时，消费主义时代到来了。在消费主义时代，消费不是出自本真需求，而是地位、身份象征的符号，甚至成为自我存在的证明手段，或者排解压力、消磨时光的途径，物质消费成为精神动力的支撑，人重新为物所役。此时，以回归自然、颐养心灵为目的的乡村旅游开始异化为一种新环境的消费娱乐方式，从而导致乡村空间景观化、乡村资源商品化、乡村食宿标准化、乡村购物同质化、乡村设施城市化、乡村文化多元化，乡村成为一种既非城市又非乡村的新型现代消费文化空间。

人们对乡村旅游诉求的多样性，乡村旅游文化表现琳琅满目，造成乡村旅游活动及认知的异化[①]。由于消费的非理性需求和旅游发展的经济性导向，在乡村旅游发展中形成了民俗舞台表演化、手工艺制作机械化、邻里关系竞利化、旅游经营资本化，导致乡村淳朴的民风不再，祥和的邻里关系不再，协作互助的生产关系不再；乡民身份商业服务化，由于自主自信意识的缺乏，进一步导致乡民意识奴化；乡村旅游经营飞地化、传统产业空心化，从而导致乡村发展不足。乡村需要发展，但更要有自己的历史根基，割断历史传统的无根模仿和盲目的物质攫取，是一种看不到未来的伪发展。

偏重物质和技术的西方发展主义意识形态使人的疯狂逐利行为合法化，最终导致了人心的颓废和腐败，而中国之“道”作为具有终极意义的人生哲学，强调的是“人怎样才能正当地生活，怎样才能过上人的生活”[②]。由于缺乏对根性传统文化源起与演化的理解，缺乏文化传统的滋养，成长于城市中的孩子，包括在现代化城市化进程中成长起来的乡村年轻一代，对于过往的生活、历史故事、追求和精神信仰，“其实并不当真，也不在意”[③]。孕育民族认同与价值信仰传统的土壤是乡村，乡村是我国回归传统、复兴民族文化、重构价值信仰的根据地，因此，乡村旅游更重要的任务是传统化育与文化价值重构，它关乎民族的未来，也影响着世界发展的格局。传统文化的复兴，要求通过健康的生活和良好的行为切实践行传统美德，实践证明，最佳的社会生活形态不在城市，而在乡村。悠远质朴的农耕文化、散居式的村落民居、低能耗的生产生活、自给自足的意识形态、和谐谨敬的天人关系、田园苗稼

---

①陶玉霞．乡村游客文化取向与乡村重构[J]．浙江农业学报，2014，26(3)．

②辜鸿铭．中国人的精神[M]．海口：海南出版社，1996．

③陈家琪．我们如何讲述过去？[J]．读书，2014(2)．

的空间形态，这美丽乡村是中国人世代承传的精神领地，是民族成长和历史记忆的载体，也是人们心灵复归的依托。因此，如何矫正理念、理清思路、保护乡村，使乡村旅游免受伪构建、飞地化、商业化等戕害，是我国乡村旅游文化重构的第一要务，也是“三农”问题和国家发展需要直面的大问题。

（六）乡村旅游文化重构之文化复兴认知

传统村落是中国传统文化生生不息的土壤。中国文化是土地里长出来的[①]，在乡村社会里，比较稳固地生长并传承着一整套意识逻辑与伦理价值体系。乡村是中国传统文化之根基所在[②]，而乡村传统的生产生活孕育着乡土文化并且承传着民族身份认同。实质上，传统中国城市的文化也是中国乡土传统文化的自然延伸。所以我们讲民族文化复兴，要重视回望传统尚存的乡村。拯救乡村，需从生态文明的目标起航，保护乡土文化的传承者和游子的归巢，保护传统生产方式，为乡村文明留下复生的根[③]，甚至可以说，拯救乡村就是拯救中华民族的文化系统和价值系统。“放弃与人隔离的苦境，重新回到共享的、相互依靠的、丰富的共同体生活中去。”[④]而旅游作为一种精神文化活动，具有强大的文化建构功能，以沐浴淳厚乡风、回溯乡村文明为主旨的乡村旅游能够也应当为传统文化的现代传承尽责。

中国优秀的传统文化根植于乡村民间，乡村蕴含着至为珍贵的精神文化财富，乡村旅游为文化复兴提供了日常生活式的精神化育途径，民族文化复兴大政方针，正有助于乡村旅游根性价值的认知、生产生活本真属性的回归，以及文化传承功能的重建与开拓。但这一理念的转向还有待于国家从乡村建设角度的政策确认及旅游企业与规划专家的责任反省和社会担当。党的十八大报告第六部分以“扎实推进社会主义文化强国建设”为题，提出四项文化建设任务，具体包括：加强社会主义核心价值体系建设、全面提高公民道德素质、丰富人民精神文化生活、增强文化整体实力和竞争力。党的十九大报告指出，文化自信是一个国家、一个民族发展中更基本、更深沉、更持久的力量，必须坚持马克思主义，牢固树立共产主义远大理想和中国特色社会主义共同理想，培育和践行社会主义核心价值观，不断增强意识形态领域主导权和话语权。2018年9月，中共中央、国务院印发《乡村振兴战略规划（2018—2022年）》，文件指出，要“保护利用乡村传统文化”，“实施农耕文化传承保护工程，深入挖掘农耕文化中蕴含的优秀思想观念、人文精神、道德规范，充分发挥

①费孝通．费孝通文集（第四卷）[M]．北京：群言出版社，1999．

②梁漱溟．乡村建设理论[M]．上海：上海人民出版社，2006．

③张孝德．中国乡村文明研究报告——生态文明时代中国乡村文明的复兴与使命[J]．经济研究参考，2013(22)．

④郝大维，安乐哲．先贤的民主：杜威、孔子与中国民主之希望[M]．何刚强，译．南京：江苏人民出版社，2004．

其在凝聚人心、教化群众、淳化民风中的重要作用。划定乡村建设的历史文化保护线,保护好文物古迹、传统村落、民族村寨、传统建筑、农业遗迹、灌溉工程遗产。传承传统建筑文化,使历史记忆、地域特色、民族特点融入乡村建设与维护。支持农村地区优秀戏曲曲艺、少数民族文化、民间文化等传承发展。完善非物质文化遗产保护制度,实施非物质文化遗产传承发展工程。”党的十九大以来,习近平在不同场合从各个角度强调了文化复兴的重要性及其路径,从身边生活环境中,我们也感觉到文化复兴的氛围日益浓厚,从各种媒体到学校教材再到公共场合的宣传画面和标语口号,勤劳、善良、节俭、孝悌、礼貌、祥睦、民主、公正、和谐、诚信、仁爱、和平等中华传统美德与社会主义核心价值观以贴近生活的形式遍布城市和乡村的大街小巷。

从民族文化复兴来看,党的十七大强调,弘扬中华文化,建设中华民族共有精神家园,将文化建设上升到战略高度。党的十八大报告强调,要扎实推进社会主义文化强国建设,坚持贴近实际、贴近生活、贴近群众的原则,推动社会主义精神文明与物质文明全面发展。党的十九大报告强调,推动中华优秀传统文化创造性转化、创新性发展,继承革命文化,发展社会主义先进文化,不忘本来、吸收外来、面向未来,更好构筑中国精神、中国价值、中国力量,为人民提供精神指引。党的二十大报告中强调,推进文化自信自强,铸就社会主义文化新辉煌,弘扬中华优秀传统文化。乡村旅游为文化复兴提供了化育途径,民族文化复兴这一政策导向,正有助于乡村旅游认知向生产生活本真属性的回归。乡村传统文化的复兴必然要基于乡村富裕文明,以及在乡民对乡村优秀传统文化的认知、传承、重建的基础之上,由此来看,要想通过乡村旅游实现民族文化复兴的目标,还要建立在乡村居民文化教育素养提升的基础之上,国家对乡村教育问题必须有高度的认识和较大的扶持力度。

马克思在强调经济基础决定上层建筑和意识形态的同时,也强调意识形态具有主观能动性,托克维尔认为美国政治制度之所以能够有效运行就在于“新英格兰自治精神”这一文化基础,当下政治文化理论家把文化看作影响政治和经济发展的自变项。个人理性和社会制度都是在传统、习惯、思想、信念、价值观构成的文化软环境中运行的,正是这些文化因素决定了个人行为和制度的性质及其效率。

（七）乡村旅游文化重构之文化救赎认知

传统文化是一个民族在特定的社会环境中建构的心理积淀和世代传承的精神结晶,是渗透在人们心中的一种普遍的社会文化心态,是民族身份认同的心理根据和符号象征,是生命意义的源泉与团结奋斗的精神支撑,同时,它又随着社会环境发展变化的影响不断重构、生成和发展。

如果说历史上传统的乡村旅游是自然形成的,那么可以说,现代的乡村旅游则是媒体主动建构的。基于经济利益和异化旅游的诉求,乡村、政府、旅游者集体选择了商业化[1]。对于根性诉求的旅游者来说，乡村旅游反"以一种异己的敌对力量或负价值作用，给人们自身带来危害"[2]。乡村、旅游与旅游者的异化正在啮噬传统与生活，我们急需深刻反思，扭转发展的方向与目标，并在乡村与传统的回归中逐步实现文化救赎。

三、乡村旅游文化重构的理念

乡村是孕育和滋润传统文化的母体和载体，乡村旅游要肩负起优秀传统文化传承的重任，为民族文化复兴与人类信仰构建贡献力量。在乡村旅游发展的问题上，我们应拥有吉福特·肖平的理智（明智地利用和科学地管理），也应拥有约翰·缪尔的执着情怀（为保护荒野呐喊奔走），我们必须站在整个人类发展和解放的角度来把握乡村旅游文化发展的方向。

（一）乡村旅游文化建构的哲学理念

从本质来看，乡村旅游文化的生产性、生命性、生态性与系统性特征实际上是对乡村的文化性的观照和认知，我们应站在人类发展需要的角度，以社会历史评价的眼光去看待它。乡村作为人类社会实践发展的产物，其所有适宜乡村生产生活发展需要的系统要素都被人文化了，包括乡村的自然环境，这也是人类对自然要素选择与保留的结果，所以可以说乡村旅游资源都是文化要素。在传统乡村社会，不合乎生存与发展条件的事物，都会被自然和文化的力量所淘汰。乡村社会有它自己的自然文化生存法则和条件，如同亚当·斯密所说的"看不见的手"，不合则去，合则留。不是说乡村社会中个人具有天生的生态观念与天人合一意识，而是他们的欲望和行为是从实验与错误的农事劳作实践中累积出来的经验和教训，传统和文化就是能经得起自然历史选择的经验累积，这些看似自觉的欲望实质上是文化的命令，是合乎人类生存的基因文化欲望。乡村旅游资源的文化性内涵主要表现在生态文化、农耕文化与民俗文化三大方面，而传统乡村生态文化与民俗文化又建立在农耕文化的基础之上。

乡村旅游文化的主要属性是它的生产性与根性，这一属性生成的直观文化表现为农耕文化。在游客的农事生产活动参与过程中，能够深入体味这是为生存与发展而应掌握和熟悉的劳作，这是一种最本真的劳动需要；这种劳动意味着希望和收获，是上天赐予人类生存与发展的宝贵财富和基本能力；人类劳动应该遵循自然规律，只有保护好土地的生产力，人类才能获得更多的发展机会；大地给人类提供了展示生命力和创造力的平台，人类可以通过基于遵循自然法则的创造性劳动让自然和大地变得更加丰富和美丽，并让人的个性得以充分发挥，自由得以最大限度

---

①费孝通．乡土中国[M]．北京：北京大学出版社，2012.

②曹诗图，鲁莉，荀志欣．对旅游异化问题的反思[J]．武汉科技大学学报（社会科学版），2008，10(3).

地实现;踏实的劳作、简单的衣食、真诚的交流等能够让人类更幸福地在美丽的大地上生活。

乡村生态与民俗文化体现于乡村的自然环境、农耕景观、聚落景观、建筑景观、民俗文化景观、经济景观等各子系统内部和谐自然地运行,以及各子系统之间在结构、联系、空间效果、物质与能量交流等方面的协调统一、共生互动性关系状态之中。"芳草鲜美,落英缤纷……有良田美池桑竹之属,阡陌交通,鸡犬相闻",这种桃花源式的理想田园美景,饱含着人类对富有诗情画意、闲情逸致的生态化净土的渴望,是人类对其乐融融的生态化民俗社会的向往。在游客的心目中,乡村诗意理想的审美图式包括优美的自然风景画、别致的地域风俗画、异族的民俗风情画。[①]村落、田园和生活劳作在其中的乡民构成和谐优美的有机整体,游客置身其中能够受到和谐文化的熏陶,自然产生一种生态理念认知,并影响其世界观和价值观,从而可能对其行为及以后的生活工作价值取向产生反馈性修正。质朴健康的乡村传统习俗(包括生产耕作、土地利用、生活方式、民居建筑、游戏娱乐、宗教、民间文艺、节庆仪式、服饰、饮食、民族特色知识体系与文化形态等),体现的是源远流长的文化象征意义、独特的文化精神底蕴与生命根基皈依意识,有助于游客重新认知或强化自己的民族文化身份,在体验乡村传统文化精神的魅力中反思当下文化废墟与信仰失重的原因,重铸自己的民族文化信念与理想。

乡村旅游作为一种精神文化活动,从浅层意义上说,具有放松身心、愉悦心情的功能;从深层意义上说,其主要的功能还在于人们能够通过乡村旅游达到熏陶甚至重新建构文化精神意志的功能,当然这一建构的效果取决于乡村旅游产品本身的质量和层次。旅游者之所以前往乡村,从本质上讲是一种诗意的还乡,是渴望实现从时空到心灵的返璞归真,使疲累空虚焦虑的心灵通过乡土文化与劳动的洗礼,重获恬适与安宁。"采菊东篱下,悠然见南山"的恬适安逸,"晨兴理荒秽,带月荷锄归"的艰辛超脱,"梅子金黄杏子肥,麦花雪白菜花稀"的烂漫优雅,"蓬头稚子学垂纶,侧坐莓苔草映身"的稚拙淳朴,"开轩面场圃,把酒话桑麻"的和谐欢畅,"醉里吴音相媚好,白发谁家翁媪"的幸福安详……一首首田园诗营造着中国人世世代代明净纯洁、宁静淡远的精神家园,积淀了中华民族几千年的农耕传统与文明底蕴,洋溢着中华文化浑厚而绚丽的神韵和光彩,千百年来为滋养人们的心灵、涤荡人们的精神提供了取之不竭的源泉。乡村——那片生养万物的土地,那种原始的生态和久远的习俗,那份云淡风轻的闲适与悠然,是千百年来中国人魂牵梦萦的心灵故乡。闲来寻几树桃花,兴起听数声鸣蛙,是中国人心中对"世外桃源"和生命本真的想望……回望乡里田园其根本的心理哲学依据,恐怕还是对家与生命本源的回归,

①彭兆荣.旅游人类学视野下的"乡村样本"[J].广西民族学院学报(哲学社会科学版),2005,27(4).

是生命之于土地的天然联系，是一种“诗意地还乡”，这应该成为乡村旅游文化建构的哲学基础。

（二）乡村旅游文化建构的生态理念

部分乡村在现代化革命中不仅承受化肥带来的污染，还承受着城市发展转移的污染，同时，在政府主导的城镇化过程中，大量乡村纷纷消亡。起源于古希腊、古罗马的西方文明是根植于工商业经济基础上发展起来的城市文明，而中国文明则是根植于乡村种植基础上的农耕文明，中国乡村承载着中华文明的传承与发展。同时，中国传统乡村文明携带着生态文明的基因，与生态文明在能源形态、价值观、文化特征方面具有天然的契合性，“只有中国文明的精髓引导人类文化前进时，世界历史才找到真正的归宿”①，我们应从乡村文明中找寻中华民族文化自信之根与复兴之路。传统乡民通过辛勤劳作为生命延续提供了新鲜、安全、营养的食物，而乡村的生产、生态、文化也形成了一种低成本、生态化的幸福生活模式，乡村旅游应当为生态化美丽乡村建设开辟旅游路径，以生态生产、生态生活、生态文化、生态消费理念武装旅游、建设乡村、引导游客。

（三）乡村旅游文化建构的人性发展理念

从人类社会发展的终极目标来看，国家的职责是创造民生福祉，让人从物的奴役中解放出来，使劳动满足人类创造性激情释放的需要，让人过上一种本真的人性全面发展的生活，也就是人类发展的目标是人性的解放与全面发展。而旅游是实现人性解放与发展的一种暂时性的生活方式，那么乡村旅游则是人们在传统旅游和现代生活方式遭遇发展悖论时，对生态化本真性旅游与生活方式的一种新的追求。所以在乡村旅游发展中，更需要秉持人性解放与发展的理念。从乡村角度来看，塑造乡民才能让乡村进步，国家要为乡民的能动性提供基本能力保障，提高乡村的“造血能力”，让乡民在创造性的生态乡村发展中自觉追求自身的解放与全面发展。同时，乡村的生态化生产生活方式与乡民的人性魅力作为吸引物，可促进乡村旅游的发展；反过来，乡村旅游的发展可进一步增强乡民文化自信，拓展乡村生态乡村发展方向，推动美丽乡村建设。从旅游角度来看，乡村的生态化生产生活与文化魅力可吸引游客前往旅游，同时，在深入体验和参与乡村生产生活的旅游活动中，游客可实现自我解放与获得发展体验的满足，并被熏陶感染，与乡村文明同构，与乡村发展共济。因此，乡村的未来取决于理念能否再次战胜利益，要秉持创造性发展理念，以高质量旅游产品提升经济收益价值，让美丽乡村建设与乡村旅游规划真正成为一种没有经济负担的创造性设计，把乡村建设为丰产的乡村、生态的乡

①汤因比．池田大作．展望21世纪：汤因比与池田大作对话录[M]．荀春生，朱继征，陈国梁，译．北京：国际文化出版公司，1997.

村、美丽的乡村，以及人类诗意栖居的家园。

（四）乡村旅游文化建构的健康消费理念

在消费主义时代，旅游不仅是为了放松休闲、增长见识、体验成长，更多地成为体现身份、能力与幸福指数的标签，成为达到消磨时光、寻求刺激、交际沟通等目的的手段。

消费之所以成为主义，源于理性与信仰的缺失，而基于经济生产为核心的发展主义的盛行则是消费主义形成的诱导因素，在这种情境下，人们容易被奢华和非理性消费观所诱导。由此看来，消费主义不仅是个人的事情，外界也具有不可推卸的责任。从个人来说，坚守和重建自己的人生理想和价值信仰体系，从踏实的劳动生产中体会自己生命存在和发展的价值与意义，并勇于承担基于共同体发展的使命，确立责任对于欲望的优先秩序，是抵御消费主义诱惑的根本。其实，从实践来看，健康消费的达成需要的只是个人改变刚刚习惯的消费主义生活方式而已。所以说，消费主义是造成乡村旅游异化生产与畸形消费的根源之一。在生产生活中，辛勤劳动是抵御现代消费异化的有效途径，同时也是改变乡村命运和实现中华文化传承的重要途径。

乡村旅游文化应当确立文化传承发展导向，构筑乡村田园美好生存环境，传承中华民族传统美德和文化遗产，进而实现从“安天下、稳民心”到“近者悦、远者来”的愿景，在文化和精神层面上影响世界，才能实现为人类构建精神家园与灵魂栖息地的理想。

四、乡村旅游文化重构的影响因素

目前，我国乡村旅游发展还处于初级阶段，发展范围还主要限于城市周边的郊区及主要旅游景区的附近区域。当前，我国乡村的经济文化发展比较落后，乡村生产和农产品加工技术远没有发展到最高水平，潜力尚待挖掘，如果忽视或者无视第一、第二产业，一味注重旅游的发展，是非常危险的。目前我国的第三产业主要是为自身服务，如果没有强大的乡村产业链支撑，那么第三产业就是空中楼阁。只有依托坚实的乡村经济基础，才能促使乡村旅游开发成为一种没有经济负担的创造性活动，构筑乡村田园美好生存环境，传承中华民族传统美德和文化，在文化和精神层面实现为人类构建精神家园与灵魂栖息地的理想。

（一）生产主义理念导致的乡村旅游产品异化

这里的“生产主义”通常被表述为“经济主义”[①]、“经济决定论”或“历史决定

①Gramsci A. Selections from the prison notebooks of antonio gramsci[M]. London：Lawrence & Wishart, 1971.

论”,其核心理论是“物质生产”决定人类“社会活动、社会关系和社会历史的发展动力、道路及形态”,在实践中秉持“资源无限”自然理念、“经济制导”发展理念(发展主义)、“欲望为本”人性理念(导致消费主义)三种核心理念[①]。资本主义社会制度衍生的生产主义特征也成为控制当今世界生产与消费的理念。生产成为社会组织的目的,人成为扩大再生产的手段,追求高额利润的社会生产使人类的需要和欲望不断扩大,人类从为了满足生存需要的消费而生产的时代步入为维持高额利润的生产而刺激和诱导大规模奢侈消费的时代,整个社会成了以生产与消费的相互诱导支持为核心关系的经济社会和消费社会。鲍德里亚用“生产率浪漫主义”[②]来描述这种实现了对生产和消费完全控制的社会形态,财富的价值不是因为它有用,而是因为它被文化赋予特殊的意义,大众文化操纵的符号控制着人们生产和消费的内容与方式,强大的生产主义机制使人们陷入及时行乐消费欲望的深潭。

我国的乡村旅游产品生产千方百计地刺激和诱导着乡村旅游体验的需要和欲望。乡村生产生活演艺化、舞台化,乡村建筑标准化、宾馆化,乡村娱乐城市化、商业化,乡村文化庸俗化、扭曲化,乡里乡情竞争化、利益化,乡村空间景观化、经济化,以新环境中精致拼贴的新型消费内容和形式的产品不断刺激乡村游客新的欲求,并不断开拓新的消费空间、提升消费档次,以获取更高的利润。

(二)乡村重构导致的乡村认知异化

城市化进程、新农村建设、村镇规划从各个角度在纵深层次上改变着乡村聚落结构和特征、经济与产业结构、邻里结构方式与交流渠道、公共娱乐场地和内容、公共舆论空间与效用。比如在北京,城市资本到农村租赁土地建别墅、工厂、旅游点的现象非常普遍,中国农业大学叶其茂教授在接受《瞭望东方周刊》采访时曾透露,在随机调查的北京100个村中,98%的村庄向个人、开发商或企业长期(50年以上)出租土地进行各种设施建设。此时的乡村形象已经与传统的真实的乡村形象大相径庭,对乡村旅游本真诉求的实现造成极大障碍。

(三)乡村旅游体验的差异

乡村旅游诉求包括审美体验诉求和世俗体验诉求,或者说是情感理性诉求和感官刺激诉求,在乡村交往与体验中重新发现和发展自我,这一体验也将重构旅游者对乡村、世界、人生的认知和观念。任何意识、精神只有对象化或物化,才能获得自己特有的存在形态;任何物的形态也只有经过人化从而蕴涵人的主体创造性,才能区别于自然物质所具有的特定精神意涵。[③]乡村旅游文化是一种能够唤起游客

---

①何怀远.“生产主义”概念的多种语境及其义域[J].河北学刊,2004,24(5).

②Baudrillard J. The mirror of production[M]. Telos:Press St. Louis,1975.

③秦启文,周永康.形象学导论[M].北京:社会科学文献出版社,2004.

前往乡村体验的精神形象，并在游客的旅游体验中逐渐被接受和丰富起来，是一种处于生成过程中且有待游客积极现实化的“召唤结构”，也是一种能够在被接受中化育接受主体的“建构结构”。乡村旅游从本质上讲，是人地关系的再审视和确认，是乡土一人性结构的回归与重建，为满足精神诉求而展开的乡村旅游体验注定了其对游客强大的文化心理建构作用。

传统中国是乡土社会，中国传统文化是以农耕文化为核心建立起来的乡土文化，以土地上的乡村生产和农事生活为特征的传统村落是中国乡土文化发育和成长的土壤。在以村落为单位的乡土社会中，比较稳固地传承着一整套意识逻辑与伦理价值体系，并渗透在人们的心理结构之中，表现为一种普遍的社会文化心态，是民族身份认同的心理根据和符号象征，也是生命意义的源泉与团结奋斗的精神支撑。中国文化是从土地里长出来的[①]，乡村是中国传统文化的根基所在。

（四）乡村旅游中的身份与诉求差异

大众旅游时代，人们感叹传统的执着于审美体验的旅游越来越少了，面对消费主义、多元文化冲突、信仰缺失与人性异化，现代旅游的意涵与功能显然更为丰富和复杂。它可能是赋予生活以某种意义的制度或仪式[②]，也可能成为现代大众的宗教替代品[③]，或者由于规模化的发展而成为一种现代新民俗[④]。无论是制度、仪式、宗教还是民俗，包括诸多学者关注的旅游异化[⑤]，实际上都是社会现实综合作用的结果，是旅游者基于现实压力或诱惑的真诚选择。特别是在现代消费经济时代商品价值取向的社会背景下，本应该“诗意地栖居在大地上”的人们，失去了与大地的血缘和精神联系，失去了本当借之以定位、以之为归属的大地，失去了自我的空间向度，自我生命价值和意义的追寻成为严峻的问题。人们迫切需要回归到生命孕育和成长的地方，找到这个星球上与其彼此照应、价值同构的那片土地。

乡村是食粮生产的根本空间和载体，粮食生产是与生命打交道的产业，粮食生产安全是保证人类生存和发展的基础。乡村孕育了最符合自然、贴近自然的生活方式，能使人真正体验到生命来自自然，又回归自然。在乡村的生产生活过程中，人类自与动植物共同成长，是生命的体验和交流。在悠远的世代相继的乡村生活中积累和发展起来的最贴近人类自然本性、更具有生命自然感和归属感的乡村文

①费孝通．费孝通文集（第四卷）[M]．北京：群言出版社，1999.

②Graburn N H H. Tourism：the sacred journey[M]//Smith V L. Host and guest：the anthropology of tourism. Philadelphia：University of Pennsylvania Press，1989.

③MacCannell D. Staged authenticity：arrangements of social space in tourist settings[J]. The American Journal of Sociology，1973，79(3).

④王宁．旅游、现代性与“好恶交织”——旅游社会学的理论探索[J]．社会学研究，1999(6).

⑤曹诗图，鲁莉，荀志欣．对旅游异化问题的反思[J]．武汉科技大学学报（社会科学版），2008，10(3).

化和文明，与人们的生活、生命融合在一起，构成了人类文明的基因。[①]乡村旅游者正是基于这种身份归属感的诉求从城市回归乡村。

五、乡村旅游文化重构的背景、现状与挑战分析

乡村旅游作为一种新的旅游内容和方式发展起来，有不同于传统旅游的特色。第一，就内容来说，乡村作为旅游的载体，具有慢、闲、绿、朴、生（生产、生机）等特点，区别于传统旅游的快餐式消费，需要人们细细品味、慢慢体验。第二，就方式来说，乡村旅游是我国在可持续旅游与生态旅游发展模式探索过程中看好的一种新的旅游方式，发展乡村旅游必须以可持续与生态发展标准为要求。因此，发展乡村旅游要严格控制客流量，加大保护自然与文化的力度，提高旅游产品质量，提升旅游品质。第三，就终极目的来说，既然人们是为寻找精神故乡而来，乡村旅游发展最为重要的就是要营造人们心向往之的生产生活的理想家园和灵魂栖息地。这种理想的精神家园是一种顺应自然同时又传播先进文化的主动选择和创造，而不是原始的低水平的人与自然的统一。[②]

（一）我国乡村旅游文化重构的社会背景

人类从茹毛饮血的时代走来，世代劳作在大地上，创造了历史、创造了文明，到后来创造工业、创造城市。正如在母腹中长大的孩子出生后，便对母亲有一种天然的依赖一样，人类对孕育生命、化育性灵的土地有一种与生俱来的依赖感和归属感。更多生活在城市中的人们，虽日日享受着城市的便利，心却时时向往着田园的朴拙。越来越多的都市人厌倦了传统的城市和著名景区的拥挤与喧闹，渴望逃离钢筋水泥与竞争架构起来的喧嚣、算计的冰冷世界，回到那诚信修睦、勤劳良善、温情脉脉的桃源净土；同时，旅游业也正在寻找新的发展目标和空间。恰逢中国新农村建设对新经济增长点的探索，乡村旅游就在这样的背景下应运而生了，它在人与自然之间、人与人之间、城市文明与农耕文明之间架起了相互沟通的桥梁。

1. 生产主义理念与物质消费主义导致人的异化

在发展主义时代的市场经济下，人们的劳动不再是自我价值的表征，大规模的现代化生产降低了人类劳动的愉悦性，人们工作不只是为了创造价值和自我实现，还是一种为了享受快乐而必须付出的辛劳[③]；市场定律不仅横扫了物质世界，同时也渗透到人们的精神世界，社会人被抛到利益链条中成为经济人，单纯的经济诉求使人们丧失了社会认同的精神支撑和持续奋斗的意义动力，物质符号消费成为维

---

①张英洪．重新认识乡村的价值[J]．中国乡村发现，2015(2)．

②陈望衡，陈李波．自然性与文化性的统一——环境美学的新视界[J]．武汉大学学报（人文科学版），2006，59(5)．

③高建平．消费主义时代的生产主义[J]．读书，2013(3)．

系人们精神支撑和社会关系的途径和手段。大规模的商品消费改变了人们的生活方式、社会关系、日常心性、未来信念，也改变了整体文化的精神传统与价值认知。消费不再只是源自本真需求，而成为人身份地位的表征和价值构建的符号，这种与人的全面发展相冲突的异化消费，必然导致人性异化，引起价值观与信仰危机。人性异化外显为生存欲望与需求的异化，内化为自我心灵与生存的分裂，人丧失本性而成为“空心人”，孤立于外部世界。[①]此时，人们渴望能够回到原生态的世界找寻本真的自我，为安逸舒适的生活而生产，为体认自我价值的创造而劳动，为充满温情与友爱的社会而歌唱。人们需要一片让心灵休憩的乐土，需要回到人类起源的故乡，通过真实的生活、温暖的细节抚慰疲惫的身心，实现人性的复归。

2. 城市化进程产生的系统压力

城市是人类从蛮荒走向文明的一个重要标志，人类社会发展史也是一部人类城市化历史，它让人类生活更为高效、舒适、快捷。工业革命改变了中国与西方国家在世界版图中的地位，现代化成为我国发展的伟大目标；同时由于农村土地制度改革，农业技术与生产效率得以提高，中国农村出现了大量剩余劳动力，他们开始纷纷涌进城市务工经商，中国开启了城市化建设，城乡统筹与新农村建设又加速了这一进程。我国农村人口比例从1949年的89.4%到1975年的82.8%[②]，到2013年末的46.27%[③]，再到2019年的39.40%[④]。我国在极短的时间内经历了这一过程，因此积累了许多问题，比如城市病问题比较突出，社会系统的精神压力更令人难以承受。人们渴望回归到一种简单、自然、从容、踏实、生机勃勃的本真的生命状态，回到祥和的家园。

3. 文化全球化带来的信仰危机

在自然和社会探索实践的过程中，人们总结了自然与社会发展的规律，即天道和人道，这是人类探索实践的文化结晶，也是指导人类未来实践的原则和规范。在汉语言文字系统中，“文化”的本质含义就是“以文教化”“以德化人”，《说苑·指武》道：“圣人之治天下也，先文德而后武力。凡武之兴，为不服也，文化不改，然后加诛。”“文化”的途径包括直接的知识和价值体系的传授，也包括实践过程中的道理领悟与物质享用过程中对物质所蕴涵文化意识形态的接受和认同。不同的地域自然条件孕育出不同的文化个性，而文化的化育功能在不同文化的交流中也进而孕

①埃里希·弗罗姆．健全的社会[M]．蒋重跃，等，译．北京：国际文化出版公司，2003.

②中国社会科学院人口研究中心．中国人口年鉴(1985)[M]．北京：中国社会科学出版社，1986.

③中国国家统计局．中华人民共和国2013年国民经济和社会发展统计公报[EB/OL]．https://www.gov.cn/xinwen/2014-02/24/content_2623368.htm．

④智研咨询．2020—2026年中国人口老龄化行业市场营销战略及供需形势分析报告[R/OL]．https://www.chyxx.com/research/201911/805231.html.

育了其扩张性与广博性。意识所具有的主观能动性同时也表现在物质决定意识的过程中,这里的“物质”已经是一种文化事实,蕴含着生产它的自认社会状况的所有文化信息。“软实力”并不仅仅体现在文字符号形式的文化成果中,更体现在高文化含量的物质“硬实体”中,这些文化载体能够通过自身的吸引力影响和促使他人按照自己的文化指向行动。

面对当下以金融资本和高新科技为助力、以经济扩张为特征、以文化扩张为内质的全球化,我们在接受科技文明带来的物质享受时,也正在接纳这种文化意识形态。全球化背景下的文化冲突与融合、同质化与异质化、多元化与一体化等问题不但成为学术关注焦点,而且逐渐成为我们日常生活需要面对的选择和心理的煎熬。究竟该有怎样一种立场?社会主义核心价值观能否深入人心并被切实践行?我国迫切需要建立在强大经济科技实力基础上的民族自信,更殷切期盼建立在传统文化涵养基础上的文化自立,人们需要以根植于内心深处并践行于日常生活细处的强大价值信仰体系直面铺天盖地的消费主义生活方式、霸权主义文化渗透、分子主义温情解构、利润至上盲目生产、利己主义冷漠竞争等全球化浪潮。此时,如何回归民族文化认同的土壤,重构民族信仰支撑的日常生活图式,延续文化生发的根脉,重建自己的文化价值系统,是避免国家与民族认同崩溃和解体的要义。近年来,国家一直在强调传统文化与民族文化的复兴,其实质就是对民族文化精神与信仰的重建。传统在哪里?精神在哪里?认同在哪里?信仰在哪里?答案在民间,在老百姓的日常生活里,在尚未被现代主义影响的乡村,在辛勤劳作、祥和邻里与简单生活里。乡村旅游中同样有相当多的游客是为了到生命与身份诞育之所体认文化之根,实现民族认同与精神信仰的文化重建与救赎。这是一种信仰与信念的文化期待,也是一种精神与认同的文化拯救。

4. 现代社会形成的旅游生活方式

从19世纪中期到20世纪中期,在这一百年间,旅游还不是一种普遍的社会现象,对大多数人来说,旅游还是一种奢侈行为,是小众旅游,并非大众旅游。到20世纪五六十年代以后,整个世界都埋头于生产和经济的发展,加上汽车、飞机的便利,人们进入大众旅游时代。旅游不再是个人的事情,不再是奢侈的需求,旅游成为现代生活不可或缺的组成部分。1980年,世界旅游组织在《马尼拉宣言》中宣告旅游与度假是现代人类社会基本需求之一,现代国家应当创造条件满足大众的旅游需求。因此,奖励旅游受到普遍欢迎,社会补贴旅游在发达国家普遍推行,发展中国家也在大力推动旅游产业的发展,旅游作为一种现代生活方式逐渐被大众认可并日益流行。

21世纪以来,形形色色的人们各怀梦想行走在自己心灵的旅途,使得现代旅游的意涵更加丰富和复杂。Nelson认为现代旅游已经成为赋予生活以某种意义的制度或仪式[①];麦肯莱尔则将其称为现代大众的宗教替代品[②];王宁认为出游是为了更好地回家,大众旅游业已成为一种现代新民俗[③];杨振之根据海德格尔诗意栖居理论提出旅游的本质是寻找诗意栖居的所在[④]。在社会异化的大背景下,游之意不仅在览,更重在离,游是一种生命游离于栖居之外的审美姿态;任何行为或意识形态的形成都是生产关系、社会体制和文化模式再生产的结果。乡村旅游正是城市经济发展与旅游生活方式相互作用的必然产物,对于久受都市压抑的人来说,乡村旅游能够帮他们实现摆脱压抑、回归自然、益智健体、愉悦身心的愿望。因此可以说,当人们需要到乡村寻找失落的本真时,城市化与旅游恰好如同时代的孪生兄弟,为人们创造了需求也提供了机会。

5. 乡村游憩时代赋予的生命权益

进入21世纪,整个世界的旅游活动前所未有地普及,特别是东亚太地区的旅游发展举世瞩目,其中中国旅游活动的发展更是如火如荼,以至于每到节假日,高速路堵车,景区堵口,到处人满为患。在旅游迅速发展过程中,拥堵、污染、标准化问题使得传统景区的旅游体验备受诟病。随着人们的假期日益增多,旅游经验也日渐丰富,更多的人旅游出行也趋于理性化,知名景区在人们心目中已不再是唯一,奢华的旅行度假也只是少数人的事情,旅游休闲化、游憩时代的理念开始在学术界和游客中得到认同,去景点化的旅游和驴友自助行逐渐盛行。乡村开始进入大众旅游者的视野。虽然有据可考的中国现代乡村旅游出现于20世纪七八十年代[⑤],但乡村旅游在中国的流行还是进入21世纪之后的事情。

如果说人们早期的乡村审美是出于对自然与生活场景的欣赏,那么,现代乡村旅游的兴起则是一种对生命本真境界的皈依。都市的水泥建筑、灰色的天空和机械的生活长期压抑着人们对诗意生活的向往,人们渴望逃离这种压抑,希望通过乡村原真生活和农事劳作体验,亲近孕育生命的自然,体味创造性劳动的快乐和充实,感受生命的生机与活力,感悟人生的靓丽与真意。乡村旅游也正是合于游憩时代悠闲、散淡、简洁、明快、日常、真实、自主、个性等主题要求的一种旅游形式,同时也抓住了国家新农村建设与美丽乡村建设的契机。

---

①Graburn N H H. Tourism:the sacred journey[M]//Smith V L. Host and guest:the anthropology of tourism. Philadelphia:University of Pennsylvania Press,1989.

②MacCannell D. Staged authenticity:arrangements of social space in tourist settings[J]. The American Journal of Sociology,1973,79(3).

③王宁. 旅游、现代性与“好恶交织”——旅游社会学的理论探索[J]. 社会学研究,1999(6).

④杨振之. 论旅游的本质[J]. 旅游学刊,2014,29(3).

⑤房士林. 关于当代中国乡村旅游的几点讨论[J]. 江苏大学学报(社会科学版),2012,14(3).

(二)我国乡村旅游文化重构的现状

近年来,我国乡村旅游发展速度不断加快,对我国经济发展尤其是乡村发展、农民增收带动作用进一步提高,下面将从我国乡村旅游发展速度、品牌价值、对农村经济带动性等几个方面对我国乡村旅游发展现状进行分析。

1. 乡村旅游发展迅速,农民增收速度加快

乡村旅游发展速度不断加快,对农民收入的带动作用不断增强是我国乡村旅游发展的重要现状。在乡村旅游发展带动下,农民收入水平不断提高,农民人均可支配收入增长速度较快。

2. 乡村旅游品牌基本形成,环境日臻完善

品牌基本形成,环境日臻完善是我国乡村旅游发展的重要表现。从2010年开始,我国启动特色小城镇建设,在推动了我国小城镇建设的同时,也推动了我国乡村旅游发展。目前,我国特色小城镇对我国乡村旅游带动作用明显。2012年我国特色小城镇建设基本完成,形成了我国乡村旅游特色品牌,一方面推动了我国小城镇建设,另一方面以特色乡村旅游品牌带动了我国乡村旅游发展,促进了农村居民可支配收入的提高。

3. 乡村旅游文化产业集群效应较差,产品内容形式比较单一

乡村旅游发展集群效应较差是乡村旅游发展的主要劣势之一,集群效应是旅游发展的重要条件,通常地区乡村旅游集群效应越强,对游客的吸引能力越强;地区集群效应越差,对游客的吸引能力越差。所谓集群效应则主要是指乡村旅游提供者的集群情况,通常乡村旅游的供给者主要位于城郊或者县城地区,而游客前往这类地区的重要原因在于可以享受“一站式”服务。因此,通常乡村旅游发展集聚性越好,游客的实际体验越强;相反,乡村旅游集聚性越差,游客前往地区成本越高,其体验性越差。从乡村旅游分布情况上看,我国小城镇建设较为分散、市郊地区尚没有形成较大的规模。可见我国乡村旅游特色较为分散,虽然初步形成品牌但是尚未形成规模,这在一定程度上影响了我国乡村旅游的进一步发展。

产品内容形式比较单一是我国乡村旅游发展存在的又一问题。在发展特色上,乡村旅游特色地区集聚性较差,因此实际上缺乏地区发展的集聚性特色。从我国乡村旅游内容和形式上看,虽然我国乡村生产形式较为多样,但是除了乡村生产生活方面,缺乏结合传统文化特色的乡村旅游形式,这实际上造成了乡村旅游内容形式单一的现实情况,制约了我国乡村旅游的进一步发展。

(三)乡村旅游文化重构面临的挑战与原因分析

当前学术界对中国乡村旅游发展中存在的问题基本上已达成共识,旅游产品同质化、单一化、粗糙简单、层次低、缺乏文化内涵;景观、娱乐、生产、交换、环境、设施城市化,导致乡村文化逐渐失去了传统乡村性特征;商品经济的“飞地化”经营越

来越多，机会主义者兴建的乡村别墅产权房或度假村不断增加，在乡村与旅游发展规划中，乡民处于失语地位；政府、企业、媒体、乡民基于不同的经济诉求，共同选择了乡村甚至包括乡民自身的商业化、仿制化、舞台化，旅游者体验的可能只是一种新型的乡村旅游文化。环城游憩带乡村的异质化农家乐，以及城市所谓的山庄、度假村等新型旅游空间体，其实已不再是传统乡村旅游讨论的范畴，这已经异化于传统乡村旅游发展。

这些问题产生的原因，一是对乡村旅游活动的认知模糊或偏颇，二是在于经济发展中心主义的导向和长远发展理念的缺乏，三是由于乡村旅游发展模式与乡村性特征不相匹配，四是消费主义意识形态的影响，五是乡民文化参与能力与主体意识及维权能力的缺乏。

第一，在乡村旅游活动的认知方面，农家乐成为乡村旅游典型代表，没有从原动力深层文化意义方面认知乡村旅游的根性诉求和文化功能，从而使得乡村旅游产品开发不到位，层次上不去，旅游效果发挥不理想，并导致人们对乡村旅游本质的误解，以为它就是“在条件好一点的乡村空间吃喝玩乐”。乡村旅游的核心功能是重建传统美德和信仰，任何时候，知识要为信仰留有余地，我们必须真正以理性的目光和敬畏的精神贴近乡村的一草一木、一砖一瓦、一家一户，让人们通过感受那珍贵的心灵震颤和绵绵不绝的大地软语回归久违的家园。

第二，由于经济发展中心主义的导向，以及未认识到让乡村的美丽可以滋养心灵、乡村旅游可以促使居民和旅游者的人性得以健全发展，政府、企业、规划师、媒体、居民各个环节的工作都以经济收益为绩效标准。政府忽视了乡村文化建构功能的发挥；企业忽视了保护资源、改善民生的社会责任；规划师放弃了创造性与科学性的追求，以及为民众设计的理念；媒体采用了各种形象建构技巧为目的地做宣传而忽视了客观事物的本质；居民为轻松赚钱，放弃了原有产业，从事娱乐服务，忘记了自己的乡民身份，淡漠了传统的邻里关系，也没有从乡村旅游中发现吸引旅游者自我拥有的最珍贵的东西，从而也就忽略然后失去了它。

第三，乡村本身的特征——偏远、淳朴、熟悉、小、宁静、生态，它需要一种日常的、三三两两的、恬适的、亲朋式的体味探访，而当下乡村旅游发展模式是大众型接待——集中化、规模化、商品化，二者是相互背离的，背离本质特征的发展必然要损害乡村自身的健康，是不可持续的。小旅游式乡村游憩才是适合乡村特征的发展模式。

第四，因发展主义的盛行而给人类带来的精神和文化问题及巨大压力需要通过物质的手段来疏导、发泄和平衡，由传统走向现代的中国也步入了消费时代。在这一时代，生产不只是为满足人类真实的需要，而是想要获得高额利润；消费不只是从个人需要出发，而是也从被商家和媒体激发的欲望出发；奢侈品成为促进经济发展新的引擎，消费成为自我身份和价值构建的符号，“我消费故我在”，消费成了人存在方式的表征。这种异化消费不但改变了人们的日常生活，而且改变了人们的社会关系和生活方式，并引致整体性的社会、经济与文化转变。[①]在认知不清的情况下发展起来的乡村旅游难逃被异化消费的命运，比如城郊型农家乐，从根本上就是被作为一种宣泄、交流的物质空间和手段而存在和变异的，边远的旅游乡村也与乡村的本质渐行渐远。消费主义让旅游者、乡民、乡村都围绕物质符号虚无地变换象征而流动和生存，人的活动成为支撑物质符号象征意义的一个标记。此时，我们确实需要一种本真的乡村旅游唤醒人们的心灵，将人们拉回到本真生命、本真需求中去。

第五，乡村旅游诸多问题产生的关键还在于乡民自身。首先，乡民没有认识到自己的资源真正的历史与现实价值是什么，自己最珍贵的东西是什么，所以商品化、庸俗化的产品才层出不穷。其次，乡民缺乏乡村旅游开发所需要的政治远见、管理能力、经营经验、经济与技术实力，所以才会出现“飞地”怪圈，进而使乡民失去了参与的能力，忘记了参与的权利，也丧失了维权的能力，所以乡民在旅游开发中一直处于失语状态。乡民认知、参与能力的欠缺还直接导致乡民自身与乡村一起被重构和异化。因此，乡村及乡村旅游的未来发展的关键，在于乡民文化素养的提升，在于乡民认知、管理、参与、政治等意识与能力的培育和提高。在乡村旅游发展中，加强乡民乡村重构意识的建设，赋予他们乡村重构的能力，为他们提供乡村重构的工具和途径，是保证乡村发展自主性，避免乡村旅游商品化、庸俗化的根本措施。

六、乡村旅游文化重构的路径选择

大众文化的商品化和技术化使文化创造成为文化商品制造，文化欣赏成为有形文化产品的功能消费，文化世俗为时尚消费、经济功利、娱乐形式和宣泄手段，必须为终极关怀及其载体的发展提供生存空间，使人们再度树立绝对的价值尺度和向善的信念。[②]

（一）确立传统文化现代传承的旅游发展导向

乡村是人类触摸传统滋养心灵的故乡，传统文化表达是乡村发展的优势资源，乡村旅游发展是促进民族身份认同、传统文化现代传承的重要契机，具有强大的文化建构功能，是美丽乡村建设也是中华文化复兴的重要途径，乡村经济建设的健康持续发展还是要靠农、林、牧、副、渔业产业链的科学构建。[③]系列调研资料证明，中国真正具有“乡村性”特征、令人满意的乡村旅游少之又少，根本原因在于乡村旅游

---

①罗钢，王中忱. 消费文化读本[M]. 北京：中国社会科学出版社，2003.

②何中华. 当代中国文化的难题及其出路[J]. 天津社会科学，1996(4).

③陶玉霞. 论乡村旅游的消费导向与乡村性塑造的基础[J]. 资源与产业，2010，12(4).

发展的经济导向而引发的商品化问题。

诗意田园乡村的保护。我们该如何理解“诗意田园”呢？第一,乡村是生命之源,没有乡村的土地和乡民的生产,就没有生命的延续与发展,田园是乡民依靠土地进行生产的劳动遗产和文化结晶。第二,乡村是传统文化之源,特别是拥有数千年农耕社会历史的中国,传统文化的核心是由农耕社会生产生活培育滋养的,田园文化是乡村文化的代表和精华。第三,乡村劳动繁重艰辛。劳动的艰辛里有收获的甘甜,有养育生命的成就感,有邻里温暖的乡情,有乡村祥和的安宁。对于浩瀚宇宙中的人类来说,这是一种富于劳动创造之美的生命存在形式,这是一个和乐自足的世界。乡村,是富于创造、乐于劳作、喜于收获、安于自足的诗意田园世界。第四,这个“诗意田园”是陶渊明耕读自养的生产性田园世界,不是王维式赏游怡乐的消费性园林世界。这样一个“诗意田园”世界是我们要保护和传承的珍贵遗产,当下的城市化进程、新农村建设、旅游及旅游地产开发都在对其产生影响,传统的村落、耕地、乡民、生产、生活组成了一个完整的乡村世界生产与文化体系,缺少或强行改变任一要素,乡村就不再具备传统的属性和功能,乡村旅游就只能是乡村空间变异而来的新环境旅游而已。

当前乡村振兴战略、美丽乡村建设与传统文化复兴的大背景,是实施乡村旅游文化传承战略的大好时机。我们应梳理乡村传统文化,摈弃糟粕,凝练精华,将其植入乡村旅游产品设计,打造美丽乡村文化珍品。“美丽”是我们对乡村未来的企望,生态、文化、生产、生活、自主、经济是我们对“美丽”内涵的重新定位,乡村之“美丽”也将重构游客文化取向。“美丽乡村”让游客在旅游中与乡村同构,传承中华民族优秀传统美德和文化,进而实现从“安天下、稳民心”到“近者悦、远者来”的愿景,在文化和精神层面上影响世界。

（二）以高品位产品正确引导我国乡村游客消费理念

消费之所以成为主义,源于理性与信仰的缺失,而以经济生产为核心的发展主义的盛行则是消费主义生成的诱导因素。从个人来说,抵御消费主义诱惑的根本是,坚守自己的人生理想、重建价值信仰体系,以及能够从踏实的劳动生产中体会自己生命存在和发展的意义与价值,并勇于承担基于共同体发展的使命,确立责任对于欲望的优先秩序。其实,从实践来说,健康消费所需要的是每个人改变他们原来习惯的消费主义生活方式。[①]由于生产主义和消费主义是造成乡村旅游异化生产与畸形消费的根源,所以从个人来说,抵御现代消费异化的有效途径,就是在原生态的乡村生产生活中辛勤劳动。同时,在要求政府规范旅游企业以健康生产引导健康消费的同时,也要注意提升乡村游客素质,以自我健康的乡村旅游消费理念

①毕会成.他们为什么不用节能灯？[J].读书,2011(4).

修正乡村旅游畸形的生产。

真正的乡村旅游就应在实实在在而不是表演式的乡村性劳作游憩中，体味生命的自由、坚韧与恬淡，体味乡土的丰饶、安宁与祥和，从而让漂泊的灵魂回归家园，让被禁锢的思想像自由之鹰凌空翱翔，让每个人都过上自己想过的生活。

统筹城乡建设和乡村旅游开发深刻影响着传统农村的景观与环境、耕地与生态、乡村结构、农民的生存状态与文化观念。人们回头向往过去乡村社会宁静简单的日子，向往真正的生活，在砍柴担水的日常中静心。乡土不仅可以耕种蔬果谷豆，还可以产出精神食粮，它孕育着抚慰人们心灵的元素，让人们接受风雨的浇铸，历练刚正不阿的性格，颐养清明健康的心灵，重温自己生存根基的原乡，体味社会认同的意义和持续奋斗的精神价值。只有塑造公民，才能让社会进步。[①]所以，乡村旅游设计应当融入生产生活、劳作创造、信仰礼俗、消费休闲等要素，构建传统文化体验系统符号核心产品，让游客回归大地的怀抱，重温家与乡的浓浓亲情、天与人的和谐安宁，感受生命的恬静与活力，体味生机蓬勃的生产生活之魅力，养成简朴的生活方式和习惯，树立健康积极的消费理念，重铸生命信念和理想，重新走进我们心底美丽的桃花源。

（三）加强乡村居民乡村重构意识的建设，规避政策与开发带来的风险

中国传统乡村"熟人社会"田园牧歌式的生活，历经改革开放与新农村建设，发生了翻天覆地的变化，面对传统的乡土认知和现实问题，乡村重构已经成为必须和主动的要求。乡村传统文化精髓是民族文化血统的DNA，文化重构是乡村重构的核心原动力，能够读懂百姓生活的要义，珍惜草根文化的信仰，敬畏脚下大地，是乡村重构的重要工作。在这一过程中，培养乡民乡村重构的主动意识，赋予他们乡村重构的能力，为之提供乡村重构的工具和途径，是国家和地方政府需做的紧要工作。利用文化绘图工具，绘制文化信息地图[②]，挖掘乡土文化的精髓，体认人与土地的联系，重温百姓的信仰价值体系，从民族精神认同与归属感的培育开始，让乡民站在主人翁的立场正确评价自己的文化，自主选择乡村景观和文化建设的发展方向，使乡村重构成为自己的事情。

我国乡村旅游文化化育功能的实现及我国诗意田园理想的成功建构，还要靠政府对于乡村旅游意识形态的正确引导。这一意识形态主要包括以下四点。第一，什么是乡村，乡村不是在房檐下挂一串玉米，也不是在院子里养几只鸭，或者池塘里养一群鱼，而是由乡村生产、乡村生活、村落布局、邻里乡情、民间娱乐构成的

---

①郑渝川．塑造公民，让这个社会进步[J]．浙江人大，2013(6)．

②Chapin M，Lamb Z，Threlkeld B. Mapping indigenous lands[J]. The Annual Review of Anthropology，2005，34(6)．

一整套经济文化物质系统。第二,乡村的地位,乡村不是城市剥夺的对象,它作为生命、文化的发源地和传统文化精神的载体,应当被尊重和珍惜。第三,乡村的财富,乡村最珍贵的财富是耕地生产与传统文化精神,这是人们应该懂得、体味、学习的内容,但不是占有的对象。第四,政府支持乡村旅游的目的是通过乡村文化和精神对乡村游客进行化育熏陶,并提升乡民的文化认知素养和自我发展与管理能力,而不是仅仅着眼于以新奇的事物吸引游客从而获得经济收益而已。关注宜居、宜产、和谐田园建设和文化生态颐养功能培育,保持和继承传统景观意象是开展乡村旅游规划的基本原则。应根据实际情况开发乡村旅游预订系统,严格控制进入券的预售量①,以达到保护与开发协调统一的效果。同时,增强乡民维权意识,规避对于统筹城乡和新农村建设政策的片面理解所带来的风险,以及旅游规划和旅游房地产商介入乡村别墅及度假区建设的风险。政府还需要制定相关法律法规保护乡民的权益。这是保证乡村重构自主性、避免乡村生活商品化、舞台化的根本措施。

(四)注重乡村价值的历史发掘与认知规律,重建乡村文化

梳理乡村欣赏与旅游形象的历史,不难发现人们对乡村价值的历史发掘与认知规律。

第一个阶段是人们对乡村乡野景观朴素的体验诉求。从历史上说,以有意识的实用观点来看待事物,往往是先于以审美的观点来看待事物的。人们对事物美的认知往往从生活中的细节开始。早期的《诗经》已经关注到乡村景观的美,如《君子于役》中的“鸡栖于埘,日之夕矣……羊牛下括”,《唐风·蟋蟀》中的“蟋蟀在堂,岁聿其莫”,《豳风·七月》中的“十月蟋蟀,入我床下”,《周南·芣苢》中的“采采芣苢,薄言采之”。这些诗文都体现了人们对乡村日常生活的关注,并初步赋予其贴近生活的象征意义。

第二个阶段是人们对桃花源式田园理想世界的体验诉求。以陶渊明为代表的田园耕读诗人,欣赏的是乡村生活中的本真姿态,人自食其力,无拘无束,以稼穑耕作为生,与诗书天地为伴,不为斗米折腰,唯吟菊花清风。陶渊明的诗歌中描绘的是“开荒南野际,守拙归园田”“晨兴理荒秽,带月荷锄归”躬耕自养的劳作,是“时复墟曲人,披草共来往”“日入室中暗,荆薪代明烛”僻寂拙陋的艰辛,是“榆柳荫后檐,桃李罗堂前”“结庐在人境,而无车马喧”的恬静,是“问君何能尔?心远地自偏。采菊东篱下,悠然见南山”的练达,是“纵浪大化中,不喜亦不惧”“死去何所道,托体同山阿”的洞明。这种在艰辛劳作中追求旷达、超脱、卓然于世的人生境界,也开启了中国式“诗意栖居”的田园牧歌传统。而逍遥闲适、“冠冕巢由”的半官半隐者王维

①陶玉霞.乡村游憩发展中文化传承功能的实现途径[J].河南师范大学学报(哲学社会科学版),2012,39(6).

体现的则是一种坐三槐而门垂五柳、安居乐业、忘怀自逸的田园精神，一种不事稼穑而高歌啸吟“随意春芳歇，王孙自可留”的惬意浪漫生活。“寒山转苍翠，秋水日潺湲。倚杖柴门外，临风听暮蝉。”王维打造的这种诗情画意的辋川生活是以澄明雅致的园林世界代替了陶渊明的艰涩朴质的田园世界①，以怡情养性、调适精神的审美空间代替了苦寒之士的山野村居。力耕养读与“冠冕巢由”两种不同的田园精神为后世的文人仕宦提供了人生选择的理论依据与栖居模式。二者共同的哲学依据是触摸大地、归化自然的家园诉求与对生命本真的守望。

第三阶段是人们对诗情画意园林世界的体验与诉求。王维在他的辋川系列诗歌中构建了他的园林审美图式。与陶渊明不同，拥有社会地位和丰厚物质财富的王维欣赏“竹喧归浣女，莲动下渔舟”的乡村生活之美，但更热爱“明月松间照，清泉石上流”的意境之绝。他是不事耕穑的诗人，他要的是意境优美的园林。他为后世的仕宦权贵建构了乡里园林的理想世界，而且是可以成为现实并世代均有现实的理想世界。当下，向乡村进发的游客和非游客中，不乏秉承王维园林理想，欲利用乡村优美环境来建构自己的园林世界的佼佼者，这些人正走在建构乡村园林梦想的路上。

其实，不论是寄希望于旅游扶贫的政府、希望心归故乡的游客、秉承中国审美理想的旅游规划师、追求经济效益的旅游经营者，还是想要获取乡村资源的人，其对乡村价值的发掘不外乎对这三种乡村审美心理的把握。而其中更容易实现的是对乡村优美环境资源的享受和拥有，同时又能为政府、居民、规划师和企业带来可观的利润，这就为获取乡村资源提供了机会，这是乡村旅游利益相关者之所以达成共识的根本原因，也是导致乡村旅游、乡村、乡村旅游诉求异化的直接原因。因此，目的地政府在乡村旅游文化建构中的方向引导对于乡村、乡村旅游的持续健康发展起着至关重要的作用。

（五）重视品牌开发，打造特色乡村旅游文化，丰富乡村旅游产品与内涵

品牌对于乡村旅游发展具有十分重要的意义，乡村旅游发展的品牌性对乡村旅游发展具有十分重要的意义。良好的品牌形象不仅可以吸引大量的游客，还可以通过品牌优势形成游客对品牌的忠诚度，既可以保障乡村旅游发展过程中的实际优势，又可以进一步推动乡村旅游的快速发展。品牌发展的基础在于品牌特色，而品牌特色的基础则在于独创性即特色性。特色的发挥必须有品牌意识，缺乏品牌特色实际上是缺乏发展的宣传力度。因此，我国乡村旅游在发展上应重视品牌开发，打造特色乡村旅游，在品牌差别化方面，我国乡村旅游发展应该进一步将地区传统、民俗文化特色融入其中，一方面丰富乡村旅游发展内容，满足游客体验，另

①袁晓薇.《辋川集》的经典化和辋川模式的建立[J].深圳大学学报(人文社会科学版),2011,28(1).

一方面通过传统风俗等具体内容打造独具特色的乡村旅游品牌,进而带动乡村旅游品牌化发展,促进乡村旅游高速发展。

内容形式较为单一是我国乡村旅游发展必须面对的重要问题。其一,乡村旅游特色地区集聚性较差;其二,乡村生产形式虽然多样,但是除了乡村生产、生活方面,缺乏与传统文化特色相结合的乡村旅游形式。因此,丰富我国乡村旅游内涵、避免形式单一对我国乡村旅游发展尤为重要。在具体措施方面,应根据自身特色,考虑集成创新模式,从而促进我国乡村旅游快速发展。

(六) 充分发挥游客对我国乡村文化的重构作用

重建乡民对家园的自豪感、认同感与文化自信。“乡”“土”二字是乡村旅游文化取向的灵魂和核心元素,通过媒体、政策、规划等途径重塑乡村形象,为乡民重新认知自我价值提供了的平台,重建了他们对家园的自豪感、认同感与文化自信。这一点使得部分乡村经典元素在乡村重构中得以保留和重生。比如郭亮村的旧村屋和部分过去的生产工具由于游客的观赏体验需求得以保留下来,不仅成为写生摄影对象,还成为乡村重构的要素,不然它们的命运可能就是被拆除和遗弃。

重塑媒体中的乡村形象,减少从生产空间到消费空间与审美对象转换的乡村文化异化。以知识阶层为首,掌控网络、电视、报刊及乡村旅游读本等媒体,基于乡村游客文化取向中的乡村田园诗,阐释了其对乡村旅游文化构建发挥着一种意识形态作用,这种被学术界称为“伪乡村”或“中介化乡村”的形象成为乡村重构的样板形象,乡村形象和乡村意义已然成为一种人们寻觅的感觉和新概念的建构。大众媒体的生产与大众的消费认知日渐改变着游客甚至包括乡民自己对乡村的认知。现代社会的广告、舆论和传媒是导致人性异化的重要原因,在此,游客、乡民与乡村文化形象一同被媒体异化了。

大地即意味着生产,乡村作为生命的根基和基本生产的空间,通过人们的辛勤劳作,滋养万物生命,劳作是乡村典型的景观,虽然“充满劳绩,但人诗意地栖居在这片大地上”。但一些城市游客置乡村传统结构于不顾,将其转换为消费空间和审美对象,并以这一标准要求乡村的重构。Holloway认为英国理想田园诗画的乡村画卷和乡村话语并未考虑乡村居民的体验和感受,中国亦然。游客为优美的自然环境、餐饮娱乐、休闲隐居等不同消费目的而来,乡村原始聚落破败,民间艺术、手工生产、乡间娱乐、原始贸易逐渐消失,取而代之的是乡村别墅、酒楼、网吧、游戏室、高尔夫球场、美容店、小卖部等,乡村基础设施城市化,聚落环境景观化,餐饮、礼俗、生产、娱乐、节庆等商业化,乡村成为城市游客的消费空间,乡民成为城市游客的观赏对象和服务使者。

乡村游客最初在乡村现实环境中的体验往往与其理想蓝图不符,对乡村的景观、环境、条件都感到不满,随后就产生通过各种途径重构乡村的冲动与行动。其价值取向在与乡民的接触交流中最终获得认同,并取得直接或间接改造乡村环境和设计乡村景观的部分主导权,乡村主体性弱化。大众媒体、旅游规划、旅游地产商基于游客所谓理想的“逝去的乡村”的文化取向和价值观,无视乡村传统,使乡村通过旅游开发建设而成为城市郊区的翻版,成为城市游客休闲消费的空间,作为城市后花园甚或别墅度假地而重构。

第三章 乡村旅游资源与产业化

从时间范畴、空间范畴、层次发展三个维度探讨乡村旅游发展的规律，并分析乡村旅游的发展对乡村重构的作用。在三个维度的研究中，乡村旅游被看作自变元符号，城市、乡村、荒野是乡村旅游在这一时间轴上不同阶段展开空间的变迁和可能的扩张；农家乐、乡村旅游与乡村游憩是乡村旅游在“过去→现在→未来”这一时间轴上不同阶段的不同表现形态，或者说表现了乡村旅游发展由低级阶段到成熟阶段的发展过程。目前我国乡村旅游尚处于转型升级阶段，随着人们认知的提高和市场发育的成熟，真正的高端乡村旅游产品将逐渐成为游客的主流诉求；随着市场消费的理性发展，乡村游憩的理念将深入人心，大乡村旅游发展模式将成为未来发展趋势。

第一节 乡村旅游的多维系统

一、乡村旅游纵向变迁：过去→现在→未来

（一）乡村旅游的过去

中国作为拥有数千年耕作传统的乡村大国，政府对乡村的重视历来都是站在物质功能立场上的，很少考虑乡村本身的审美属性、生命价值和身份认知功能等特征，悠久厚重的农耕文化基本上只是作为人们对于乡村意识形态功能考量的要素而存在。这种蕴涵在乡村日常生产生活中的美感意识及体验又与道家文化和儒家文化融合，表现出浓郁的出世思想，对抗世俗对人性的压抑和异化。

布洛认为，审美诉求的产生或劳动对象向审美对象的转化，需要适当的时间和空间距离内化为心理距离，当认知达到功利与非功利融合统一的境界时①，审美才能通过移情或同形同构途径来实现。清代诗人郭六芳在《舟还长沙》中那句“今日忽从江上望，始知家在画图中”已经形象表达了这种“距离产生美”的原理。所以，在传统乡村一线长期辛勤劳作的农民是很难感受到自身环境与生产生活之美的。以手工农具等为主要生产工具的传统乡村生产中农民需要投入极大的体力劳动，依赖原始的农耕技术和自然雨露才得以广种薄收，同时还要缴纳各类名目的税费，

①爱德华·布洛．作为艺术因素与审美原则的“心理距离说”[M]//中国社会科学院哲学研究所美学研究室．美学译文(2)．北京：中国社会科学出版社，1982.

偶尔还会衣食无着，他们在这样的乡村生产生活中感受到的主要是辛苦劳累、困窘卑微。传统乡村景观之美的欣赏主体主要是传统社会的上层人士。

中国古代帝王每年在先农坛举行耕藉礼以示勤农，与民同耕，这是从立国之本这一功利角度来表现对乡村的重视。真正开始关注乡村乡土生产生活之美的是虽脱离农民身份但又与乡村保持密切联系的在野知识分子，这正反映了审美欣赏距离原理的规律。

我国先民的春游踏青活动特别是文人墨客的郊游可被视为我国乡村旅游活动的文化行为。“隐逸诗人之宗”陶渊明是乡村美学欣赏的开拓者，也是中国田园诗的开山鼻祖，这源于他进退仕宦的身份地位、淡泊高洁的性情品格、耕读自养的劳作精神、洞穿世事的哲思智慧和登峰造极的诗文造诣。练达洞明的陶渊明以切身的农事体验歌颂着，“山气日夕佳，飞鸟相与还”的淳朴恬适的乡村美景，抒发着“问君何能尔？心远地自偏”。陶渊明之所以千百年来一直受世人仰慕，在其以心灵体悟农事之艰辛，以语言观照乡村之美善，以智慧洞察生命宇宙之本真。在对乡村生产生活、自然天地进行审美认知、哲理思辨的基础上，陶渊明为后世人们建构了精神皈依的桃花源。这个诗派，后世著名诗人如李白、杜甫、白居易、陆游、苏轼也都翕然影从，通过田园诗表达对陶氏世界的理解和精神传承。

但陶渊明之后的田园诗人已明显产生了两种截然不同的诉求。一种像杨万里《插秧歌》所描绘的“田夫抛秧田妇接，小儿拔秧大儿插”，以及辛弃疾所描绘的“大儿锄豆溪东，中儿正织鸡笼。最喜小儿亡赖”是对土地之美、劳动之美由衷的欣赏，基本承继了陶氏乡土田园精神。另一种吟诵农村风光之美，用意已不在乡村生产生活的真意，而在于标榜一种基本上属于道家兼及儒家的退隐思想，表达“道法自然”的哲学观。①比如王维虽然也写了大量农家农事辛苦却愉悦的劳动场面和闲适散漫的生活场景，饱含对丰收之美、田园之美园的赞美，但他构筑的辋川已是另一种士人达宦不事劳作的园林世界。

这一旅游业史前时期的朴素原始形态的乡村审美或乡村体验，完全是个人对乡村世界出于本性天然诉求的精神文化活动，与乡土建立了源于天然人地关系、生命根基认知基础上的审美与同构关系，形塑了中国人根深蒂固的乡土情结和田园精神，并直接影响着现代世界乡村旅游最为重要的两种取向——躬耕田园精神的回归和审美园林的重构。对传统根源性乡村体验诉求的研究对于研究现代乡村旅游的根性诉求和预测未来乡村旅游的发展取向具有重要的指导意义。

（二）乡村旅游的现在

我国的乡村旅游目前正处于产品转型、产业升级的攻坚阶段，但实际上，我们

---

①陈望衡．农业景观的历史变迁：从农业社会、工业社会到后工业社会——兼谈社会主义新农村建设中的农业景观建设问题[J]．河南社会科学，2007，15(4)．

绝大多数地区的乡村旅游发展基本还处在初始的农家乐阶段，农家乐依然是当前乡村旅游的流行模式，农家旅馆是当下所谓乡村度假的重要承载，实质上观光和农家乐这一内容并没有什么变化。中国乡村旅游发展主要问题是同质化资源背景下的旅游产品单一化、品质低级化，更重要的是乡村景观城市化、传统文化异化、乡村性消解，以及“旅游飞地”“旅游孤岛”等问题严重影响着乡村的命运和中国文化传统的承继。

乡村旅游现在研究的要义，首先是从根源上分析问题产生的原因。其次，机会主义是现今恐怕也是未来一段时间乡村旅游问题泛滥的根源，国家土地流转制度和管理机制方面的影响因素不容忽视。最后，逐渐重视旅游史的研究。中国人向来看重以史为鉴的作用，但面对旅游发展，我们缺乏史鉴意识，仅有的旅游史均是笼统的描述，缺乏基本的源流与逻辑分析研究。历史里有真学问，但有时候我们却没有注意到厘清事物和现象的源流发展历史正是科学界定概念的基础。

正因为我们没有历史的研究，所以关于乡村旅游有着怎样的变迁演绎，我们并不十分清楚。在时间轴上现在对应的应该是较为成熟的乡村旅游了，但我们依然停滞不前，处在农家乐阶段。对应未来的是不是应该是乡村游憩？这需要我们详细研究乡村旅游发展变迁的影响因素，并根据其发展规律预测未来发展方向，这一任务尚十分艰巨。

（三）乡村旅游的未来

乡村旅游发展的未来，需要从市场需求、国家乡村发展政策导向、旅游消费意识形态、产业经营模式、国家土地流转制度、产业体系建设管理等方面分析。

在国民休闲时代与发展主义语境中，在旅游休闲化、旅游理性化的旅游发展趋势中，随着休闲与健康观念的深入人心，乡村旅游将迎来更大规模的旅游市场，更多的人将从传统景区和知名景区转向更为开阔、安静、绿色、淳朴、客流量小、体验更深入的乡村，并由大规模的假日游转向日常周末休闲游，由仪式化的符号游转向生活化的休闲游。这样一个转向，将促进乡村旅游产品质量的提升和目的地文化的复兴与资源的保护，也将促使产业经营模式的转型和产业体系的完善。

面对乡村旅游发展中诸多问题的困局，本研究认为，乡村旅游到了需要反思和改革的时候了。第一，乡村旅游的发展要建立在政府统筹安排目的地产业体系的基础上，让乡村旅游成为一种创造性建设活动和文化性精神事业。第二，强调乡村旅游发展与美丽乡村建设和传统文化复兴紧密联系，指导乡村旅游产品开发的消费引导理念和原则。第三，从经济政策、技术和法律手段方面加强乡村旅游发展的经营模式调整和接待规模控制，避免乡村旅游重蹈粗放经营、泛滥发展的覆辙。

学者们一再强调的“乡村性”并不为乡村游客所重视，他们中的大多数选择乡村旅游与乡村旅游是出于乡村绿色餐饮和新环境娱乐休闲的考虑。深入的访谈发现,这一动机源于他们看到的乡村旅游目的地主要的产品就是这样,乡村不再是田园诗、家园梦,游客只有接受、认同并表现在行动上。要想扭转乡村旅游消费意识,重要的还是靠高质量健康产品的引导,而经营者在经济价值意识主导的市场经济中如何在保证利益的同时兼顾社会文化使命和责任,还要靠政府的引导与支持。

目前,中国的乡村旅游产业经营模式主要有集体、企业、村民个体及三者之间不同的组合经营模式,将来的乡村旅游经营应当以村民决策经营为导向,以乡村优秀传统文化的复兴与传承和村民在精神文化上的受益为主,以政府支持和专家指导为辅,减少经济漏损,提升产品的文化建构功能,严格控制接待规模,力避经济性导向带来的负面影响。

当下一些机会主义者肆意攫取乡村资源,在乡村耕地上开发商业项目,进行产权别墅与度假集合体的建设与销售,导致乡村公共资源私营化。同时,农民被强迫拆迁房屋、迁移祖坟,耕地、公地被抢占或租赁。农民的土地经营权被攫取,被迫失去土地,或者就地转化为民工。旅游介入土地主要是旅游地产商产权别墅与度假集合体的开发,这一建设促使乡村空间的性质和功能迅速转变。如果土地流转制度不完善,不能保证农民土地的自主经营和所有权,那么很快乡村将不再是农民的天下,美丽乡村建设、传统文化复兴也将成泡影,这并非国家统筹城乡发展与农村现代化的初衷。

在理顺国家关于乡村旅游政策与相关体制、制度的基础上,对于乡村旅游发展能否可持续发展至关重要的是乡村旅游产业体系建设与管理。其实不仅仅是乡村旅游,包括中国传统的景区、新兴的节事旅游等,之所以缺乏持续推动力,不能达成良好效果,一个重要原因是这一产业没有很好地融入地方产业系统链条,而且也没有形成完善的旅游系统。就乡村旅游来说,第一,它要融入当地美丽乡村建设与统筹乡村发展规划,成为其中的有机组成部分,这一点在理论上人们已经达成共识,关键是没有真正落实。第二,乡村旅游发展在当地根本没有形成完整的产业系统,而且学术界没有提出、实业界也根本没有这个理念。

所以乡村旅游未来能不能走上理想的发展道路,达成美丽乡村、诗意栖居、文化复兴、风尚淳朴的目标,一是看政府能不能确立长远的旅游发展理念并有效引导民众健康的旅游消费意识,二是看政府能不能实施真正关注乡村民生福祉的产业与土地政策,三是看学者能不能提出并被政府采纳的建议,以及有效构建完善的乡村旅游产业体系。

二、乡村旅游横向扩张轨迹:城市、乡村与荒野

从乡村旅游业史前时期来看,目的地是最为纯粹自在的生产生活性乡村,而欣赏主体则主要是原本脱离了乡村生产劳动但又要求在身体或精神上回归到淳朴的乡土生产生活中的在野或半官半隐的知识分子,基本上没有乡民的参与。到了近

现代大众化乡村旅游时代，旅游目的地主要有三个部分，即经济文化落后但民俗风情浓郁的边远乡村、传统景区周边、大都市周边（所谓城市游憩带）。

（一）城市中心时代

现代乡村旅游研究的“早期”范畴是指大众型乡村旅游的开端，一个基本的看法是源于19世纪中叶欧洲的意大利。20世纪中叶以后，经济发展、城市化、科技进步、汽车普及迎来了大众旅游时代，乡村旅游也在西班牙、法国、美国、加拿大、日本、韩国等地迅速发展。这些地方早期的乡村旅游目的地主要是距离城市不太远的农场，活动项目灵活多样，真正乡村性的生活生产体验比较深入。对于中国乡村旅游的开端，房士林认为始于1964年人们到山西昔阳大寨的参观、考察、学习和交流活动的说法有一定道理①，但其内容主要是公务学习，包括后来1972年开始的山东安丘石家庄村民俗文化旅游，游览内容也主要是国际友人对我国社会主义新农村的参观访问。真正成规模的大众乡村旅游是从20世纪80年代开始的，那时候的乡村旅游的内容主要是浅层次的观光采摘、民俗风情游，目的地基本上还都是离城市不远的真正乡村。

在初级阶段，旅游产品的形式，从公务参观学习到市民对乡村的新奇式观光采摘、民俗体验，其层次都很浅，基本上是一种越来越成熟的农家乐形式。2007年从观念和口号上提出产品转型、产业升级，乡村旅游进入提升转型阶段，但现在看来，乡村旅游的农家乐形式并没有太大的改变。旅游目的地在这一时期已经由早期的真正乡村逐步向城市靠拢，这是一种实用主义的标准选择在起作用。

根据旅游活动距离衰减规律，David B. Weaver将城市客源出游目的地划分为中心商务区、专业旅游带、风景名胜地带、地方邻里区和乡村外围。②基于现代生活休闲度假的社会性需求，作为由城市向农村过渡的开放型城乡互动空间，大城市周边地区主要为城市居民提供了较多的游憩设施、公共空间和场所，吴必虎将其称为环大都市游憩活动频发地带，简称环城游憩带（ReBAM）。③旅游地分布最密集的区域位于距离城市中心60 km范围内，其中主要包括田园山村在内的自然观光旅游地。④

因此，当下乡村旅游发展最好的是大城市周边，乡村旅游的客源主要是心理压力过大的城市居民，他们需要时常休闲放松，调节紧张单调的生活；同时他们又没有足够的闲暇时间到边远乡村进行较长时间深入的乡村休闲体验；城市周边目的地出行成本和消费价位比较低，满足当下主体旅游市场的消费水平需求。王铁、张

①房士林．关于当代中国乡村旅游的几点讨论[J]．江苏大学学报（社会科学版），2012，14(3)．

②Weaver D B. Model of urban tourism for small Caribbean islands[J]. Geographical Review，1993，83(2)．

③吴必虎．大城市环城游憩带（ReBAM）研究——以上海市为例[J]．地理科学，2001，21(4)．

④苏平，党宁，吴必虎．北京环城游憩带旅游地类型与空间结构特征[J]．地理研究，2004，23(3)．

宪玉分析了环城游憩带乡村旅游的特征与影响因素，注意到这一特定研究的薄弱。[①]其实最关键的问题还在于，城市周边这一区位环境的乡村随着城市化进程、统筹城乡发展、新农村建设中村镇规划的发展建设，已经丧失或削弱了乡村旅游核心吸引力所在的“乡村性”，从而导致乡村游客旅游取向的“庸俗乡村性”异化，传统经典乡村最具魅力的乡土田园精神渐渐淡化了。在大众性主体的参与中，旅游乡村特别是环城游憩带围绕休闲度假这一目标被建构为城市边缘林林总总的山庄、现代化度假综合体等，修建了乡间饭店、商场、健身俱乐部、停车场、星级旅馆、酒吧、民俗演艺舞台等。调查发现甚至有人认为在城市单元楼的阳台上种植花草也叫乡村……才刚刚洗净脚底泥巴、感受城市现代喧嚣文明的人们几十年的光景便已忘记了自己的故乡。旅游与休闲观念中的“回乡”已演变为“新空间的宣泄”，并成为廉价的时尚。这还是“真实”的乡村吗？这种快餐式的山庄或度假村文化远远不能承载中国乡村的悠远与厚重。这不仅仅是对乡村、旅游、乡村的概念理解问题，而是一种忘却了故乡、丢掉了传统、迷失了身份、倾覆了根基的社会意识形态与价值观问题。

（二）乡村中心的回归

海德格尔感受着“所有到场事物本质而确凿的近处”，让自己的思索融入农人们无尽延续的每日劳作的自然过程，乡村、农人的生命和精神也以“澄明”的姿态向海德格尔展开，这是一种求索生命来由和本质的对诗意栖居的践行。乡村是人类生产生活的源空间，从人类发展史来看，乡土具有原生性（primary），如今的乡民则居住在现代世界的边缘地区。[②]乡村旅游原始动力源的本质是乡土一人性结构的回归与重建。黄成林认为乡村旅游要靠原生态的“三农”和“三生”来发展[③]，魏小安也认为中国乡村旅游转型升级的新型发展模式要以中国农谷为核心形象[④]。

当前还有一种情况是传统景区周边或者依靠自然风光发展起来的乡村旅游目的地。关于传统景区周边型和自然风光型旅游的研究，由于晕轮效应相对来说不太受人关注，这种类型旅游的发展对于传统景区和周边乡村来说都有促进作用。首先是传统景区为周边游的发展奠定了市场和设施基础，积聚了品牌与市场营销优势。其次，传统景区周边游目的地的开发丰富了原有景区的游览内容，为到访的游客提供了更多的旅游活动项目，为传统旅游的发展注入了新的生机和活力。

但在这种发展模式中，乡村在其中的附属地位影响了乡村本身资源特色的发

---

①王铁，张宪玉．基于概率模型的环城游憩带乡村旅游开发决策路径研究[J]．旅游学刊，2009，24(11)．

②基辛．人类学与当代世界[M]．张恭启，于嘉云，译．台北：巨流图书公司，1991．

③黄成林．乡村旅游发展若干问题研究[J]．安徽师范大学学报（自然科学版），2006，29(4)．

④魏小安于2011年11月19日在中国合作经济学会主办的论坛上发表的题为《乡村旅游：新局与新题》的演讲。

挥，对游客来说，它也仅仅是传统景区游览的一个补充，甚至成为原景区旅游拓展的物质空间，或者作为旅游基本供给的基地及度假设施功能区而重建。这是旅游实践和研究应予以特别关注的问题，不然，这里的乡村很快就会变成原景区的附属功能区而丧失乡村的特征，所谓的乡村旅游也就名存实亡了。

因此，中国乡村旅游进一步发展，或者说要真正实现转型升级，首先在于目的地的回归，在于目的地产品乡村根性的回归。这些目的地是乡村旅游发展的核心吸引力，是基于根性诉求的乡村游客心中的诗意栖居地和心灵家园。随着需求与发展层次的提升，这里将是继城市周边之后乡村旅游的下一个广阔天地。但这是一片经济文化落后、交通不便、信息闭塞的土地，当旅游扶贫政策指导下的乡村旅游发展起来以后，所谓的传统文化异化、乡村景观城市化、乡村性消解、"旅游孤岛"和"旅游飞地"等问题可能会接踵而来。这也是近年来乡村旅游研究中最令人关注、最为炙热的话题。这一地域旅游发展问题产生的根源是经济漏损和乡民决策权的缺失，最终会导致的严重后果是乡村乡民异化重构和传统文化断裂消亡，而这一问题尚未引起社会和学界足够的重视。

（三）乡村为中心的荒野拓展

经济主义导向的旅游产业发展思路，使得本来淳朴的乡村问题重重，较重要的问题恐怕就是乡村性消解问题，乡村与村民都被严重异化重构，同时导致游客对乡村旅游认知的异化，乡村旅游的文化复兴与传承功能又陷入困境，而想要文化寻根与田园理想回归的游客不得不重新选择。研究者在对乡村游客的深入访谈中发现，正是乡村旅游的发展让游客对乡村失去了信心。

访谈中发现，很多游客到乡村去是想体验传统乡村劳作的踏实、收获的喜悦、生活的简朴、人情的厚道、娱乐的情趣等，既具有田园诗意又让人心安神怡。当然也有人特别是40岁以下的年轻人对这些都不在意，主要想换一个比较生态的新鲜环境吃吃饭，聊聊天，活动下筋骨。研究者在自己的乡村旅游课堂上调研学生们认可的旅游意愿，差不多有一半的同学选择的是餐饮娱乐，其中大部分同学来自乡村；同时，来自城市的同学对传统文化和餐饮娱乐的选择也是各占一半；此外，有一半的同学认同到乡村接受乡土认知教育的旅游功能。在上述游客访谈中，谈到当下的乡村旅游现状时，大多数游客表示不满，主要原因是觉得"这些乡村已经不像乡村了"。有几位带孩子来乡村，想提高孩子对中国的乡村社会和乡村生产劳动认知的游客表示，以后还是应该到那些偏僻的、没有经过旅游开发也没有建设的乡村去体验。"现在多少乡村的房子院落都是统一规划的，除非是太偏僻落后难以到达的地方，才是传统乡村。"甚至有个别游客认为，"还是得自己找个荒野，没有人迹的地方，说不定能按自己的意愿建一座理想的田园"。由此看来，大多数的人对乡村根性价值依然极为珍视而葆有脆弱的信念，他们依然渴求精神、身心在乡村被妥善安置。

三、乡村旅游层次升级:农家乐→乡村旅游→乡村游憩

(一)初级阶段的农家乐

自20世纪80年代大众乡村旅游发展以来,中国的乡村旅游主要表现为农家乐旅游、民俗风情旅游、休闲度假旅游、村落乡镇旅游、田园乡村旅游、科普教育旅游等模式,其中最主要的是农家乐旅游。1998年,国家旅游局推出“华夏城乡游”,大中小城市与乡村交界地边缘地带的农家乐成为有中国特色的乡村旅游发展模式的典型代表。具体来说,农家乐主要通过赏花摘果、餐饮娱乐、喝茶聊天、看民俗表演等活动项目吸引游客,基本上是一种浅层次的农味体验,是乡村旅游初级阶段在中国的表现形式。这种旅游模式,对于农户来说,投入少,人才需求门槛低,管理成本低,家家都能参与;对于游客来说,离居住地近,出行方便,消费低廉,能体验不少与城市不同的生活娱乐方式。所以农家乐在短短十几年间遍地开花,迅速发展。

但是,随着农家乐大规模的发展,由农户经营的农家乐产品质量一直在原地踏步,就是一开始提出来的“做农家活、享农家乐”也很少有人能做到,大量雷同的产品导致游客丧失兴趣。20世纪90年代,外来企业或个人开始加入农家乐经营的队伍,这些企业或个人一般拥有雄厚的经济实力和良好的经营管理能力与经验,并且了解国家在乡村发展方面的一系列方针政策,善于协调各方面的关系。他们的到来给农家乐的发展注入了活力,扩大了经营规模,开发了休闲、度假等类型的产品,提高了产品的质量,很快在农家乐的经营中占据了主导优势。之所以会有这样的发展结果,跟我国乡村旅游发展背景与政策导向有密切的关系。我国乡村旅游发展源于解决“三农”问题,借旅游开发寻找农村新的经济增长点。由于资金、技术与管理经验的缺乏,农户只能提供简单粗陋的产品。

随着土地流转政策的完善与旅游经济扶持政策的出台,巨大的市场需求引发了大量外来租地企业和个人的参与,乡村旅游在他们的手中向着产品多元化、产业联动化方向发展;随着市场的扩大,游客消费水平和产品质量需求提高,促使产品逐渐精品化、高端化。这一系列背景条件的要求与市场需求的变化,已经使初始意义上的农户经营无法应对,规模经营、产业融合、整合发展的产业化经营成为扩大乡村旅游市场份额和提高市场竞争力的必然选择。个体农户逐渐退出乡村旅游经营的历史舞台,四川成都、安徽西递、北京房山等各地的乡村旅游都已经或正在向包租经营模式发展。

初期的农家乐,人们主要奔着乡村景观和农家事务能给人提供淳朴田园生活体验的目标而来,简单质朴的生产生活让人从巨大的身心压力下暂时解放出来,寻求休闲放松的空间。但是从初始粗放的原生态产品到后来精致的拼贴产品,农家乐始终没有满足游客的需求,但是后来的拼贴产品给人提供了一个能满足人们现代情感消费的符号空间。这是一种与美国的农场观光、农产品购物、度假产品,日

本的儿童体验、发展学习、疗养康体产品[①]，以及欧洲地区的传统观光（产品生产加工田园风光）、乡村科技、休闲度假产品等完全不同的“伪乡村旅游”产品模式。

这种由具有经济、管理甚至意识形态实力的城市精英企业或个人在城乡融合的环城游憩带经营的农家乐，实质上是充分利用拼贴手段，把各种性质不同的要素组合成一个个对抗城市又不同于传统乡村的适宜现代情感交流与消费的异质撞色空间。第一，刻意从传统乡野、田园、山水、民居、民俗、饮食、装饰、器物之中撷取观赏性元素，同时从现代文化中采借后现代主义对抗城市的元素，比如仿古农舍、粗制餐具、仿制农具、精致竹篱、人工草坪、池塘、假山、移栽花木、现代仿民间抄录音乐等，一并进行杂糅拼贴，营造一种通俗与高雅、传统与现代、粗陋与精细相融合的冲击视听感官审美幻觉的环境和氛围。第二，将获得身心暂时松弛的城市与乡村休闲活动（游园、赏花、唱歌、散步、划船、交友、聊天等）拼贴和叠加在一起，满足游客不同层次与趣味的需求。第三，用各种历时性元素（如不同年代的器物）组合形成的历史穿越感以达到“用时间消灭空间”的效果；同时通过共时性休闲审美空间组合（如传统与现代不同特质的活动和娱乐空间）达到“用空间来消灭时间”的效果，并在此基础上形成一种不同于城市又有别于乡村的疏离感、陌生感与新鲜感，营造出一种非城非乡、如真似幻，能够满足现代物质消费、符号消费、感官消费的独立审美休闲空间。

这种中国特色的农家乐模式得到了政府部门的支持与鼓励，也得到了大众的喜爱和认同，并日益成为人们日常生活和消遣不可或缺的公共消费空间，尤以休闲之都——成都最为典型。它能同时满足从低水平个人到高层次集体各种规模，从普通大众到白领各个阶层，培养和强化从官、商、师、朋，到亲、情、同、伴各种现代社会关系的不同消费需求。因此，这种农家乐实质上是初级阶段的乡村旅游萌芽在特殊空间和土壤中孕育和成长起来的一种东西，它是去城市的，也是非乡村的，与边远地区的农家乐已是天壤之别。

（二）转向中的乡村旅游

全球化市场经济背景下高扬的城市化进程中，拥挤污染的环境、经济化的人际关系、忙碌紧张的工作造成的身心压力，激活了远离乡土与自然根基的人们心底里的人地关系意识和田园传统精神，激发了人们诗意栖居的回归诉求，恰逢新农村建设的契机，乡村旅游应运而生。乡村性的内涵是什么呢？就乡村而言，生产是它的首要功能，生产维系着人类的生命；人们围绕生产这一目标形成了协同劳作关系，并在此基础上形成了乡村生产生活性的文化心理和社会结构。这种生产和劳作本身及其相应的生产劳作关系与文化心理及社会结构是人类得以延续和发展的根

①雷鸣，叶全良．日本乡村旅游发展的路径与启示[J]．亚太经济，2008(5)．

基，因此，相对于在此基础上发展绵延的城市与社会历史，乡村的这种生产性结构也是一种根性结构。同时，乡村是小规模的，村落是它的基本单位，这也是它区别于非基于土地生产性的陌生化与大规模的城市的本质规定性特征。由于生产生活对于自然的依赖，人们对自然神灵产生敬畏与信仰，形成适应土地性生产生活和自然信仰的文化心理与娱乐活动等。这几点，是乡村性主要的内涵。而旅游作为一种精神文化活动，从浅层意义上说，它具有放松身心、愉悦情怀的功能；从深层意义上看，其最主要的功能在于，它能够通过旅游过程中精神文化的愉悦从而达到丰腴、熏陶甚至重新建构旅游者文化精神意志的功能，当然这一建构的效果要看旅游产品本身的质量和层次。就乡村旅游而言，游客之所以前往乡村，从本质上讲是一种诗意的还乡，渴望实现从时空到心灵的返璞归真，使疲累空虚焦虑的心灵通过乡土文化与劳动的洗礼，复归恬适、丰盈、安宁。这正是作为生产性与根性的乡村内蕴的功能。但乡村旅游是否能够满足游客的这一诉求，是否能够发挥这一文化颐养与精神建构功能，还要看乡村旅游产品是否从这一功能设计出发，是否采用了恰当的表达方式与建构方式。

政府发展乡村旅游最初的目标是基于乡村性元素的吸引力以达到助推乡村发展激活乡村经济的效果，却没有关注它的深层社会文化与意识形态建构的意义和功能。随着学界、政府、游客对当下农家乐式乡村旅游的反思，以及国家关于发展乡村旅游、关于传承传统文化、关于美丽乡村建设的一系列政策，在乡村与旅游传统的回归中，乡村与人性的文化救赎逐步实现。

（三）新发展主义语境下的乡村游憩

20世纪五六十年代的发展主义企图以经济的发展来解决所有社会和政治问题，以对金钱财富的持有来面对人生的本质意义[①]，以致形成这样一种操控人类生活的意识形态，从而导致人类当下所遭遇的“有增长无发展”，甚至“增长与发展负相关”的恶果。所谓新发展主义是在对发展主义思潮的反思和批判中质疑发展主义单纯关注经济发展，强调关注经济—社会协调发展，强调真正的发展必须能够回答贫困、失业和不平等情况的变化三个问题[②]，其核心追问直指发展的目标设计——发展是为谁设计的、怎样发展，及其与人类福利、生活质量、增长代价、对弱势群体的影响与更好的路径[③]。新发展主义考虑个人的发展价值，强调社会整体的适度发展，追求经济利益与文化价值相统一的全面发展。

对大多数发展中国家来说，经济发展十分重要，在尚未跨入发达国家行列时，

---

①雷启立．坚持一种可能[J]．读书，2004(1)．

②查尔斯·K．威尔伯．发达与不发达问题的政治经济学[M]．高铦，译．北京：中国社会科学出版社，1984．

③许宝强，汪晖．发展的幻象[M]．北京：中央编译出版社，2001．

其与发达国家同样面临着经济发展带来的社会危机，因此，党的十八大以来，我国强调了文化强国、改善民生、生态文明建设在国家发展中的重要地位，而文化化育与生态文明正是旅游发展与未来发展的路径和要义。随着国民休闲时代的到来，旅游休闲化的新发展意识也正在形成。中国的旅游发展面对发展主义与新发展主义从思想意识方面已经做出了自己的努力，并进行调适，但在实践中的真正落实仍任重道远。

面对旅游休闲化理念，乡村旅游应该以游憩来定位未来的发展，建立一种日常生活化的亲友式主客交流机制，增强人们体验的深刻性与广泛性，减少旅游带给乡村的负面影响，让乡村真正成为人们的故乡和心灵的诗意栖居地。切实提高乡村游憩产品质量，丰富产品文化与意义内涵，增强乡村游憩精神与信仰化育功能，以切合促进乡村经济与文化共同发展的途径（高效益—低密度模式，即乡村从游客那里获得的收益可以以经济、文化、政治等不同的标准来衡量），促进乡民精神文化、物质环境、经济水平与政治地位等各方面均衡发展，最终达成美丽乡村建设的目标。

乡村景观与美丽乡村的建设，从根本上说是改变传统的乡村观念，将乡村生产的价值与意义提升至从根本上改善人类栖居环境，提升人类生活审美、人类个性健全发展的高度，这样，乡村游憩的发展将成为人类生态文明重建的一个新起点，成为人类信仰与美善信念重构的重要载体。

第二节　乡村旅游的资源

随着社会的发展进步，人类认知能力的不断深化和旅游活动的深入开展，旅游资源的内涵日趋丰富，范围不断扩大。如今一些生产和商业场所、文教单位、科研基地、火山遗址和战争遗址也成了旅游资源。

一、乡村旅游资源界定

乡村旅游作为一种新的旅游形式和乡村业态，越来越受到人们的青睐。乡村旅游资源概念的界定可以参照旅游资源的概念。乡村旅游资源应该具有旅游资源的一般共性，当然由于乡村旅游（地）资源种类多样，一个评价模型并不能完全客观地应用到所有的乡村旅游地，在具体运用时应根据实际情况做适当的调整。[①]乡村旅游资源包括旅游者产生兴趣的一切涉农因素（包括乡村自然资源、乡村人文资源）是乡村自然环境中的客观存在与人类乡村社会活动的历史产物。通常乡村旅游资源具有人与自然和谐性、范围广泛性、类型多样性、地域性、系统性、季节性和

①蔡碧凡，夏盛民，俞益武．乡村旅游开发与管理[M]．北京：中国林业出版社，2007.

文化性等诸多特点。乡村地域空间是乡村旅游资源的处所,系统性的乡村景观是乡村旅游资源的内涵。因此,乡村旅游资源的内涵需从地域空间范畴和乡村景观资源两个方面来认知和把握。

（一）乡村旅游资源的地域空间范畴

从人口分布的空间特征看,单个乡村聚落人口少,结构成分单一;聚落与聚落之间是开敞的乡村耕作区域。从地域角度看,乡村指的是远离城市、接近荒野山地的空间地域系统。正如维伯莱所说,乡村乃是近期尚处于粗放型土地利用状态的那些偏远的地区。[①]总之,相对城市而言,乡村具有土地利用粗放、乡村生产地带开敞、小规模斑点状分布聚落、社会结构成分单一、人口密度较低等特征。

随着统筹城乡发展政策、土地流转政策的实施和机会主义的泛滥,大量乡村人口为寻求发展源源不断涌入城市,他们中的大多数构成了城市社会的底层景观;与此同时,一些基于权利或优势的城市居民出于各种不同的动机入驻乡村,构成乡村社会的上层景观,乡村的产业结构、社会人口结构、聚落层次结构和劳动关系结构发生了一系列变化,促成了现代城乡关系的结构性演变。在传统时代城乡隔绝发展的模式中,乡村的社会结构、劳动关系和文化特征与地理区域特征紧密联系,而在当下城乡结构关系急剧演变的过程中,涌入城市的乡民和乡村度假村的建设构成了“城市里的乡村”景观,移居乡村的机会主义者的新建设则构成了“乡村里的城市”图景,这也许就是所谓城市与乡村未来的理想蓝图。城市里孕育和纳入了诸多乡村要素,乡村里也被拼贴了诸多城市景观。因此,把握乡村旅游的区域空间范畴时,要考虑大尺度背景乡村性质的强弱和小尺度要素的乡村性特征。

（二）乡村景观资源的内涵

在乡村旅游视野中,乡村景观资源的内涵需要从资源的乡土性和旅游性两个方面来理解和把握。

资源的乡土性是指乡村资源的传统产业生产性、传统乡村生活性、整体系统结构的原生态性。从目前来看,乡村产业主要包括传统的农业、林业、牧业、渔业和农副业,乡民的生活包括聚落、建筑、公共设施、娱乐等,它们基本上保持着传统乡土特征,且从土地利用、生产方式到生活方式保持整体、统一的乡土原始生态系统性,也就是说这些资源要素是在保持原有生态性的基础上,以传统农村生产生活功能为目标结构而组织起来的统一的整体系统。如果这个地方已经工业化或商业化了,或者其中的某一产业或生活方式等已经突出呈现出不同于传统乡村的特征,或者在乡村的基础上已经发展成为城市性较强的小镇,那么它就不再具有乡土性,其资源要素的乡土性也会嬗变,生成适应新组织的新属性。

---

①Robinson G M. Conflict and change in the countryside[M]. New York:Belhavan Press,1990.

资源的旅游性是指在旅游开发过程中，资源要素的审美与参与体验功能被逐渐开发，从而促使其逐渐具有适宜开展旅游活动的属性。但应当注意，乡村旅游村不同于其他传统旅游景区的特征在于，任何时候，乡村主要作为乡土式生产生活的空间而存在，而不能成为以审美和消费功能为主的旅游空间，只是兼具部分旅游功能和服务。

（三）乡村旅游资源的构成要素和景观类型

乡村旅游资源是以自然生态性环境为背景基础、以传统文化符号为主导的人文与自然历史融合生发的文化景观，从本质上看属于人文旅游资源范畴，是由自然环境、物质要素和非物质要素结构而成的乡村地域景观体系。从成因、结构、属性、特征、功能等不同角度可以对乡村旅游资源进行不同标准的类型划分，刘滨谊和王云才将乡村景观资源划分为经济景观、聚落景观、文化景观和自然环境景观资源的分类方法适用性较广[①]，根据适用原则，为了研究方便，本部分主要从构成要素、景观类型角度对旅游资源进行分类。

1. 乡村旅游资源的构成要素

(1)自然环境。

人们顺应自然环境的特征和自然生产发展的规律，创造了适应生产、宜于居住和生活的具有地域特色的乡村景观。地质地貌是形成乡村景观特征类型的骨架，决定了地域资源的开发类型和利用程度，从而影响乡村社会的经济文化水平和交通、生活景观特征，如华北平原、江南水乡、山区梯田等。土壤、水文和气候条件决定了动植物的类型、分布和自然景观的基本特征，以及土地类型、耕作制度、农作物的类型和乡村生产的布局，从而影响着水陆交通、聚落布局及民居类型等地域特征。生物(特别是植被种类与地带性)是构成乡村景观不同审美特征的标志符号，例如，我国南方与北方、东部与西部地区不同特征的森林、农田、草原等，因其审美特征具有极大的差异，导致生存于不同植被地带的不同动物群落形成了狩猎场、牧场、饲养场、渔场等不同景观。

(2)物质要素。

物质要素是乡村旅游资源中可视、可触、可感的有形物质具象，包括水田旱田梯田、森林草原绿洲、农耕畜牧渔业、房屋建筑聚落、习俗服饰舞蹈等。这些物质要素的不同组合，形成了具有不同地域和民族特征的乡村景观。乡村的泛乡村生产是构成乡村旅游基底景观的根性元素，农耕业态的不同是形成不同乡村旅游资源类型的基础，如东北黑土地一望无际的庄稼、内蒙古草原风吹草低见牛羊的草原牧场、淮海平原的农场果园、沿海大大小小的渔场、江南水汪汪的稻田、苍莽山地郁郁

---

①刘滨谊，王云才．论中国乡村景观评价的理论基础与指标体系[J]．中国园林，2002，18(5)．

葱葱的森林、茫茫大漠生机勃勃的绿洲等。一个地区的聚落布局和建筑式样是顺应该地域自然环境和人文社会诸要素生成的文化成果的集中展示。从建筑材料与式样、庭院布局与装饰、聚落格局与规模等方面来看,这些物质要素不仅可以反映该地域的地势地貌、地理气候、水文水系、生物群落等自然条件,还可以反映土地利用方式、乡村结构特征、经济发展水平、民族风习文化、人口密度结构、乡村耕作制度、生产生活习惯等社会文化取向。此外,民族服饰与装扮是地域自然条件、民族文化风习与历史发展脉络的集中反映。

(3)非物质要素。

乡村旅游资源非物质要素是指基于自然条件和文化环境自然历史形成的、人们无法直接通过感官感知的、无形的非物质成分(如不同地域的民族性格、思维方式、价值观念、意识形态、道德取向、民间信仰、行为方式、民风习俗等)在具体的行为活动中体现出来的文化性特征。游客在与目的地居民的交往过程中或在集体活动的参与中以及对目的地居民的行为活动的关注中往往能够深切体会它的魅力,它是构成乡村旅游资源吸引力的核心元素,是乡村产生旅游吸引力的灵魂和精髓所在。人们只有在欣赏乡村有形物质审美要素的同时,通过与目的地居民的沟通交流和集体活动的融入性参与,用心品味其言语行为、劳作方式、建筑布局等物质要素所蕴含的文化精神内涵,才能真正体会其中的生命要义和精神意蕴。同时,一个地区居民的文化气质、精神面貌、生活风习又能形成一种特有的“气氛”,构成地域性文化与精神场域。

2. 乡村旅游资源的景观类型

(1)自然环境景观资源。

自然环境景观是地形、地貌、水文、气候和生物等条件构成的乡村自然环境表征,是乡村地域景观框架的基础和大背景,其鲜明特点是生态性和多样性。由于粗放型乡村土地利用开发的特征,乡村自然环境受到人为破坏较少,大多空气清新、土地肥沃、林木茂盛、溪水潺潺、鸟鸣幽幽、稻谷飘香、硕果累累。乡村环境的自然生态性体现了人对土地、自然的珍视和敬畏,以及人与自然和谐相处的意识和态度。乡村这种恬静、和谐、舒适、优美的自然环境景观能够给游客以天人关系的认知,并启发人们对未来理想家园的构筑。

(2)乡村耕作文化景观资源。

我国乡村生产源远流长,乡村劳作形式多种多样,有渔猎捕捞、放牛牧羊、畜禽饲养、采药摘茶、牛犁锄作、灌溉施肥等各种农事景观与劳作生产过程,包括各种各样不同时代农具的不同使用方式,以及传统的农具制造,这些都充满了蓬勃的生产活力、劳作激情和浓郁的乡土风情与地域文化气息,体现出不同农耕文化的历史特征与地域精神,对于不会耕作的游客和生活生产方式差别较大的国内外游客都极具吸引力。不同地域有不同特色的典型田园景观资源,比如广西龙胜层层叠叠的梯田文化景观、青藏雪域高原天高日丽的青稞田景观、黄河中下游一望无际的平原景观、淮河丘陵地带高高低低的农田景观、黄土高原和河谷地带沉甸甸的谷穗景观、沿海渔村连片的池塘景观、东北白山黑水间及青纱帐里红彤彤的高粱景观、以海为生的村落海滩上大片的盐场景观……每一种农耕文化景观都在言说着悠长的历史。

(3)乡村聚落景观资源。

我国乡村聚落形式分为以下几种:集聚型,包括平原地区的团状、沿水带状和以淡水养殖业为特色的沿湖环水环状村落;散漫型,即点状村落,主要是山地聚落和丘陵带水湾聚落;特殊型,主要表现为分布在草原上的游牧帐篷、广阔水域上的水村、闽粤历史形成的客家土楼、黄土高原的窑洞等。这些聚落景观具有地域性、历史性、整体性、传统性、文化性等特点,反映了村民们的聚居习惯、历史沿革、居住方式、生产结构关系特征,往往成为乡村地域文化特征的显著标志。

(4)乡村建筑景观资源。

乡村建筑包括乡村民居、庭院、乡村宗祠、畜禽饲养场所等建筑,以及其他建筑形式。不同地域的乡村民居代表了该地域自然、经济、历史等诸多方面的差异,形式多样,风格迥异,给游客以深刻的文化与历史感悟,如云南的井干式木楞房、内蒙古的毡房、贵州的吊脚楼、新疆的“阿以旺”、福建的土楼、广东的碉楼、安徽的徽派建筑,以及青藏高原的碉房、黄土高原的窑洞、华北平原的四合院等,千姿百态,底蕴深厚,美不胜收,也是乡村孝悌、宗传与信仰文化发展的历史见证,反映出乡村居民文化生活的历史渊源。

(5)乡土民俗文化景观资源。

乡土传统节日纷繁多样,活动内容丰富多彩。汉族北方流行元宵逛庙会、清明祭祖、中秋团圆赏月,南方流行元宵放河灯、端午赛龙舟、重阳登高;傣族有泼水节、开门节、关门节;彝族有跳歌节、火把节等;藏族有酥油灯节、浴佛节、雪顿节等;蒙古族有那达慕节等。庙会、舞龙舞狮、踩高跷、划旱船、扭秧歌,以及踏青游春、上巳祓禊、三月三放风筝、端午龙舟竞渡等都具有深厚的文化底蕴和较高的旅游开发价值。各地民间工艺品,如天津泥人张彩塑、朱仙镇木版年画、贵州蜡染、潍坊风筝、乐清黄杨木雕、青田石刻,以及各种香扇、刺绣、糖人、草编、剪纸等,皆因其深厚的历史底蕴、精湛的民族工艺、独特的文化内涵而备受游客青睐。

(6)乡村经济景观资源。

乡村传统的经济贸易形式也是乡村旅游吸引力的重要部分。比如一些村落原始形态的担挑小集市,一些中心村落逢五逢十等周期性举办的大集、赶圩等,届时周边的乡民往往拿着自家种的水果蔬菜、饲养的牛羊牲畜、捕捞的鱼虾等来集市售卖,货品齐全,种类繁杂,熙来攘往,热闹非凡。闲下来在旁边的小摊上吃串糖葫芦、喝杯豆浆、吹个糖人……那种欢畅痛快、乐得其所的简单的满足感令来自大城市、见过大场面的城市居民驻足称羡,大有“村南村北响缫车,牛衣古柳卖黄瓜”的兴味,这种朴实淳厚的民俗风情,着实让生活在消费主义时代的人们感慨良多。

(7)乡村社会景观资源。

这里的乡村社会景观是指不同于城市陌生人社会的熟人社会结构组织景观。在中国的乡土社会中,生活在土地上的人们,世代辛勤耕作,由于协作、安全的需要,他们聚村而居。农村常态的生活是终老是乡,所以乡民们彼此熟悉,有着族群的身份与礼俗规范的认同,这是一种自然成长起来的礼俗社会,他们能够在生活中随心所欲而不逾规矩,从而自然形成了有机团结的聚落组织,完全不同于城市那种功利性的机械团结的社会组织。所以在传统的乡村,人们往往能够体验日常真诚的、其乐融融的大家庭的氛围。

从乡村地域景观的文化属性特征来看,乡村旅游资源景观又可以分为乡村物质文化景观、乡村制度文化景观、乡村精神文化景观。从功能与演化角度来划分,乡村旅游资源包括乡村生产景观、聚落生活景观、民俗文化景观。这些分类与结构属性角度的划分都有交叉和联系,这里不再详述。

二、乡村旅游资源与产品开发的关系

乡村旅游资源的属性特征决定了其开发的价值,从而也决定了特定乡村旅游项目开发的可能性。

利用乡村旅游资源的生产性与根性特征可开发生产性参与项目,向旅游者提供大量的参与机会。这种活动能让游客真实地体验人类古老而传统的劳动生产,感受到劳动的辛苦,也能因驾驭农具耕作的劳动能力获得感而自豪。通过生产性参与,游客可增长乡村生产知识,锻炼劳动能力,认知乡村与城市的差别,体会乡村养育生命的根性价值,催发生存智慧的思索。这种生产性参与项目不仅具有旅游价值,更重要的是它具有启迪心智的教育价值,因此是非常受家长们欢迎的项目,开发商还设计了多种DIY参与形式,如认种、领养、帮扶、城乡互助等活动,这种形式让人们体会到知识青年“上山下乡”活动的必要性与合理性。

乡村旅游资源的生命性特征为乡村观光度假项目的开发提供了机会。乡村欣欣向荣的健康生命形象,让人们受到感染,迸发激情与活力,将自己融入生机蓬勃的世界,体会人类生产与生活的真正意义,体味生命与自由的可贵,感悟自然与天地的奥妙,思索自然与人本的意涵,体验本真生命的价值与意义。

乡村旅游资源的生活性特征成就了乡村旅游最丰富的参与性活动项目,也是目前做得最为成功的项目。乡村传统的居住、饮食、服饰、游戏、仪式、交通、贸易、文艺、信仰等生活内容与习俗都是参与性极强的活动,而这些活动对参与其中的人除了给予感官的满足,同时还具有强大的化育作用,在乡村旅游中,游客与乡村主体的文化交流主要是通过这些活动进行与完成的。在我国,农家乐式乡村旅游更多地完成了这种生活性参与活动的内容，但农家乐的主要内容还停留在餐饮、居住方面，而且餐饮与居住的乡村性已经大大削弱。所以这方面的活动具有很大的开发空间。

乡村旅游资源的生态性特征与系统性特征对乡村旅游项目的开发提出了较高的要求。它要求乡村旅游项目的设计必须遵循生态化原则与系统性原则，活动设计不能破坏自然生态环境，不能违背文化生态规律，不能违反伦理生态规范。要做到乡村旅游产品的开发必须考虑其与其他乡村要素及整个乡村系统的和谐与统一。

第三节　乡村旅游的资源基础

乡村旅游资源是乡村旅游发展的基础。通常，乡村旅游资源是由地形、地貌、水文、气候、动植物及当地居民等要素相互联系、相互影响和相互制约所形成的综合体。①

一、地貌和水文资源

地貌反映地理环境的基本结构和形态。我国位于欧亚大陆的东南部，东南濒临太平洋，西北深入中亚细亚，西南与南亚次大陆接壤，疆域辽阔，地貌类型丰富多彩。地貌类型可按宏观的地貌格局划分为平原、丘陵、盆地、山地、高原；也可按内外地质营力综合作用产生的构造格架划分为构造地貌、河流地貌、花岗岩地貌、红层地貌、岩溶地貌、海岸地貌等。山岳和水景是乡村旅游的重要自然资源条件。

（一）山岳

我国的“五岳”，即东岳泰山（山东）、西岳华山（陕西）、南岳衡山（湖南）、中岳嵩山（河南）、北岳恒山（河北）。除了“五岳”，我国的名山还有北京的百花山、吉林的长白山、山西的五台山、浙江的普陀山、江苏的栖霞山、河南的鸡公山、安徽的黄山、福建的武夷山、江西的庐山、重庆的金佛山、四川的峨眉山、贵州的黔灵山、湖北的神农架山、广西的大瑶山、陕西的华山、新疆的天山、西藏的喜马拉雅山、台湾的阿里山等。

（二）水景

我国疆域辽阔，地形复杂，江河如网，湖泊棋布，名泉众多，这些都是休闲的胜地、旅游的天堂。休闲水景资源主要包括海滩、江河、湖潭、瀑布、溪涧等。

---

①王云才，郭焕成，徐辉林．乡村旅游规划原理与方法[M]．北京：科学出版社，2006.

1. 海滩

如我国著名的海滩有大连的星海滩和老虎滩、秦皇岛的北戴河海滩、厦门的白城沙滩、青岛的港东海滩、三亚的亚龙湾海滩、北海的银滩等。

2. 江河

我国著名的江河主要有长江、黄河、淮河、钱塘江、松花江、赣河、湘江、漓江、闽江、金沙江、雅鲁藏布江等。

3. 湖潭

湖潭是我国的旅游胜地的重要组成部分，著名的有北京的北海和昆明湖、黑龙江的五大连池、吉林的松花湖、河北的白洋淀、江苏玄武湖和瘦西湖、浙江的西湖、广东的星湖、江西的鄱阳湖、湖北的东湖、山东的大明湖、云南的滇池、湖南的洞庭湖、台湾的日月潭等。

4. 瀑布

我国著名的瀑布有吉林长白山的长白瀑布、黑龙江镜泊湖的吊水楼瀑布、江苏苏州的秦坡飞瀑、浙江雁荡山的三折瀑、山西附泉的娘子关瀑布、陕西延安的黄河壶口瀑布、山东青岛崂山的潮音瀑布、江西庐山的三叠泉瀑布、安徽黄山的九龙瀑、广西隆林的冷水瀑布、贵州镇宁的黄果树瀑布、广东从化的香粉瀑、四川九寨沟的珍珠滩瀑布、台湾阳明山的阳明瀑等。

5. 溪涧

我国的溪涧众多，著名的并不多，值得一提的有福建崇安的九曲溪、福建周宁的鲤鱼溪、湖北宜昌的九畹溪、四川峨眉山的宝砚溪、贵州贵阳的花溪、湖南张家界的金鞭溪等。

二、气候资源

我国幅员辽阔、地形复杂，跨多个经纬地带，气候资源类型多样。

（一）光能资源

光能资源主要包括太阳辐射和日照时间两个方面。可以根据我国光能资源的地理分布和季节分配，合理进行乡村旅游的布局，如开展日光浴，欣赏对日照时间、光照强度有不同反应的植物或花卉，特别是观赏与光能资源有关的特殊景观，如泰山的旭日东升、杭州的雷峰夕照、蓬莱的海市蜃楼、峨眉山的佛光普照等。

（二）热量资源

我国的热量资源丰富，由此而开发的著名的海滨避暑胜地有大连、北戴河、青岛、厦门、北海等。北方可以开展滑雪、滑冰、造冰雕等特色休闲活动，另外，还可以组织有意义的研修、考察活动，如对长白山的林海雪原、庐山的云海雾凇、黄山的奇松冰凌、三亚的天涯海角、珠峰的猎奇探险和九寨沟的考察活动等。

（三）水分资源

我国的水分资源主要是降水。很多休闲活动与水分资源配置有关，如冲浪、观潮、漂流和滑水。即使游览漓江，也应选择丰水期，这样才能观赏到“山青、水秀、洞奇、石美”的佳景，以及“流水晶莹、奇峰秀景”的百里长廊。

三、生物质源

（一）植物资源

我国植物资源十分丰富，据《中国植物志》的记录，我国有植物30000多种。

（二）动物资源

截至2021年6月，中国共有兽类（即哺乳动物）12目59科254属686种，约占世界兽类总数的10%，我国南方以灵长目和翼手目动物为特色，北方则以有蹄动物为特点，如东北地区的紫貂、雪兔等，内蒙古和新疆地区的野骆驼、野马、野驴等，青藏地区的野牦牛、藏羚、藏野驴等。在2021年更新的《国家重点保护野生动物名录》中哺乳纲有185种，其中，国家一级保护动物有99种。在国家一级保护动物中，偶蹄目34种，食肉目19种，灵长目23种，鲸目14种，海牛目1种，共计91种，占其总数的92%。

偶蹄目中属国家一级保护动物的有野骆驼、威氏鼷鹿、黑麂、白唇鹿、坡鹿、梅花鹿、麋鹿、豚鹿、野牛、野牦牛、藏羚、羚牛、普氏原羚、高鼻羚羊、台湾鬣羚、赤斑羚、塔尔羊等，偶蹄目中属国家二级保护动物的有马鹿、水鹿、蒙原羚、盘羊、岩羊等。食肉目中属国家一级保护动物的有大熊猫、马来熊、紫貂、貂熊、熊狸、云豹、虎、雪豹等，属国家二级保护动物的有兔狲、黄喉貂、石貂、棕熊、水獭等。灵长目中的蜂猴、倭蜂猴、台湾猴、豚尾猴、喜马拉雅山长尾叶猴、白头叶猴、滇金丝猴、川金丝猴、天行长臂猿、白掌长臂猿等均为国家一级保护动物。

可供观赏的动物主要有刺猬、金丝猴、猕猴、长臂猿、兔、河狸、松鼠、海豚、熊、狼、狮、熊猫、虎、豹、海狮、海豹、马、象、骆驼、鹿、牛、羊等。

四、文化资源

文化是旅游的灵魂，乡村文化是乡村旅游的灵魂，乡村旅游活动的特色就是突出文化内涵，各地在乡村旅游开发过程中，应当突出地方的文化特色和文化品位，提高乡村旅游的文化价值。

农耕文化主要包括传统民居、传统饮食、传统服饰、民间文艺、民间乡土工艺、村聚落景观、乡村建筑景观、节日庆典、礼仪习俗、娱乐活动、宗教信仰等。

宗教是一种社会意识形态，是对客观世界的一种虚幻的反映。我国的宗教主要有佛教、伊斯兰教、道教等。我国佛教的四大名山是九华山、峨眉山、五台山和普陀山，此外，有佛教圣地之称的湖北的玉泉山、湖南的衡山、辽宁的千山、江西的庐山、江苏的虎丘山、浙江的天台山和天童山、陕西的终南山、福建的鼓山，亦是风景独秀、驰名遐迩的旅游胜地。

五、乡村旅游资源的生态系统

作为一个完整的系统，乡村包含了自然生态系统、产业生态系统和文化生态系统等子系统。自然生态系统是其他一切要素得以存在和发展的基础，产业生态系统需要借助自然要素的参与、滋养与物质产品的提供，而文化生态系统又诞生在二者协调发展的基础上并为二者服务。

自然生态系统由一切自然的物质和生命要素组成，包括乡村生产中的作物，甚至可以包括人类本身，当然也包括人类饲养的家畜家禽，从这个意义上说，人是大自然的一部分，人与其他自然要素在这个大系统中和谐共生，人善待自然，自然回报人类。

产业生态系统包括土地利用系统、乡村生产系统、经济交流组织系统三个子系统。土地利用系统是指人对各种地质地貌的不同利用方式与利用原则积累的一种规范系统，它是乡村生产系统的基础，不同的土地利用方式决定了不同类型的乡村生产方式与内容。乡村生产系统不仅建立在土地利用的基础上，更建立在自然地理与气候条件的基础上，建立在地带性自然带的基础上，同时又决定了当地经济交流组织系统的交流内容、交流方式与经济组织方式。经济交流组织系统适应并服务于乡村生产系统，同时也会影响乡村生产内容和方式的选择与创新。

文化生态系统包括社会制度组织系统、村落布局组织系统、社会生活模式系统三个子系统。社会制度组织系统决定了乡村社会的组织结构和生产关系，影响着乡村居民的社会认知和意识形态，也决定了乡村社会人际关系的结构与特征和社会事务处理方式与原则。村落布局组织系统包括村落选址与布局原则、建筑风格选择与内部设施布置、公共活动场所的建设与使用方式等，它是适应社会制度组织的需要并为之服务的，同时也影响着当地社会生活模式的选择及其特征。社会生活模式系统包括院落布局特征、家庭结构特征、婚丧生老传统与习俗特征、餐饮传统特征、居住风俗特征、服饰制作与风格特征等。社会生活模式的选择不但要适应社会组织制度、村落布局组织的需要，也是基于自然地理条件和产业发展特征的选择，同时，它也反过来影响着其他系统的组织、结构与发展。

自然生态系统以自然元素为主，由于人类生产与审美的需要被打上了文化的烙印。产业生态系统以自然为资源基础，以服务文化生命发展为目标。文化生态系统建立在自然物质要素的基础上，以文化形态为表征。从广义上讲，人是自然之子，人类生产生活以自然生命物质的生产为依托，乡村因而也是自然的组成部分，整个乡村是一个历史形成的自然生态系统；同时，三者又以文化生命发展与人类意义世界建构为目标，从而构成了以自然物质与生命要素为基底的大文化生态系统。

因此,乡村旅游必然是以自然生态为底色,以体验本真生命自由与发展意识为根本诉求的文化旅游,生态化开发将是其发展的最高境界。

六、乡村旅游资源的纵深空间拓展

根据乡村旅游资源生态系统的分析,本研究认为,乡村旅游资源还可以进一步拓展其纵深空间,下面仅阐述几条以抛砖引玉。

(一)生态乡村产业链的延伸、丰富和完善

在生态乡村产业链条上开发参与性乡村旅游产品是乡村旅游未来发展最具价值的方向。一方面,乡村生产的生态化理念不仅是乡村生产安全、人类生命安全的根本保证,是乡村发展的未来方向,同时也为游客提供可触摸、可感知、可参与建构的生态理念。另一方面,当下大多数乡村的乡村生产基本上还谈不上产业链,农产品销售基本停留在最原始、最初级的产品形态,很少有农产品会深加工为精致产品后销售,如果能够进一步延伸、丰富和完善乡村产业链,那么不仅能增加农产品的销售,为农民带来新的收益,同时还能提高人们对大乡村价值的认知,增强人们对未来发展方向的把握。

(二)生态居住模式的构建

当下乡村居住模式正在逐渐城市化,这既不利于乡村性的保护,也不利于人类的健康,乡村传统生态性居住模式的回归与现代完善将有利于解决这一问题,并且对游客市场产生更大的吸引力,同时达到构筑人类理想家园的目的,建设真正的美丽乡村。

(三)生态性社会关系的回归与构建

这一目标不是靠地方政府、居民的力量或是靠旅游规划就能完成的,需要国家出台相关农村发展政策的支持,需要社会意识形态的引导,需要社会总动员,大家都朝这个方向努力,这是一项人类未来发展的大事业。本研究认为,这一事业必然需从乡土社会发端,因为乡土社会具有生态型社会关系的文化与物质基础,而乡村旅游则为这一事业的发起提供了机会,让游客参与这一建设过程,无论对乡村发展、人类进步还是旅游体验都将会有更好的效果。

(四)创造性劳动模式的开发

劳动首先是为了在物质上满足人类生存需要必须付出的代价,其次,劳动具有自我关照属性,即自我对象化在劳动产品里,以劳动产品来确证自我价值和能力。[①]然而,进入阶级社会以后,异化劳动出现了。[②]在生产主义社会里,大规模生

---

①黑格尔.精神现象学(上卷)[M].贺麟,王玖兴,译.北京:商务印书馆,1962.

②马克思,恩格斯.马克思恩格斯全集:第42卷[M].北京:人民出版社,1979.

产剥夺了人类劳动的创造愉悦性和自我价值关照,[①]劳动本身的生产、创造、审美属性分离,劳动成为一种看不见终点的劳役。当下乡村的劳动混合了多重价值,人们还没有从劳役的阴影中解脱出来。实际上,从当今的科技水平与生产效率来看,乡村生产劳作完全可以实现创造性模式的转变,让乡民在创造性的生态乡村发展中自觉追求自身的解放与全面发展。同时,为乡村游客提供创造性劳动的参与机会,让他们通过创造性劳动满足生命欲求的体验,感受乡村劳作的创造美和节律美,领悟生命创造的真谛,拨开现代经济性生产与商业性消费的迷雾,让人解放出来,使劳动成为人类创造性激情释放的需要,让人们过上一种本真的发展的生活。

第四节　乡村旅游资源的核心——农民与传统

一、乡村的命运

20世纪末特别是进入21世纪以来,在统筹城乡发展政策背景下的城市化与新农村建设过程中,随着乡村旅游的火热开发,乡村经济与产业结构、乡村聚落形式和结构特征、传统居住与生活模式、邻里交流空间与关系维护、民间文娱活动内容与形式、社会传统舆论效用与态度等都经历着划时代的嬗变,乡村自然文化生态环境遭受破坏,空巢与留守家庭问题突出,传统民风习俗失去了依存的土壤和空间,乡村传统组织纷纷瓦解,乡村传统道德"荒漠化",温馨淳朴的熟人社会变得冷漠;城市资本对乡村土地和优越环境资源的攫取导致了乡村二元世界现象,使得乡村社会结构、文化心理、社会公平、聚落景观遭受新型创伤。乡村不再是桃源世界、梦里故乡,一种非城非乡的新型标准化聚落体系在乡土大地萌生。据统计,自2000年到2010年,我国减少了90万个自然村落,平均每天有将近250个自然村落消失,平均每天63所乡村小学消失。面对乡村走向消亡的命运,多少学者扼腕长叹,多少乡民悲情啼泣。因为乡村是我们生命所来之处,它孕育了中华民族灿烂的农耕文明,是农耕经济与文明的载体,是我们民族文化之根;在全球多元文化冲突中,乡村是我们民族文化传承与复兴之本,是我们在这个世界上最后的精神家园。乡村未来何去何从?

二、乡村是中国传统文明的载体

中华文明是以农耕为主的文明,乡村文明支撑着以农耕文明为根基的城市文明(这是中国历代都有重农传统的根本原因,也是中国文明历经改朝换代都不曾中断的原因)。乡村生活模式是贴近自然、接地气、安抚心灵的生态性高质量生活模式,享受过所谓现代生活的城市居民的逆城市化现实告诉我们,回到乡村哪怕市郊

---

①高建平.消费主义时代的生产主义[J].读书,2013(3).

的乡村性游憩地成为城市居民渴望，在乡村才能真正体味人类生活的原真乐趣与永恒意义，真正体验生命的来源与归宿。乡村是原生的，城市文明孕育在乡村文明的土壤之中，城市是乡村伸展出去的“手臂”，是乡村放飞的风筝，乡土文化和农耕文明携带着中华文明演化的秘密和基因。当下中国乡村危机的实质是民族主体迷失和自信不足的危机。植根于农耕或游牧生产方式和血缘地缘关系的乡村文化，孕育了天人关系认知理念与禁忌文化，包含了人际礼仪与和谐行为的乡规民俗文化，盛放着彰显村民智慧和情感审美的乡土艺术文化[①]，可以说，它也是诞育和承传作为中国传统文化代表的道家文化、儒家文化的土壤与载体。

三、乡村旅游的核心功能是文化传承

实质上，摆脱贫困窘境的乡民，他们需要的是文化素养的提升、心灵的强大、社会公平与人权尊严。“三农”问题解决思路必须从“消灭农村”转向“建设农村”。[②]就旅游发展而言，乡村游客需要的是乡村的简单、质朴、宁静、恬淡、绿色，是辽阔的大地、高远蓝净的天空、简单恬淡的生活、质朴祥和的民风、怡神康体的娱乐。这些要素不仅是乡村特有的文化底蕴，还是中华文化孕育、发展不竭的源泉，也是保证乡村健康可持续发展的基础，对人性具有巨大的精神化育作用。因此，复兴民族文化，重建以自己本土价值观和意识形态为核心的文化体系，并最终影响世界文化和政治格局，是获得新的发展机遇的战略选择。

四、农民与传统是乡村旅游资源的核心要素

从资源属性角度而言，乡村是孕育生命的土壤和家园，而农民与传统就是乡村旅游资源的核心要素，如同空气和水，使乡村充满生机。没有乡村，农民将无所依托，人类将无所依托，并将失去精神家园。农民是乡村的建造者，是创造乡村史的主体。黄成林认为没有了“三农”要素的地域空间[③]，即使不是旷野，也不再是乡村。乡村是传统孕育的土壤，农民是传统的创造者和传承者；反之，特定传统既是特定地域乡村社会的特征和标志，又是特定地域农民的身份表征与形象内涵。丧失了传统的农民也就丧失了农民的身份，褪去了特定文化传统的乡村，其属性与结构也必定会发生改变。

从旅游角度而言，游客主要是通过与农民交流、参与农民的劳作生产与生活娱乐，从而深入了解乡村的传统文化底蕴与生命本真状态。如果仅有较优越的自然环境、时尚游憩娱乐设施或者绿色餐饮，那就不用到乡村，直接到优美的自然风景

①张孝德．中国乡村文明研究报告——生态文明时代中国乡村文明的复兴与使命[J]．经济研究参考，2013(22)．

②申端锋．新农村建设若干问题研究[J]．农业经济问题，2006(2)．

③黄成林．乡村旅游发展若干问题研究[J]．安徽师范大学学报(自然科学版)，2006，29(4)．

区、城市及其附近高档娱乐度假俱乐部或高档饭店就可以了,游客要的是以农民生产生活与文化传统及民俗为基底的乡村性体验与氛围。所以说,文化传统是乡村的灵魂、标志和根,农民是其创造者、培育者、传承者。少了真正的农民参与,就丧失了乡村生产生活文化传统的游憩地,这样的旅游也就丧失了乡村旅游的内核。

第五节　乡村旅游的审美要素

乡村旅游资源以自然物质要素为基础,围绕生产生活的核心目标,各种要素构成为一个互动共生的系统,生产要素为生活需要服务,生活要素为生产发展提供条件,并在此基础上孕育了乡村文化传统,创造了乡村文化景观。

一、自然景观审美要素

自然景观审美要素主要包括大地山河、植被动物、气象气候等资源。一方面,这些资源本身是旅游审美的对象;另一方面,它们还构成了其他审美要素的自然背景。相对传统景区或城市景观的自然背景而言,其乡村性主要在于乡村的自然景观审美要素较大程度地保留了原始结构与自然形态。

二、生产景观审美要素

乡村审美的核心要素是大乡村生产,典型代表是庄稼与劳作。乡村劳作主要包括耕耘、播种、除草、施肥、灌溉、收割等具体过程与行为。“锄禾日当午,汗滴禾下土”是对其审美形象的典型描绘。田园与丰收的庄稼是乡村审美的重要对象,在经验与文化的积淀中,田园是乡村理想的象征,劳动工具是乡村旅游中重要的审美对象,它们向现代人展示着农耕文明。

三、生活景观审美要素

生活景观审美要素实质上是乡村风俗系列结构要素。它包括传统的乡村聚落、布局、环境、房舍院落、胡同里巷,以及生态实惠的乡村餐饮、乡村传统的文化娱乐、民间婚丧仪式,还有传统的乡村教育场所(如私塾,传统的体育游戏等)。这些生活景观要素是适应乡村生产劳作、传承历史文化、凝聚民心、弘扬良善的需要而孕育成长起来的,对于游客认知乡村历史传统、反思现代社会发展、关注社会未来命运、传承民族传统文化都有极大的启发与建构意义。

四、商贸景观审美要素

货郎担、传统的乡村小集市、定期的乡村集会圩场等经济贸易形式对部分游客也有一定吸引力。比如在乡村集市上能体会到浓郁的乡村人情风俗,感受乡里老农的质朴、简单。货郎担是中国乡村传统贸易的典型代表形象之一,货郎往往还是说故事、侃风俗的能手，他们走村串巷，见多识广，是封闭乡村的活跃因素。改革开放以来，这类人已经在社会上几乎销声匿迹，有些游客表示对货郎担还是挺怀念的。还有一种典型代表形象是吹糖人，其身影时常出现在乡村与城市街头，吸引了不少人。

第六节　乡村旅游资源特征

乡村旅游资源不同于其他传统景观资源（单纯具有欣赏性或审美性），它的主要功能是通过劳作生产实现对生命与文化之根的培育，这一过程是可参与的、成长性的，是具有心理认同的召唤结构。游客在参与农事生产活动的过程中，能够深入体味这是为生存与发展的劳作，是一种本真的劳动需要，是上天赐予人类生存与发展的珍贵财富与必须具备的基本能力，这种劳动意味着希望与收获。因此，生产性与文化根性是乡村旅游资源的原真性。

一、生产性与根性

乡村生产（包括农林牧渔业）作为人类自身再生产的基础，决定了乡村的基础地位，人类社会的一切资源要素都基于乡村生产与人类生产，因此，它是一种生产性结构，任何时代，人类的生存和发展都要依靠乡村生产，并在此基础上衍生出相应的乡土文化。

乡村旅游所要求的旅游功能在任何时候都不能超越或遮蔽乡村的生产性与根性，大乡村是乡村的经济支柱与发展根基，任何服务业（包括旅游业）都不可能取代乡村作为生命存在与延续的根基地位。乡村旅游资源的魅力也正源于此，生产性与根性是乡村旅游资源的自然历史属性，也是其独具吸引力的核心价值所在，它促成了乡村游客的根性文化诉求。

二、生命性与生活性

乡村旅游资源从自然环境与生产环境来看，更多的要素是植物与动物，以生机勃勃的生命为基底与本色，村落房舍、道路地貌都为葱茏郁茂的植物所遮蔽，人们感受最深的是生命的成长与活力。从生活本质来看，这是一种追求更高质量的生命再生产与发展的生存模式，所有相关产业与文化传统都围绕这一终极目的衍生与承传，人们为了最为本真的生存与发展需要而劳作与歌唱、欢欣与悲悯，能够深刻体味与享受这种人类最本质、简朴的生命状态，这是乡村旅游资源吸引人们前往体验与感受的魅力所在。

乡村旅游资源不同于传统旅游资源的一个明显特征是它的生活性，即乡村旅游资源有其自足性，乡村是乡民的生产生活空间，不为旅游而存在；而游客正是由于渴望自由自在、忙闲有致、淳朴简单、热情真实、寻找符合生命节律的生活节奏与状态而前往乡村。因此,乡村旅游的开发必须建立在保护乡村传统生活的基础上,保证乡民正常的生活秩序与氛围不被打乱或受较大影响。应学会严肃地对待乡村那原始单纯的生存意识与传统生活模式,谨记对自然的敬畏,对乡村旅游进行生活化设计,保护和守护人类的精神家园与心灵净土。

三、生态性与系统性

乡村作为与生产方式相适应的乡村文明的产物,对土地、水源、气候、植被等自然因素具有高度的依赖性,因此形成了与自然和谐相处、天人合一的关系。传统的乡村社会,农民世世代代维持着自然封闭的小农耕作方式,在土地上耕种各种维持生命生存与再生产的庄稼,基本上保证了村落生产生活与发展的自给自足。乡村是一个完整的自生系统,它包含自然生态系统、产业生态系统、文化生态系统等多个子系统。这些子系统的不同特性与组织方式形成了特定地域、特定村落的不同特点,一旦其子系统的要素特性或者子系统间的结构方式发生了变化,就有可能使整个乡村系统的属性与功能发生改变。

乡村的生产源于生命又用于生命的滋育,悠远的乡村构筑与发展基本上遵从顺应自然、融于自然的原则,不对自然的生态平衡造成破坏,依山傍水的房屋、满目葱茏的庭院、挂满枝头的果实、生机勃勃的庄稼,为自然增添了多姿多彩的绮丽景观。直到近两百年,人类人口与生物圈间的基本平衡才被打破①,近代工业文明的掠夺式开发是生态危机的根源。

乡村旅游资源的生态性要求乡村旅游开发遵循生态原则,尊重乡村资源的系统性特征,关注开发规划工作对乡村每一要素系统的影响。要让游客与乡民一样自觉融入乡村的生产生活与环境,把自己看作乡村景观的构成要素,将自己是行为融入生态平衡,与乡民、自然等各种要素密切互动,与乡村进行全身心的交流,从而达到心灵的自由与生命的和谐状态。中国乡村旅游的发展必须实施生态乡村与生态旅游相结合的战略,将粮食生产与农林牧副渔等相关生产相结合,延长大乡村生产有机产业链,让旅游活动融入乡村生产生活,真正实现美丽乡村建设的美好愿景。

第七节　乡村旅游产业化

通常,产业化的形成是市场需求拉动与市场供给推动的合力过程,主要体现在分工化、规模化、过程化和商业化四个方面。从旅游业和乡村角度看,乡村旅游产业化涵盖了旅游业和乡村的相关方面。通过旅游业带动相关产业联动发展,有利

①怀特.生态城市的规划与建设[M].沈清基,吴斐琼,译.上海:同济大学出版社,2009.

于实现农产品的生产、加工和销售的一体化，实现生产的专业化、服务的社会化、管理的企业化和布局的区域化。因此，乡村旅游产业化具有产品市场化、企业规模化、经营集约化、服务社会化、产业一体化等特征。

一、乡村旅游开发的动机与效应

（一）乡村旅游开发动机

1. 政府的动机

不同国家和地区由于土地政策、工业化程度、经济发展水平、人口管理模式、就业制度等各方面的差异，发展乡村旅游的动机有很大不同。在西方发达国家，尤其像美国、法国、日本这些工业化程度很高的国家，农村人口的比重很小，如法国乡村人口比重仅为2%，随着经济、科技的发展，优势资源持续流向城市，农村人口还在不断流失，为避免乡村传统与文化的衰落，政府大力倡导乡村旅游以吸引和留住更多的人在乡村发展。而我国农村人口较多（我国农村人口比例为1949年为89.4%，1982年为79.5%①，2013年末为46.27%②），2009年《国务院关于加快发展旅游业的意见》提出实施乡村旅游富民工程，2014年《关于创新机制扎实推进农村扶贫开发工作的意见》第二款第六条再次强调了乡村旅游扶贫工作，明确将发展乡村旅游作为我国扶贫工作和解决“三农”问题重要途径。但从“回归自然，休闲度假”这些口号也可以看到，国家对乡村旅游发展还是有满足消费需求的期望的。旅游地政府还有着提升地方知名度、促进地方对外文化经济交流等动机。

2. 居民的动机

本研究在对河南辉县郭亮村、北京门头沟爨底下村、成都三圣花乡的调研中发现，当地居民认为，发展乡村旅游可以通过餐饮、住宿、导游、娱乐表演服务和农产品销售等经营活动，达到轻松赚钱、就地就业、改善生活条件（主要体现在交通、水电、通信、环境设施与住房、饮食、购物方面）、见世面等目的。

3. 经营商的动机

中国乡村旅游经营商的身份在不同地域、不同经营模式中差别很大，主要有大型投资企业承包经营商（如承包经营安徽宏村景区和北京门头沟爨底下风景区的北京中坤投资集团有限公司、经营广东开平碉楼文化旅游区的广东开平碉楼旅游发展有限公司、承包经营河南辉县郭亮村的河南万仙山旅游发展有限公司）、旅游地集体企业经营商（如管理经营安徽西递古村景区的黟县徽黄西递旅游开发有限公司）、旅游地农户个体或股份企业等中小企业经营商（如经营成都三圣花乡的民

---

①中国社会科学院人口研究中心．中国人口年鉴（1985）[M]．北京：中国社会科学出版社，1986．

②中国国家统计局．2013年国民经济和社会发展统计公报[EB/LO]．http://www.stats.gov.cn/tjsj/zxfb/201402/t20140224_514970.html．

营企业股份合作社及个体农户、承包经营河南辉县秋沟景区的个体企业)等。大型投资企业承包经营商主要是选中资源优越的目的地通过旅游开发获取经济效益,当然未来经济收益的获得要靠目的地旅游基础设施和环境的建设,经济利润是其核心目标。旅游地集体企业主要站在当地居民的立场上考虑问题,所以发展旅游的利益面比较宽,当地居民的经济收益、生活条件与环境改善、资源与文化保护等都在考虑范畴之内,但经济收益还是他们最为关注的问题。而旅游地农户个体或股份企业等中小企业经营商,其经营动机就比较复杂。

国外学者的研究[①]和国内经营实践调研都表明,众多的乡村旅游经营商主要是中小型经营者。在经济发达程度不同的国家和地区,由于经营主体文化/经济特征的不同,其经营乡村旅游的具体动机也截然不同。盖茨和卡尔森以发达国家为例展开的产业经营动机调查显示,目的地居住生活环境的吸引力,以及体验和享受旅游经营生活方式是那些乡村旅游经营者较重要的两个创业动机[②],李星群基于我国乡村旅游经营者的调查结果表明,"赚更多的钱"和"赚取、积攒养老金"是他们较为重要的动机。[③]在贫穷落后的国家或地区,从主观上讲,追求个人或家庭理想生活方式虽然也是这些乡村旅游创业者的愿望之一,但对他们来说,将旅游经营作为谋生手段从而解决生计问题显然更为迫切和实际,因此,这些创业者的经营动机仍以经济导向型为主。林宗贤等以台湾为例分析了中小企业业主由于性别差异而表现出来的不同动机,女性创业主要源于拉力动机,女性创业者可能是乡村社会永续发展的未来主力。[④]笔者在爨底下村、郭亮村的调研中发现,这些地方餐饮、住宿、商品销售的经营者主要是女性(女性占经营总人数的74%),因为都是当地农民,她们与男性经营者的动机没有什么区别,与普通居民的动机一样,即轻松赚钱、就地就业、改善生活条件、见世面。

4. 规划师的动机

乡村旅游项目或产品的规划对规划师来说是一个发挥其创造性的过程,站在规划理想的高度,尊重历史发展趋势,基于资源本身的属性特征,结合市场需求,设计风格独特的产品。但笔者在调查中发现,乡村旅游项目的规划设计者队伍成分复杂、差别很大,既有知名资深规划师,也有没有任何专业背景和规划经验的关系

---

①Mitchell M, Hall D. Rural tourism as sustainable business: keythemes and issues[M]//Hall D, Kirkpatrick I, Mitchell M. Rural tourism and sustainable business. New York: Channel View Publications, 2005.

②Getz D, Carlsen J. Characteristics and goals of family and owneroperated businesses in the rural tourism and hospitality sectors[J]. Tourism Management, 2000, 21(6).

③李星群. 乡村旅游经营实体创业影响因素研究[J]. 旅游学刊, 2008, 23(1).

④林宗贤, 吕文博, 吴荣华, 等. 乡村旅游创业动机的性别差异研究——以台湾为例[J]. 旅游学刊, 2013, 28(5).

型人员。资深规划师会高瞻远瞩，站在乡村发展的角度设计产品，但是他们还要满足旅游经营商的要求和遵循当地政府的意愿，设计首先照顾经济效益，以刺激消费、推动相关产业发展为核心，因为规划师需要经营商和当地政府支付劳动报酬。甚至有些规划师会对流行产品和其他规划案例照抄照搬，只要能拿到报酬就行，没有创造性和责任感可言。

（二）乡村旅游消费动机

1. 本质动机

从需求角度而言，休闲放松、根文化乡土情结是促进游客走向乡村的动力，在他们心目中，乡村是精神家园，是身心颐养之地，是自由、闲适、优美、洁净的故乡。同时，很多家长还希望孩子能够“接地气”，体验农事的艰辛，接受传统美德的熏陶。这是笔者对三圣花乡、郭亮村、爨底下村共30名30～60岁游客进行访谈后获得的信息。

2. 调适动机

在访谈中我们发现，这些游客本来是这样想的，但是到了这些目的地乡村后，看到的却是一排排的农家餐馆、一个个的小商铺摊位、一间间的麻馆茶肆、一群群游客的熙来攘往，哪里还有乡村的恬静质朴、闲适优雅。“想想也是，我们想找个安宁的地方，人家（村民）也要经济收入啊，谁不想住好的房子过好的日子啊……乡村旅游嘛，看开了，桃花源现在只能是想象了，哪里都是市场经济，哪里都有现代化发展，谁有权利要求农民永远‘锄禾日当午’，要求农民永远住土房子、烧土灶？”一位爨底下游客表示，“原来想让孩子体验一下乡里劳动的踏实和收获的快乐，以前我父亲在乡下插过队，我也跟他常回乡下，觉得上山下乡虽然苦，但还是很锻炼人的意志，还有很多的乐趣。但现在社会发展太快了。平时上班太紧张了，周末到周边乡村转转，吃个农家饭，跟朋友们在这个开敞地方乐一乐，也挺不错的”。这是旅游期望的调适，旅游经验使游客对自己的旅游动机进一步矫正，让理想与现实达成和解。

3. 流行动机

通过对三地的各500份问卷调查数据进行统计分析，剔除无效问卷6份（占比1.2%），我们得到的旅游动机的比例分布情况大致可以解释现有乡村旅游的流行动机。选择“田园理想追求”的游客占总游客人数的5.2%，选择“人性根基回归”的游客占总游客人数的1.9%，选择“身份认同寻找”的游客占总游客人数的2.4%，选择“文化传统皈依”的游客占总游客人数的3.2%，而选择“优美环境颐养”的游客占总游客人数的21.4%，选择“农家餐饮娱乐”的游客占总游客人数的36.5%，选择“乡野休闲放松”的游客占总游客人数的28.2%。因此，乡村旅游中出于寻根动机的游客仅占12.7%，出于探新求异动机的游客占绝大比例，为86.1%。在对在校大学生的随机调查中,也有60%以上的同学认为到乡村采摘、放松的价格十分实惠,这是他们选择乡村旅游的主要动机。

4.旅游消费异化

面对乡村旅游,有些人在坚持自己的诉求,有些人在调和理想和现实,有些人已转而认同和接受"新乡村"提供的产品。由于城市化、新农村建设、统筹城乡发展,乡村旅游更多地以促进乡村经济发展为主导,以乡村物质建设的现代化为绩效标准,因此在乡村旅游发展的过程中,加上旅游规划师的附庸、旅游地产商的投机、多主体旅游媒介的广泛参与,促成了"伪乡村"的建设,导致了乡村旅游消费根性诉求的异化。

(三)乡村旅游开发的目标与演变

1.乡村旅游开发的目标

统筹城乡和旅游扶贫政策支持乡村旅游的发展,明确乡村旅游开发作为解决"三农"问题的重要途径之一。文化和旅游部也从国民旅游角度出发,使之成为旅游发展的重要组成部分。有人认为乡村旅游也是乡村城市化的一种途径,有人认为乡村旅游是国家遏制乡村退化、鼓励城市居民入驻乡村的途径,也有人倡导把乡村旅游作为推动传统民族文化复兴的途径。

我国的乡村相对于城市来说经济、文化比较落后,其历史原因是城市发展对乡村的剥夺。但这种落后并不是退化,国家取消农业税后,一些抛荒的耕地已经复垦并焕发生机,所以这里有一个农村土地制度和政策问题。同时,西方一些国家乡村的退化是由于其高度的城市化(高达90%以上),乡村人口稀少,发展机遇不如城市。而中国农民进城的大潮不单是城市机遇的问题,主要是农业科技进步和生产力提高导致乡村劳动力的过剩,所以中国城市化最重要的是人口的城市化而不是乡村的城市化,更不能通过乡村旅游来鼓励城市居民返乡。

从地方政府来说,其发展目标基本与国家目标一致,但它也有自己的"小算盘",由于政绩评价标准GDP的需要,也由于人对经济收入的需求,导致相当多的地方政府忽略了乡村文化传统的保护与传承,GDP的提高与经济效益的获取成为地方政府助推乡村旅游的主要目标,真正乡村性的旅游体验也被地方政府忽略。

乡民特别是经济文化落后地区的乡民对于乡村旅游开发效应的主要期望就是提高收入水平,改善生活条件,摆脱繁重的乡村劳动等。一些乡民并不清楚真正的财富是什么,也没有长远地考虑自己未来的发展。在经济收入提高和生活条件改善的需求得到暂时满足后,他们慢慢发现自己的资源被让渡、自己的利益被侵占、自己的权利被侵犯,于是乡民与政府、乡民与企业之间的矛盾越来越多,甚至难以调和。乡民与乡民之间也由于利益纷争而关系紧张,乡村原有的淳朴善良、和睦团结、诚信和谐的民风和氛围遭到破坏,原来的那个传统生活与交流空间没有了。同时，还有些乡民甚至放弃了传统的耕作，以低层次的旅游服务为生，将自己的命运交给了游客和旅游企业，自我未来的发展失去了保障。

一些旅游企业看到乡村旅游发展的广阔前景，因此介入了这一空间，它们的目标是巨额利润，相应的社会公平、资源保护、文化传承等社会责任感较低。旅游企业基于自己的资金与经营管理优势，以乡村聚落或田园景观的经济性经营为核心，力求谋取更多的发展空间，在乡村进行规模化和标准化经营，实施产业集群发展策略，甚至导向地产经营模式，进行大规模旅游地产开发，迅速促成乡村的商业化和城市化，导致乡村性的消失，乡村“空心化”，乡村不再成其为乡村。可见，乡村旅游开发经营与管理的不同主体有着不尽相同的目标，乡村旅游经营主体的变迁也勾勒了乡村旅游开发目标的变化轨迹，从而导致乡村旅游开发性质的演化。

2. 乡村旅游开发的性质演化

乡村旅游的发展最初源于生活在现代化文化与物质异化与压力环境中的人们对根性文化环境与本真生命状态的自然环境的诉求。在国家政策与地方政府的引导支持下，最初主要由农家户作为经营主体的内生性开发中，基本上以乡村性要素为基础来提供旅游产品。显然这种原始粗放型开发的经济效益不能满足一些地方政府扶贫致富和GDP政绩的需要，在经济效益的诱惑与感召下，乡民也开始渴望有更高的收入。限于农家户投资与经营管理能力的缺乏，在地方政府的引导下，旅游乡村开始引入企业经营模式，开始是小型企业的入驻和集体企业的经营。然而小型企业投入力度不够大，缺乏创意产品的开发，往往造成同区域同质产品的重复开发。集体企业模式在自身经济实力强大、领导能力卓越的情况下，取得了良好的发展效果，比如浙江奉化滕头村。这种目标的追求促使一些乡村开始渴望大型投资企业的入驻。比如安徽黟县宏村等，其中，北京中坤投资集团有限公司在宏村的经营被奉为成功的典范。

乡村与乡村旅游可持续发展需要一种建立在乡村生态、乡村生产力提升基础上的内生性开发模式，经营主体及其开发目标的选择决定着乡村及其旅游未来发展的方向和命运，也影响着人们未来生产与生存、文化与精神的安全问题。

（四）乡村旅游发展效应

1. 经济效应

影响旅游经济效益的因素包括物力禀赋、经济发展水平、人力资源、萎缩产业比较成本与旅游需求五大方面。对乡村来说，旅游需求与旅游资源（物力禀赋之一）没有问题，如果要发展旅游，基础设施建设也不是大问题，即使为了改善当地生活环境而进行基础设施建设也是必要的。目的地经济发展水平决定了其投资与接受投资的能力，如果是建立在旅游扶贫与致富的基础上，其投资与接受投资的能力可想而知。接受外来巨大投资，巨大的经济漏损在所难免，旅游导致的物价上涨与生活成本提高显然会抵消乡村旅游服务带来的有限的收入提高。人力资源方面，乡村有充足的劳动力，关键是劳动力素质不高，具有旅游开发与管理经营能力的人才匮乏，如果是外来人员开发与管理经营势必形成经济漏损，同时乡村也将自己发展的命运交到了他人手上。旅游导致的萎缩产业（乡村原有传统农、牧业生产等）比较成本对于乡村来说是十分重要的，因为乡村作为旅游目的地，其生命周期受各种因素（比如商业化与城市化）的影响是不可预期的，所以传统产业萎缩之于未来发展的代价将是很难估量的。

2. 社会效应

这里的社会效应主要是指旅游的发展促进乡村社会产业结构、组织结构、地方知名度、基础设施、对外交流等方面的综合效应。旅游的发展使乡村基础设施得以改善，促进了乡村旅游、商贸、服务等第三产业的发展，同时也刺激乡村邻里和谐关系向竞争关系的演进，以血缘、地缘为纽带的和谐安定的乡土社会人际网络与社会格局被打破，居民因丧失决策权和话语权而感觉被边缘化，加之利益分配不均导致居民、政府、外来企业彼此之间的深刻矛盾，削弱了聚落群体的凝聚力；改变了乡村聚落的特征和生活方式，促成一些地方传统聚落中新型城市化建筑的出现和现代娱乐场所的建造，纷繁喧闹的商业氛围打破居民自给自足的生活状态，旅游新成员的加入，以及不同性别乡民对旅游业参与程度的差异还造成部分乡村社会成员的成分构成和地位变化；有些乡村从封闭走向开放，有些乡村因旅游的开发而声名远播。这些改变可能还有其他方面，如新农村建设、统筹城乡发展、城市化进程的影响，因此可以说乡村旅游与这些因素共同促进了乡村的现代重构。

3. 文化效应

近些年来，人们开始关注乡村旅游的文化影响。阮洛瑶注意到乡村旅游中民族文化因涵化、商品化而造成的伪文化现象①，宋章海、马顺卫分析了旅游社区文化涵化对社会文化心理方面的影响②，何丽芳系统介绍了乡村旅游的文化影响③，江立华、陈文超认为传统文化的时间形塑与空间错位必然会改变传统文化原有的结构④，孙九霞、苏静总结了旅游对文化与传统表述的构建和文化传承的作用⑤，左晓斯、刘小敏、缪怀宇也非常关注乡村旅游引发的乡村重构现象⑥，邱洁威认为乡村旅游有利于城市居民采借传承优秀传统文化元素，保护乡村弱势和边缘文化⑦。

---

①阮洛瑶．旅游开发与民族文化传承[J]．经济与社会发展，2004，2(6)．

②宋章海，马顺卫．社区参与乡村旅游发展的理论思考[J]．山地农业生物学报，2004，23(5)．

③何丽芳．乡村旅游与传统文化[M]．北京：地震出版社，2006．

④江立华，陈文超．传统文化与现代乡村旅游发展[J]．湖北大学学报（哲学社会科学版），2010，37(1)．

⑤孙九霞，苏静．人类学与社会学视野中的旅游：对话与思辨[J]．旅游学刊，2011，26(11)．

⑥左晓斯，刘小敏，缪怀宇．城乡移民与乡村重构[J]．广东社会科学，2011(6)．

⑦邱洁威．旅游在统筹城乡文化建设中的价值[J]．旅游学刊，2011，26(12)．

从实践来看，乡村旅游的发展使得乡民视野得到拓展，主动采撷现代文化，民主开放意识进一步增强；有些濒临消失的文化遗产得以保护和传承。同时，多元文化冲突打破了乡村传统文化生态的宁静，使传统的价值观与信仰体系都发生了变化，有些地方勤俭、诚信、孝道、自然敬畏等传统美德被视如敝屣，经济价值观与消费主义意识开始形成，受经济实用主义影响，有些地方的家长甚至开始放弃孩子的受教育机会；一些地方传统文化（如方言、特色服饰、手工艺等）在慢慢消失，一些民俗等开始向舞台化、标准化发展。这种乡村文化商业化扭曲了文化与乡村的真实性，改变了乡村的属性特征。

4. 环境效应

旅游开发对目的地乡村的环境效应同样包括积极和消极两个方面。首先，为了吸引游客的到来，必须积极营造宜游的接待环境，整洁、清新、方便的生态与设施环境。其次，为了提高经济效益，旅游企业需要建设回报率较高的农事活动、民俗演出、现代娱乐、时尚游憩等设施环境。这些建设一方面改善了目的地乡村的基础设施和生活环境，提高了乡民休闲活动环境质量，同时也可能使得乡村生态化的宁静环境遭到破坏，一些新的设施建设与原有乡村属性特征不协调，甚至破坏了乡村的整体生态环境系统，造成乡村自然与文化生态系统的紊乱。

（五）乡村旅游生产与消费动机的交互效应关系

1. 消费者生产

从历史角度看，人类的需要促进了其生产能力的提高。由于生命消费的需要，人类要生产粮食；由于安全的需要，人类要建造房屋；由于交流的需要，人类发明了语言文字……所以，马克思说“消费生产着生产”，它不仅意味着消费使得生产成为必要，还促进了生产内容与生产方式的变化，从而促进特定生产理念的产生。乡村旅游的需求促进了乡村旅游业的发展，旅游开发的内容和产品风格要符合旅游市场的需要，旅游消费影响着乡村旅游生产的理念——为满足游客根性与休闲诉求而生产。

2. 生产者消费

在生产发展的过程中，人们发现，人类生产的产品会刺激人们的消费需要，甚至会影响人们的消费习惯，促使人们不断产生对这种产品的扩大化和延伸性需求，并形塑消费者的消费理念，这就是马克思所谓“生产生产着消费”。畸形的生产导致异化的消费，科学的生产会引领健康的消费理念与消费习惯。乡村旅游的规划与开发受到消费者需求、政府新农村建设要求、规划师的规划理念、旅游企业基于经济效益的商业性要求等因素影响，使得乡村在旅游开发中进行着从物质到文化从环境到结构的重构。欲望是可塑的，旅游期望在指向上具有可转移性和可替代性，当供给不能满足消费时，乡村游客逐渐调整自己的旅游期望以适应现实。乡村在人们心目中的形象开始嬗变，人们的乡村旅游诉求也开始改变，新环境、新梦想、新时尚成为人们对乡村旅游内涵的重新诠释,消费主义也开始成为乡村旅游消费的特征之一。

3. 生产的社会伦理道德与职责

由此看来,乡村旅游生产对于乡村形象及乡村旅游消费理念的塑造都负有莫大的责任,乡村旅游的规划与设计不但关乎着乡村旅游业的成败,还体现着社会伦理道德水平。人们奔着乡村生态性景观和生产性劳动能给人提供淳朴田园生活与本真生命体验的目标而来,寻求自由呼吸的空间与抚平精神创伤的家园,但我们从初始粗放的原生态产品到后来精致拼贴产品的提供,始终没有满足这一诉求,而这种精致的拼贴产品却形塑了人们现代情感虚幻消费的乡村旅游理念。这种乡村旅游消费改变了人们的乡村认知、文化理解、身份认同,破坏了乡村传统文化的精髓。从乡村持续发展与民族文化复兴的角度来看,这种不负责任的经济核心诉求型乡村旅游规划与开发罪莫大焉。

4. 政府的职责

现代旅游是市场经济发展的产物①,特别是在生产主义时代背景下,乡村旅游企业必然以经济收益为其发展的核心目标。任何社会的变革必然要有一个社会性意识形态的普遍引导,特定历史阶段的社会消费行为与理念不可能自觉完成理性转向,此时,国家和政府的理念引导与制度规范成为必要。在理念上,要树立在提升乡村传统生态产业特别是绿色粮食和副食生产能力的基础上发展旅游的观念,并以生态化与文化性生产理念引导乡村旅游产品的生产,以健康的消费理念教育和熏陶游客。在制度上,要抛弃只以经济为核心的发展主义观念,重建社会发展评价标准,建立科学的乡村旅游业经营管理质量控制体系,规范乡村旅游产品的生态化与文化性生产。

二、乡村旅游产品与开发

(一)乡村旅游产品构成

谢彦君认为旅游产品从构成上可以分为核心旅游产品与组合旅游产品两种类型。②核心旅游产品包括资源依托型与资源脱离型旅游产品,是旅游产品的初始形态,是能够满足旅游者愉悦需要的核心吸引物的产品形态。组合旅游产品是旅游或相关企业围绕旅游资源核心价值,通过多重价值追加而设计、生产或销售的产品,是旅游产品的终极形态(见图3-1)。王宏星、崔凤军从供给与消费域间角度入手,构建了三个层次的乡村旅游产品体系(见图3-2),包括核心产品域、辅助产品域、扩张产品域。③

①申葆嘉.论旅游是市场经济发展产物[J].旅游学刊,2008,23(8).

②谢彦君.基础旅游学[M].3版.北京:中国旅游出版社,2011.

③王宏星,崔凤军.我国乡村旅游产品体系及其影响研究[J].西藏大学学报(社会科学版),2005,20(1).

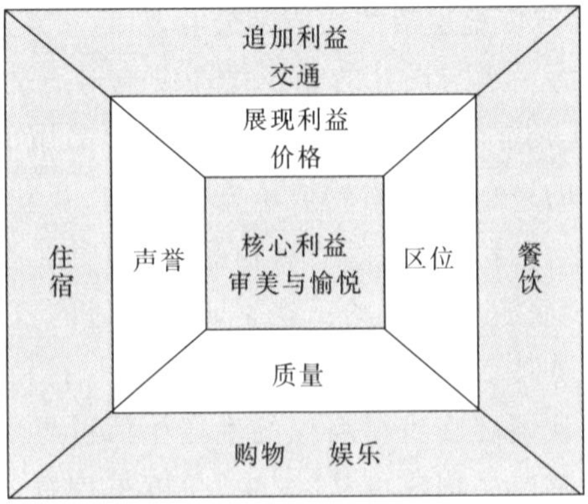

图 3-1　旅游产品利益构成图①

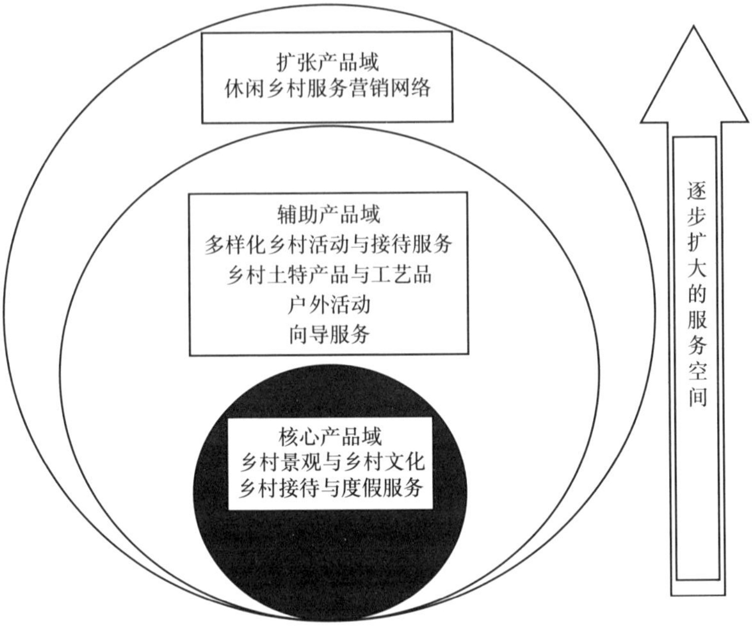

图 3-2　乡村旅游产品模型图

实质上，乡村旅游与传统旅游最大的区别在于其资源范畴更为广泛。在乡村旅游产品体系中，乡村土特产品、工艺品、多种多样的乡村活动等都是具有乡村历史意味与传统特色的乡村资源核心构成要素，是乡村景观与乡村文化的载体与符号，包括谢彦君提出的产品构成体系中的餐饮、住宿、购物、娱乐甚至交通。如果旅游产品是源于乡村的原生态要素，它们就不再是追加利益的成分，而是富于深厚乡

①谢彦君．基础旅游学[M]．3 版．北京：中国旅游出版社，2011.

村文化底蕴的文化景观与传统生活的构成部分。

当然，为接待游客而兴建与设计的非乡村性设施与活动，以及在当下泛滥的非当地传统工艺生产的所谓旅游购物品，都属于辅助产品域的追加利益产品。在本研究中，乡村旅游资源的乡村性要素构成了密切联系、互动互依的整体生态系统，每一要素或部分都包含着特定乡村的所有信息，而那种非乡村性的外来元素或拼贴元素是被真正的乡村旅游所排斥的。在本研究构建的乡村旅游体系中，既不拒绝非乡村性要素，也不提倡专门的旅游体验活动设计与接待设施建设，而是靠原生态的“三农”与“三生”，让游客在乡村乡民的生产生活世界中体味生命、生机、生态的真谛。因此，乡村旅游产品构成可从“三生”角度来理解，包括生态性产品域、生产性产品域、生活性产品域。

生态性产品域主要包括乡村观光产品，如自然生态环境景观、绿色生产生态景观、田园风光生态景观、聚落环境生态景观、庭院环境生态景观等。生产性产品域主要包括与乡村生产相关的参与性活动产品，如与农业、林业、牧业、渔业，以及传统农副业、传统经济贸易等乡村产业活动相关的产品。生活性产品域主要包括与乡村生活各个环节相关的参与性产品，如与饮食、居住、交通、文娱、节庆等各种生活相关的参与性活动产品。

（二）乡村旅游产品形态

在乡村旅游发展过程中，为适应市场需求的多样性，结合乡村“三生”要素，我国主要形成了六种不同形态的乡村旅游产品类型，其中田园风光型、古村落型属于生态性产品域，民族村寨型兼具生态性与生活性，农家乐型兼具生态性、生活性与生产性，果木园林型、观光农场型兼具生态性与生产性。

1. 田园风光型

田园风光是指广袤的田野、连绵的山峦、清澈的河流、悠然的牛羊鸡鸭、唱着歌的牧童浣女所组成的诗意桃源意境，是中国人心中精神的故乡。由于地理区位与地质地貌的差异，田园风光又表现出江南水乡风光、江南茶园风光、黄淮海平原风光、两广云南热带风光、川西林盘风光、山林梯田风光、东北黑土地风光、青藏高原青稞风光、西北大漠戈壁风光、黄土高原风光、内蒙古草原风光等不同特点。

2. 古村落型

古村落是指历史文化与风俗民情遗存丰厚、风貌古朴、地域特色突出的乡村聚落，是一个世代承袭下来的由基质景观（即自然与文化背景景观）、聚落景观、庭院景观、历史遗存景观等构成的结构较为完整的地域综合体。它包括传统的聚落布局、古老的建筑风格、悠远的历史沿革与较为原始的典型乡村生活与劳作风貌等，其乡民以泛乡村生产为生，生活习惯、耕读传统、宗教信仰、风俗民情等传统文化未有大的变动。中国作为拥有数千年乡村社会历史的国度，在明清乡村社会繁荣时期给后世留下了大量传统古村落，为我国乡村旅游增添了浓重的历史文化色彩。特别是在具有浓厚耕读文化、名士才子英杰辈出的皖赣江浙地区，古村落犹如散落在江淮大地上的珍珠闪耀着璀璨的光辉，西递、宏村、婺源、周庄等不胜枚举。当然其他地域也不乏美丽乡村，福建连城培田村、贵州黎平肇兴侗寨、川西甘孜丹巴藏寨、新疆喀纳斯图瓦村、北京石门沟爨底下村、河南卫辉小河店村等各具文化特色与地域风格。

3. 民族村寨型

近年来，具有地域特色的民族地区天然村落的民俗文化吸引了大量游客前往，这些村落主要分布在云南、贵州等地，被学术界称为“原生型民俗村寨”，特别是云南德宏回环村、沧源翁丁村、德钦雨崩村、威信湾子苗寨、广南坝美村、新平大槟榔村、怒江金满村等鲜活的民族生活景观引起了专家学者的关注。这些民族村寨地处偏僻，自然风光原始，村寨布局与建筑富有民族特色，耕作与经济景观别具风貌，生活与信仰习俗具有强烈的地域与民族特征，在中国乡村旅游的发展实践中，民俗村寨旅游是最富有生命力、最具生态真实性及吸引力的类型。但是，这些民族村寨进行旅游开发以后，引发了一些旅游后现象或者旅游废墟现象。同时，还有一些所谓的民俗村其旅游项目的民俗特色并不典型，或者说没有多少原生态的民俗活动。比如北京的乡村旅游号称以原生型民俗村为特色的村落规模浩大，但其旅游活动项目的乡村性与民俗性没有多少是原汁原味的。同时，有一类模拟民族村落，即主题公园型的民俗村，往往建在城市周围，可以让城市游客更方便地体验各地村落的民俗风情，不仅有利于调节城市游客单调、冷漠的生活，使其焕发生命活力，还为民俗文化的保护与传承提供了思路。然而，更多的民俗村的民俗已经过包装或者被扭曲与误解了，反而造成了民俗的破坏，且也不属于真正意义上的乡村旅游。

4. 农家乐型

农家乐型是一种集观光、农事参与、农家生活体验于一体的乡村旅游形态类型，以乡村生活性事象为主，主要分布于城市周边及附近。1998年，国家旅游局推出“华夏城乡游”，大中小城市与乡村交界边缘地带的“农家乐”成为有中国特色的乡村旅游发展模式的典型代表，“吃农家饭、住农家院、做农家活、看农家景、享农家乐”也很好地阐释了“农家乐”的活动内涵与发展意义。发展比较成熟的有成都郊区的农家乐、北京房山的农家乐等，但虽然农家乐在进入21世纪以来如雨后春笋般遍地开花，但大多由农户经营的农家乐产品质量一直在原地踏步，餐饮、娱乐与采摘是目前农家乐主要的项目，其乡村味越来越淡，而“做农家活、享农家乐”这样的活动目标很少有人能做到，大量雷同的产品使游客失去了吸引力。成都是农家乐的起源地与盛行地，但客源减少、效益下降问题从2000年起就日益凸显。外来企业的加入给农家乐的发展注入了活力，扩大了经营规模，开发了认种、休闲、度假等新的产品，提高了产品的质量标准，很快在乡村农家乐的经营中占据了主导优势。①

5. 果木园林型

果木园林型乡村旅游项目主要是利用土地开展大面积的果木菜蔬种植，投入较高的种植技术成本，利用特别培育的优质果木品种，通过观光、采摘、认种、农耕传统参与认知等活动来发展旅游业。这种项目一般在有一定知名度或多年种植基础的果木生产地得到大量的开发，如河南新郑鲜枣采摘园、河北衡水绮苑农庄、北京海淀北安河采摘园、江苏东海石梁河采摘园等。在城市缺乏绿色、食品安全问题堪忧的背景下，绿色、无公害的农产品生产与加工吸引了大量游客。这种项目尤以山东最为突出，临沂、枣庄实施退耕还林工程，大力推广果木经济林的种植，如临沂郯城的万亩板栗园与银杏园、费县的万亩梨园，以及枣庄山亭的梨园与枣园、峰城的石榴园等，还出现了果木种植专业村(如葡萄村、银杏村、苹果村、梨村等)，可谓成果颇丰。在果园内设置游览线路，不同季节分别推出踏青、采茶、赏花、摘菜、采果等不同的休闲游览项目，不仅提高了乡村经济效益，还改善了生态环境。果木种植与旅游结合，发挥了果木园林综合开发作用。

6. 观光农场型

美国、加拿大、英国、法国等欧美国家乡村旅游中观光农场旅游比较普遍，但在联产承包责任制土地政策背景下，我国大陆地区基本上没有观光农场，台湾地区观光农场项目已较为成熟。台湾观光农场主要经营果园、茶园、花园型观光兼休闲度假项目，并开展家畜饲养与农场种植活动，为家庭度假、朋友聚会创造了良好的休闲游憩环境。2013年和2016年的中央一号文件都明确要求大力发展乡村旅游与休闲农业。这一政策为观光农场旅游项目提供机会，北京密云圣水山国际乡村俱乐部的不老泉绿色农场就是一个成功的案例，但其经营项目已经脱离了“农味”。在发展方向上，我们的产业尚需要政府正确意识形态与理念的引导与规范。

（三）乡村旅游产品的开发原则

根据乡村旅游资源属性的要求，结合多元文化冲突背景下国家关于民族文化复兴的政策导向，鉴于乡村旅游的文化建构性禀赋，乡村旅游产品开发应当遵循以下原则。

1. 回归性原则与时代性原则

乡村旅游产品的开发应当遵循乡村性与生态性的回归。从乡村自身的发展来说，一方面，因为乡村发展强调乡村及相关产业的生态化发展以保持乡村健康的活力与人类生命的安全，所以乡村旅游产品也必须强调生态化；另一方面，乡村是人

---

①何景明．成都市“农家乐”演变的案例研究——兼论我国城市郊区乡村旅游发展[J]．旅游学刊，2005，20(6)．

类精神的家园，具有根性文化认同的功能，一旦乡村的生态性与根性不存在了，人类精神寄寓的家园也就不复存在了。

时代性原则意味着乡村旅游产品开发不可能将一个现代的乡村拖回到“鸡犬之声相闻，老死不相往来”的远古时代或回到古人的理想状态，这就要求我们适应时代的发展，充分发挥乡村资源的生态性与根性特征的功能，利用新技术，在现代世界中营造理想而现实的桃花源，重构人类精神家园。

2. 传承性原则与创意性原则

传承性原则是基于乡村传统文化在国家民族文化意识与精神信仰重构中的核心地位提出来的，同时也适应国家民族文化复兴的导向。乡村旅游产品的开发要考虑产品文化传承功能的实现途径，以具体的文化符号载体通过适当的方式有效完成文化传承的任务。文化的传承离不开创意性原则，实践证明，诸多乡村旅游产品其实也考虑到文化传承问题，甚至有的还提出响亮的口号，但实际效果不佳。因此，乡村旅游产品的开发要仔细琢磨怎样将传统文化的精华融入旅游产品，并让游客在享用产品的过程中激发出文化传承的信念，这就需要我们有好的创意，选择恰当的载体与符号，设计具有文化激发性的参与体验产品，以达到良好的传承效果。

3. 自然性原则与文化性原则

乡村旅游资源具有自然生态属性，同时也意味着乡村诸要素自然天性的保持程度。在乡村，人们尊崇自然，遵循自然之道来处理天人关系，人作为自然之子融入自然生态系统中，人类的生产是动植物生命的再生产，同时也是人类生命的再生产。乡村旅游的核心吸引力之一就是自然生态性，从这个角度来说，乡村旅游设计应当突出其产品的自然生态性特色。

同时，人类的一切认识活动都有其主观文化意识形态取向，人类能够看到、想到、接触到的事物与现象都已被人化，在人类的生存、生产、生活实践中逐步建立了以精神为核心的文化及其与外部环境之间物质与信息交流的关系与相互影响从而形成的生态性联系——人文生态。因此，乡村旅游产品的设计要从文化精神的高度去把握、去提升，充分发挥其文化建构功能，构筑复兴民族文化与美丽乡村建设的旅游路径。

（四）乡村旅游的实现与障碍

现代城市化进程中全球化消费主义语境中，乡村游客旅游理想实现的条件与障碍主要存在于两个方面：一是个人角度的条件与障碍，包括对乡村旅游的认知与态度、能否秉持健康的消费理念；二是社会角度的条件与障碍，包括能否保证诗意田园乡村的建设、能否保证健康乡村旅游产品的设计生产、能否确保政府正确意识形态的引导。而产生乡村旅游障碍的历史与制度原因主要有生产主义导致的乡村旅游产品异化、乡村重构导致的乡村认知异化和信仰缺失导致的虚幻消费。

1.实现乡村旅游的条件与障碍

(1)对乡村旅游的认知与态度。

中国当下乡村旅游的发展模式有三类:第一类是城郊乡村特色游憩度假地(作为都市人日常生活消遣和公共消费空间的拼贴式农家乐);第二类是传统观光景区周边农家乐(以农家餐饮住宿为主要内容,是传统观光旅游的延伸或扩展,但旅游活动与乡村性生产生活内容基本无关);第三类是相对闭塞乡村的农家乐。在这种情况下,游客对乡村旅游的认知和态度对其乡村旅游实现程度和体验效果影响很大。出于怀旧、田园理想体验、传统文化熏陶目的的游客认为当下的乡村旅游距离自己的期望太远了,大多数目的地的旅游体验带给他们的是失望和痛心,他们对第三类目的地最为不满(因为他们对第一类目的地期望最高),认为乡村旅游破坏了乡村。出于缓解压力和体验新环境目的的游客对三类乡村旅游地都能认同,特别是对第一类目的地最为满意。出于优越生存环境攫取目的的游客对当下乡村旅游目的地有不同的看法,有失望的也有满意的,他们分别出于不同的文化诉求(传统生活方式、传统文化氛围、田园理想景观、悠闲的生活节奏、开阔的生态环境)从而对乡村环境的理解和要求也各有不同。

从理论上讲,乡村旅游最核心的特征是景观和活动的乡村性,它应该是乡村游客的核心诉求,诸多学者也是这样认为的。但是,当下的绝大多数游客并不关心这个,因为他们已经在大众媒体“伪乡村”建构与乡村旅游发展过程中失去了对乡村性的判断力,没有真正了解乡村与乡村旅游最珍贵的东西是什么,华丽的包装已经遮蔽了事物本身的真实面貌与核心价值,因此乡村旅游中才会出现各种不同的消费取向与相应的体验效果。真正乡村性旅游的实现尚需要游客对乡村与乡村旅游的核心价值与真实面貌有正确的认知和态度。

(2)健康的消费理念。

在消费主义时代,生产是为了追求高额利润,消费是为了炫耀或找到存在的标识,旅游不仅是为了放松休闲、增长见识、体验成长,还成为身份展示、能力与幸福指数的标签,是消磨时光、寻求刺激、交际沟通的方式。乡村传统的勤俭节约、淳朴良善等优良传统不应被弃置甚至嘲讽,错误的消费观念会使人失去理想和信仰的目标,以及把握未来的信心,从而以随时随意的虚幻消费来麻痹自己。

消费主义不仅是个人的事情,社会也有一定的责任。从个人来说,勇于承担基于共同体发展的使命,确立责任对于欲望的优先秩序,是抵御消费主义诱惑的根本。从实践来看,每个人应改变他们习惯的消费主义生活方式,树立健康的消费理念。

(3)诗意田园乡村的保护。

提到“诗意田园”这一让人怦然心动的词汇,很多人脑海里会呈现出一幅具有诗情画意的田园画面,所以有人欣然,也有人愤慨。之所以愤慨,是因为他们经历过或是深深理解乡村劳动的艰辛和苦难，乡民在进入阶级社会以来承载着养育生命的重负，同时又遭受着统治阶级的鄙视和剥夺，并且被作为落后、愚昧的形象被书写。甚至在某种语境中，乡民依然是被城市化、现代化要消灭的对象。那么，我们该如何理解“诗意田园”呢？第一，乡村是生命之源，没有乡村的土地和乡民的生产，就没有人类生命的延续与发展，田园是乡民依靠土地进行生产的劳动遗产和文化结晶。第二，乡村是传统文化之源，特别是拥有几千年农耕社会历史的中国，传统文化的核心是由农耕社会生产生活培育滋养的，田园文化是乡村文化的代表和精华。第三，乡村劳动沉重艰辛。荷尔德林说，虽然劳动的艰辛里有收获的甘甜，有邻里温暖的乡情，有乡村祥和的安宁，有养育生命的成就感，但对浩瀚宇宙中的人类来说，这是一种富于劳动创造之美的生命存在形式，这是一个融融泄泄、祥和自足的世界。乡村，是富于创造、乐于劳作、喜于收获、安于自足的诗意田园世界。第四，这个“诗意田园”是陶渊明耕读自养的生产性田园世界，而不是王维式赏游怡乐的消费性园林世界。这样一个“诗意田园”世界是我们要保护和传承的珍贵遗产，当下的城市化进程加快、旅游及旅游地产开发都在有意无意地影响这个世界，传统的村落、耕地、乡民、生产、生活组成了一个完整的乡村世界生产与文化体系，缺少或强行改变任一要素，乡村就不再具备传统的属性和功能，所谓乡村旅游，就只能是乡村空间变异而来的新环境旅游。

(4)健康的乡村旅游产品。

当下乡村旅游产品的典型代表是农家乐，具体内容主要是1998年国家旅游局在“华夏城乡游”主题中提出的口号“吃农家饭，住农家院，做农家活，看农家景，享农家乐”所包含的项目。这个口号至今看来都没有问题，关键是看这一口号提到的产品是以怎样的内容、质量和方式提供的，产品体系是否全面。很多城郊的“伪乡村”拼贴式现代游憩空间，已经难以提供真正的乡村性旅游产品了。即使是传统景区周边的乡村旅游地其住宿餐饮设施也已经宾馆化、城市化了，更不要说做农家活、享农家乐了。但有些乡村的农家乐还是深入开展了这一系列活动，比如说开发具有真正生产性的农事劳动类产品，游客与乡民同吃、同住、同乐、同劳动，深入体验乡村的生产生活。农家乐与高层次的乡村旅游产品的差别不在于活动内容的不同，而在于这些活动内容能够达到的层次，以及实现的方式。真正的乡村旅游就是要实实在在地在乡村劳作、游憩，体味生命的自由、坚韧与恬淡，感受乡土的丰饶、安宁与祥和，从而让在旅途漂泊的灵魂回归生命所在的家园，让禁锢的思想像自由之鹰凌空翱翔，让每个人都回到生命的处所，过自己想过的生活。

(5)正确的意识形态引导。

乡村旅游文化化育功能的实现，以及诗意田园理想的成功建构还要靠政府关于乡村旅游意识形态的正确引导。这一意识形态主要包括以下四点。第一，什么是乡村。乡村不是在房檐下挂一串玉米，也不是在院子里养几只鸭，或者池塘里养一群鱼，乡村是由乡村生产、乡村生活、村落布局、邻里乡情、民间娱乐构成的一整套经济文化物质系统。第二，乡村的地位。乡村不是城市剥夺的对象，它作为生命、文化的发源地和传统文化精神的载体应当被尊重和珍惜。第三，乡村的财富。乡村珍贵的财富是耕地生产与传统文化精神，这是乡村旅游者和国民应该懂得、温习、体味、学习的内容，但不是占有和抢劫的对象。第四，政府支持乡村旅游的目的是乡村文化和精神对乡村游客的化育熏陶，并提升乡民的文化认知素养和自我发展与管理能力，而不仅仅着眼于以新奇的事物吸引游客从而获得经济收益。以这样的方式对游客、国民、乡民、旅游经营企业进行正确的意识形态引导，乡村旅游才能走上正道，更好地满足游客乡村旅游需求。

2. 乡村旅游障碍的历史与制度原因分析

(1)生产主义导致的乡村旅游产品异化。

这里所谓“生产主义”指通常被表述为“经济主义”[①]、在实践中秉持“资源无限”自然理念、“经济制导”发展理念(发展主义)、“欲望为本”人性理念(导致消费主义)等核心理念。[②]在这一背景下，中国的乡村旅游产品规划与设计不是追求其怎样才能满足人们的真实旅游诉求，而是为了从旅游发展中获得可观的经济收益。所以为了达到旅游济贫和旅游致富的目标，这种理念从地方政府到规划师再到当地居民，均获得一致认同，因此，我们的乡村旅游产品生产要千方百计地刺激和诱导着乡村旅游体验的需要和欲望。但是，乡村生产生活演绎化、舞台化，乡村建筑标准化、宾馆化，乡村娱乐城市化、商业化，乡村文化庸俗化、包装扭曲，乡里乡情竞争化、利益化，乡村空间景观化、经济化……以新环境中精致拼贴的新型消费内容和形式的产品不断刺激着乡村游客新的欲求，并不断开拓新的消费空间、提高消费档次以获取更高的利润。而那些真正有价值的生产生活性体验产品，以及反映淳朴乡情、文化认同性的文娱活动产品等由于经济收益价值不高而被放弃。

(2)乡村重构导致的乡村认知异化。

城市化进程、新农村建设、村镇规划等从各个角度在纵深层次上改变着乡村聚落结构和特征、经济与产业结构、邻里结构方式与交流渠道、公共娱乐场地和内容、公共舆论空间与效用。乡村原生态的自然文化环境遭受破坏，农产品的安全难以保证，农民工进城造成乡村空心化，传统习俗失去了依存的土壤和空间，乡村传统组织资源纷纷瓦解，乡村不再是诗歌、历史里的乡村，而是成为一种非城非乡的新型标准化聚落。乡村土地和优越环境资源的攫取者给乡村带来社会结构、文化心理、社会公平、聚落景观的巨大的伤害。

---

①Gramsci A. Selections from the prison notebooks of antonio gramsci[M]. London:Lawrence & Wishart,1971.

②何怀远.“生产主义”概念的多种语境及其义域[J].河北学刊,2004,24(5).

(3)信仰缺失导致的虚幻消费。

当下消费主义大语境中,对人生价值的追问和理想信念的考量渐渐被物质符号的建构所替代,物质消费的档次成为自我价值认知和社会身份地位的标识,“我消费故我在”“我有钱我任性”成为人们快乐生活的精神支柱。这种物质主义的奢华消费造成社会差距进一步拉大,因此,更多的人为了追求社会地位与身份而陷入盲目的虚幻消费,一些本来执着于乡村质朴生活和农事劳作体验的游客也开始动摇,甚至逐渐认同这种现实的合理性。乡村从而在这种旅游开发和消费取向中完成了由生产生活空间向审美消费空间的转换。

(五)乡村旅游体验效果

1.乡村旅游的期望与感知

从历史角度来看,乡村游客前往乡村的动机有如下两点:一是源自对陶渊明描绘的桃源世界的向往;二是源自对王维营筑的辋川世界的追求。对桃源世界的向往是一种对本真生命律动与自由田园境界的根性诉求,对辋川世界的追求是一种对诗意园林意境与优越颐养环境的占有欲望。从心理角度来看,乡村在人们心目中是根性大地,是生命之本,是慢节奏的生活,是简单纯朴的乡里情感空间,是有劳动、有收获、有希望的生命形式,是林木葱茏、稼禾肥壮、鸡鸭成群的天赐家园,是爬满青苔的土屋,是柴草燃起的炊烟,是开心醇厚的憨笑,是汗滴禾下的坚实……乡村意味着简单与舒缓、淳朴与安适、播种与希望、劳作与收获,是那些希望逃离现代城市的喧嚣与紧张、竞争与搏斗、压抑与迷惘、疏离与孤独的人们所渴求的心灵家园,走向乡村意味着本真生命的回归。从哲学角度来看,走向乡村是走向孕育生命、滋养人性的根基之地,回到大地母亲的怀抱,重建生命与大地的结构认同与血脉联系,以及屹立于坚实大地之上的精神信仰。虽然“谁知苍翠容,尽作官家税”的艰辛苦难已成久远的历史,但是田园牧歌式的诗情逸致是即使在全面取消农业税后,今天的农村仍然无法承载的理想,况且,城市化运动、旅游开发已经让我们难以辨识乡村的真实面目。乡村旅游的现实给予游客的并非他们所期望的。于是,人们不得不调适自己的期望,渐渐适应被重构的乡村,并重建自己关于乡村的想象。人们可以在更为开敞自然的优美环境中休憩身心、品尝美食、交流情感,总之,乡村旅游可以为我们提供新环境的奇妙体验。乡村的生产生活根性价值被现代审美与消费价值所遮蔽和取代,乡村、游客、乡民和他们的价值认同与诉求都变样了、异化了。

2.乡村旅游体验与影响

从个体角度看,乡村旅游是游客人生经历的一部分,在这一乡村体验过程中,游客通过与乡村世界的诸种要素取得暂时联系从而获得心理诉求的满足并调整其心理结构与认知经验。这种体验是游客借助观赏、交往、模仿和消费等方式,通过内在心理活动与乡村要素及其意象所呈现的表面形态和深刻含义之间相互作用与交流的过程和结果。当然，其实际体验效用和结果受到个人诉求与审美能力的影响，也决定了其对乡村旅游的质量感知评价。实践证明，面对现实的乡村，游客有失望、有遗憾、有痛心，也有妥协、调适、欣然，而更多的游客是接受和认同。

在以村落为单位的乡土社会中比较稳固地生长和传承着一整套意识逻辑与伦理价值体系，并渗透在人们的心理结构之中，表现为一种普遍的社会文化心态，是民族身份认同的心理根据和符号象征。中国文化是土地里长出来的[①]，乡村是中国传统文化之根基所在。因此，从伦理角度来讲，乡村旅游产品的设计与开发必须要重视乡村体验的化育功能，乡村旅游规划者应当从道德伦理层面规范设计和创造，乡村旅游才具有获得传承与复兴民族传统文化的理论与实践的可能性。

3. 乡村旅游中的身份与诉求

面对消费主义、多元文化冲突、信仰缺失与人性异化，现代旅游的意涵与功能显然更为丰富和复杂。无论是制度、仪式、宗教还是民俗，包括诸多学者关注的旅游异化[②]，都是社会现实综合作用的结果，是旅游者基于现实压力或诱惑的真诚选择。现代人生活在喧嚣、孤独、焦虑的世界，空虚感成为时代性心理症候。[③]人需要归属感，需要知道自己来自哪里，又将走向何方，没有通过双手劳动收获生命食粮经历的人很难体会到生命根基之厚重，很难确认自己的身份归属。自我生命价值和意义的追寻成为最严峻的问题，人们迫切需要回归到生命孕育和成长的原乡，找到这个星球上与其彼此照应、价值同构的那片土地。

乡村旅游者正是基于这种身份归属感的诉求从城市回归乡村。在乡村旅游过程中，边地落后乡村的商业化、半城市化、飞地化现象给游客一种被扭曲的痛楚感，人们只能以游客与旁观者的身份唏嘘嗟叹，发达地区和城市游憩带的各种特色乡村度假地或农庄，异彩纷呈的旅游产品，简直是“人间天堂”。当然，有做得好的乡村，能够满足游客原初的诉求，能够坚定游客理想乡村或美丽乡村未来发展的信念，让游客在旅游体验中完成身份认同或调适。无论是哪种境况和体验，乡村都将给予游客身份重构的刺激、鼓励和诱惑，促使游客关于自我与乡村的认知在现实的旅游乡村体验中更快成熟。

---

①费孝通．土地里长出来的文化[M]//费孝通文集(第四卷)．北京：群言出版社，1999.

②曹诗图，鲁莉，荀志欣．对旅游异化问题的反思[J]．武汉科技大学学报(社会科学版)，2008，10(3).

③罗洛·梅．人寻找自己[M]．冯川，陈刚，译．贵阳：贵州人民出版社，1991.

三、乡村旅游经营管理

（一）乡村旅游经营者的身份认知与主体变迁

1. 乡村旅游经营者的身份认知

对于乡村旅游经营模式的讨论，实质上是对经营主体的选择，是对乡村与乡民未来命运的选择，经营者自我身份的认知和定位对乡村及其旅游的未来发展方向具有决定性影响。前文谈到我国乡村旅游经营者主要有外地大型投资企业承包经营商、旅游地集体企业经营商、旅游地农户个体或股份企业等中小企业经营商几种情况，这里中小企业包括了大量农家户经营主体。

外地大型投资企业承包经营商对自己的身份有清楚的认知，其投资乡村旅游的目标就是要获取巨额利润，当然未来经济收益的获得要靠先期目的地旅游基础设施和环境的建设，但经济利润是其核心目标。他们选择项目时考虑的主要因素是环境与自然风光质量较好、投资空间大，村落景观只是其投资的组成部分，利用村落景观可以带动其他投资项目的发展，形成规模集群效应，所以可以容忍区位偏远的项目。

旅游地集体企业对自己身份的认知主要基于领导者的觉悟和发展旅游的理念，一般来说，他们懂得村落居民的主人地位，涉及居民生存生态环境、经济收益、生活条件与环境改善、资源与文化保护等都在考虑范畴之内，但相当多的领导者尚不能看到村落自身极为珍贵的土地生态与精神财富价值。这一点常常被忽略，比如云南德钦雨崩村，只看到了马帮交通与食宿服务的赚钱渠道，几乎放弃了传统的农耕生活，也没有注意到自己优美生存生态环境的开发价值。但也有做得很好的典范，比如浙江奉化滕头村，滕头村人最早做的事情是提升自己田园的生产力，把近千亩低产田改造成200多块大小划一、沟渠纵横、排灌方便的生态、高效现代化立体乡村高产田，成为浙东大地的一道靓丽的生态乡村风景线。接着是改善居住环境，将重点放在生态环境保护和建设上，并成立国内首个村级环境与资源保护委员会，1993年至今有50余项经济收益高但污染环境的项目被委员会否决。滕头村确实将自己的村落建成了的“乡村天堂”。同时，滕头村兴办集体福利事业，设立“育才教育基金”，确立教育立村的发展理念。滕头村领导看准市场行情，带领村民发展服装、电子、工艺等产业，加大自营出口，实施品牌化战略，实现集团型、多元化、国际化。有了强大的经济基础支撑，滕头村开始发展以旅游、园林绿化、房地产为核心的第三产业。滕头村从传统乡村生产、生态环境保护、集体福利、文化教育到工业发展、旅游开发，轻重缓急，环环相扣，充分体现了滕头村领导的远见卓识。

旅游地农户个体或股份企业等中小企业经营商则难以从生态乡村发展、文化传承角度去考虑旅游发展问题，作为村落和土地的主人，他们可能知道什么不能做，但面对经济利益的诱惑，很难规范自己的行为；重要的是，他们可能不知道他们更应该做什么，或者应该怎么做。因此，在大大小小的旅游乡村，更多的是放弃了传统农牧产业的老乡在更新的粗糙城市化农家院忙碌着餐饮住宿接待，沿街散落着混乱无序的小商铺和餐饮点，以及每家门口的小商品摊点；街上的游客熙熙攘攘，街旁的污水和垃圾无人处理；稍微好一点的古民居人来人往，破败的院落在孤独守望……当村民缺少发展的理念与发展的能力，在价值信念、伦理道德、文化传统、风俗习惯和意识形态方面达不到一个高的层次时，就需要有远见的政府进行科学引导，或者一个优秀专业化组织给予智力支持和策略引导。

2. 乡村旅游经营的主体变迁

中国乡村旅游发展伊始，从1964年山西昔阳大寨的参观、考察和交流活动，到1972年山东安丘石家庄村民俗文化旅游，再到20世纪80年代规模化的大众乡村旅游，其经营主体主要是政府引导下的农户。随着20世纪90年代旅游规划的盛行和地产业的介入，由于投资与经营能力的缺乏，乡村旅游开始引入外来投资企业的经营管理。农户已不是经营主体，而是低层次的参与，他们以打工者的角色聘入旅游景区、酒店做基本服务工作，或参与大型演出节目表演。同时，由外来企业经营的乡村旅游或农家乐已经失去了乡村性的原始本真与淳朴，有些集观光、度假、游憩、文化娱乐于一体的乡村空间旅游综合体，已经完全商业化，很难感受到真正的乡村生产生活气息。

乡村旅游作为解决“三农”问题的重要途径，农民仅是参与主体，而非决策主体和受益主体，低层次的餐饮住宿服务、导览服务、歌舞表演、纪念品销售、特色交通服务等项目收入只是略微改善了他们的生存生活条件，不可能提升乡民的发展能力，没有也不可能真正解决乡村的持续发展问题。由于乡民决策发展权的缺失，乡村旅游成为纯粹经济体，忽略了乡村文化传承、培育与创新的功能，在旅游开发多元文化冲击下，乡民逐渐丧失了共同体身份与对乡村文化传统的认同与传承。庆幸的是，中国旅游研究院院长、文化和旅游部数据中心主任戴斌十分关注乡村发展能力和关注城乡一体化进程中的乡村文化建构的问题。他认为，乡村是日常生活的乡民的居所，外来投资者、经营者、消费者都是过客，唯有乡民才是乡村的主人。

中国传统的乡村，不仅仅是空间概念，也不仅仅是政治和经济概念，它更是一个文化概念，中国是乡土性的，它的生命之根与文化之根都在乡村，不是更高一层次的“公园”或者贵族式后花园，不是所谓再升级的“景点”，不是传统意义上城市居民简单或奢华的旅游地，而是长期佑护我们文化传统与民族根基的精神家园。一些古镇建筑及其运营模式很招文化人的非议，他们认为尽管吸引了大量游客消费和过夜，取得了经济上的成功，但已成为没有本地人原汁原味市井生活、被游客参观得失去了灵魂的空壳建筑，这个模式本质上只是一个新型旅游地产开发模式。乡村也是一样，乡民、生产、生活、传统是乡村的灵魂和要素，缺一样都不再是完整的乡村。

在乡村旅游发展中，乡民不仅仅是参与，而是要作为主人，作为经营主体；不是仅仅旁听，提提意见，而是要成为自己最后拍板做出关于自己发展与未来命运决策权的主人。当这个主人还不甚清楚社会未来发展大势、还不懂得珍惜自己宝贵的财富、还不能正确选择自己未来发展道路的时候，我们的专家学者、政府机关要站在乡民未来发展的立场上、站在民族文化传承与国家文化价值安全的立场上、站在人民粮食生产安全与精神生态家园建设的立场上来考量乡村与乡村旅游发展的道路，从政策、资金、智力、人力、教育、生产等诸方面引导和帮助乡民建设自己美丽的家园。要知道，我们和我们的祖先、我们的文化与传统都来自这片充满诗意又饱含艰辛的土地。

乡村旅游需要一种内生式发展模式，一种动员本地社会各种利益团体追求符合本地意愿和未来持续发展的战略规划与资源分配机制，最终实现推动当地经济、社会、文化、生态环境全面、稳定与可持续发展的模式。[①]政府组织辅导机构甚至提供“驻村艺术家”职位，辅导乡民现场演出、手工艺制作、建设休闲农庄，指导乡民旅游就业，帮助他们保护和发展本土文化，以真正实现乡村旅游发展的本地化。既然要保护和发展本地传统和文化，就要求乡村旅游开发遵循资源导向型开发原则，从“给予顾客想要的”向“出售我们能生产的”这一发展模式转变，这是乡村旅游内生性发展模式。

罗芬等在关于长沙市桃花岭村农家乐的研究中发现，桃花岭村内生性乡村旅游发展中，由于相关利益主体的介入和一些相关政策的实施使得“有力行动者”被捆住手脚，最终阻碍了乡村旅游的持续发展。乡村作为生产、生活、道德与文化价值的载体和空间，其内生性发展要求乡村旅游开发经营本地化，有一个包括文化、环境、社会、经济在内的综合发展目标，形成完整的产业体系。这就要求乡村旅游的发展必然以培育本地发展能力为基础和目标，考虑到大多数旅游乡村经济文化比较落后的现状，应该建立一个体现乡民长远利益的权力决策组织。张环宙等通过浙江浦江仙华山村的案例分析，发现在1999—2006年的发展中，浦江旅游局已经取代农户这一“有力行动者”的角色成为仙华山村旅游发展的主导力量，作为乡村旅游经营主体的农户被政府力量所取代。乡村旅游实质经营权力主体的变迁使得我们强调的乡村传统文化传承理想成为空谈，乡土社会和谐的乡邻关系也因为利益纷争变得紧张，游客的深度参与与体验难以实现。乡村与旅游发展的过程也是乡民文化传统、价值观和共同体身份认同意识重新构筑的过程，也是这一经营主体自我发现与发展意识培育的过程，事实证明，在这一发展过程中，他们需要的权力

---

①李承嘉．行动者网络理论应用于乡村发展之研究：以九份聚落1895—1945年发展为例[J]．台湾地理学报，2005(39)．

决策组织不是基于行政绩效目标而介入旅游发展的地方旅游局等政府部门所隶属的协会或中心所能胜任的。

（二）我国乡村旅游的发展理念与发展模式

1. 现阶段乡村游发展理念分析

纵观我国近三十年来的发展实践，乡村旅游解决“三农”问题、促进新农村建设的理论根据基本上有如下几条。第一，发展乡村旅游能够促进产业结构调整，促进附加值高的第三产业的发展，吸引城市资金和人才向农村流动，推进经济增长方式转变，实现“生产发展”的目标。第二，发展乡村旅游能够吸纳农村剩余劳动力，吸纳闲散资金投资经营旅游业，自力更生，就地实现非农就业，并通过旅游业促进新兴第三产业（如信息服务、科技创意、文化活动、商业物流等产业）的汇聚发展，开拓增收渠道，实现“生活宽裕”目标。第三，通过发展乡村旅游，开阔农民视野，加强与先进思想文化的交流，培育农民市场经济与文明服务意识，实现“乡风文明”目标。第四，发展乡村旅游需要完善基础设施，充分发挥和保护资源功能和价值，提供原生态个性化休闲体验空间与活动项目，打造良好的农村旅游环境，从而实现“村容整洁”目标。第五，通过旅游产业发展和经营，提升农民自主参与社会事务和法治维权意识，健全村民自治机制与机构，促进乡村“管理民主”建设。这种发展乡村旅游的模式实质上具备了产业耦合发展模式的特征，最大限度开发具有旅游价值的大乡村资源，实现旅游业与乡村优势互补、互动共赢，同时促进乡村资源融合新业态的开发与汇聚，是一种一举多得之模式。

但是在乡村旅游发展过程中，这种互补互动效益并没有很好地实现。第一，乡村旅游发展在吸引城市资金和人才向农村流动的同时，经济落后地区边远乡村持续不断出现飞地经营与飞地经济，旅游收益分配矛盾重重；这些地方由于从旅游发展中获得的收益比较低，加上外来诱惑，青壮年劳动力往往外出务工，造成当地传统乡村抛荒或衰败。第二，多数偏远乡村旅游活动庸俗化，照搬城市的娱乐休闲活动，除了部分季节性采摘、观光，没有乡村深入体验活动，相关延伸产业没有得到开发，当地居民主要是妇女和五十岁以上的老年人在提供购物和食宿服务，邻里关系也没有之前融洽亲密，表面的“生活宽裕”建立在辛劳、孤独、混乱的基础上。第三，在乡村旅游发展中获得良好经济效益的乡村，很快出现了文化商品化甚至虚假化，民风不再淳朴，传统手工生产机械化等问题；城郊乡村不再具有乡村的特征，而是演化为与城市异质同构的一种现代山庄休闲空间与文化，即所谓的环城游憩带。第四，乡村旅游开发建设在促进当地环境设施的改善的同时，由于大量游客的到来，环境与生态压力越来越大，乡村生态系统脆弱的自我修复和更新能力遭到破坏，造成环境污染和生态失衡。第五，乡村旅游还造成目的地土地、物资供给、公共服务设施的使用紧张，物价上涨，居民生活成本提高。特别是经济文化较落后的乡村旅游目的地，居民在乡村与旅游发展中处于失语地位，民主参与和维权行为难以得到公平对待，有些村民对乡村旅游发展持漠视甚至反对态度，在这种情况下，乡村旅游实施效果令人担忧。

这一系列问题产生的根源在于乡村旅游发展理念。乡村旅游作为新农村建设重要途径之一，不可能担负起解决“三农”问题全部责任。任何服务业包括旅游业都不可能取代乡村作为生命存在和延续根基的地位。德勒（Deller）认为乡村空间异质而旅游同质无效于济穷。[①]阿尔西纳（Alesina）等指出，乡村社区居民及城郊居民关于社区旅游的异质性认知分歧会对乡村旅游造成极大负向影响。[②]在乡村旅游发展过程中，必须统一这样的认知，新农村建设成功的保障是土地与乡村性产业体系支撑，是乡村性经济组织的快速成长，而不能依靠非农产业的旅游业。德国学者弗里德里希·李斯特基于英国工业产品对德国经济的冲击，将财富与财富生产力概念做以学理区分，认为一个民族和国家生存与发展的基础是源自相对齐全的制造业体系的财富生产力[③]。美国等资本主义国家早期通过战争、殖民扩张和不平等贸易把本国城市化和工业化的负面后果转嫁给殖民地国家，但中国没有将城市化带来的问题向外转嫁，人口基数庞大的9亿农民不可能从农村迅速转移出去，也不可能通过戕害农民的圈地运动解决问题，“三农”问题解决思路必须从“消灭农村”转向“建设农村”[④]，必须从“非农产业”回归“乡村重建”。城镇化不是要消灭农村、消灭农民，“建设农村”和“乡村重建”必须依靠科学高效的乡村体系产业链。

首先，就农村发展来看，当下农民并非所谓的财富缺失，是现代消费主义意识形态对人的异化过程中让产生的财富缺乏感。如若农民真正拥有脚下的土地，他们就掌握了生命生存与绵延的控制权，掌握了文化与意识形态发展方向的话语权，他们就拥有了世间最珍贵的财富，问题的关键首先是他们拥有土地的权利能否得到保证。其次，在拥有土地的基础上，拥有知识是重要的，从长远意义来看，当下乡村问题的重中之重是如何保证农产品的绿色生产，这是农民财富生产力的决定因素，并且关系着人类生存安全。最后，要让农民懂得自己拥有的真正财富的价值——土地和美德，这不是金钱和其他物质条件所能够衡量的，对他们来说，当下最重要的是如何保护土地的自然生产力和美德的化育扩张力。笔者认为，当下部分农民的悲哀根源在于，一是土地所有权不能得到保障，二是平等的知识教育权未能获得，三是美德传统遭受现代生产主义与消费主义意识形态的冲击，这几点远比

---

①Deller S. Rural poverty, tourism and spatial heterogeneity[J]. Annals of Tourism Research, 2010, 37(1).

②Alesina A, Ferrara E L. Participation in heterogeneous communities[J]. Quarterly Journal of Economics, 2000, 115(3).

③弗里德里希·李斯特. 政治经济学的自然体系[M]. 杨春学，译. 北京：商务印书馆，1997.

④申端锋. 新农村建设若干问题研究[J]. 乡村经济问题，2006(2).

公路、自来水、暖气、网络等重要得多。

实质上,现代性民主、自由、市场、竞争等意识形态,导致了城乡的不平衡发展。乡村旅游需要的是以辽阔绵厚的大地、挥洒汗水播种希望的耕耘、养育生命绵延文明的嘉禾、高远蓝净的天空、简明恬淡的生活、质朴祥和的民风、怡神康体的娱乐来吸引游客。这些要素都是乡村特有的文化底蕴,是中华文化孕育发展的不竭源泉,也是保证乡村健康可持续发展的基础,它对人性具有巨大的精神化育作用。也就是说,农民拥有的真正财富具有养育生命、化育人性的力量。所以乡村旅游能够持续发展的根源正在于此,发展乡村旅游的目标也当在于此。

从民族文化复兴的角度来说,中华文化诞育绵延的根基在乡村,其复兴与重建的希望也离不开乡村。马克思在强调经济基础决定上层建筑和意识形态的同时,也强调意识形态具有主观能动性。我们要把自己的大政方针和战略目标建立在自己的历史文化基础上,从而影响世界文化和政治格局,甚至还可能影响人类的命运。

传统的中国是乡土社会,厚重乡土是孕育中国传统文化的母体,传统村落是中国传统文化生生不息的土壤。实质上,传统中国城市文化也是中国乡土传统文化的自然延伸。民族文化复兴在很大程度上需要依靠乡村。我们应从生态文明的目标起航,保护乡土文化,保护传统生产方式,为乡村文明留下复生的根。[①]拯救乡村即拯救中华民族的文化系统和价值系统,以沐浴淳厚乡风回溯乡村文明为旨归的乡村旅游能够也自当为传统文化的现代传承尽力尽责。但是,在新农村和美丽乡村建设背景下和“三农”问题解忧语境中发展起来的乡村旅游,没有认清乡村发展真正需要解决的问题是什么,也没有深刻把握乡村旅游真正需要供给的核心产品是什么,更没有从文化战略和国家道路高度关注乡村与旅游耦合发展最重要的文化化育功能的发挥,我们需要调整乡村旅游发展的理念,需要国家政策制度配合基础上的旅游发展战略变革。

2. 乡村旅游发展的长远理念

吴敬琏强调现代经济增长的根基在发展实质上要“依赖人的创造力,而非要素投入”[②],那么,乡村旅游发展的战略表现在理念上就是要让乡村旅游开发减轻经济负担,使之成为真正具有创造性的美丽设计行动,为回归生态、复兴传统、净化心灵、重构信仰打造中国特色美丽乡村,以生产、生活、生态、创造、活力、自由重新定位未来乡村“美丽”的内涵,以美丽珍品颐养文化生命,最终实现“近者悦、远者来”之愿景,在经济上达到无为而有为之功效。

---

①张孝德.中国乡村文明研究报告——生态文明时代中国乡村文明的复兴与使命[J].经济研究参考,2013(22).

②刘军.“中国模式”:有耶无耶,是耶非耶?[J].读书,2013(3).

（1）生产能力理念。

这里所谓生产能力理念，是指通过乡村旅游对乡村生产能力的展示，达到培育游客生产能力的目的。当然，这一目标的达成，首先要通过乡村教育革新乡民生产理念，提高乡民文化与乡村科技素养，从而提升乡村土地生产绿色产品（包括农、林、牧、副、渔及其延伸链条产品）的能力，然后通过农事体验、认种认养等恰当的途径向游客展示并锻炼和提升游客基本的乡村操作和生产能力，这也是培育人们勤劳、善良、协作、节俭、坚强、生态等价值观念的根本途径。

（2）文化化育理念。

按照费孝通先生的需要理论，人类历史中发生的人们最基本的生理需要的实质是文化事实，[①]乡村旅游中的观光、娱乐、餐饮、住宿、购物、劳动参与等产品的选择，其实质都是一种文化诉求选择。乡村农、林、牧、副、渔业产业链的每一个环节，乡村生活的衣食住行劳忙闲都是富含中华民族传统精神的文化事实。乡村旅游从本质上来讲作为一种精神文化活动，具有强大的文化建构功能，在培育生产能力的基础上，发挥乡村旅游文化化育功能，构筑复兴中华传统文化与美丽乡村建设的旅游路径。

（3）生态理念。

中国五千年传统乡村文明携带着生态文明的基因，与生态文明在能源形态、价值观、文化特征方面具有天然契合性，“只有中国文明的精髓引导人类文化前进时，世界历史才找到真正的归宿”[②]，我们当从乡村文明中找到中华民族文化自信之根与复兴之路。

传统乡民通过辛勤劳作为生命健康延续提供了新鲜、安全、营养的食物，而乡村的生产、生态、文化也形成了一种低成本、生态化的幸福生活模式——勤劳、简朴、闲适、宁静、敞亮、祥和的本真生活。面对工业文明带来的食品安全、环境污染、物种减少、气候反常等问题，美国、日本等发达国家出现了“社区支持乡村”（CSA）模式的田园运动，中国的北京、上海等地也出现了这种“新农夫运动”。因此，在这个生态文明的世纪，当务之急是建设生态农村；乡村旅游亦当为生态化美丽乡村建设开辟旅游路径，以生态生产、生态生活、生态文化、生态消费理念武装旅游、建设乡村、引导游客。

3. 我国乡村旅游的发展模式

关于乡村旅游的模式研究，在十余年的相关文献中往往交互出现几个相关的概念，包括乡村旅游发展模式、乡村旅游开发模式、乡村旅游成长模式、乡村旅游经

---

①费孝通．乡土中国[M]．北京：北京大学出版社，2012.

②汤因比，池田大作．展望21世纪：汤因比与池田大作对话录[M]．荀春生，朱继征，陈国梁，译．北京：国际文化出版公司，1997.

营模式、乡村旅游组织模式、乡村旅游管理模式等，研究者经常用其中一个概念涵盖不同内涵的模式，或不同学者用不同概念表述同一内涵，造成研究能指系统的混乱。本研究是这样界定这组概念的。乡村旅游发展模式是总体概念，是就乡村旅游发展理念、依托因素的利用模式及经营管理策略的选取而言的。其主要内容包括乡村旅游成长模式、开发模式、融资模式、经营/组织模式、管理模式的选择与组合，实质是乡村旅游发展战略的选择。乡村旅游成长模式是就乡村旅游地的地理区位或功能特征而言，包括乡村旅游资源（如古村落、民族村寨、特色田园村落、边贫村落、优美自然风光）依托模式、市场依托模式、景区依托模式、基地（如农业示范园、乡村科普基地、农耕主题园、商务度假村、夏令营基地）依托模式等。乡村旅游开发模式是就产品特色而言，主要包括农家乐模式、乡村观光模式、游憩度假地模式、乡村专项产品模式（如乡村主题园、儿童夏令营乡村基地）等。乡村旅游经营模式也称为乡村旅游产业组织模式，是指产业经营主体组织结构方式、主体间竞合关系及其内部运营机制的模式。乡村旅游管理模式则是指乡村旅游发展与经营中参与管理监督的主体及其采用的权力结构模式，这里主要探讨乡村旅游发展模式与乡村旅游经营管理模式。

关于乡村旅游发展模式的研究成果非常多，但在研究中也常常展开对开发模式与经营模式的讨论。Sharpley认为经营主体本地化是实现旅游可持续发展的关键。[①]邹统钎（2005）以成都农家乐和北京民俗村为例，探讨了中国乡村旅游初级阶段的发展模式。李开宇（2005）认为以满足日常游憩为特色的短程乡村旅游活动更符合当下我国居民人均收入水平还较低的现实国情。黄成林（2006）认为应当靠原生态的“三农”与“三生”开展小规模乡村体验与接待活动，而不是为旅游体验做专门的规划与建设，乡村民舍的接待更符合乡村旅游的“三生”特色。潘顺安（2007）认为乡村旅游发展需要政府的引导与扶持，保障社区居民的公平参与权与利益分配公平权，遵循可持续发展、保持乡村性、因地制宜与创新等原则。[②]郭焕成（2010）介绍了中国各地典型的乡村旅游地的发展模式与台湾观光乡村旅游以及乡村民宿产业发展方面的经验。[③]韩笑（2011）介绍了法国“工人菜园”式农庄旅游、波兰生态乡村旅游区发展模式。[④]陈谨（2011）从机制、技术、产业三个层面尝试性构建乡村本地人承包经营模式（经营模式）、绿色生产—消费模式（成长模式）、田园空间博物馆模式（开发模式）与前店后园模式（成长模式）四种发展模式（实为经营模式、开发

---

①Sharpley R. Rural tourism and sustainability-a critique[C]//Hall D, Roberts L, Mitchell M. New directions in rural tourism. Aldershot: Ashgate Publishing Ltd, 2003.

②潘顺安. 中国乡村旅游驱动机制与开发模式研究[D]. 长春：东北师范大学，2007.

③郭焕成，郑健雄，吕明伟. 乡村旅游理论研究与案例实践[M]. 北京：中国建筑工业出版社，2010.

④韩笑. 国内外乡村旅游开发模式对比研究[J]. 改革与战略，2011，27(9).

模式与发展模式不同层次的混合表达)。[①]魏小安总结了中国乡村旅游发展的基本模式与延伸模式,探讨了中国农谷作为中国乡村旅游转型升级的新型发展模式。[②]

比较发现,黄成林的"三生"旅游发展模式更符合乡村资源的属性与特征,乡村旅游旅游发展也应采用"三生"模式,将收入增长建立在"三生"珍品价值提升的基础上,以少量的原生态接待获取巨大的经济与社会效益。具体来讲,就是将乡村旅游发展建立在乡村生态乡村发展的基础上,农民真正拥有脚下的土地,掌握生命生存与绵延的控制权,掌握文化与意识形态发展方向的话语权,拥有知识与财富生产力,保证农产品(包括农副产品)的绿色生产与产业链的延伸与完善,并懂得自己拥有的真正财富——土地与美德。在提升乡村生产力的基础上发展非产业性乡村小旅游,保护土地的自然生产力与美德的化育扩张力,从而实现乡村旅游文化化育目标,开拓民族文化复兴的旅游途径。[③]

(三)我国乡村旅游经营管理模式

结合我国乡村旅游经营实践,可以将我国乡村旅游经营模式归纳为经营权租赁模式、集体企业经营模式、农户自主经营模式、"公司+农户"模式和"社区组织+公司+农户"模式,下面对这些模式进行简要介绍。

1. 经营权租赁模式

经营权租赁模式指将景区经营权承包给外来大型公司或企业,承包商负责组织客源,并承包乡村旅游地社区(有较具吸引力的旅游资源)的门票收费,并按约定的比例由社区居民与承包商共享经营收益。旅游地社区内的餐饮、住宿等由社区居民自主提供。这种旅游地资源独具魅力,本身就是景区,但环境比较闭塞,经济基础、交通设施等条件差,当地居民缺乏旅游投资、开发与管理能力,因此将景区租赁给承包商经营。比如北京市门头沟区爨底下村、安徽省黟县宏村等旅游地都采用了这种模式。

经营权租赁模式的优点是旅游企业资金雄厚,开发经验丰富,能充分发挥经营管理优势,将目的地产品高效地推向市场。这种模式的缺点有以下四个:一是任何一方相关利益者的不合作都可能造成管理困难。二是在承包合同与管理经营中,承包商利用信息不对称条件获取更多收益,从而形成学术界所谓"旅游飞地"等现象,容易引发利益冲突。三是以经济收益为核心目标的企业在旅游开发与经营过程中对目的地资源的保护责任感不够,容易造成目的地资源的破坏与环境的污染等问题。四是景区内自主发展的家庭旅馆没有相关管理与约束,各经营户之间为

---

①陈谨. 可持续发展的乡村旅游经济四模式[J]. 求索,2011(3).

②魏小安于2011年11月19日在中国合作经济学会主办的论坛上发表的题为《乡村旅游:新局与新题》的演讲。

③陶玉霞. 乡村游憩发展中文化传承功能的实现途径[J]. 河南师范大学学报(哲学社会科学版),2012,39(6).

经济利益纷争破坏了邻里关系与社会风气。

2.集体企业经营模式

集体企业经营模式是当地政府或村委领导下的村办集体企业旅游经营模式，村民参与旅游开发经营决策与利益分配，并直接从事旅游服务与管理工作。这一模式又包括村集体经济体开发模式、村集体组织全民参与开发模式两种类型。浙江省宁波市奉化区滕头村、江苏省江阴市华西村等属于建立在强大集体经济体基础上的村集体经济体开发模式，贵州省雷山县郎德苗寨、安徽省黟县西递村等属于建立在较好保存有民族民居建筑与民族传统文化基础上的后一种模式。①

村集体经济体开发模式凭借强大的经济实力，能够大规模投资旅游配套设施建设，主体景区属于乡村景观，但接待、餐饮等设施及旅游接待中心所在地与传统景区区别不大或者已经城市化。基于此，游客在这里很难体验到传统乡村生活，同时旅游收入在经济体中所占比例不大，村民发展旅游的积极性不高。

村集体组织全民参与开发模式建立在古建筑保护非常迫切而集体经济又不发达、投资力度弱的基础上，资金有限影响了旅游项目的开发，保护前提使之只能开发对古建筑不造成损害的少数旅游项目。旅游收益分配公平透明，社区基础设施得到改善，环境污染等负面问题少，树立了较好的旅游形象与品牌。但由于党政不分、政企不分，对未来缺乏整体规划与长远战略设想，管理人员缺乏理论与经验，管理制度不规范，从而导致旅游发展较慢，旅游经济收益不高，对提高村民经济收入与生活水平及推动相关产业发展的作用有限。

3.农户自主经营模式

农户自主经营模式主要包括政府推动村民自主开发家庭自愿参与经营模式、社会民主机构组织农户自主参与经营与开发模式两种类型。

政府推动村民自主开发家庭自愿参与经营模式主要流行于资源丰富但偏僻落后的特殊旅游景区附近的乡村旅游地，当地经济文化水平与经营管理能力较低，商品经济意识不强，政府主导设计规划整体开发思路，统一组织、安排村民参加旅游开发经营活动。距珠穆朗玛峰49000 m的西藏自治区定日县扎西宗乡是一个典型，乡政府组织成立了由乡干部负责的马拉环保车队与牦牛服务队专营接送游客与运送物资，配备珠峰自然保护区协管人员，实行村庄定期轮换制，照顾贫困家庭，使大家参与，收益机会均等，并引导与扶持旅游沿线农牧民家庭发展藏餐馆、旅馆、茶馆等住宿餐饮服务。②由于这种参与管理的模式具有民主性，农牧民参与意识与环保意识大大提高，收入增加，生活得到改善，负面影响较小。

社会民主权利机构组织农户自主参与有序开发模式也主要流行于著名景区附

---

①2006年全国乡村旅游现场会材料汇编。

②2006年全国乡村旅游现场会材料汇编。

近，以优越的资源与区位优势为基础。比如云南省梅里雪山深处雨崩村，旅游开发前以农牧业为主产业，由于地处前往梅里雪山朝圣的交通要道，并且环境优越。农户家长组成的民主会议作为民主权利机构负责本村旅游发展的决策与管理，是旅游经营的主体，民主会议决定以“户均轮流”牵马运输与“轮流接伙”家庭接待为主要服务形式，村规民约是运营与参与的制度保障。[①]这种模式的优点是居民参与的积极性高，行动规范统一，“平等参与、平均受益”；缺点是受自身能力与资金限制，旅游发展没有长远规划，旅游资源的价值没有体现，居民所获仅是劳务收入，实际经济效益不很明显，居民主要以经济收益为目标，难以承担资源与环境保护等旅游发展相关责任。这种模式需要参与主体具有较高的管理规划能力与较强的道德责任感。

4.“公司＋农户”模式

这种模式以公司为开发主体，负责品牌打造、服务内容与标准的制定、客源组织与销售，与农户签订协议，由农户按既定标准为游客提供接待服务。这种模式主要流行于沿海或海岛渔业区，其资源属性一致，旅游项目可进行标准化操作，比如山东省长岛县即采用了这种模式。这种模式利用了农户充足的劳动力，实现村民就地就业，发挥了公司丰富的旅游开发管理经验与资金人才运作优势，避免了农户小规模无序经营的不足，实现了二者优势互补。缺点是公司处于经营管理主导地位，各种标准出自公司，在合作中农户处于被支配地位，经济收益往往为公司所获取与支配，这也是“旅游飞地”问题的一种体现。

5.“社区组织＋公司＋农户”模式

在这种模式中，社区组织可能以村委会、乡村旅游专业合作组织等协调组织者的身份出现。

“村委会＋公司＋农户”模式中，村委会以旅游资源或资金入股的形式与外来投资者合作，资金投入主要来自外部企业，主要负责开发旅游景点与游览项目，农户接受公司安排接待游客或自筹资金开办家庭旅馆与其他旅游服务，社区所有旅游项目与服务由村委会与企业统一管理监督。河南省栾川县潭头镇重渡沟村、成都市锦江区三圣花乡、河南省辉县市沙窑乡万仙山景区（以郭亮村为主）等均采用这种模式。栾川县潭头镇政府与重渡沟村委会联合组建栾川县潭州旅游开发有限公司（现栾川县重渡沟风景区有限公司），镇政府控股80％，重渡沟村集体控股20％，旅游公司负责景区的投资、开发与经营，农户接受公司的服务安排并自主经营食宿服务。这种模式的优点是利用旅游公司的投资、开发与经营优势，发挥村委会的宏观管理与监督作用，调动农户参与旅游服务与经营的积极性。辉县市沙窑

①李鹏杨，桂华．社区参与旅游发展中公平与效率问题研究——以云南梅里雪山雨崩藏族村为例[J]．林业经济，2010(8)．

乡政府拥有管理权，河南万仙山旅游发展有限公司拥有景区经营权，村民拥有景区山林所有权与按照标准运营的农家院经营权。缺点是当旅游公司势力强大而村委会监督不力时，农户利益得不到保障，往往相关利益主体间矛盾重重，这种矛盾会充斥整个发展过程。

（四）我国乡村旅游经营管理模式总体评价

总体来看，任何乡村旅游经营模式都有优点，也有先天不足的缺点，政府乡村旅游发展理念与管理模式的选择，旅游地居民的文化传统、组织纪律性、价值观念状况，乡村旅游专业协会组织的协调制约等是影响经营管理模式有效性的主要因素。乡村旅游企业是经济利益实体，在资本运作、开发、经营、营销、管理方面具有得天独厚的优势，但乡村作为生产生活性空间与根性家园属性的载体，生产发展、资源保护与文化传承是重中之重，而企业难以自觉担负这一责任，因此需要政府与专业协会的引导、规范与监督。从发展趋势来看，企业介入模式产生的经济、文化、环境问题是最多的，而基于经济收益考量的企业介入也影响着公益性（规模奢华型项目目前来说收益远远高于平民性游憩项目）与公平性规划理念的实施，同时也是经济漏损的根源所在。[①]乡村旅游可以发展得慢一点，经济收益少一点，但资源与文化的传承保护及旅游发展的公平性是保证乡村与乡村旅游健康可持续发展的根本。因此，“政府（包括村委会）＋乡村旅游专业协会＋农户”为管理构成主体的乡村旅游管理模式是未来发展的方向。

第一，在管理模式上，政府或村委会由于自身行政属性的角色，不宜深入参与旅游业经营过程，否则会陷入政企不分的泥淖，基础参与管理模式不失为更合理的选择。第二，政府要真正秉持乡村绿色生态生产发展基础上的旅游开发，为村民参与旅游开发提供教育、生产、管理、能力提升的途径。第三，政府要能根据自身资源特点为乡村旅游开发制定长远的发展规划，做好资源保护与文化传承工作的监督与管理，如果没有这方面的能力，就要借助资深乡村旅游专业协会组织来解决。第四，根据当地资源特点与经济文化发展水平以及居民文化传统、组织纪律性、价值观念状况选择合适的经营模式。第五，切实实施对旅游企业的管理与监督，站在乡村与居民实力发展的立场上，协调好相关利益者之间的各种关系，避免“旅游飞地”及商业化、不公平等问题的出现或事件的发生。第六，乡村旅游的发展需要构建完整的产业体系，将目的地产品特色融入乡村生态性生产生活系统中，并将这一系统纳入乡村旅游经营与管理体系，旅游带给乡村发展的效应将是革命性的。

---

①陶玉霞．旅游的空间公平问题与乡村旅游的三级概念[J]．河南师范大学学报（哲学社会科学版），2009，36(2).

四、乡村旅游形象与要素

乡村旅游形象是由一系列传统涉农要素组合构建形成与升华的一个复杂的系统。乡村旅游形象从本质上来看属于美学的范畴,是对乡村美的一种延续和升华。

(一)乡村旅游形象的结构特征

20世纪末期,乡村美学被美学家提出并开始受到重视。乡村美学的提出是对工业社会以来生态环境破坏、人性异化的一种对抗。①乡村的美,主要表现在乡村自然生态的自在与神性之美、农产品营养与物质功能之美和意蕴形象与神圣象征之美、乡村劳作的创造性和节律性之美、乡村生活的恬适和谐之美、乡村贸易的原始淳朴之美。一般乡村旅游形象的结构要素包括自然形象结构要素、生产形象结构要素、生活形象结构要素、商贸形象结构要素和教育交通等其他形象结构要素。

旅游是一种行为语言和空间活动,当文字表达难以满足心理需要时,通过游离的方式和对特定体验的感知来表达生命的诉求成为必需。旅游是生命解放与发展诉求的仪式性实现,以主体的情感释放与个性张扬为旨归,只是旅游审美的载体由文学阅读的文本转换为异地的实景实物。尽管乡村的传统结构要素不一定都被纳入乡村旅游形象的结构要素系统,但前者是后者的基础,不同建构者根据自己的诉求或自己理解的大众诉求面对不同的乡村各取所需,因此,传统乡村形象结构要素的范畴亦可视作乡村旅游形象结构要素的范畴。

比如特定乡村的一座土屋院落,由它的形式和内容信息会给人一个特定乡村院落的印象,但当这座土屋院落与众多的其他院落构成一座偏僻山村时,它在整体上的意义和功能就不仅仅是一座院落,它可能象征着历史、贫穷、落后,也可能象征着安宁、祥和、勤劳与简朴;它不仅是一处居所,它可能是这个村落的领袖核心所在或家族根源的象征;整个乡村也不仅仅是由一座座院落集合而成的大一点的乡村而已,它将由自己独特的组织原则与核心精神等构成一个在局部形象之上、与众不同的乡村整体形象。

乡村旅游形象应该是"三农"集合的象征,区域整体形象与乡村旅游形象要素的关系是整体与部分或者系统与要素的关系。②"三农"是乡村旅游形象的根源,乡村旅游形象是撷取生产性要素并符合社会价值理想的要素建构起来的新形象,其各要素有着各自的价值表现,服从于系统结构的整体性要求,是一种赋予了人们理想生存状态或生命状态所形成的一种整体性象征意蕴。当然,乡村旅游形象随环境、条件的变化而处于动态的生成或变化当中。同时,乡村旅游具备适宜旅游审美与活动的特征与属性,这是人们对乡村旅游价值与意义的感知与形象认同。乡村

---

①陈望衡.一种崭新的农业理念——农业美学[J].湖南社会科学,2004(3).

②秦启文,周永康.形象学导论[M].北京:社会科学文献出版社,2004.

旅游形象结构兼具生产性、根性与旅游性特征。尽管"三农"集合象征要素不一定都被纳入乡村旅游形象的结构要素系统，但前者是后者的基础，不同设计者可根据自己的诉求或理解的大众诉求取所需，因此，传统"三农"形象结构要素的范畴亦可视作乡村旅游形象结构要素的范畴。

（二）乡村旅游形象的结构要素

乡村旅游形象从本质上来看是属于美学的范畴，是对乡村美的一种延续和升华。乡村美是自然生态之美，是乡村劳作之美，是农产品营养之美，是乡村贸易原始淳朴之美，是乡村生活恬适和谐之美，是意蕴象征之美，等等。乡村旅游形象的结构要素主要包括自然性要素、生产性要素、生活性要素和商贸性要素等多方面载体。

1. 自然性要素

自然性要素即自然生态系统，主要包括一系列地貌景观、特殊的气象气候条件、空气质量、野生动物、自然保护区等丰富多彩的自然景观要素。不同地域的自然环境差异，造就不同目的地的天然差异。自然生态系统是乡村旅游存在的物质基础，因而乡村旅游的自然要素应较大程度保留天然的要素结构与形态。

2. 生产性要素

乡村旅游形象最核心的要素是乡村生产、农民生活、环境生态，这是其形象的典型代表。乡村生产即乡村劳作，在人们心中传统的乡村劳作主要表现为播种、施肥、灌溉、除草、收割等具体耕作行为。"出水两腿泥""面朝黄土背朝天""锄禾日当午，汗滴禾下土"等描述的劳作形象仍是传统农民的典型形象符号。田园与丰收的庄稼是乡村审美的重要对象，在经验与文化的积淀中，田园是乡村理想的象征，蕴含了劳作、闲适等丰富的农耕文化信息。

3. 生活性要素

通常，乡村聚落是传统乡村形象的象征与载体。庙会、地方戏曲、祭祀、舞龙舞狮、乡村夜书场、杂技表演、露天电影等带有浓郁传统的乡村文化娱乐是人们乡村生产生活的文化成果与表现形式。放风筝、打陀螺、跳房子、踩高跷、骑竹马、跳绳、滚铁环、捉迷藏、跳沙坑、荡秋千等体能游戏，以及猜拳、解九连环、拼七巧板等智力游戏，起着促进身心发展、传承历史文化、凝聚民心、弘扬良善、实现文化认同等作用，这些成为城市游客新的娱乐空间和新卖点。

4. 商贸性要素

乡村传统的商贸形式也可以成为乡村旅游形象的一个素材，对很多具有浓郁乡土情结的游客具有吸引力。比如小集市、货郎担、吹糖人车等商贸形式成为极具吸引力的旅游产品。

（三）乡村旅游形象的地域文化差异

滋养生命、涵育文化的乡村与地域分布是世界上出现较早、分布较广泛的生产生活单元与地域类型。农田、林木、村落、道路、河流等是构成不同类型农耕文化景观形象的基本要素。这些要素通过生产生活得以有序地组合排列，形成独特的景观格局与文化风貌。全国各地形态各异的田园风光、浓郁淳厚的地方风情、丰富多彩的精神文化等在悠长的历史发展中建构了世代承传的文化秩序与价值体系，孕育了各具特色的地域文化与景观风貌。那些历史悠久、结构复杂的传统乡村景观与乡村耕作方式更是特定地域农耕文化的典型代表。①

从空间上看，由于地理区域、气候特征、地势地貌等自然环境因素差异及经济发展水平不平衡，造成乡村在乡村生产方式、作物种类、耕作方式、民居形式与结构、生活习俗、经济结构等各方面的差异，从而在这一基础上又形成了乡村文化的地域差异。我国各地地理和文化差别大，各地农耕文化差别也非常大，如哈尼梯田景观、川西林盘景观、青藏高原的青稞田景观、“稻鱼共生”景观、江南小桥流水的田园景观、皖南古村落景观等，这些美丽的地域农耕文化是世代生活于此的人们与大地自然共生的杰作，这些都是当地发展乡村旅游的核心吸引力。放眼全球，世界各个国家与地区有着自己典型的乡村形象，美国、加拿大、英国、法国等欧美国家主要是现代化规模经营的农场形象，而以日本为代表的面积较小国家主要是精耕乡村形象。例如，美国的大农场风光、法国普罗旺斯薰衣草庄园景观、捷克克鲁姆洛夫乡村景观、日本的产业化精致乡村景观等。

第八节　乡村旅游形象设计

形象设计是市场策略中的重要组成部分，也是营销管理的集中体现。因此，乡村旅游的形象定位与设计具有重要的意义。乡村旅游形象设计要充分考虑旅游市场需求、资源约束、社会宏观条件等方面的因素，遵循自然环保、乡土特色、和谐生态、良性互动、社区参与、因地制宜、利益均衡、可持续发展等原则，突出乡村旅游形象设计的战略性、多元性、系统性。

一、乡村旅游形象的内涵

乡村旅游形象是指某个乡村旅游所在地的乡村旅游资源以乡村旅游产品（总体产品）的形式呈现在游客和公众面前，是社会对乡村旅游目的地特点的概括和总体评价，也是公众识别的目的地整体形象。全球消费主义市场中人们对乡村旅游诉求的多样性，乡村旅游形象表现出的琳琅满目，造成了乡村旅游活动及认知的异

①Prentice R C. Tourism and heritage attraction[M]. London：Routledge，1993.

化。[①]由于体验真实性与媒体主体多样性的特点，人们明显感觉到乡村旅游外延形象与农耕文化本质内涵形象的距离越来越远，加上城乡统筹与城市化政策的影响，二者甚至背道而驰。在实际操作中，不少目的地都把乡村旅游的形象定位和设计直接归结为视觉形象的设计，这样做大大缩小了形象的范畴，不利于从整体上正确认识乡村旅游形象。通常人们认为的乡村旅游形象由以下三个部分组成。[②]

（一）乡村旅游原生形象

乡村旅游原生形象主要是指各种乡村旅游景观的外貌特征及视觉形象，包括自然景观、人文景观、乡村布局、乡村标志等，这是乡村旅游的旅游原生形象和主导吸引力因素。比如乡村旅游形象，在特定时段说起乡村旅游，人们头脑中就会出现一幅乡村特征的形象画面，这就是其静态形象。

（二）乡村旅游产品与服务形象

乡村旅游产品与服务形象主要是指对食、住、行、游、购、娱等旅游要素的和谐度及质量水平的评价，这是乡村旅游形象的核心内容。

（三）乡村旅游的社会形象

乡村旅游的社会形象主要是指游客在乡村旅游活动过程中所感受和体验到的乡村旅游地社会生活各个层面的状况，包括社区居民的精神面貌、风俗习惯、社会风气及村民好客度等方面，反映了社区的整体生态、文化与文明。随着游客对乡村旅游参与性要求的提高，这种无形的社会形象资源越发显得重要。

上述三种形象不是相互割裂的，而是相互融合且有机地整合在游客的整个旅行过程中，任一形象都会对其他形象乃至整体形象产生影响。譬如，乡村旅游景观毫无吸引力，区域布局混乱，即使服务再好、民风再淳朴也会让游客失望，从而降低对目的地形象的正面评价；反之，乡村旅游景观设计非常到位，而商业气息浓重，村民脱离原来的生活一心从事商业活动，则游客很难获得所预期的乡村体验，乡村旅游形象也会大打折扣。

二、乡村旅游形象的地格分析

乡村旅游形象设计与定位是某一乡村旅游所在地的地格反映，它就像人的性格一样具有一定的独特性。地格一般包括地脉和文脉两大部分。

（一）乡村旅游形象设计的地脉分析

1. 气候地貌形象

我国地域辽阔，南北纬度相差约 50°，跨 5 个温度带，东西经度相差约 60°，跨 3

---

①陶玉霞．乡村游客文化取向与乡村重构[J]. 浙江农业学报，2014(3).

②李晟．旅游目的地形象营销研究[D]武汉：武汉大学，2005.

个时区，处在最大的欧亚大陆东部，东临最大的太平洋，同时受南面印度洋影响，形成了温带大陆性季风性气候，造成了沿海与内陆地区的降水差异，形成了从南到北、从东到西不同的干湿地区。加上我国地势高低悬殊，山地、高原、盆地、丘陵、平原、沿海大陆架、沙漠等地形地貌复杂多样，很多山地还形成了典型垂直地带性气候。所以我国不同地域乡村的气候地貌形象千姿百态：有亚热带常绿阔叶林的乡村，有落叶阔叶林的暖温带平原乡村，有针叶林的寒温带乡村；有湿地乡村，有水田乡村，有旱地乡村，有山地乡村，有沙漠绿洲乡村，有草原游牧区，有沿海沿江渔村。各地自然地理环境千差万别，审美特征迥异。

2. 乡村形象

由于气候地貌的差异，我国各地的乡村特色也各不相同。我国热带种植园、岭南三季稻、江南水稻田、华北平原旱田、东北平原黑土地、青藏高原青稞田、黄土高原谷田、新疆绿洲乡村、内蒙古草原乡村与牧场、沿海沿江渔场、深山林园果园等，一些地方就是以某种土地利用方式或农作物种植而闻名，如云南元阳梯田、山东丘陵果园、云南罗平油菜、吐鲁番葡萄沟等。

（二）乡村旅游形象设计的文脉分析

1. 乡村旅游历史性形象

乡村旅游项目所在地的历史性形象主要从地方志、历代诗文中对乡村的文字性描述中获得，当然所在地近代历史形象还可以从我国近现代大量乡土文学对乡村的描绘中获得。一般来说，影响大众心目中历史性形象的是历代诗文、名人、重大事件与近现代乡土文学中描绘与塑造的形象。例如，陶渊明的《桃花源记》与系列田园诗塑造了一片充满辛劳但也无比恬静的家园，那是中国士人心目中的精神圣地；王维的系列田园诗特别是描绘辋川景观的诗歌，为人们构筑园林式的乡村家园树立了典范；沈从文笔下湘西世界的边城凤凰塑造了人们心目中向往的桃源世界；陈忠实笔下渭北高原的白鹿村、贾平凹笔下的关中平原、刘震云笔下的河南乡村等塑造了充满沉重历史记忆的乡村形象。当然，乡村旅游是追求美丽乡村的行为实践活动，对于作为诗意栖居地的乡村旅游形象塑造具有借鉴价值。

2. 民居形象

自然地理环境的差异也造成了适应不同气候地貌、生产生活需求的民居的不同，比较典型的如北京四合院、浙江天井院、福建客家土楼、广东开平碉楼、黎族船型屋、西南吊脚楼、云南一颗印、蒙古包、陕北窑洞、新疆毡房，以及华北平原的三合院、江淮地区的徽派建筑，等等。这些民居与聚落形态是地域乡村的典型形象代表，游客到了目的地首先看到的就是民居，并据以想象与判断生活在其中的乡民的农事活动、民俗特点等。

3. 民俗形象

特定地域的民风民俗是基于特定自然地理环境，经历时代变迁，为当地居民世代传承下来的生产生活传统，包括节庆民俗、婚丧与成长仪式民俗、贸易集会民俗、饮食(如新蒙地区奶茶、烤全羊)民俗、服饰民俗、信仰民俗、文艺民俗等，比较典型的如平原地区的庙会、西南地区各族的新年习俗与婚俗(如傣历新年泼水节、云南摩梭人的走婚习俗)及东南沿海的妈祖信仰、青藏高原的藏传佛教信仰、新疆的木卡姆艺术、内蒙古的那达慕大会等。

三、乡村旅游形象的定位策略

乡村旅游形象定位是指目的地通过努力希望在游客和相关公众心目中确立的独特的有价值的位置。成功的形象定位能在游客心目中建立一种持久的形象，在游客的体验和旅游感受中具有不可替代的位置，使目的地获得长远发展的竞争力，所以乡村旅游形象定位是形象策划和塑造的核心工作，为乡村旅游形象设计指明方向。乡村旅游形象不仅是乡村旅游产品标志，更是乡村旅游地或其产品的代名词。

综合现代营销学和旅游学的相关理论，认为乡村旅游形象可以采取以下定位策略。

(一) 领先定位

领先定位适用于那些独一无二、不可替代的乡村旅游资源和产品。由于乡村旅游的主要市场仍旧存在于区域内，所以凡是在区域范围内具有资源唯一性的乡村能够通过突出其绝对差异化的资源从而在游客和公众心目中确立一种领先的形象。而那些资源质量在全国乃至全世界都较为罕见的地方则可以据此在游客心目中树立独一无二的领先形象。

(二) 比附定位

比附定位又称为"高级俱乐部定位"。比附定位是相对于领先者来说的，这种定位策略适用于区域内已经有领先者，而本地乡村旅游资源与领先者相近。领先的位置只有一个，甘居第二，紧随第一，借助领先者的影响，同样具有高品位。不少乡村旅游品牌已经注意并使用这种比附、关联的定位方法。例如，杭州龙坞茶村与梅家坞同为著名的龙井茶生产基地，具有类似的茶文化资源且质量较高，由于梅家坞开发较早，在国内都具有较高的知名度，龙坞茶村形象上定位于比附者，"和梅家坞同为龙井故乡"有利于公众快速接受其形象，从而加快了市场开发。

(三) 空隙定位

空隙定位是在区域内有众多的乡村旅游项目而且定位各不相同的情况下，分析游客心中已有的形象类别，力图开辟一个全新的形象阶梯，发现和创造与众不同、从未有过的主题。近年来,乡村旅游在国内快速发展起来,数量急速增长,一定程度上满足了城市游客的旅游需求,这就为乡村旅游目的地进行空隙定位提供了条件。

(四)重新定位

重新定位是乡村旅游目的地采取的二次定位策略。重新定位强调以新的形象展现在游客面前,用新形象替换原有形象,以产生新的号召力和吸引力。使乡村旅游目的地再次焕发活力,增强其吸引力。

以上四种定位策略明确了目的地在区域内乡村旅游中的地位,确立了在游客及公众心目中的位置,但这仅仅是一种目标,这一目标需要通过乡村旅游形象设计来实现。

四、乡村旅游形象设计的内容

乡村旅游形象设计的内容应该体现现代乡村、旅游业和社会发展的总体趋势。要求照顾相关利益者的利益与诉求,避免规划“失灵”。对乡村旅游形象进行设计也就是要对乡村旅游景观形象、产品及服务质量形象和社会形象进行规划和设计。但是,景观设计等属于规划的范畴,所以在具体操作中,市场策略并不是对上述三种形象逐一进行设计,而是借鉴企业形象设计(CIS)的理念及方法,按照理念设计(MI)、行为设计(BI)和视觉设计(VI)三部分开展工作。乡村旅游规划是一个动态过程,一个不断反馈、调整的过程,必须采取弹性思想和方法。

1. 理念设计

乡村旅游形象设计是一个有机的系统工程,而工程的关键就是理念设计及实施。乡村旅游的理念设计涉及的是乡村旅游最根本的发展思路,也是乡村旅游形象在发展道路上的重要选择。是要保持一种长远的发展还是短暂的掠夺式开发,是要保护目前的乡村文化还是吸收城市文化,是要维持乡村现有的产业结构还是走城市化道路,这些都是发展乡村旅游必然会面临的选择,而且这种选择短期内是不可逆的,对乡村旅游的发展具有决定性的意义。通过理念设计对上述问题加以确认,并且在乡村旅游相关利益者中间加以传播,从而明确乡村旅游的发展战略。例如,乡村旅游所在地确立通过乡村旅游来实现乡村整个经济和社会可持续发展的目标,那么维持现有的乡村产业结构和乡土文化,在乡村旅游开发中保护原生态,景观开发杜绝城市化,这些就是最根本的理念。

乡村旅游理念设计所要做的就是把这一理念通过精练且有趣的语言、形象的图片甚至是活泼的三维动画或电影等各种形式传播出去。实践中发现,许多乡村旅游项目在开发时都确立了自身的发展理念,但是这一理念要么仅仅停留在纸上没有得到落实,要么过于书面和理论化得不到相关开发主体及公众的理解和内化,总之,一谈到理念就让人觉得空泛而无味。研究认为,这是理念设计本身和传播上存在问题。尤其是乡村旅游，其开发和参与主体是知识层次并不高的农民，过于理论化的词汇和语句并不能得到他们正面有效的反馈，更不可能让他们对理念本身有多么深刻的认识。所以，理念口号设计要关注这一问题，尽量采用符合乡村居民认知方式的语句，传播的方式要尽量形象化，手段要多样化。

2.行为设计

乡村旅游形象的行为设计是理念设计的动态传播和识别，其内涵是整个乡村旅游的具体开发和运营活动，涵盖内部和外部管理工作的各个方面，通过具体的行动来塑造目的地整体形象。行为设计活动必须以理念设计为方向，是开发和发展理念的具体表现和落实，其最终的目的是获得目的地内外部公众和相关利益者对发展理念的认同，确立统一、良好的动态形象。因而，乡村旅游形象的行为设计必须满足以下要求，才能实现理念的准确传播。

(1)行为设计应当易于操作，要更多地考虑行为主体的现实情况。

行为是理念的落实，所以行为不能像理念那样高度概括和抽象，它必须立足行为主体的现实情况，一项一项去落实和实施。所以，行为设计的所有活动都要求是现实的、符合实际的。因此，行为设计不能只讲大的原则和方向，而是应当尽量周密和详尽，并且便于执行。

(2)理念设计一旦确定，就具有稳定性，而行为设计则要求常新常变。

行为设计应在理念的指导下不拘一格，常新常变，符合市场的需要。由于信息技术的发展，游客做旅游方案决策时候的信息十分充分，这就决定了旅游地不可能像以前一样一成不变地等客上门。及时地发现市场的变化，采取相应的对策和行为是顺应市场需求、实现可持续发展的本质要求。

(3)行为设计应当兼顾四方。

乡村旅游目的地所进行的各项行为和活动必须是多方兼顾，不能顾此失彼。例如，目的地的经营活动要讲求效益，就其内部而言，必须既抓产品、服务和市场营销又抓人才和管理，既满足游客需求又要让农户获得利益；就外部而言，既要广告宣传又要注重公共关系；就单一行为或活动而言，既要符合长远考虑又要有现实目标。从乡村旅游发展的现实角度出发，本研究认为行为设计要关注以下几个具体方面。

第一，重视新产品开发。对农耕文化地域性的认知是进行乡村旅游开发与规划、产品设计的基础与前提，但是，当下我国许多乡村旅游规划与产品设计中对地域特色的强调不够突出，无论是江南，还是塞北，不管是水乡，还是山村，水泥的牌楼、仿古的街道、大红的灯笼、时尚的店铺，以及清一色的现代民居、标准星级的乡村饭店和各地兜售的“特产”等，大部分村落都建成了“最美乡村”的同版。同时在重点市场选择上没有调研与计划，大量目的地的重复同质开发，生命周期极短，昙花一现。甚至有的乡村旅游目的地的开发在借鉴国外乡村旅游开发经验时，完全不考虑我国乡村耕作与文化同欧美等国农场乡村的产业与文化特征差异，照搬照抄，从而导致非中非西、缺少地域文化特色的尴尬状态。

乡村旅游项目所在地往往范围比较小，资源开发的余地不大，所以活动形式比较单一，目的地之间产品基本雷同。在这种情况下，只有深入挖掘文化根底和开展参与性活动才能体现目的地之间的差异性，同时也给游客留下难忘的记忆。在乡村旅游形象的建构与设计中，元素符号的“根性”与“家”的含义表达十分重要，乡村旅游景区，既是景区，又精神家园，乡村旅游应该给人一种回家的体验。

第二，服务手段创新。在游客需求中已经谈到，游客到某乡村旅游目的地有多种需求要得到满足，而这些需求的满足离不开食、住、行、游、购、娱等服务。因此，不断提高服务质量，创新服务手段是关键。

第三，进行社区教育，狠抓环境建设。从现实来看，村民从事旅游业一般都是出于利益驱使，在这个单一目标的指导下其行为不可避免地带有短视性。所以，目的地要细化管理制度并落实执行，加强对村民的教育，营造一个和谐、自然的环境。

第四，搞好发展研究。乡村旅游发展的时间还不长，但是从较为成熟的目的地发展过程来看，很多都存在生命周期较短的问题。乡村旅游在不同的发展阶段有不同的问题需要解决，认识不到主要矛盾，或者用单一的手段解决不同的问题都可能造成后续发展乏力。所以，关注目的地发展研究，有助于认识问题和解决矛盾，这也是实现长远发展的必要条件。

3. 视觉设计

乡村旅游形象的视觉设计是乡村旅游形象理念在视觉上的表达和扩展，是乡村旅游形象体系中最直观、最易于被感知的内容。在实际操作中，不同的目的地都有不同的做法，可以说是莫衷一是。通常，视觉设计大致可从以下几个方面实施。

(1)乡村旅游的名称。

目前，乡村旅游名称的创意多以资源特色或旅游活动内容作为目的地名称的主要组成部分，如“南宫村世界地热博览园”“牛栏山黄冠梨采摘园”等。这样命名的好处是展现了乡村的核心资源，诉求直接而突出，便于决策。但是，本研究发现部分乡村旅游地在取名方面仍存在问题，主要是不能体现差异性，诉求信息不清晰，如“互润休闲农场”“安利隆生态乡村休闲山庄”。从名称上看，这些目的地传达的信息是行业信息，目的地本身信息并不明确，这样不利于潜在游客认识该目的地。

(2)乡村旅游标志。

旅游标志是旅游形象的典型代表或浓缩，具有独特性、艺术性和美观性，是一种或多种标志性景观或文化的浓缩。乡村旅游标志通常包括乡村旅游吉祥物、乡村旅游地标准字体等方面内容。乡村旅游标志旨在加深游客对旅游地的认识，以强化旅游地的视觉形象，加深乡村旅游地形象。

(3)乡村旅游的户外广告与旅游地纪念品。

醒目的广告位、个性化的背景、充满魅力的旅游地名称、简洁诱人的广告用语，能起到非常有效的视觉冲击，产生良好的广告效果，有助于提升旅游地形象。乡村旅游目的地旅游纪念品应具有浓厚乡土特色，能为乡村旅游形象的传播提供良好的载体或元素。

(4)标志性景观建筑。

一个给人留下深刻印象的乡村旅游园区，必有其标志性的景观或建筑群，且个性鲜明，反映乡村文化，具有不可替代性。这种景观与城市景观不同，这种建筑与大小无关，只要有文化、有故事、有特色，再加以包装就能成为乡村旅游的标志性景观。

五、乡村旅游的品牌构建与形象传播

(一) 乡村旅游的品牌构建

聚人气、提品质、引未来、创品牌是乡村旅游的品牌构建和乡村旅游核心竞争力的基础和保障。乡村旅游的品牌构建实际上是建立在地域形象、历史形象基础上的特定乡村个体旅游形象的塑造。一个特定的乡村旅游品牌形象之所以能够脱颖而出，首先，它一定具备了地域乡村的典型要素、历史性形象的典型要素，并具备了乡村性的旅游环境要素，同时其各典型要素在同地域同类要素资源中是最优秀的。因此，乡村旅游形象品牌的构建过程是在乡村树立典型的过程，其中最重要的原则是突出其独特性与优越性，强化其特有的文化主题性。乡村旅游品牌形象的构建要尊重乡村资源要素的生产性、生命性、生活性、生态性与系统性，塑造的形象要能够让人明显感受到乡村旅游的这些属性。提升乡村旅游活动项目的文化价值参与性是提升乡村旅游形象品质最重要的手段，能使品牌形象扎根于游客心中。

(二) 乡村旅游形象传播

乡村旅游形象传播手段与途径很多，常用的有以下几种。

(1) 通过政府交流及外事活动进行宣传。比如山东省安丘市石家庄村民俗文化旅游就始于中外政府间的交流参观活动。

(2) 组织企业、学者专家、新闻媒体等参观及加入座谈会，扩大形象知名度，提升形象层次。

(3) 利用电视、广播、报纸、杂志、互联网、展览会等媒体和媒介进行形象宣传，在客源地市场做推广，这是大多数乡村旅游目的地都会采用的形式。

(4) 将旅游形象的品牌Logo在营销宣传册、形象宣传片、网站介绍、旅游纪念品、旅游宣传品等上反复展示，强化旅游产品形象。

(5) 举办节事活动，利用互联网、移动端等进行多渠道信息传播，扩大信息覆盖面,实现短时间热点冲击效应,提升旅游产品的美誉度与知名度。

(6)邀请电影或电视剧摄影组到景点来拍摄外景。这是众多乡村旅游目的地迅速名声远扬的途径,特别是以乡村地域特色为背景的影视,其宣传范围广、影响大。人们对很多地方的了解通常是通过观看影视剧或综艺节目获得的,如湘西凤凰之于《边城》,东北乡村乡土风情之于"刘老根"系列影视剧,北京门头沟区灵水村之于《爸爸去哪儿》等。

(7)通过举办摄影、绘画等系列比赛与优秀作品展览活动,或建立绘画、摄影、儿童夏令营实践基地,开展寓教于游、游学互动型旅游项目,提升旅游成长、锻炼的教育内涵与文化品质,达到扩大乡村旅游目的地影响、树立乡村旅游目的地品牌、提高到访率与重游率的目的。

第九节　乡村旅游发展的政策保障

国家相关政策的出台为乡村旅游和休闲乡村的发展奠定基础,提供支持和保障,极大地促进了我国乡村旅游的发展。

一、乡村旅游相关政策的历史回顾

改革开放以来,中共中央在1982—1986年、2004—2015年分别连续五年、连续十二年发布以"三农"(乡村、农村、农民)为主题的中央一号文件中有与乡村旅游相关的政策。1982—1986年的"五个一号文件"主要是制定和保障家庭联产承包责任制的推行、实施和完善,通过这一改革,调动了广大农民生产与科技应用的积极性,解放了农村生产力和劳动力,为将来的乡村旅游发展奠定了经济基础和心理基础。

2003年党的十六届三中全会明确提出统筹城乡发展策略。2004—2015年连续十二年的中央一号文件,从经济支持、基础设施、环境改善、社会保障、教育科技、制度创新(土地流转)、发展导向等方面来促进农村经济、文化、社会、环境的全面发展,美丽乡村正是乡村旅游的核心吸引力和主要诉求。特别是统筹城乡发展、推进第三产业发展和农村土地流转政策为吸引外来资本开发乡村旅游资源提供了政策和制度支持。新农村与美丽乡村建设目标与乡村旅游目标一致,包括2014年坚持乡村基础地位不动摇的政策,都为乡村旅游发展指明了方向。

2009年国务院办公厅发布的《国务院关于加快发展旅游业的意见》(国发〔2009〕41号)中,强调实施乡村旅游富民工程,规范发展"农家乐",重点支持乡村旅游等的基础设施建设,加大政府投入和金融支持。2010年发布的《中共中央 国务院关于加大统筹城乡发展力度进一步夯实农业农村发展基础的若干意见》指出,要"推进乡镇企业结构调整和产业升级,扶持发展农产品加工业,积极发展休闲农业、乡村旅游、森林旅游和农村服务业,拓展农村非农就业空间"。2011年中共中央、国务院印发的《中国农村扶贫开发纲要(2011—2020年)》,要求大力推进旅游扶贫。2014年中共中央办公厅、国务院办公厅印发的《关于创新机制扎实推进农村扶贫开发工作的意见》再次强调了乡村旅游扶贫工作,要求加强贫困地区旅游资源调查,围绕美丽乡村建设,依托贫困地区优势旅游资源,发挥精品景区的辐射作用,带动农户脱贫致富。这是中央明确将发展乡村旅游作为我国扶贫工作和解决“三农”问题重要途径,并确定乡村旅游在旅游产业中重要的地位,从政策上大力倡导和支持乡村旅游的发展。2014年国务院发布的《国务院关于促进旅游业改革发展的若干意见》进一步强调大力发展乡村旅游,鼓励旅游专业毕业生、专业志愿者、艺术和科技工作者驻村帮扶,为乡村旅游发展提供智力支持。

2015年和2016年中央一号文件明确支持乡村旅游发展。2017年中央一号文件强调深入推进农业供给侧结构性改革,加快培育农业农村发展新动能。2018年中央一号文件提出实施乡村振兴战略。2019年中央一号文件强调坚持农业农村优先发展做好“三农”工作,加强乡村旅游基础设施建设。2020年中央一号文件对“三农”工作做出了全面部署。聚焦打赢脱贫攻坚战,抓好农业稳产保供和农民增收,确保脱贫攻坚战圆满收官,确保农村同步全面建成小康社会。2021年中央一号文件强调全面推进乡村振兴加快农业农村现代化。2022年中央一号文件和2023年的中央一号文件都强调全面推进乡村振兴重点工作。

国家旅游局(现更名为中华人民共和国文化和旅游部)对乡村旅游的迅速发展起到了极大的推动作用。1998年推出“华夏城乡游”,农家乐旅游成为时尚。2001年开始评选全国工业旅游和农业旅游示范点。2005年公布全国首批203个全国农业旅游示范点,从此我国乡村和乡村旅游开始走上了组织化、标准化和规模化的发展历程。2006年国家旅游局再次推出“中国乡村游”,提出“新农村、新旅游、新体验、新风尚”口号,丰富了乡村旅游发展的内涵。2007年全国旅游工作会议上国家旅游局又提出了在全国推出100个特色县、1000个特色乡、10000个特色村的“百千万工程”,并第三次推出乡村旅游,提出“中国和谐城乡游”主题。2010年第四次推出“中国乡村游”主题,主张“回归自然,休闲度假”。国家旅游局的一系列措施为乡村旅游发展指明了方向,提供了政策保障,持续强化和丰富乡村旅游的意识和内涵。2013年国家旅游局规划项目中专门列出乡村旅游理论研究课题,从理论方面加强对乡村旅游可持续发展的指导。2013年8月,国家旅游局与扶贫办共同出台《关于联合开展“旅游扶贫试验区”工作的指导意见》,探索旅游扶贫新模式。2014年9月和10月,国家旅游局还积极推进智力扶贫工作,举办乡村旅游扶贫重点村村官培训班,以推进乡村旅游富民工程。

二、乡村旅游发展的政策支撑

(一) 产业发展政策

改革开放之初,国家开始制定实施家庭联产承包责任制,乡村生产的活力被激发,三年之内解决了国民温饱问题。但自从开放之初对农村发展第二、第三产业进行倡导,五年之后人们就开始看到第二、第三产业的经济产出效益是乡村无法相比的,加上市场经济政策的鼓励,更多的人力和资本投入到第二、第三产业的建设和发展中去,乡村的人力和资本投入减少,导致乡村发展停滞不前。国家对城乡发展战略和政策导向做出重大调整,注意力重新回到"三农"问题。统筹城乡发展、工业反哺乡村使得农村获得外援投资和技术管理支持,乡村旅游也开始发展起来。但是,一些外来的资本和智力援助并没有用在乡村发展上,只是第二、第三产业的盈利改善了农民的经济收入,农民的乡村生产力并未提高,以高施量的化肥农药为特征的高能耗乡村(包括以化合饲料、集中喂养为特征的养殖业)没有进一步提高乡村产量,反而破坏了土壤成分和结构,生产出被化学污染的不安全的农产品,国民食品安全问题令人不安。所以,2014年国家再次强调坚持乡村基础地位不动摇,倡导科技兴农,推进乡村现代化发展。

(二) 土地流转政策

1950年,我国开始进行土地改革,农民获得土地产权,形成小规模生产、分散经营的乡村生产模式。1956年之后,我国开展人民公社化运动,经历了农村土地集体所有的合作大生产模式。1978年改革开放后,国家实施家庭联产承包经营制度,土地归集体所有,家庭承包经营。从2002年《中华人民共和国农村土地承包法》、2005年《农村土地承包经营权流转管理办法》的土地流转,2007年《中华人民共和国物权法》以"用益物权"明确农民土地承包经营权的财产性质,2008年《中共中央关于推进农村改革发展若干重大问题的决定》规定土地承包期"长久不变",到2013年中央一号文件明确提出鼓励和支持承包土地向专业大户、家庭农场、农民合作社流转,为现代乡村发展奠定了政策基础。2016年中央一号文件明确提出大力发展休闲农业和乡村旅游,加强对土地流转的管理服务。

土地流转政策实行后,依托于土地承包经营权的乡村旅游可以聚合规模资源与生产要素,促进旅游资源资本化,进行整体系统性规划和规模化经营,吸引旅游、地产、工业、国际投资界进入乡村投资旅游,逐步形成规模化乡村休闲度假产业。国家土地流转政策确实为休闲农业和乡村旅游产业化的发展转型和体系构建提供了新的机遇和优越条件。但是,从已有的乡村休闲度假产业和旅游地产开发,包括城市居民对乡村环境空间的回购来看,乡村的属性正在改变,并严重损害了当地农民的权益,以钞票向不知情的乡村居民换取其最为宝贵的土地空间与环境资源实质上是对农民的剥夺和欺骗。

同时,土地流转政策也给乡村带来了“非农化”“非粮化”土地使用风险,2014年,中央审议通过了《关于引导农村土地经营权有序流转发展农业适度规模经营的意见》,强调推进土地承包经营确权登记颁证工作,建立健全工商企业租赁农户资格审查、项目审核和风险保障金制度,加强事中事后监管。因此,国家务必要加强对农村土地流转过程的监管力度,避免农民及乡村环境受到伤害。乡村旅游发展应当建立在祥和、和谐、丰产、富裕的乡村发展的基础上,为美丽乡村建设提供自己的创造性设计。

(三)发展主义政策

发展主义是以单纯经济增长为中心,排斥公平、公正、共享等社会价值,忽视文化和传统价值的一种西方现代化主流理念,将“发展”等同于“(经济)增长”,并简单地等同于GNP或GDP的提高,并以对金钱财富的持有来诠释人生价值和本质意义。当单纯的经济增长成为国家发展优先目标时,第一个后果是导致发展主导权集中于国家(或地方政府),目的地居民掌握自己发展命运、支配自己产业资源的权利被剥夺。“这种基于国家精英的官僚理性的政府干预和自上而下的产业发展规划……生产着一种从根本上排斥社区居民参与的潜意识和潜制度”①。第二个后果是促使旅游生产成为以获取更高利润为目标的刺激性生产,特别是在乡村旅游发展中,以刺激旅游消费促进经济增长为目的的发展模式很快引发了乡村城市化、民俗商业化、贫富差距增大、生态环境破坏、产品开发同质化、乡民边缘化等一系列问题。第三个后果是导致消费主义在旅游领域的流行。旅游规划设计高端化、奢侈化(这样的项目利润更高),旅游的真实意义被遮蔽,社会地位和身份标签的旅游意义被彰显,从而引导社会民众形成奢靡、形式化旅游消费观念。阿马蒂亚·森认为,对人类来说,具有本质重要性的是人们所过的生活而不是他们所消费的物品,应当将个人在生活中能够实现各种有价值的需求的能力作为评价发展的标准。②扩展自由是发展的首要目的和主要手段,发展的要义是给予民众更多的经济机会、政治自由、社会权力、教育和健康权、对自主性的激发与培养等,从而提升个人自由度和民众幸福感。③因此,乡村旅游和乡村旅游未来的真正可持续发展必须摒弃发展主义的单纯经济GDP评价标准,从国家层面基本国策上体现基于文化价值塑造与人全面发展的理念,让游客在乡村祥和宁静的生产生活中深刻体会生命的本质意义,重铸中华民族的精神信仰与文化价值体系。

---

①左冰.发展主义语境下社区参与旅游发展困境及出路[J].思想战线,2011,37(4).

②Sen A. Market and freedoms:achievements and limitations of market mechanism in promoting individual freedoms[J]. Oxford Economic Papers,1993,45(4).

③Sen A. Development as freedom[M]. New York:Alfred A. Knopf,2000.

（四）乡村旅游与乡村旅游发展政策

中国乡村旅游的发展，尽管也受城市化进程中人们对乡村自然生活向往的拉力影响，以及传统景区退化、人满为患、门票价格上涨等问题和因素的影响，但更重要的还是国家在新农村建设和统筹城乡发展中对旅游作为解决“三农”问题重要途径的引导、扶持和助推作用。1998年起，国家旅游局前后四次推出乡村旅游主题。2001年，国家旅游局与农业部联合展开了全国农业旅游示范点评选工作。2007年，在全国旅游工作会议上，国家旅游局提出了在全国推出旅游特色县、乡、村的“百千万工程”。2009年，《国务院关于加快发展旅游业的意见》将乡村旅游富民工程列为重点项目三大工程之首。2010年和2016年中央一号文件要求推进积极发展休闲农业、乡村旅游。2011年中共中央、国务院印发《中国农村扶贫开发纲要(2011—2020年)》，提出了贫困村开展乡村旅游的十年计划。2013年国家旅游局规划项目中专门列出乡村旅游理论研究课题。2014年中共中央办公厅、国务院办公厅印发《关于创新机制扎实推进农村扶贫开发工作的意见》，再次强调了乡村旅游扶贫工作，加强贫困地区旅游资源调查，围绕美丽乡村建设，发展乡村旅游。2016年中共中央办公厅、国务院办公厅印发《关于加大脱贫攻坚力度支持革命老区开发建设的指导意见》，要求各地区各部门结合实际认真贯彻执行。依托老区良好的自然环境，积极发展休闲农业、生态农业，打造一批具有较大影响力的养生养老基地和休闲度假目的地。2017年中央一号文件首提“旅游＋”，乡村旅游发展迎来重要机遇。2018年中央一号文件提出实施休闲农业和乡村旅游精品工程，创建一批特色生态旅游示范村镇和精品线路，打造绿色生态环保的乡村生态旅游产业链。2019年中央一号文件提出加强乡村旅游基础设施建设，改善卫生、交通、信息、邮政等公共服务设施。2020年中央一号文件提出发展富民乡村产业，推动农村一二三产业融合发展，支持农村产业融合发展示范园建设。2021年中央一号文件提出开展美丽宜居村庄和美丽庭院示范创建活动，增强乡村发展活力。2022年中央一号文件提出实施乡村休闲旅游提升计划，支持农民直接经营或参与经营的乡村民宿、农家乐特色村(点)发展。2023年中央一号文件提出推动乡村产业高质量发展，培育乡村新产业新业态。支持国家农村产业融合发展示范园建设，实施文化产业赋能乡村振兴计划。实施乡村休闲旅游精品工程，推动乡村民宿提质升级，鼓励脱贫地区有条件的农户发展庭院经济。同时，持续加强乡村基础设施建设，推动与沿线配套设施、产业园区、旅游景区、乡村旅游重点村一体化建设。

认识乡村财富的珍贵价值，发挥乡村资源优势，开发生产绿色生态农产品，有效管理自己的土地，都必须以提高乡村居民的文化教育水平、科技生产能力、自治管理能力为基础。乡村传统文化的复兴必然要基于乡村富裕文明，基于乡民对乡村优秀传统文化的认知、传承、重建，由此看来，应提升乡村居民文化教育素养，加强对乡村教育问题的重视和加大扶持力度。

第四章　乡村旅游创意开发的技术研制

第一节　乡村旅游创意开发的路径研制

乡村旅游创意开发的路径就是从乡村旅游产品设计的起始点到终结点之间的能完整满足旅游消费欲望的通道。任何乡村旅游产品设计的起始点和终结点之间都有无数个连接通道，不是所有的通道都是乡村旅游的路径，只有能够满足游客消费欲望的路径，才是乡村旅游路径。旅游资源的转化，必须要有实现的具体路径，劳动生产过程本来是辛苦、枯燥、单调的，可通过以下路径把乡村生产过程转化为愉悦、轻松的旅游过程。

一、时间路径

时间路径，即变劳动时间为休闲时间，时间轴缩短。传统乡村生产过程的时间是以完成劳动任务时间来确定的，乡村旅游的劳动时间是以游客的身体感受来确定的，以人体工程学为理论基础，游客的劳动时间限制在游客不觉得累的限度之内，变以前长时间的辛苦劳动为短时间的愉悦体验劳动，以游客的旅游兴致较高但身体不会感到劳累为宜。

二、多样化路径

多样化路径，即变单一劳动项目为类型多样化旅游项目。以往的乡村劳动经常是几天或者更长时间，且劳动形式单一，劳动者会感到厌倦、乏味，乡村旅游的生产过程要在一定时间内，打破单一的乏味感，设计旅游生产过程要多样化，避免单一重复，在可能的范围内，尽量做到使乡村生产形式丰富多彩。

三、兴趣化路径

兴趣化路径，即变乏味劳动为有兴趣的旅游，旅游兴致从无到高。乡村劳动过程转化为旅游资源的前提条件就是把乏味、枯燥的乡村生产过程转变成让游客兴致盎然的旅游过程，这就要求在乡村生产过程中加入一些令人愉悦的元素，这些元素应具有知识性、竞赛性、奖励性、体验性、新鲜性等，着力增加劳动过程的兴奋点，使乡村生产过程变成快乐旅游的过程。乡村旅游的劳动价值不仅仅是创造多少财富，还在于它给劳动者带来的旅游享受。

四、主动化路径

主动化路径,即变乡村劳动为旅游锻炼,变被动为主动。随着科学技术的不断进步,机械化程度不断提高,人们的劳动强度日益降低,大多数人都开始出现因缺乏适当活动而引发的各种疾病,这一社会现象正在困扰着人类,花钱锻炼、花钱买"出汗"的现象随处可见,锻炼成了人们的日常需要。按照是否能够为社会创造价值来划分,锻炼可以分为积极锻炼和消极锻炼,积极锻炼就是锻炼的同时又能够给社会创造价值,比如把乡村生产过程旅游化,就是在旅游锻炼的同时又创造了价值;反之消极锻炼就是单纯地为锻炼而锻炼,不能够产生社会价值。积极锻炼是社会发展的必然趋势。

五、改变节奏路径

改变节奏路径,即变劳动的快节奏为旅游的慢节奏。乡村旅游应体现愉悦、休闲、放松、体验、享受等特点,传统的乡村生产过程在某些环节时间性很强、节奏很快,但在乡村旅游时,利用科学方法,可以使某些快节奏的乡村生产过程变得缓慢下来,比如根据不同的水果品种改变其种植时间、光照时间,通过这些手段,水果的采摘期得以延长,把原来的快节奏变成慢节奏,既避免了快节奏所产生的劳累,又延长了旅游产品生命周期。

六、机械化路径

机械化路径,即变人工化为机械化。乡村生产过程中的人工劳作环节一般会比较累,因此容易使游客产生劳累感、厌倦感、烦躁感等,在人工劳作环节合理实现机械化,这样不但可以降低游客的劳动强度,而且可以让游客体验到最新的乡村机械化生产,享受科技带来的愉悦感。

七、养生路径

养生路径,即变劳累为养生。传统的乡村生产过程是劳累辛苦的,要想把它变成康体养生的过程,第一,需要把劳动变得轻松化、多样化,将多样化的劳动变成多样化的锻炼,使身体得到全方位的锻炼;第二,乡村生产、生活的环境必须优美,使人颐养身心,使来自城市的游客劳累的心在这里放松下来,达到修身养性的效果。

八、知识化路径

知识化路径,即变简单重复为知识性技能提高。乡村生产过程是由很多环节构成的,每一个环节往往是简单的重复,容易使人感觉单调,所以每一个环节都要给游客加入相关的知识,这些知识包括乡村知识、气象知识等在城市较少接触的知识,使游客在学中游、在游中学,游学结合,打破劳动环节的单调性,提高游客的旅游积极性,使游客在劳动中发展自我、创造自我、实现自我。

九、景观提升路径

景观提升路径，即变农场为公园。以前的农场往往观赏性不够，没有赏心悦目的视觉效果，在乡村旅游过程中，一定要把生态美学运用到规划过程中，将不同农作物进行科学合理的间种、套种等，从而达到美观又增收的最佳效果。

第二节 乡村旅游创意开发的方法研制

乡村旅游创意开发的方法是乡村旅游产品打造的有效手段。乡村旅游产品打造的手段很多，这里所谓的有效手段是指，打造的旅游产品能够满足游客的审美需求，这是判断是否能够成为乡村旅游创意开发方法的标准。通过调研、比较、分析，本研究得出如下实用有效的方法。

一、陈列法

（一）原理

陈列法就是把旅游产品按一定的组合方式展示出来，达到使游客认知的目的，同时给游客美的感受。

（二）步骤

第一步，整体展馆的平衡设计。第二步，旅游线路的闭合设计。第三步，旅游产品的摆放设计，可以按照时间先后、颜色深浅、价值高低、尺码大小、疏密程度等进行摆放设计。第四步，灯光凸显主题设计。第五步，装饰物的摆放设计。

（三）注意事项

旅游产品陈列时一定要注意，通过灯光调节和尺寸大小的缩放达到以下效果：8 m之外让游客看清旅游产品的大致形状；5 m左右让游客看清旅游产品的结构；2 m之内让游客看清旅游产品的细微之处及其文字说明。

在乡村旅游产品开发的历程中，陈列法是最常见的方法，把对游客有吸引力的事物，分门别类地摆放在展览架（台）上，供游客观赏以达到满足游客需求的目的，这种旅游产品开发方式是最传统、最直接的开发方式，河北省辛集市的农具展览馆就是用陈列法打造的乡村旅游参观点。

二、图片法

（一）原理

图片法通过影像（图画）的方式展示，对游客有很强的吸引力。因无法转移、不能复制等原因，旅游目的地不能够获取的旅游产品，或者有些复杂的原理不好表达，可以通过图片进行直观示意。

（二）步骤

第一步，旅游产品的实物拍摄。第二步，图片的大小、色彩、光亮度、对比度、清晰度等的技术处理。第三步，图片展览空间的整体布局。第四步，旅游路线的设计。第五步，展览空间灯光、装饰物的设计。

（三）注意事项

第一，图片的角度选择要便于游客理解，同时赋予游客更多的美的视觉感受。第二，图片的大小和摆放方式切忌平铺式，一定要富有变化。第三，图片展示一定要具有知识性和趣味性，不能单调、乏味。第四，可以配合声、光、电技术，共同营造整体效果。

三、演出法

（一）原理

现在有些游客对具有地方特色的农事活动、农俗文化等特别钟爱，但是这些活动只在特定的日子才会有，为了满足游客的需求，目的地可以以演出的方式向游客演示，这种旅游产品开发方式特别适合农俗旅游资源。

（二）步骤

第一步，深挖当地农俗文化，找出精华，突出特色。第二步，把农俗中具有可观赏性的片段编排成演出内容。第三步，挑选合适的演员。第四步，舞台场景设计。第五步，安排合适的时间段演出，便于游客观看。

（三）注意事项

第一，内容忠于农俗现实。第二，演出形式要多样化。第三，舞台最好就地取材。第四，最好有与游客互动的环节。

四、造像法

（一）原理

不能以实物展示的旅游产品可以通过雕塑法、泥塑法、蜡像法达到展示效果，这样的方法称为造像法，这种方法比图片展示更加立体、直观，更具有震撼力（感染力），它能够多维度展示旅游吸引物，给游客更多的遐想空间，比如一个大禹治水的雕像比一个大禹治水的图像更具有震撼力。

（二）步骤

1. 泥塑的步骤

第一步，为特殊胶泥备料喷水，醒泥48 h以上。第二步，上大泥覆盖雕塑造型。第三步，塑形。第四步，大形完成。第五步，进入翻制。第六步，脱模后去掉分块模具上的残留泥。第七步,上玻璃钢。第八步,拼合玻璃钢分体模块进行组合。第九步,上底色,上彩绘。

2. 金属雕塑的步骤

第一步,选择合适的黄铜板和紫铜板进行锻造。第二步,淬火处理。第三步,加热松香和滑石粉调成合适比例,浇注成锻造的工作面。第四步,进行手工锻造。第五步,制作玻璃钢浮雕。第六步,手工对位锻造。第七步,氩弧焊接接缝处理打磨。

3. 石头雕塑的步骤

第一步,制作设计稿。第二步,选择合适的石材。第三步,初加工雕刻。第四步,雕刻放样。第五步,雕刻。第六步,打磨。第七步,雕塑质量检查。第八步,雕塑安装。

4. 木雕的步骤

第一步,选择红木、黄杨木、龙眼木、白果木、樟木等材料。第二步,依据木头的自然形态和特点进行设计。第三步,画出构图。第四步,打粗坯。第五步,凿子雕刻。第六步,上色。

(三) 注意事项

第一,注意每个角度的整体效果。第二,分析形体结构是否准确,局部与整体是否和谐统一。第三,如果出现裂缝,要及时修补。

五、做大法

(一) 原理

在乡村旅游产品打造中,做大法包括单体做大和总体做大两种,单体做大是指将一个单体的乡村旅游资源做大,比如“最大的榕树”“豫章树”等,单体旅游产品打造后非常具有诱惑力;有些乡村资源单体不可能做大,比如油菜花,但是总量做大就具有了旅游吸引力,像云南罗平的油菜花、江西婺源的油菜花,多达几千亩,漫山遍野、蔚为壮观。

(二) 步骤

乡村旅游产品中单体做大一般依靠自然生长,人工参与的因素主要体现在保护方面,总体做大的步骤如下。第一步,选择适宜的乡村种植空间。第二步,选择合适的农作物。第三步,周边环境的设计与之和谐一致。

(三) 注意事项

第一,选择的农作物对游客要有足够的吸引力。第二,观赏期不能太短。第三,要注意整体效果的营造。第四,防止暴发大面积病虫害。第五,注意与其他物种的季节性轮作,防止植物单一带来的危害。

六、做奇法

（一）原理

有些乡村旅游资源非常普通、常见，对游客的吸引力不大，但是通过一定的手段做奇，吸引力就会大增，比如将普通的圆西瓜培育成方西瓜、锥形西瓜、圆柱体西瓜、十二生肖西瓜等就能吸引游客，让人兴趣盎然、久久难忘，一般的葫芦单体卖价2～3元，烫上纹样，则吸引力大增，价格可翻至200～300元。

（二）步骤

第一步，选择品种。第二步，种子处理。第三步，培土育苗。第四步，整地、施肥。第五步，定植幼苗。第六步，追肥、整枝。第七步，制作设定的模具。第八步，建立个体档案。第九步，采摘果实。

（三）注意事项

第一，注意要选择抗病性强、大果型、厚皮稀植的优良品种。第二，模具要做到透光、透气、透水、耐胀。第三，人工操作期间尽量减少对果实的触摸。第四，装模后的果实3～5天翻转一次。

七、做全法

（一）原理

做全法就是在乡村旅游资源开发过程中，把相同种类不同品种的乡村旅游资源放在一起，对比性展示种植，从而达到增大乡村旅游资源吸引力的目的。例如，可以对比性展示种植黄豆、黑豆、豌豆、绿豆、蚕豆、豇豆、菜豆、小扁豆、蔓豆、鹰嘴豆等，在旅游过程中增加科普教育功能，加大对游客的吸引力。

（二）步骤

第一步，选择合适的地域。第二步，依据地域状况精选合适的种类。第三步，不同品种之间进行合理布局规划。第四步，播种/育苗。第五步，田间管理，景观营造。

（三）注意事项

第一，同一种类品种需要比较丰富。第二，选择的种类一定要有可观赏性。第三，不同品种的外观差异较大，能够给游客带来不同的视觉享受。第四，在施肥、灌溉等方面进行科学调控，尽量延长观赏期。

八、做新法

（一）原理

人们对新东西总是好奇的，做新法就是在乡村旅游资源开发中，把最新的、对于普通人来说较为罕见的乡村新成果作为旅游产品展示给游客,比如无土栽培、工厂化乡村、空中结薯、矮化盆景苹果等高新乡村试验区的新产品展示。

（二）步骤

第一步,选择成熟的乡村高新技术。第二步,申报理想的可利用土地。第三步,合理规划土地空间。第四步,安装高新设备。第五步,设计旅游廊道。第六步,试运行检验。第七步,改进后正常运行。

（三）注意事项

第一,依托科研单位,持续提供乡村高新技术支持。第二,选择观赏性强的项目开发。第三,作为旅游资源的同时可以起到示范周围乡村区的作用。第四,要有稳定的资金投入,确保高新技术不断创新。

九、做古法

（一）原理

利用人们怀古思旧的情感,在乡村旅游资源开发中,把古代的耕作方式、作物品种、耕作工具、耕作习俗、耕作情形等通过一定的手段展示给当今的游客,满足游客思旧的消费心理需求。

（二）步骤

第一步,收集古代乡村生产的文字资料、图片资料等。第二步,结合当地乡村实情构建古代乡村生产的场景。第三步,选择合适的空间进行设计规划。第四步,确定作物品种、耕作方式、生产工具等。第五步,再现古代乡村生产方式。第六步,重现周围农舍等。

（三）注意事项

第一,作古要有理有据,尊重历史本真。第二,要和现在的乡村生产方式有较大差异。第三,尽可能远离周边现代化建筑、生活环境。第四,旅游产品设计尽量体现参与性的特点。

十、观光法

（一）原理

利用景观生态学的方法,把乡村旅游资源通过间种、套种等手段使乡村的斑块景观与廊道景观合理配置,使之更具有观赏性。例如,使乡村旅游资源的季相呈现艺术性和可观赏性,有四方(南瓜、西瓜、北瓜、冬瓜)、五味(鱼腥草、甜瓜、苦瓜、香瓜、辣椒)、六型(丝瓜、南瓜、砍瓜、苦瓜、瓢瓜、蛇瓜)、七色(橙色辣椒、红梗叶甜菜、黄色番茄、青色苤蓝、绿茄子、紫色紫苏、白梗叶甜菜)。

（二）步骤

第一步，确定规划目标。第二步，划定功能区域。第三步，设计相邻功能区域的叠加。第四步，空间变化节点的设计。第五步，游憩空间规划。第六步，植物景观配置规划。

（三）注意事项

第一，观光法设计旅游产品一定要因地制宜，不能生搬硬套。第二，要和周围的自然景观协调一致，不能成为生物孤岛。第三，景观的设计要融入当地文化，做到自然人文相结合。

十一、采摘收获法

（一）原理

收获的喜悦是非常吸引游客的，采摘收获法就是让游客参与乡村收获的过程，分享成功，收获喜悦。乡村旅游资源开发经常用到这种方式，如采摘果实等。

（二）步骤

第一步，科学设定游客采摘的最佳时机。第二步，严格划定采摘区和禁采区。第三步，设计游客采摘的路线。第四步，采摘全过程有序管理与指导。第五步，采摘后的产品处理。

（三）注意事项

第一，要普及采摘的科学方法，防止采摘对植株的破坏。第二，控制游客数量，确保生态不被破坏。第三，调控好阴雨天与晴天的游客数量，以防践踏造成土壤的板结。第四，采摘区和禁采区的轮换时间需合理确定。第五，采摘的种类、品种要多样化。

十二、体验法

（一）原理

现在的游客不再局限于做浅层次旅游的看客，更多情况下游客希望能够更深层次地参与其中，做一回"演员"、做一周"农民"、当一天"牧民"、当一次"工匠"，吃农家饭、干农家活、住农家院，身临其境，亲身体验。这种以体验为主的乡村旅游资源开发方式越来越受到游客的欢迎。

（二）步骤

第一步，确定体验主题，明确体验目标。第二步，合理编排体验项目。第三步，控制体验时间，防止游客过度劳累。第四步，植入体验文化，树立品牌形象。第五步，感性营销劳动产品。

（三）注意事项

第一，要体验本土特色。第二，注意劳逸结合，强调休闲服务功能，创造游客价值。第三，与体验旅游相配套的附属旅游设施要齐全。第四，确保体验旅游的服务品质。

十三、特色定位法

（一）原理

很多乡村旅游资源无法做到“最大”，可以考虑做到“最小”“最艳”“最红”“最香”“最悦耳”“最神奇”“最早”等，把特色凸显出来。这种方式同样可以达到吸引游客的目的，是乡村旅游常用的一种开发方法。

（二）步骤

第一步，找准角度，挖掘特色。第二步，依托特定农作物，凸显特色。第三步，借助当地自然条件，做出特色。第四步，依靠营销渠道，宣传特色。

（三）注意事项

第一，选准角度突出特色是魂。第二，因地制宜，从当地的自然环境出发是根。第三，依托科学技术，把特色擦亮是本。

十四、任务法

（一）原理

不同的单项乡村旅游产品转化成游客易于接受的整体旅游产品，通常可以采用分配任务的方式进行组合，给每位游客布置一天的劳动任务，以完成任务为目标，把单项旅游产品组合成整体旅游产品。

（二）步骤

第一步，明确具体的任务目标 。第二步，设计好单项旅游产品之间的衔接。第三步，科学安排任务法适宜的季节和具体时间。第四步，设计一张让游客一目了然的任务单。

（三）注意事项

第一，不同单项旅游产品之间的区别度要大，激发游客的兴趣。第二，整个任务的难度不能太大，争取每位游客都能完成。第三，任务完成之前和过程中要有对应的劳动技能指导。第四，设立一定的奖品，激发游客的参与热情。

十五、竞赛法

（一）原理

在体验乡村旅游产品过程中，为了提高游客的兴致和积极性，可以把游客分成若干小组，以小组为单位展开比赛，在旅游过程中加入竞赛元素，打破单调与乏味，提升游客对旅游产品的满意度。

（二）步骤

第一步，竞赛项目的确立。第二步，竞赛规则的制定。第三步，竞赛工具等的准备。第四步，竞赛过程的监控与保障。第五步，竞赛结果的公布与激励。

（三）注意事项

第一，竞赛以激发旅游兴致为主，对抗性不能太强。第二，竞赛以集体参与为主，强调娱乐性。第三，竞赛要做到公平，不能因此产生矛盾。

十六、隔离/吸收法

（一）原理

在设计乡村旅游产品时，有些影响视觉效果的或者有污染的东西，应用符合视觉美学的东西去阻隔、覆盖，或者采用相关设施吸收有毒污染物，达到美化、净化的效果。

（二）步骤

第一步，确定污染源或"煞景物"的位置、体量、性质等。第二步，寻找对应的相克物。第三步，用美学的视角设计布置相克物，使之以美的形象展示出来。

（三）注意事项

第一，相克物的寻找一定要科学合理。第二，净化的效果要随时监测。第三，相克物的设计要与周边的环境相协调。

第三节　乡村旅游创意开发的模式

按照乡村旅游的区位、经营内容、资源依托、产品功能等方面的差异，乡村旅游创意开发模式可以分成以下几种开发经营模式。

一、观光采摘园开发经营模式

（一）价值取向

观光采摘园主要实现游客的采摘体验价值，在乡村产业链中将乡村的收获环节和销售环节直接进行无缝对接。

（二）业务范围

观光采摘园的主要业务范围包括果实采摘、果实加工、果实储存、果实运输、果实包装等。

（三）基本范式

观光采摘园开发经营模式通常利用原有的农田、农场、菜园、果园、茶园等乡村基础设施，然后增加一些休闲观光的旅游基础设施，打造以采摘、休闲观光为主题的乡村旅游形式，旅游园区的主题定位、设备设施、规划设计和管理风格都要围绕观光采摘的立意展开，并且保证在经营过程中始终不能偏离观光采摘的特色。

二、教育农园开发经营模式

（一）价值取向

教育农园的价值取向主要是实现乡村的科普价值，增强全民的乡村基础知识，探索乡村科学的奥秘，激发游客对乡村的热爱。

（二）业务范围

教育农园的主要业务范围包括科普选种、科普栽培、科普田间管理、科普灌溉、科普施肥、科普耕地、科普收获、科普农产品加工等。

（三）基本范式

教育农园开发经营模式根据教育的内容不同，可以分为三类。一是，德育与乡土教育乡村旅游园，意在培养游客热爱家乡、热爱国家、热爱劳动、热爱自然的优秀品质。二是，农俗艺术文化乡村旅游园，意在继承、保护、发扬乡村艺术文化，展示博大精深的农俗文化。三是，生物科普乡村旅游园，意在普及对于植物和动物的认知，以及播种、育秧（苗）、栽培、过程管理、采收、储存、加工等农业知识。

三、高科技农业示范园开发经营模式

（一）价值取向

高科技农业示范园的价值取向主要是传播高新技术，推广乡村新科技，带动整体乡村的共同发展，展示乡村的最新科学成果。

（二）业务范围

高科技农业示范园的主要业务范围内的技术及系统包括细胞技术、乡村资源管理与动态监测专家系统、专业实用技术信息系统及专家系统、作物种植生产决策支持系统、动物养殖决策支持系统、农业辐射技术、设施农业技术、多色农业技术、移植、常规技术组装配套。

（三）基本范式

高科技农业示范园是利用现代农业科学技术开展农业活动，如无土栽培、工厂化育苗、连栋温室、组培技术等，设计游客喜闻乐见的旅游看点，展示农业的新技术成果，这种模式的管理人员一般素质较高，要求有好的专业水平。

四、农家乐开发经营模式

(一) 价值取向

农家乐主要是让游客体验乡村民俗,加深对乡村文化的理解,认识乡村历史,体味乡村文化的丰富多彩、博大精深。

(二) 业务范围

农家乐的主要业务范围包括住农家院、吃农家饭、干农家活、听农家戏、观农家演出、参与农家风俗仪式、穿农家服饰、做农家游戏、赏农家风情等。

(三) 基本范式

农家乐开发经营模式就是以农民的家庭为依托,以田间风光和农家风情为特色,吸引城市居民体验乡村生活,完成食、住、行、游、购、娱的旅游全过程,这种模式以个体农户为组织机构,组织比较松散,经营灵活多变,随意性较强,服务简单,收费较低,适合开发低端乡村旅游市场。

第四节 乡村旅游创意开发的程序

不同地方、不同类型的乡村资源在旅游化过程中开发设计的程序肯定是不一样的,但是,从总体来讲,还是存在共性,以下几个程序是必不可少的。

一、确定旅游开发项目

依据当地的乡村资源的特点和旅游市场的需求,选定符合游客消费需求的乡村旅游开发项目,在将现在的乡村资源转化为旅游资源之前,要先有一个初步构想,这是乡村旅游的前提和基础。

二、旅游项目的可行性研究

可行性研究是乡村旅游不可或缺的环节,它要求在广泛调查的基础之上,对开发的各个要素进行评价与分析,并对未来开发的效益进行预测,主要内容包括:第一,乡村生产过程的调查与评价;第二,乡村旅游的社会与经济环境分析;第三,乡村旅游的市场前景分析;第四,乡村旅游的自然环境分析;第五,乡村旅游的投资与效益分析。

三、乡村旅游的总体开发规划

在资源调查和评价的基础之上,根据游客的需求,从总体上制定乡村旅游的规划纲要与发展蓝图,避免在实际具体的开发中出现随意性与盲目性,总体开发规划主要包含以下几个方面的内容:乡村旅游的总体目标、乡村旅游的定位、乡村旅游的规模范围和性质、乡村旅游的总体布局、乡村旅游的顺序与步骤。

四、乡村旅游全过程的各个环节的划分

我们要对乡村旅游全过程的各个环节进行科学合理的划分,不但要体现乡村生产过程不同环节的差异性,又要便于下一步旅游产品的开发与设计,这是乡村旅游产品开发最为重要的一步,它直接决定乡村旅游产品开发的成败。

五、乡村旅游各个环节的设计

乡村旅游各个环节划分之后,就需要对每一个环节在微观层面上进行精细化旅游设计,这时的旅游设计不但要求有旅游价值,更需要有实际可操作性,设计的乡村旅游产品一定要兼顾以下几个方面:乡村旅游产品的布局、乡村旅游产品的定位、乡村旅游产品的规模、乡村旅游产品的等级、乡村旅游产品的风格、乡村旅游产品的样式、乡村旅游产品的投资、乡村旅游产品的艺术价值、乡村旅游产品的美学价值、乡村旅游产品的科普价值等,旅游产品既要符合生态保护的要求,又要体现设计的主旨意图,还要和周边的环境相互协调。

六、乡村旅游的实施和监控

制定的总体规划和详细规划经相关部门审批后,乡村旅游项目就可以开工建设、付诸实施了,在乡村旅游项目的实施过程中,必须对工程质量、旅游产品与设计的符合度、环境的影响等方面进行实时监控,针对建设过程中出现的偏差,要进行情况统计,并且与规划方案进行比较,必要时要进行调整,确保乡村旅游项目的实施过程的动态平衡。

第五节　乡村旅游创意开发的技术集成

一、塑形技术

(一)技术原理

乡村旅游产品设计中的塑形技术就是改变农产品的原有形状,使之按照人们的意愿生长成新的形状。它的原理就是果实在生长过程中细胞数目增多是由于细胞分裂完成的,果实在生长膨大期很容易受外界环境的影响,给果实一定的限制,细胞的空间分布就会按照人们设计的空间范围生长。

(二)技术规程

第一,选择合适的品种。第二,找准最佳的坐果期时机。第三,正确安装模具。第四,适时调整模具。第五,及时取下模具。第六,采摘果实。

(三)技术要领

第一,模具要求透明、透气、透水。第二,模具可以按照人们的意愿育出理想的

果实形状，如方形（见图4-1）、心形、人形（见图4-2）等。第三，模具需要调整向阳的角度，保证果实充分得到阳光照射。

图4-1　方形西瓜

图4-2　人形桃子

二、变性技术

（一）技术原理

乡村旅游产品设计中变性技术指的就是改变植物原有的特性的技术，改变后的植物更有利于人们食用或观赏。果实是由子房发育来的，子房发育成为果实的过程中，需要一定量生长素，生长素是由胚珠发育形成的幼嫩种子提供的。以无籽西瓜为例，无籽西瓜就是根据染色体变异原理培育的，无籽西瓜发育时仍然需要生长素，没有种子，生长素在植物体内部的合成部位是叶原基、嫩叶及其发育的种子，这些部位存在与生长素合成有关的酶系，在多种酶催化作用下，植物体内的色氨酸通过氨基转换、脱羧作用及两个氧化步骤，最终变成了生长素（吲哚乙酸），在二倍体西瓜花粉中，含有少量生长素，也含有使色氨酸转变为生长素的酶系，二倍体花粉萌发之际，形成的花粉管伸入三倍体植株子房内，将自身合成生长素的酶体系转移其中，在子房内合成大量的生长素，促使子房发育为无籽果实，无籽西瓜是用种子种出来的，然而这个种子不是无籽西瓜里的种子，而是自然二倍体西瓜与经过诱变产生的四倍体杂交后形成的三倍体西瓜里的种子。由于是三倍体，它本身是没有繁殖能力的，所以没有籽，无籽番茄、无籽香蕉等的培育也都是这个原理。

（二）技术规程

以无籽西瓜为例，一般的西瓜为二倍体植物，体内有两组染色体（$2n=22$），幼苗用秋水仙素处理，使二倍体西瓜植株细胞染色体变为四倍体（$4n=44$），四倍体西瓜可以正常开花结果，种子可以正常萌发成长，再用四倍体西瓜植株作为母本（开花时去雄）、二倍体西瓜植株作为父本（取其花粉授四倍体雌蕊上）进行杂交，这样四倍体西瓜的植株上就可以结出三倍体的植株，当开花时，其雌蕊一定要用正常二倍体西瓜的花粉授粉，以便刺激其子房发育成果实。因为胚珠不能发育为种子，而果实则可以正常发育，无籽西瓜就培育成功（见图4-3）。

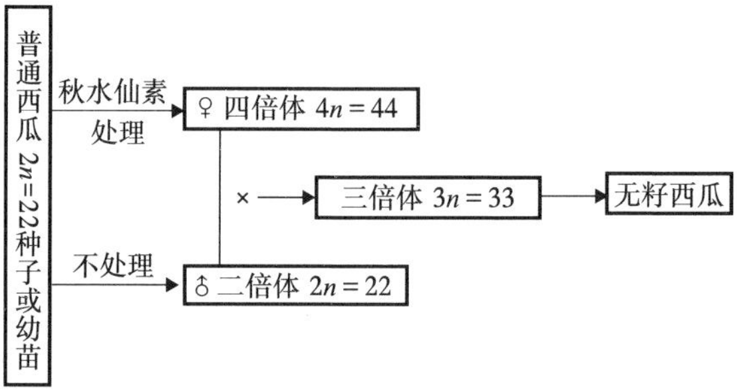

图4-3　无籽西瓜的培育原理

（三）技术要领

第一，瓜田应选择地势较高、光照充足、排灌方便、土壤肥沃的沙壤土。第二，营养土要求肥沃、通透性良好、营养成分齐全、无菌、无虫、无草籽。第三，适时播种。第四，做好温度与湿度管理。第五，定植后，覆盖好地膜。第六，肥水管理以前促、中控、后促为原则。第七，主蔓长至70 cm左右时，应及时整枝压蔓。第八，在早晨雌花完全开放时采用人工辅助授粉。第九，高节位留瓜抓优果。第十，肥水齐攻促膨果。

三、变色技术

（一）技术原理

乡村旅游产品设计中的变色技术是指科学地运用光合作用，通过生物技术改变生物局部区域的颜色，使之呈现需要的画面或形状。果实里含有花青素，当阳光照射果实时，花青素就会大量增多，照射不到的地方，花青素就相对较少。由于照射强度不同，花青素就会不同，从而出现颜色不同的现象。

（二）技术规程

利用这个原理，植物果实可以呈现出设计好的字或图案。在果实没有成熟时，把字或图案贴到果实上，避免阳光照射有字或图案的地方，可以照到阳光的地方果实表面的颜色就会变红变深，这样字或图案就会显现出来（见图4-4）。

图4-4　有图案的苹果

（三）技术要领

一是要选择易着色的品种，如红富士、红星等。二是选择树冠外围的果实，并摘除遮光的叶片。三是选择的剪纸应为不怕雨淋、日晒的蜡纸。四是剪纸要贴在阳面的两侧，不可正对阳面，易产生日灼现象。五是剪纸要贴平、压实。六是及时摘除果柄上的叶子，防止遮挡阳光。

四、同效替代技术

（一）技术原理

在乡村旅游产品设计中利用生物能代替人工能源，从而在结果上提效、在形式上创新。生物光来源于生物的表皮发生了变异或特化的腺细胞，腺细胞能分泌荧光素与萤光素酶，若发光细胞同时含有荧光素与萤光素酶，则发光就可以在细胞内部进行，称为细胞内发光；若发光细胞只含有荧光素或者萤光素酶，则只有含有荧光素和萤光素酶的不同发光细胞的分泌物相遇时才能发光，称细胞外发光。细胞内发光的生物种类有低等无脊椎动物、单细胞动物、细菌、萤火虫和一些鱼类；细胞外发光的生物种类有介形类、水母、高等无脊椎动物和一些鱼类。在旅游景区中萤火虫照明的同效替代的运用较为常见。

（二）技术规程

第一，选定适合萤火虫生活的环境（如温度、湿度、风力、植物等）。第二，移植足够数量的虫卵在选定空间孵化。第三，选定的空间要放置萤火虫喜欢吃的花粉、花蜜、蜗牛等。第四，萤火虫的交配期也是它的发光期，更是游客的观赏期。

（三）技术要领

第一，不同品种的萤火虫对温度、湿度、风力的适应度不一样，需要区别对待。第二，喂养萤火虫的饵料要新鲜。第三，控制观赏期的游客数量，游客过多，会影响萤火虫的繁殖。

五、时光隧道技术

（一）技术原理

乡村旅游包括现代乡村、传统乡村和原始乡村生产过程的旅游化，从乡村生产的角度看，现代乡村生产一般具有快速、便捷的特点，传统乡村和原始乡村耗时费力，但是从旅游体验的角度考虑，现代乡村游客的体验感不强，原始乡村和传统乡村的体验感强且有忆苦思甜的教育意义，打破时间界限，在现代社会营造原始、传统的乡村场景，让游客体验，我们把这种技术称为时光隧道技术，时光隧道技术可以让游客从现代穿越到古代，打造时光倒流的神奇效果。例如，宋代农庄、元代锦绣谷等旅游景区就是这样设计出来的。

(二) 技术规程

第一,选定历史时间段。第二,找出该段历史时期有特色的人、乡村生产工具、乡村场景、生产特点等。第三,打造仿真的历史乡村情景。第四,体验古人的耕作方式,产生时空穿越的感觉。

(三) 技术要领

第一,选取的历史时间段与当今的乡村生产情景差异要大。第二,要深挖乡村历史的特点。第三,在营造的时空范围内不能出现现代的事物,以免穿帮。第四,进出该景区要打造一个神秘通道,强化时空穿越的感觉。

六、台前幕后技术

(一) 技术原理

在乡村旅游产品设计时,把一些柜台上展销的旅游商品和它幕后的生产过程结合起来,在生产过程中提高游客的参与性和旅游商品的科普性,激发游客的购买欲望,达到既知其然又知其所以然的效果。把生产过程打造成可以参观、体验的旅游产品,把生产成果打造成可以购买的旅游商品,将两者组合成一个旅游产品,这既可以增加旅游产品的吸引力,又可以满足游客的求知欲。例如:葡萄园农庄集合了葡萄园的景色参观、葡萄酒的制作体验、葡萄酒成品的购买等(见图4-5);桑蚕农庄集合了桑园的景观欣赏、桑叶采摘体验、养蚕过程参观体验,游客可以从中了解蚕的生长过程、蚕丝的提取加工过程、丝绸的加工过程、丝绸旅游商品制作过程等。

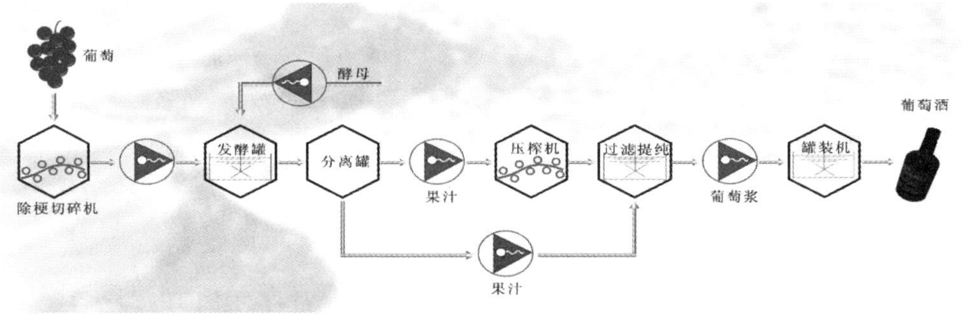

图4-5 葡萄酒的加工流程

(二) 技术规程

第一,选定合适的农产品(产品本身很实用,但生产过程不为人所知)。第二,选定最佳地理位置。第三,划分农产品的生产环节。第四,生产线和观光线并行设计,便于参观和体验参与。第五,生产和销售无缝对接。

（三）技术要领

第一，生产周期短。第二，生产过程具有技术性和神秘性。第三，生产环节通俗易懂。第四，生产出来的旅游商品具有实用性。

七、同根共生技术

（一）技术原理

乡村旅游产品为达到创新的效果，采用乡村科学技术把两种或两种以上的植物嫁接在一棵植株上，达到同根共生的效果，嫁接属于植物的人工营养繁殖方法，把一种植物的枝或者芽，嫁接到另一种植物的茎或根上，嫁接一起的两个部分成长为完整的植株。

（二）技术规程

嫁接的方式有枝接与芽接两种，嫁接的时候必须使接穗和砧木紧密贴合，以便接穗成活，接上去的枝或者芽，叫接穗，被嫁接的植物体，叫砧木或者台木，接穗时应该选具2～4个芽的苗，嫁接后成长为植物体上部或者顶部，砧木嫁接之后就成为植物体的根系部分（见图4-6）。嫁接可以分为靠接法、劈接法、插接法等。

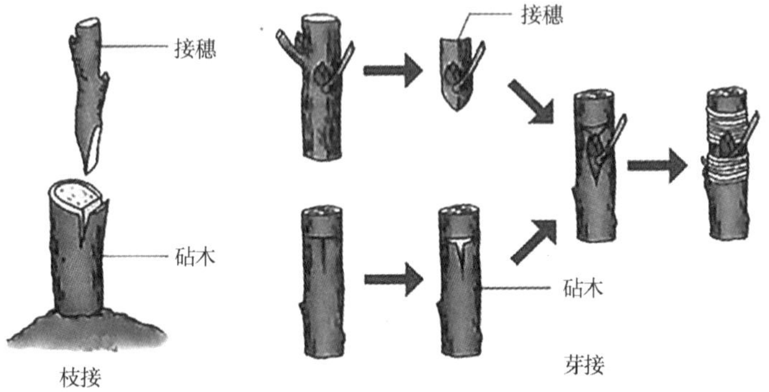

图4-6　嫁接的方法

（三）技术要领

第一，接口要对整齐。第二，削口要平滑。第三，所选择的苗木个性越相近，其成活率越高。第四，枝接后3～4周检查是否成活，一个月后松绑。第五，减去过多的枝丫，保证养分的供应。

八、全息技术

（一）技术原理

1947年英国物理学家Dennis Gabor最早提出全息技术，因此获得1971年诺贝尔物理学奖。全息技术是利用干涉原理记录物体光波信息，成为一张全息图，再利用衍射原理再次呈现物体光波信息，这样就得到了初始像（或称原始像）和共轭像，再次呈现的图像立体感强，有真实的视觉效果，全息图（无论初始像或共轭像）的每一部分都完整记录了物体上各点的光信息，所以它的每一部分都能够再现原物的整个图像（见图4-7）。

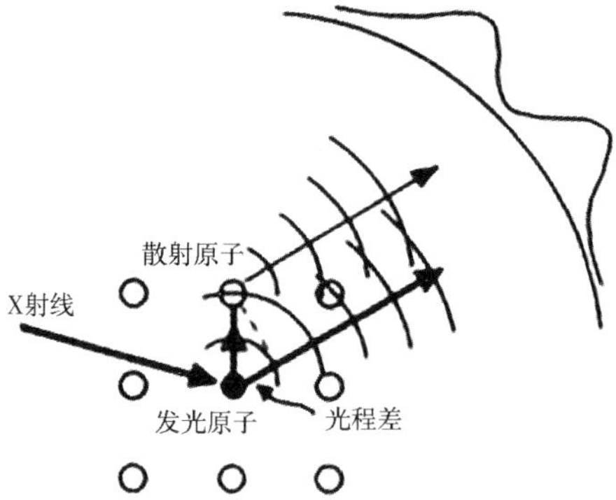

图4-7 全息图

（二）技术规程

乡村旅游的全息技术就是运用全息原理建造一个乡村主题公园（共轭像），这个共轭像体现全世界这一类乡村的全貌，比如在百果园使用这一技术，让游客一叶知秋，窥视全貌。

（三）技术要领

第一，选择品种丰富的农产品种类。第二，不同品种之间的个体差异越大越好。第三，不能共生的品种要留有距离。第四，防止长时间不同品种之间的杂交。

九、情景再现技术

（一）技术原理

乡村旅游包括一些农俗，以及田神、山神、水神、谷神祭拜等，这些非物质的旅游资源往往具有时节的限制、民俗的限制、当地禁忌的限制等，而游客的参观时间不规律，不利于旅游产品的开发，这时就可以利用舞台情景再现技术，把农俗等搬上舞台（见图4-8），用表演的方法实现时间上的规律化。

图4-8 祭祀农具、求雨仪式

（二）技术规程

第一，选择有吸引力的农俗进行开发。第二，用演出的模式对农俗表演进行编排。第三，营造好农俗表演的真实氛围。第四，演出时间要与游客的游览时间契合。

（三）技术要领

第一，这类旅游资源必须具有非物质性。第二，这类旅游资源必须具有时间性。第三，这类旅游资源必须与禁忌和祈福相关联。第四，这类旅游资源必须具有历史传承性。

十、环境治理技术

（一）技术原理

无论是在农村还是在城市，污染随处可见，污染是乡村旅游的大忌，在乡村旅游产品设计中，如何预防、治理污染，是我们必须要考虑的事情，我们可以把林业的生长过程打造成抗污旅游产品。

（二）技术规程

第一，确定污染物的种类、性质、体量大小。第二，找出对应抗污的植物，设计多种备选方案。第三，选择最佳方案实施。

（三）技术要领

经过许多部门的多年研究与试验，不同的污染源，我们可以使用不同的植物来抗污（见表4-1）。

表4-1　不同抗污染植物的不同功效一览表

序号	污染源类型	可以阻隔、吸收不同污染物的植物
1	含有硫、氯、氟三种污染物的污染源	橡胶榕、高山榕、细叶榕、大叶榕、菩提榕、蒲桃、大麻黄、火力楠、波罗蜜、罗汉松、龙柏、大叶黄杨、夹竹桃、蚊母树、海桐、桑树、构树等
2	含有硫和氟含有两种污染物的污染源	除第一类外，还有扁桃、杧果、牛乳树、蝴蝶果、阴香、海南红豆、黄槿、米仔兰、假槟榔、落地生根、银桦、合欢、栀子花、女贞、无花果等
3	含有氯和氟两种污染物的污染源	除第一类外，还有石栗、蒲葵、葱兰等
4	含有硫、氯两种污染物的污染源	除第一类外，还有苦楝、竹柏、胡颓子等

续表

序号	污染源类型	可以阻隔、吸收不同污染物的植物
5	含有二氧化硫污染物的污染源	除第一类、第二类、第四类之外，还有荷花玉兰、人心果、盆架子、阿江榄仁、海南蒲桃、华南朴、驳骨丹、红果仔、红背桂、桧柏、棕榈、扁柏、香樟、粗榧、枇杷、苏铁、枸骨、杨梅、刺槐、白杨、臭椿等
6	含有氯化氢的污染源	除第一类、第三类外，还有苦梓、桂花、番石榴、樟叶槭、泡桐、瓜子黄杨等
7	含有氟化氢的污染源	黄皮、侧柏、白兰、大叶桃花心木、香椿、黄梁木、大王椰、石榴、母生、黄连木等

（注：资料来源于广东省林业调查规划院，2014年8月。）

十一、康体健身技术

（一）技术原理

营造特殊的乡村旅游场景，利用医学科技达到康体健身的效果，康体养生就是放松、休养、调理、养护自己的身心，在优美的环境下，首先让身体达到休养，再进一步让心灵达到休养，养生的目的就是使身体健康，使心灵净化。

（二）技术规程

这类旅游产品可以分为两大类。

一是以休闲为目的的康体旅游产品，比如森林旅游度假区（让游客休养身心、休闲度假），森林养生氧吧（让游客调节身心、改善亚健康状态）等。

二是以保健为目的的医疗旅游产品，比如淡绿色小园林、红色小园林、黄色小园林、白色小园林、蓝色小园林、黑色小园林等。淡绿色小园林以长苞铁杉、大王椰、三药槟榔、董棕等植物营造成优雅的淡绿色园林，人置身于绿色环境里，皮肤的温度能够降低1～2.3℃，每分钟的脉搏可以减少4～8次，有降低血压、减慢呼吸、减轻心脏负担的保健效果，同时，淡绿色适宜养肝护肝，对眼疾的治疗也有一定的促进效果。红色小园林的整个院子用黄栌、红叶乌桕、红桑、红叶李、红叶铁树等营造热烈的氛围，对于性格孤僻、生活缺少热情、不善交际、自卑感强烈这一类心理疾病的治疗有一定的促进效果。黄色小园林的整个园区用桂花、黄金树、佛肚竹、腊肠树、铁刀木、栾树、黄槐、龙爪槐、黄檗、盐麸木等营造黄色和橙色的环境，对于胃肠道疾病、食欲不振及其心生多疑等疾病的治疗有一定的辅助作用。白色小园林的整个园区用柠檬桉、白皮松、白千层、东风橘等营造卫生、整洁、明快的氛围，有利于肺部健康，对于支气管炎、咳嗽等有一定的辅助治疗效果。蓝色小园林的整个园区选用兰松、蓝桉、珍珠相思、南洋楹、柽柳、大岩桐等营造冷静的蓝色氛围，有助于人们稳定情绪，对心脑血管疾病的治疗有一定的辅助作用。黑色小园林的整个园区选用黑松、罗汉柏、龙血树、乌柏、橡胶榕、龙柏、桧柏、巴西木、苏铁、南洋杉、黑仔树、乌墨等营造黑色氛围，这种环境有助于强心壮阳、通窍益智、延年益寿、颐养天年①。

（三）技术要领

在森林中打造养生旅游产品一定要严格把握好空气、水源、气候等方面，环境必须达到优良的等级，让游客看得到美景、听得到悦耳的声音、呼吸新鲜的空气，休养生息，静心遐思。

十二、景观营造技术

（一）技术原理

乡村的观赏价值一是乡村的"色"，一年四季呈现不同的颜色；二是乡村的"型"；三是乡村的"香"。在这几个方面营造乡村景观，给游客提供视觉的享受。

（二）技术规程

这个环节可以打造的旅游项目有以下几种：生机盎然的春季森林游（产品打造时突显春天万物复苏、生命伊始的主题），枝繁叶茂的夏日森林游（产品打造时突显在炎炎夏日中森林的避暑主题），万山红遍的秋季森林游（产品打造时突显秋天森林颜色的浓烈和斑驳的主题），林海雪原的冬季森林游（产品打造时突显冰清玉洁与挑战严寒的主题），春天梨园梨花游（看梨花的形、闻梨花的香、赏梨花的景），冬天梅园梅花游（看梅花的形、闻梅花的香、赏梅花的傲寒）。不同季节开花的植物整理如表4-2所示。

表4-2　不同季节开花的植物

季节	开花的植物
春季	杜仲、樱桃、白榆、胡杨、银柳、杞柳、月桂、山胡椒、杜鹃、榆叶梅、杨梅、银杏、金缕梅
夏季	米仔兰、广玉兰、卫矛、桉树、太平花、高山杜鹃、山梅花、金叶大花六道木、盐麸木、国槐、梓树、花榈木、火炬树
秋季	十大功劳、胡枝子、栾树、胡颓子、榔榆、阔叶十大功劳、雪松、石栎、朱樱花
冬季	蜡梅、柊树、非洲芙蓉、枇杷、虎刺梅、水仙、三角梅

（三）技术要领

第一，乡村景观要和当地的环境相结合，做到因地制宜。第二，要区别于其他自然景观，突出乡村的特色。第三，乡村景观要考虑季相的变化，及时调整向游客开放的时间。

①李德雄．植物密码：李氏绿色兵法[M]．广州：广东旅游出版社，2005.

十三、化劳为怡技术

（一）技术原理

乡村旅游，需要把劳动过程转化为旅游过程，劳动的过程是劳累的，旅游的过程是放松、体验的过程，这就需要把劳累的过程转化为放松体验的过程，需要用到多个方面的技术。

（二）技术规程

第一，使用合适的工具减轻劳动强度。第二，以不疲劳为前提，利用人体工程学计算出单项劳动人体的耐受力。第三，将劳动强度不同的单项乡村旅游产品进行科学的交替组合。化劳为怡技术特别适合体验式旅游产品的打造。人体工程学中力的运用如图4-9所示。

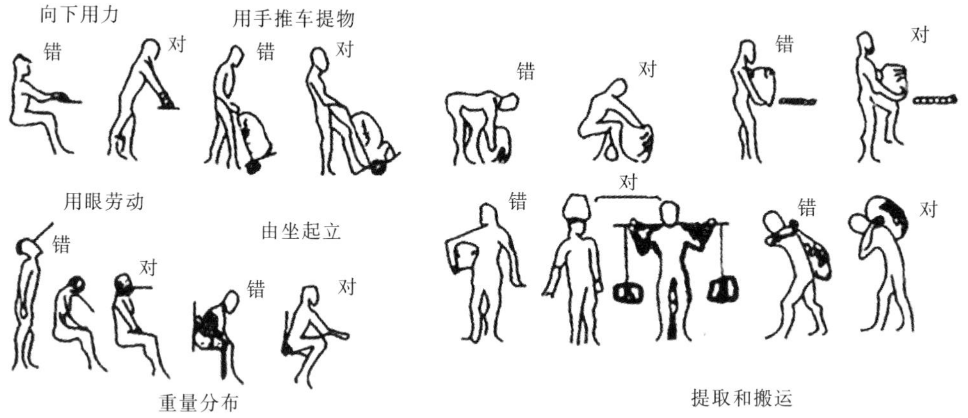

图4-9 人体工程学中力的应用

（三）技术要领

第一，要考虑个体的差异，保证绝大部分游客能够完成。第二，过程中需要提供一定的乡村劳动技术支撑，让游客掌握一定的劳动技巧。第三，需要设计不同劳动强度的旅游产品满足不同人群需求。

十四、田间种画技术

（一）技术原理

田间种画技术就是把颜色不同的同类作物种植在同一块田地中，使之构成一幅巨型画，这种技术最早源于日本的水稻种植，后来推广到其他国家和地区，以及其他农作物。

（二）技术规程

选择不同颜色的植物进行育苗，然后在田地中插杆做标记，使之构成理想的画面，画面的题材丰富多样，可以是著名的中外古代名将（如拿破仑等）的雄姿，可以是名人名画、影视剧、动漫等中的人物形象（如蒙娜丽莎、哆啦A梦等）。题材应每年都有变化，内容要广泛。按照标记把不同颜色的植物种植到设计的区域之中，形成逼真的画面，在不同的生长时期，画面颜色效果也会随之变化。

（三）技术要领

经过长期的发展，人们掌握了稻田种植画技术的特点，根据不同品种水稻颜色可以设计出更加丰富的画面。田间种画技术在发展地方旅游经济、增加旅游目的地吸引力方面有明显的效果。

第六节　乡村旅游的评价方法构建

不是所有的乡村生产都可以旅游化，只有在条件适合的情况下，才可以开发旅游。首先对乡村生产资源进行评价，评价结果良好及以上的才可以开发旅游。对一般的旅游资源进行评价的研究比较多，但是对乡村生产过程这类旅游资源的评价还没有，如何建立一套科学的评价指标体系，是本节的研究焦点。

在评价因子的选取方面，参照国家标准《旅游资源分类、调查与评价》（GB/T 18972—2017），以及《贵州乡村旅游资源评价模型初探》①、《旅游开发研究——原理·方法·实践》②、《县域旅游资源评价及开发对策》③、《陕西区域旅游资源群开发潜力分析与评价研究》④、《旅游资源开发潜力评价的多层次灰色方法——老子山风景区为例》⑤、《农业文化遗产地旅游资源潜力评价——以浙江省青田县为例》⑥等，采用美国匹茨堡大学教授、著名运筹学家萨蒂（Saaty）于20世纪70年代提出的系统评价分析方法——层次分析法（AHP）来进行评价。AHP是运用网络系统理论进行的多目标综合评价方法，是多层次差异化权重决策分析方法，可以把复杂的决策过程简单化，针对难以定量的旅游资源提供有效的评价系统模型。

一、建立AHP评价体系

参照国家标准《旅游资源分类、调查与评价》（GB/T 18972—2017）和其他相关

①张晶，李良军．贵州乡村旅游资源评价模型初探[J]．安徽农业科学，2007，35(19)．

②保继刚，等．旅游开发研究——原理·方法·实践[M]．北京：科学出版社，1996．

③郭斌，孙文．县域旅游资源评价及开发对策——以陕西省柞水县为例[J]．安徽农业科学，2011，39(35)．

④薛亮，苏惠敏．陕西区域旅游资源群开发潜力分析与评价研究[J]．干旱区资源与环境，2007，21(7)．

⑤汪侠，顾朝林，刘晋媛，等．旅游资源开发潜力评价的多层次灰色方法——以老子山风景区为例[J]．地理研究，2007，26(3)．

⑥孙业红，成升魁，钟林生，等．农业文化遗产地旅游资源潜力评价——以浙江省青田县为例[J]．资源科学 2010，32(6)．

研究,收集所有研究涉及的评价因子,包括区位条件、交通方式、交通可达性、餐饮条件、住宿环境、通信条件、导游条件、政策支持力度、知名景点丰度、历史影响力、科普教育性、社会环境、科普价值、游憩娱乐价值、旅游资源组合度、环节丰度、居民好客度、社会治安情况、层次感、季相变化、色彩丰度、景观类别丰度、水体景观优美度、适游时间长度、可开发程度、空气清新度、水体清洁度、土壤适耕度、物种丰富度、加工产品艺术性、规模、土壤类型丰度、产品旅游商品化、设备的多样性、与游客互动亲和度共35项评价因子,采用专家打分法进行4次筛选,确定27项评价因子最具相关性,把这27项评价因子进行分类构建,建立起3个层次,1个总体目标(总目标层A层),4个2级指标(评价准则层B层),27个3级指标(评价项目层C层)的乡村旅游评价指标系统(见图4-10)。

各因子具体说明如下。

A乡村旅游资源综合评价模型。

B1基础设施:乡村生产基础设施。

B2人文环境:乡村生产人文环境。

B3自然环境:乡村生产自然条件。

B4生态系统:乡村生产生态环境。

C1区位条件:乡村生产所在的地理区位。

C2交通方式:到达乡村生产目的地的交通方式。

C3交通可达性:每种交通方式的有效抵达性。

C4餐饮条件:餐饮卫生服务条件。

C5住宿环境:住宿档次和接待能力。

C6通信条件:与外界联系、通信(如宽带、传真、快递等)情况。

C7导游条件:数字导游与人工导游条件。

C8政策支持力度:当地政府对发展乡村旅游的支持力度。

C9知名景点丰度:附近有多少知名的旅游景点(旅游景点越多,捆绑式打造越有利)。

C10历史影响力:当地的乡村生产在历史上是否具有影响力。

C11社会环境:乡村生产所在地的社会文化氛围是否适合开发乡村旅游。

C12科普价值:该类乡村生产过程是否具有科普教育价值。

C13游憩娱乐价值:该地的乡村生产过程适合游憩娱乐的程度。

C14旅游资源组合度:不同类型的旅游资源组合的优劣程度。

C15居民好客度:当地居民的好客程度。

C16社会治安情况:当地社会治安状况。

C17层次感:当地乡村景观的层次感是否很强。

C18季相变化:乡村生产过程中一年四季的景观变化。

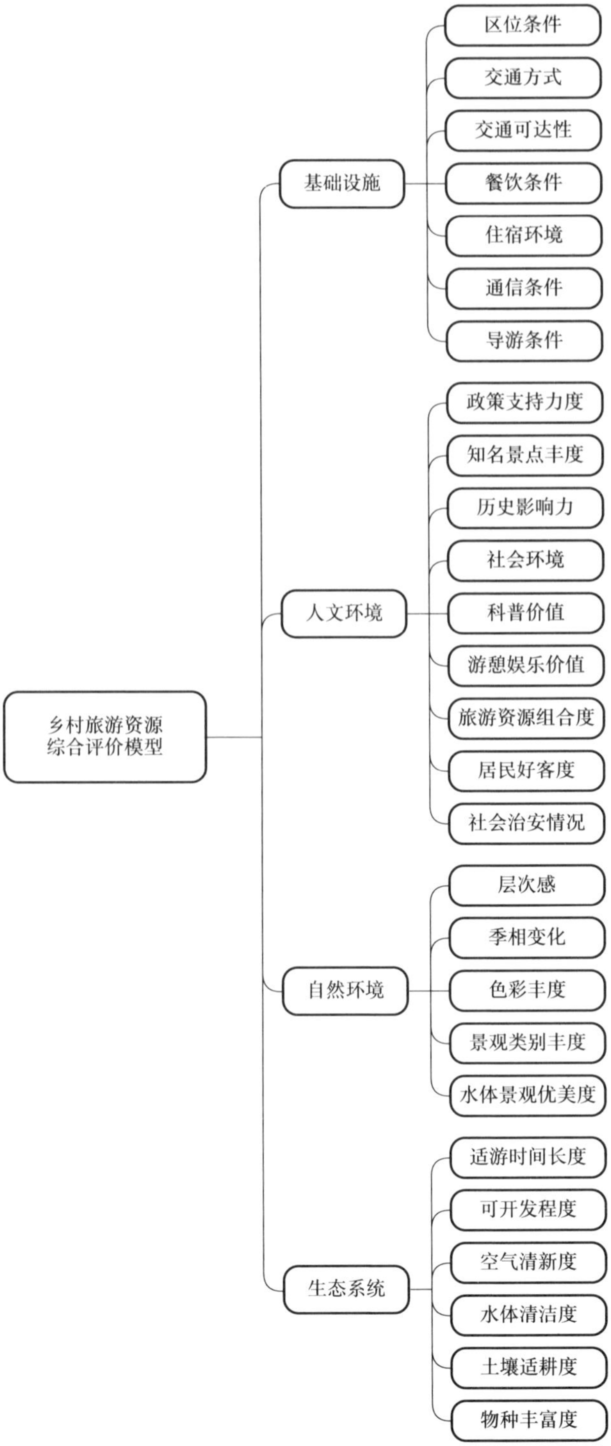

图 4-10　乡村旅游资源综合评价模型

C19色彩丰度:在一年中乡村景观的色彩是否丰富。

C20景观类别丰度:不同景观的类别是否丰富。

C21水体景观优美度:水体景观的优美程度。

C22适游时间长度:适合开发旅游的乡村生产时间的长短。

C23可开发程度:当地的乡村生产是否受外力的影响,在多大程度上可以开发,例如自然保护区的林业旅游化就受国家政策的限制。

C24空气清新度:当地空气清新程度、负氧离子含量等。

C25水体清洁度:乡村生产地的水清洁程度。

C26土壤适耕度:土壤适合种植的程度,受土壤自身条件、光热条件、水分条件等影响,土壤适合种植的情况差异很大。

C27物种丰富度:乡村种植的物种的多寡。

二、计算权重

对于总体目标的重要程度,将每一层指标进行两两比较,建立两两比较的矩阵进行逐一判断,得出具体的权重数据。采用表4-3所示的方法进行比较。

表4-3 指标比较矩阵

	P_1	P_2	…	P_n
P_1	b_{11}	b_{12}	…	b_{1n}
P_2	b_{21}	b_{22}	…	b_{2n}
⋮	⋮	⋮	⋱	⋮
P_n	b_{n1}	b_{n2}	…	b_{nn}

在AHP中,为了量化判断的标准,方便指标之间的定量研究,采用1～9标度的方法,具体做法见表4-4。

表4-4 指标定量标度

标度	表示的含义
1	两个指标对上一层的贡献率相同,同样重要
3	两个指标进行比较,一个指标比另一个指标稍微重要一些
5	两个指标进行比较,一个指标比另一个指标明显重要
7	两个指标进行比较,一个指标比另一个指标重要得多
9	两个指标进行比较,一个指标比另一个指标极端重要
2、4、6、8	介于前后两个指标之间的中间标度
$1/b_{ij}$	两个指标之间的反向比较

矩阵的判断按照以下路径进行：

$$b_{ij}=1$$

$$b_{ij}=\frac{1}{b_{ij}}$$

$$b_{ij}=\frac{b_{ik}}{b_{jk}}$$

其中，$i、j、k=1,2,3,\cdots,n$。

层次分析过程中专家意见的一致性、数据的一致性非常重要，因此矩阵的一致性必须进行判断，判断矩阵的一致性CI(Consistency Index)为

$$\mathrm{CI}=\frac{\lambda_{\max}-n}{n-1}$$

当$n>3$时，计算矩阵的一致性CI，公式如下：

$$\mathrm{CR}=\frac{\mathrm{CI}}{\mathrm{RI}}$$

其中，RI表示的是随机一致性指标值(random consistency index)情况(见表4-5)。

表4-5　随机一致性指标值

n	1	2	3	4	5	6	7	8	9	10
RI	0	0	0.58	0.9	1.12	1.24	1.32	1.41	1.45	1.49

$\mathrm{CR}<0.1$说明一致性符合要求，$\mathrm{CR}>0.1$说明明显不一致。

三、层次分析

对于正矩阵$\boldsymbol{A}$所有指标均为正，对目标没有正贡献率的影响因子在专家筛选过程中已经去除。所以

(1) 判断$\boldsymbol{A}$的最大特征根是否为正的单根。

(2) λ对应正特征向量$\boldsymbol{W}$。

(3) $\lim\limits_{k\to+\infty}\frac{\boldsymbol{A}^K\boldsymbol{e}}{\boldsymbol{e}^{\mathrm{T}}\boldsymbol{A}^k\boldsymbol{e}}=\boldsymbol{W}$，式中$\boldsymbol{e}=(1,1,\cdots,1)^{\mathrm{T}}$。

$\boldsymbol{W}$是对应λ归一化特征向量，把专家赋值代入公式$\mathrm{CR}<0.1$说明一致性符合要求，计算结果如表4-6所示。

表4-6　最终结果

备选方案	权重
物种丰富度	0.0987
适游时间长度	0.0164
可开发程度	0.0266
空气清新度	0.0359

续表

备选方案	权重
水体清洁度	0.0452
土壤适耕度	0.0610
水体景观优美度	0.0455
层次感	0.0601
季相变化	0.1334
色彩丰度	0.1259
景观类别丰度	0.1532
社会治安情况	0.0033
政策支持力度	0.0043
知名景点丰度	0.0252
历史影响力	0.0057
社会环境	0.0058
科普价值	0.0155
游憩娱乐价值	0.0107
旅游资源组合度	0.0152
居民好客度	0.0134
导游条件	0.0107
区位条件	0.0152
交通方式	0.0123
交通可达性	0.0239
餐饮条件	0.0138
住宿环境	0.0178
通信条件	0.0054

通过计算,27项评价因子的权重排序:景观类别丰度>季相变化>色彩丰度>物种丰富度>土壤适耕度>层次感>水体景观优美度>水体清洁度>空气清新度>可开发程度>知名景点丰度>交通可达性>住宿环境>适游时间长度>科普价值>旅游资源组合度≥区位条件>餐饮条件>居民好客度>交通方式>导游条件>游憩娱乐价值>社会环境>历史影响力>通信条件>政策支持力度>社会治安情况。

根据表4-7的计算结果,4项因子对目标的贡献权重排序如下:自然环境>生态系统>人文环境≥基础设施。

表4-7 乡村旅游资源综合评价模型

（判断矩阵一致性比例：0.0016；对总目标的权重：1.0000；\lambda_{max}：4.0042）

乡村旅游资源综合评价模型	生态系统	自然环境	人文环境	基础设施	W_i
生态系统	1.0000	0.5000	3.0000	3.0000	0.2838
自然环境	2.0000	1.0000	5.0000	5.0000	0.5182
人文环境	0.3333	0.2000	1.0000	1.0000	0.0990
基础设施	0.3333	0.2000	1.0000	1.0000	0.0990

根据表4-8的计算结果，生态系统的各影响因子之间的权重排序如下：物种丰富度>土壤适耕度>水体清洁度>空气清新度>可开发程度>适游时间长度。

表4-8 生态系统

（判断矩阵一致性比例：0.0310；对总目标的权重：0.2838；\lambda_{max}：6.1950）

生态系统	物种丰富度	适游时间长度	可开发程度	空气清新度	水体清洁度	土壤适耕度	W_i
物种丰富度	1.0000	4.0000	3.0000	3.0000	3.0000	2.0000	0.3477
适游时间长度	0.2500	1.0000	0.5000	0.3333	0.3333	0.3333	0.0579
可开发程度	0.3333	2.0000	1.0000	0.5000	0.5000	0.5000	0.0938
空气清新度	0.3333	3.0000	2.0000	1.0000	0.5000	0.5000	0.1265
水体清洁度	0.3333	3.0000	2.0000	2.0000	1.0000	0.5000	0.1593
土壤适耕度	0.5000	3.0000	2.0000	2.0000	2.0000	1.0000	0.2148

根据表4-9的计算结果，自然环境的各影响因子之间的权重排序如下：景观类别丰度>季相变化>色彩丰度>层次感>水体景观优美度。

表4-9 自然环境

（判断矩阵一致性比例：0.0978；对总目标的权重：0.5182；\lambda_{max}：5.4382）

自然环境	水体景观优美度	层次感	季相变化	色彩丰度	景观类别丰度	W_i
水体景观优美度	1.0000	0.5000	0.3333	0.3333	0.5000	0.0879
层次感	2.0000	1.0000	0.3333	0.3333	0.5000	0.1159

续表

季相变化	3.0000	3.0000	1.0000	2.0000	0.3333	0.2574
色彩丰度	3.0000	3.0000	0.5000	1.0000	1.0000	0.2430
景观类别丰度	2.0000	2.0000	3.0000	1.0000	1.0000	0.2957

根据表4-10的计算结果，人文环境的各影响因子的权重排序：知名景点丰度>科普价值>旅游资源组合度>居民好客度>游憩娱乐价值>社会环境>历史影响力>政策支持力度>社会治安情况。

表4-10 人文环境

（判断矩阵一致性比例：0.0849；对总目标的权重：0.0990；\lambda_{max}：9.9913）

人文环境	社会治安情况	政策支持力度	知名景点丰度	历史影响力	社会环境	科普价值	游憩娱乐价值	旅游资源组合度	居民好客度	W_i
社会治安情况	1.0000	0.3333	0.2500	0.3333	0.5000	0.2500	0.3333	0.3333	0.3333	0.0337
政策支持力度	3.0000	1.0000	0.5000	0.3333	0.5000	0.3333	0.2500	0.1667	0.3333	0.0430
知名景点丰度	4.0000	2.0000	1.0000	3.0000	4.0000	3.0000	4.0000	3.0000	3.0000	0.2546
历史影响力	3.0000	3.0000	0.3333	1.0000	0.5000	0.2500	0.3333	0.2500	0.5000	0.0574
社会环境	2.0000	2.0000	0.2500	2.0000	1.0000	0.2500	0.3333	0.3333	0.3333	0.0585
科普价值	4.0000	3.0000	0.3333	4.0000	4.0000	1.0000	2.0000	1.0000	1.0000	0.1562
游憩娱乐价值	3.0000	4.0000	0.2500	3.0000	3.0000	0.5000	1.0000	0.3333	1.0000	0.1077
旅游资源组合度	3.0000	6.0000	0.3333	4.0000	3.0000	1.0000	3.0000	1.0000	0.5000	0.1533
居民好客度	3.0000	3.0000	0.3333	2.0000	3.0000	1.0000	1.0000	2.0000	1.0000	0.1357

根据表4-11的计算结果，基础设施的各影响因子的权重排序如下：交通可达性>住宿环境>区位条件>餐饮条件>交通方式>导游条件>通信条件。

表4-11 基础设施

（判断矩阵一致性比例：0.0598；对总目标的权重：0.0990；\lambda_{max}：7.4883）

基础设施	导游条件	区位条件	交通方式	交通可达性	餐饮条件	住宿环境	通信条件	W_i
导游条件	1.0000	0.5000	0.5000	0.5000	1.0000	1.0000	2.0000	0.1077
区位条件	2.0000	1.0000	3.0000	0.5000	1.0000	0.3333	3.0000	0.1536
交通方式	2.0000	0.3333	1.0000	0.3333	1.0000	1.0000	3.0000	0.1239
交通可达性	2.0000	2.0000	3.0000	1.0000	2.0000	1.0000	3.0000	0.2418
餐饮条件	1.0000	1.0000	1.0000	0.5000	1.0000	1.0000	3.0000	0.1391
住宿环境	1.0000	3.0000	1.0000	1.0000	1.0000	1.0000	3.0000	0.1797
通信条件	0.5000	0.3333	0.3333	0.3333	0.3333	0.3333	1.0000	0.0542

根据建立的模型和计算出来的权重，乡村旅游资源评价数据的求值公式就是 $S=C1+C2+C3+C4+C5+C6+C7+C8+C9+C10+C11+C12+C13+C14+C15+C16+C17+C18+C19+C20+C21+C22+C23+C24+C25+C26+C27=0.0152+0.0123+0.0239+0.0138+0.0178+0.0054+0.0107+0.0043+0.0252+0.0057+0.0058+0.0155+0.0107+0.0152+0.0134+0.0033+0.0601+0.1334+0.1259+0.1532+0.0455+0.0164+0.0266+0.0359+0.0452+0.0610+0.0987$。

四、实证研究

选取江西省赣州市18个县（市、区）中的5个乡村旅游目的地，打分赋值代入公式进行计算，其评价打分结果见表4-12。

表4-12 瑞金、上犹、安远、崇义、南康评价得分

县（市、区）名称	瑞金	上犹	安远	崇义	南康
乡村旅游资源评价得分	93.17	82.42	80.71	70.68	59.18

从得分结果来看，和实际情况是完全一致的，这说明建立的乡村旅游资源评价模型是切实可行的，一般来说，得分在80分以上的乡村生产地区极具旅游开发价值，得分60～79分的乡村生产地区具有旅游开发价值，得分在60分以下的乡村生产地区旅游开发价值暂时不大，这一模型为我们发展乡村旅游之前提供了参考数据，避免工作的盲目随从。

第五章　种植型乡村旅游创意开发的技术集成

种植型乡村旅游生产过程包括作物种植生产过程、林木种植生产过程、瓜果种植生产过程、花木种植生产过程等，这类生产过程旅游化的研究包括种植型乡村旅游产品组成因子的权重研究、种植型乡村旅游产品的构成要素提炼研究、种植型乡村旅游目的地的生态容量研究。

第一节　种植型乡村旅游产品组成因子的权重研究

一、组成因子选择

种植型乡村旅游资源评价体系如图5-1所示。

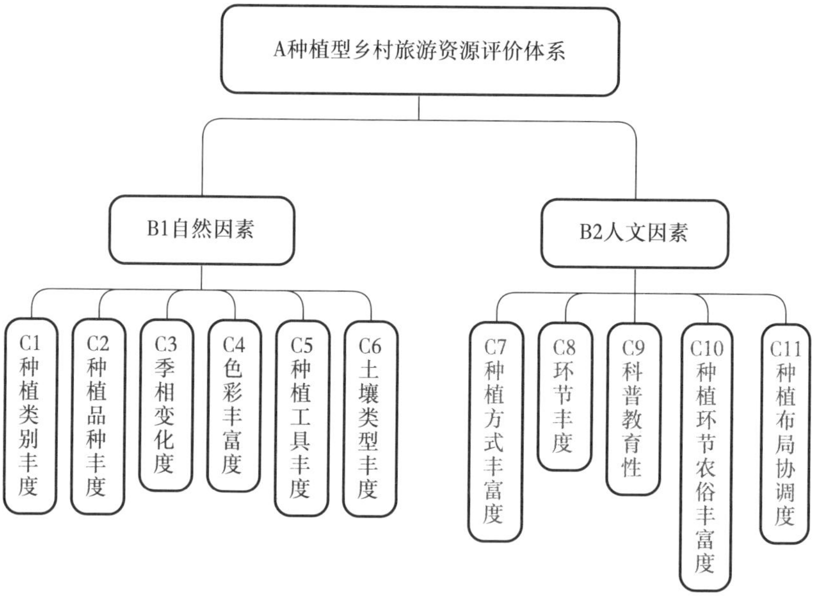

图5-1　种植型乡村旅游资源评价体系

针对种植型乡村生产过程的具体情况，参考国家标准《旅游资源分类、调查与评价》(GB/T 18972—2017)，以及《乡村旅游研究与实践——桂林乡村旅游个案分析》[①]、《乡村旅游开发研究》[②]、《我国现代乡村旅游深层次开发探讨》[③]、《开发我国乡村旅游的新思路》[④]、《参与式乡村旅游开发模式探讨》[⑤]、《城市化与城市近郊乡村旅游发展的初步研究》[⑥]等资料，收集构成种植业乡村旅游产品的组成因子共20个。经过4轮专家打分筛选，从中筛选出11项因子：种植类别丰度、种植品种丰度、季相变化度、色彩丰富度、种植工具丰度、土壤类型丰度、种植方式丰富度、环节丰度、科普教育性、种植环节农俗丰富度、种植布局协调度。

各因子具体说明如下。

C1种植类别丰度：乡村种植大类的丰富程度。

C2种植品种丰度：同一类种植作物的品种多少，品种越丰富越有利于旅游产品打造。

C3季相变化度：种植型乡村不同季节景观变化的程度，四季越分明越好。

C4色彩丰富度：种植型乡村颜色的丰富程度。

C5种植工具丰度：种植业生产过程所需要的工具多少，工具越丰富，旅游产品越好打造。

C6土壤类型丰度：土壤类型的多少。

C7种植方式丰富度：种植方式的多少。

C8环节丰度：种植环节的数量，环节越多，旅游产品打造的元素就越多。

C9科普教育性：种植环节中包含的科学性越强，科普性就越强。

C10种植环节农俗丰富度：种植过程中农俗越丰富，旅游产品就越容易打造。

C11种植布局协调度：不同地块不同种植农作物之间的协调程度。

二、权重分析方法

对11项指标进行层次分析（AHP），以确定开发过程中的轻重缓急，着力打造好重要环节，兼顾好次要环节，力争把种植业旅游产品开发好。具体做法是把专家赋值代入公式：

$$CR=\frac{CI}{RI}$$

进行一致性判断，再代入公式：

---

①黄进．乡村旅游研究与实践——桂林乡村旅游个案分析[D]．长沙：中南林业科技大学，2001.

②刘红艳．乡村旅游开发研究[D]．长沙：中南林业科技大学，2001.

③陈文君．我国现代乡村旅游深层次开发探讨[J]．广州大学学报（社会科学版），2003，2（2）.

④尹振华．开发我国乡村旅游的新思路[J]．旅游学刊，2004，19（5）.

⑤郑群明，钟林生．参与式乡村旅游开发模式探讨[J]．旅游学刊，2004，19（4）.

⑥税伟，张启春，王山河，等．城市化与城市近郊乡村旅游发展的初步研究[J]．山东农业大学学报（社会科学版），2004，6（3）.

$$\lim_{k\to+\infty}\frac{\boldsymbol{A}^{K}\boldsymbol{e}}{\boldsymbol{e}^{\mathrm{T}}\boldsymbol{A}^{k}\boldsymbol{e}}=\boldsymbol{W}$$

三、权重分析结果

权重分析最终结果如表5-1所示。

表5-1 最终结果

备选方案	权重
C1种植类别丰度	0.0653
C6土壤类型丰度	0.0276
C3季相变化度	0.2332
C2种植品种丰度	0.0890
C4色彩丰富度	0.2717
C5种植工具丰度	0.1466
C7种植方式丰富度	0.0431
C11种植布局协调度	0.0206
C9科普教育性	0.0677
C10种植环节农俗丰富度	0.0257
C8环节丰度	0.0096

根据表5-1,种植型乡村旅游资源评价体系各项指标的权重排序如下:色彩丰富度>季相变化度>种植工具丰度>种植品种丰度>科普教育性>种植类别丰度>种植方式丰富度>土壤类型丰度>种植环节农俗丰富度>种植布局协调度>环节丰度。

表5-2表明,自然因素比人文因素在乡村旅游产品打造中更加重要。

表5-2 种植型乡村旅游资源评价源体系

(判断矩阵一致性比例:0.0000; 对总目标的权重:1.0000; \lambda_{max}:2.0000)

A种植型乡村旅游资评价源体系	B1自然因素	B2人文因素	W_i
B1自然因素	1.0000	5.0000	0.8333
B2人文因素	0.2000	1.0000	0.1667

根据表5-3的计算结果,自然因素的各个因子的权重排序如下:色彩丰富度>季相变化度>种植工具丰度>种植品种丰度>种植类别丰度>土壤类型丰度。

表 5-3 自然因素

(判断矩阵一致性比例:0.0828;对总目标的权重:0.8333;\lambda_{max}:6.5217)

B1自然因素	C1种植类别丰度	C6土壤类型丰度	C3季相变化度	C2种植品种丰度	C4色彩丰富度	C5种植工具丰度	W_i
C1种植类别丰度	1.0000	5.0000	0.2500	0.5000	0.3333	0.2500	0.0784
C6土壤类型丰度	0.2000	1.0000	0.1111	0.3333	0.2000	0.2000	0.0331
C3季相变化度	4.0000	9.0000	1.0000	3.0000	0.3333	3.0000	0.2798
C2种植品种丰度	2.0000	3.0000	0.3333	1.0000	0.3333	0.5000	0.1068
C4色彩丰富度	3.0000	5.0000	3.0000	3.0000	1.0000	2.0000	0.3260
C5种植工具丰度	4.0000	5.0000	0.3333	2.0000	0.5000	1.0000	0.1759

根据表5-4的计算结果,人文因素的各个因子的权重排序如下:科普教育性>种植方式丰富度>种植环节农俗丰富度>种植布局协调度>环节丰度。

表 5-4 人文因素

(判断矩阵一致性比例:0.0548;对总目标的权重:0.1667;\lambda_{max}:5.2456)

B2人文因素	C7种植方式丰富度	C11种植布局协调度	C9科普教育性	C10种植环节农俗丰富度	C8环节丰度	W_i
C7种植方式丰富度	1.0000	3.0000	0.3333	2.0000	5.0000	0.2585
C11种植布局协调度	0.3333	1.0000	0.2500	1.0000	3.0000	0.1236
C9科普教育性	3.0000	4.0000	1.0000	2.0000	4.0000	0.4063
C10种植环节农俗丰富度	0.5000	1.0000	0.5000	1.0000	3.0000	0.1540
C8环节丰度	0.2000	0.3333	0.2500	0.3333	1.0000	0.0577

分析结果表明,在打造种植业乡村旅游产品时,二级指标中的自然因素(0.8333)比人文因素(0.1667)重要得多;按照权重的大小,三级指标的排序为色彩丰富度(0.2717)、季相变化度(0.2332)、种植工具丰度(0.1466)、种植品种丰度(0.0890)、科普教育性(0.0677)、种植类别丰度(0.0653)、种植方式丰富度(0.0431)、土壤类型丰度(0.0276)、种植环节农俗丰富度(0.0257)、种植布局协调度(0.0206)、环节丰度(0.0096)。因此,在发展种植型乡村旅游的过程中,开发旅游产品时要优先考虑自然因素,兼具人文因素。

第二节 种植型乡村旅游产品的构成要素提炼研究

种植型乡村旅游产品的构成要素提炼研究包括作物种植生产旅游要素提炼技术、林木种植生产旅游要素提炼技术、瓜果种植生产旅游要素提炼技术、花草种植生产旅游要素提炼技术四类，每一类依据计算结果，按照指标权重大小逐个进行乡村旅游产品的构成要素提炼。

一、作物种植生产旅游要素提炼技术

种植业包括粮食作物、经济作物和绿肥等的生产。种植五谷，具体项目通常用“十二个字”，即粮、棉、麻、油、丝(桑)、糖、茶、烟、菜、药、果、杂来代表，这些项目按照作物生长的规律，结合旅游产品的特点，提炼出作物种植生产的旅游要素。

表5-5 作物种植生产旅游要素提炼技术

乡村旅游产品组成因子及权重	提炼可以打造成旅游产品的构成要素	建议旅游产品的打造方法
环节丰度(0.0096)	选种、移栽、土壤耕作、育种栽培、播种、田间管理、水利灌溉、施肥、追肥、农产品收获、农产品储藏、间苗、补苗、镇压、除草、压蔓、灌溉、整枝、施肥、培土、松土、施药、防霜、防冻、防治病虫、中耕、浅翻耕(深度12～16cm)、旋耕(深度10～12cm)、深松耕(深度20cm)、铁犁牛耕、水田耕作、旱田耕作	观光法、体验法、竞赛法、任务法
种植环节农俗丰富度(0.0257)	数九、七十二候、二十四节气(见图5-2)及“祭田神”“祭谷神”“祈丰收”“祭蚕神”等不同地区的祭谷仪式。这类乡村旅游单项产品有哈尼族的“祭谷王节”，阿美人的“丰年祭”，泰雅人的“丰年祭”，排湾人的“丰年祭”，布农人的“丰年祭”，鲁凯人的“丰年祭”，卑南人的“丰年祭”，邹人(曹人)的“丰年祭”，达悟人(雅美人)的“丰年祭”，邵人的“丰年祭”，彝族的“咪嘎哈节”，白族的“闹春牛”“朝花节”“栽秧会”“祈雨会”“火把节”“耍海会”	演出法、体验法
科普教育性(0.0677)	农谚：“有水才有谷，无水守着哭”“稻田水多是糖浆，麦田水多是砒霜”“河底泛青苔，必有阵雨来；烟囱不出烟，一定阴雨天”“雨打黄梅头，四十五天无日头，雨打黄梅脚，车水车断黄牛脚”“鸡啁风，鸭啁雨，蚂蚁拦路要落雨”“虹高日头低，明朝着蓑衣；虹低日头高，明日晒得背皮焦”“五月南风落大雨，六月南风海要枯”“桃花落在尘土里，打麦打在泥浆里；桃花落在泥浆里，打麦打在尘土里”“好儿要好娘，种田要好秧”“三年不选种，增产要落空”“好种长好稻，坏种长稗草”	体验法、任务法

续表

乡村旅游产品组成因子及权重	提炼可以打造成旅游产品的构成要素	建议旅游产品的打造方法
种植布局协调度(0.0206)	间种、混作、套种、立体种植、冬闲、夏闲、秋闲、撂荒、无土栽培、间作、套作、轮作、复种、连作	体验法、参与法
种植方式丰富度(0.0431)	免耕种植、少耕种植、秸秆还田耕作、刀耕火种、游耕法耕作、砍烧法耕作、等高耕作、沟垄耕作、残茬覆盖耕作、带状耕作、保水耕作、联合耕作、精细耕作、人工直播、机器直播、撒播、条播、育苗移栽、单作、复种	观光法、体验法、作古法
种植工具丰度(0.1466)	芣(两刃臿也)、臬(芣,臿也,铁、揪一类)、梠(臿也)、鈂(臿类)、鍦(臿类)、铦(臿类)、力(筋也)、鑿(臿头金也)、耒(手耕曲木也)、耒耜(耒为上部,耜为下部,把耒和耜两种农具连在一起,形似现在的铲)、锛(开垦土地的农具)、锸(掘土的工具)、镢(一种形似镐的刨土农具)、耙(表层土壤耕作的农具,可以分为圆盘耙、钉齿耙、往复驱动耙、立式转齿耙、弹齿耙、网状耙、滚笼耙、星轮耙、水田星形耙等)、犁(可以分为石犁、犁壁、单辕直辕犁、双辕直辕犁等)、镐(用于挖开土质较硬的地)、铧(人力翻土农具)、锹(掘土器)、锨(掘土和铲东西的工具)等。现代的耕地工具有微耕机、铧式犁、犁圆盘犁、凿式犁、旋耕机、联合耕作机、简易播种器、小型玉米播种器、便携式点播器、水稻定距播种器、手提式自动施播器、多功能施播器、人力大豆点种器、现代条播机半自动农用穴播器、旱作手提式多用点播器、人力套种机、可调式植物播种器、人力多用途播种机、手柄推拉式穴播耧、精量侧壁式点播器、镐式点播器、自控点播器、密植播种耧、玉米带肥套播耧、便携式分株播种器	陈列法、图片法、做全法、体验法
色彩丰富度(0.2717)	黄灿灿的油菜花、绿油油的麦田、红彤彤的高粱、金黄的玉米、黄澄澄的谷子、黑油油的土地、火红的热土、白生生的棉花、金黄的稻田	做大法、观光法
种植品种丰度(0.0890)	籼亚种稻、粳亚种稻、晚稻、早稻、陆稻、糯稻、啤酒大麦、饲用大麦、冬小麦、春小麦、强筋小麦、荞麦、燕麦、红麦、白麦、大豆、小豆、蚕豆、绿豆、豌豆、菜豆、梅豆、黄玉米、白玉米、黑玉米、紫玉米、糯玉米、杂玉米、甜玉米、高油玉米、蛋白玉米、青贮玉米、白菜型油菜、甘蓝型油菜、芥菜型油菜、马铃薯、甘薯、木薯、山药	观光法、图片法、陈列法
季相变化度(0.2332)	春意盎然的春天、烈日炎炎的夏天、硕果累累的秋天、白雪皑皑的冬天	观光法

续表

乡村旅游产品组成因子及权重	提炼可以打造成旅游产品的构成要素	建议旅游产品的打造方法
土壤类型丰度（0.0276）	自然土壤、人为土壤、耕作土壤、森林土壤、草原土壤、荒漠土壤、水田土壤、旱地土壤、低地土壤、湿地土壤、盐渍土壤、山地土壤、高山土壤、原始土壤、幼年土壤、成熟土壤、顶极土壤、古土壤、埋藏土、裸露埋藏土、残遗土、有机层、腐殖质层、淋溶层、淀积层、母质层、草毡层、耕作层、犁底层、孔泡结皮层、片状层、灰化层、漂洗层、次生黏化层、网纹层、泥炭层、潜育层、潴育层、渗育层、表土、心土、底土、有机表层、淡薄表层、黑色表层、人为表层、灌淤表层、堆垫表层、肥熟表层、水耕表层、耕作淀积层、淀积黏化层、黏化层、高岭层、氧化层、显域土、隐域土、泛域土、自成土、水成土、半水成土、岩成土、盐成土、残积土、崩积土、冲积土、风积土、砖红壤、赤红壤、红壤、燥红土、黄壤、棕红壤、褐红土、红色石灰土、棕色石灰土、黑色石灰土、紫色土、黄棕壤、黄褐土、棕壤、褐土、暗棕壤、棕色针叶林土、灰化土、白浆土、灰褐土、灰黑土、黑土、黑钙土、栗钙土、棕钙土、灰钙土、灰漠土、灰棕漠土、棕漠土、龟裂土、高山草甸土、亚高山草甸土、山地草甸土、高山草原土、亚高山草原土、寒漠土、寒冻土、冰沼土、黑垆土、黄绵土、磷质石灰土、泥炭土、沼泽土、草甸土、潮土、砂姜黑土、盐土、酸性硫酸盐土、碱土、水稻土、淹育水稻土、潜育水稻土、漂洗水稻土、菜园土、灌淤土、石质土、粗骨土、风沙土	陈列法、图片法、做全法
种植类别丰度（0.0653）	粮食作物（水稻、豆类、薯类、青稞、小麦等），油料作物（花生、油菜、芝麻、大豆、向日葵、橄榄等），蔬菜作物（番茄、茄子、辣椒、黄瓜、丝瓜、豆角等），嗜好作物（咖啡等），药用作物（人参、当归、金银花等），工业原料作物，饲料作物	观光法、做全法、

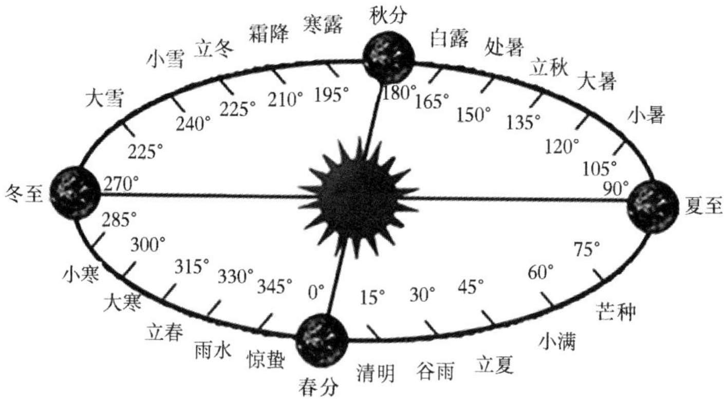

图 5-2　节气

二、林木种植生产旅游要素提炼技术

种子的采收与播种、造林和抚育、幼林的维护、营林管理等整个过程都按照时间节点分割成不同的环节，结合旅游产品的要求，提炼乡村旅游产品的组成因子，具体如表5-6所示。

表5-6　林业种植生产过程旅游要素的提取

乡村旅游产品组成因子及权重	提炼可以打造成旅游产品的构成要素	建议旅游产品的打造方法
环节丰度（0.0096）	浸种、播种、育苗、移栽、扦插、嫁接、组织培养、压条、埋条、分株、砍伐、加土扶正、抹芽、修剪、整形、松土除草、施肥、病虫害防治	参与法、作古法、体验法、
种植环节农俗丰富度（0.0257）	祭山林、祭树神、禁砍伐、禁猎兽、相互缠绕的夫妻树、手拉手的姐妹树、呵护倍加的母子树、肩并肩的三兄弟树、圣母树（见图5-3）、悬空树（见图5-4）、凶神恶煞般的巨蟒盘绕树（见图5-5）	体验法、演出法
科普教育性（0.0677）	复壮、年轮、离心生长、离心秃裸、自疏、自然打枝、向心更新、向心枯亡、截顶、原始林、次生林、乔林、中林、矮林、防护林、经济林、薪炭林、能源林、特种用途林、风景林、纯林、混交林、同龄林、异龄林、单层林分、复层林分、林龄、林相、郁闭度、立地、冻拔、冻裂、化感作用、互惠共生、带皮材积、去皮材积、天际线、主伐、抚育采伐、更新采伐、皆伐、择伐、渐伐、疏伐、生长伐、卫生伐、透光伐、拯救伐、解放伐	观光法、体验法、任务法
种植布局协调度（0.0206）	间种、混作、套种、立体种植、森林线	观光法、体验法
种植方式丰富度（0.0431）	列植、孤植、丛植、群植、对植、点植、植苗造林、分殖造林、插条造林、埋条造林、分根造林、分蘖造林、穴植法、缝植法、楔形栽植、补植	观光法、体验法
种植工具丰度（0.1466）	折叠工兵锹、三用铲子、锯子、镐子、园艺锹、修枝整枝剪、油锯、螺纹铲、绿篱机、割灌机、挖坑机、开沟机、便携式挖树机、嫁接机、绑枝机、割草机、松土机	陈列法、图片法、体验法
色彩丰富度（0.2717）	珍珠般的大红枣、吉祥喜庆的晚桃、笑得皱纹绽放的核桃、满身带刺的栗子、黄澄澄的鸭梨、红彤彤的苹果、黄灿灿的橙子	观光法

续表

乡村旅游产品组成因子及权重	提炼可以打造成旅游产品的构成要素	建议旅游产品的打造方法
种植品种丰度(0.0890)	黄槐、国槐、领春木、大叶香樟、小叶樟、美国红枫、枫杨、女贞、构树、杉木、柘树、无刺枸骨、鸟不宿、猫儿刺、冬青、冷杉、桢楠树、金丝楠、金丝垂柳、青枫、合欢、金钱松、菩提树、古榕树、古黄金树、古银杏树、古海棠树、古漆树、古丁香树、古龙爪槐、古蝴蝶槐	陈列法、图片法
季相变化度(0.2332)	生机盎然的春季森林游(凸显春天万物复苏、生命伊始的主题),枝繁叶茂的夏日森林游(凸显炎炎夏日中森林避暑的主题),万山红遍的秋季森林游(凸显秋天森林颜色的浓烈和斑驳的主题),林海雪原的冬季森林游(凸显冰清玉洁与挑战严寒的主题)	观光法
土壤类型丰度(0.0276)	自然土壤、人为土壤、耕作土壤、森林土壤、草原土壤、荒漠土壤、水田土壤、旱地土壤、低地土壤、湿地土壤、盐渍土壤、山地土壤、高山土壤、原始土壤、幼年土壤、成熟土壤、顶极土壤、古土壤、埋藏土、残遗土、有机层、腐殖质层、淋溶层、淀积层、母质层、母岩、草毡层、耕作层、犁底层、孔泡结皮层、片状层、灰化层、漂洗层、次生黏化层、网纹层、泥炭层、潜育层、潴育层、渗育层、表土、心土、底土、有机表层、淡薄表层、黑色表层、人为表层、灌淤表层、堆垫表层、肥熟表层、水耕表层、耕作淀积层、淀积黏化层、黏化层、高岭层、氧化层、显域土、隐域土、泛域土、自成土、水成土、半水成土、岩成土、盐成土、残积土、崩积土、冲积土、风积土、砖红壤、赤红壤、红壤、燥红土、黄壤、棕红壤、褐红土、红色石灰土、棕色石灰土、黑色石灰土、紫色土、黄棕壤、黄褐土、棕壤、褐土、暗棕壤、棕色针叶林土、灰化土、白浆土、灰褐土、灰黑土、黑土、黑钙土、栗钙土、棕钙、灰钙土、灰漠土、灰棕漠土、棕漠土、龟裂土、高山草甸土、亚高山草甸土、山地草甸土、高山草原土、亚高山草原土、寒漠土、寒冻土、冰沼土、黑垆土、黄绵土、磷质石灰土、泥炭土、沼泽土、潮土、砂姜黑土、盐土、酸性硫酸盐土、碱土、水稻土、淹育水稻土、潜育水稻土、漂洗水稻土、菜园土、灌淤土、石质土、粗骨土、风沙土	陈列法、图片法

续表

乡村旅游产品组成因子及权重	提炼可以打造成旅游产品的构成要素	建议旅游产品的打造方法
种植类别丰度(0.0653)	桃子采摘体验区(如水蜜桃体验区、黄桃体验区、蟠桃体验区、油桃体验区等),苹果采摘体验区(如红富士体验区、嘎拉体验区、珊莎体验区、红将军体验区、金冠体验区、红玉体验区、乔纳金体验区、澳洲青苹体验区、国光体验区、金帅体验区等),梨子采摘体验区(如白梨体验区、沙梨体验区、秋子梨体验区等),杏子采摘体验区(如金太阳杏体验区、凯特杏体验区、红丰杏体验区、新世纪杏体验区、大棚王杏体验区、红金榛杏体验区、沂水丰甜榛杏体验区等),枣子采摘体验区(如金丝枣体验区、灵宝大枣体验区、梨枣体验区、鸡心枣体验区、壶瓶枣体验区等),樱桃采摘体验区(如大樱桃体验区、小樱桃体验区、毛樱桃体验区等)	体验法、观光法

图5-3 圣母树

图5-4 悬空树

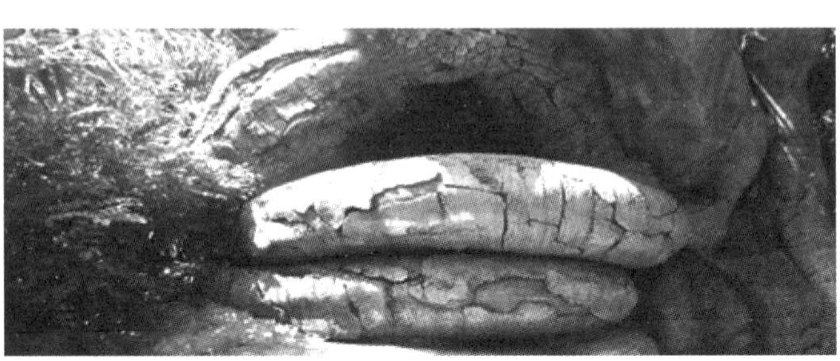

图5-5 巨蟒树

三、瓜果种植生产旅游要素提炼技术

从瓜果的种子发芽、生理生长、生殖生长、开花、授粉、结果、果实成熟、膨大到落蒂整个过程，按照旅游产品的要求，提取可以打造乡村旅游产品的因子，具体如表5-7所示。

表5-7 瓜果种植生产过程旅游要素提炼

乡村旅游产品组成因子及权重	提炼可以打造成旅游产品的构成要素	建议旅游产品的打造方法
环节丰度（0.0096）	浸种、选种、播种、育苗、移栽、松土除草、施肥、病虫害防治、浇水、坐果、采摘、保鲜、运输、加工、储藏	体验法、任务法
种植环节农俗丰富度（0.0257）	果子节、蟠桃会、供兔儿爷、枇杷节、葡萄节、杨梅节、阳桃节	演出法、参与法
科普教育性（0.0677）	清园、追肥、防旱排涝、修剪、深翻根盘、压秧、剪枝	体验法、观光法
种植布局协调度（0.0206）	间种、混作、套种、立体种植、不同种类之间的过渡感、层次感	观光法
种植方式丰富度（0.0431）	沟垄耕作、残茬覆盖耕作、带状耕作、保水耕作、联合耕作、精细耕作、人工直播、机器直播、撒播、条播、育苗移栽、单作、复种	观光法、体验法
种植工具丰度（0.1466）	铲子、耙子、移苗三件套、剪刀（或剪枝刀）、喷水壶	陈列法、图片法
色彩丰富度（0.2717）	橘黄色水果有芒果、橙子、木瓜、柿子、菠萝、橘子等，红色水果有番茄、石榴等，紫黑色水果有葡萄、黑莓、蓝莓和李子等，绿色水果有青苹果、西瓜等	观光法
种植品种丰度（0.0890）	西瓜（甜宝小无籽、黑龄童、黑珍珠、航兴三号、金珠、京秀、京抗小红、喜春、红小玉、黄小玉、新概念、新兰、中选12号），苹果（信浓红、红将军、华红、洛川、新乔纳金、首红、红富士）	做全法、观光法
季相变化度（0.2332）	春季有瓠瓜、韭菜、番石榴、青枣、枇杷、桑葚、樱桃等；夏季有丝瓜、苦瓜、冬瓜、黄瓜、佛手瓜、南瓜、地瓜、竹笋、生菜、番茄、草莓、莲雾、桃、李、西瓜、菠萝、芒果、柠檬、百香果、火龙果、杏、荔枝、猕猴桃、香蕉、椰子、樱桃等；秋季有豆角、柚子、梨、柿子、木瓜、苹果、火龙果、阳桃、番石榴、杏、红枣、山楂、核桃等；冬季有橙子、橘子、柚子、青枣、甘蔗、释迦	观光法

续表

乡村旅游产品组成因子及权重	提炼可以打造成旅游产品的构成要素	建议旅游产品的打造方法
土壤类型丰度(0.0276)	自然土壤、人为土壤、耕作土壤、森林土壤、草原土壤、荒漠土壤、水田土壤、旱地土壤、低地土壤、湿地土壤、盐渍土壤、山地土壤、高山土壤、原始土壤、幼年土壤、成熟土壤、顶极土壤、古土壤、埋藏土、残遗土、有机层、腐殖质层、淋溶层、淀积层、母质层、母岩、草毡层、耕作层、犁底层、孔泡结皮层、片状层、灰化层、漂洗层、次生黏化层、网纹层、泥炭层、潜育层、潴育层、渗育层、表土、心土、底土、有机表层、淡薄表层、黑色表层、人为表层、灌淤表层、堆垫表层、肥熟表层、水耕表层、耕作淀积层、淀积黏化层、黏化层、高岭层、氧化层、显域土、隐域土、泛域土、自成土、水成土、半水成土、岩成土、盐成土、残积土、崩积土、冲积土、风积土、砖红壤、赤红壤、红壤、燥红土、黄壤、棕红壤、褐红土、红色石灰土、棕色石灰土、黑色石灰土、紫色土、黄棕壤、黄褐土、棕壤、褐土、暗棕壤、棕色针叶林土、灰化土、白浆土、灰褐土、灰黑土、黑土、黑钙土、栗钙土、棕钙土、灰钙土、灰漠土、灰棕漠土、棕漠土、龟裂土、高山草甸土、亚高山草甸土、山地草甸土、高山草原土、亚高山草原土、寒漠土、寒冻土、冰沼土、黑垆土、黄绵土、磷质石灰土、泥炭土、沼泽土、草甸土、潮土、砂姜黑土、盐土、酸性硫酸盐土、碱土、水稻土、淹育水稻土、潜育水稻土、漂洗水稻土、菜园土、灌淤土、质土、粗骨土、风沙土	图片法、陈列法
种植类别丰度(0.0653)	浆果(如葡萄、蓝莓等),瓜果(如西瓜、哈密瓜、白兰瓜等),橘果(如柳橙、蜜橘等),核果(如桃、李等),仁果(如梨等)	观光法

四、花草种植生产旅游要素提炼技术

花草从幼苗期、现蕾期、开花期到成熟期整个生长过程中,能够提炼出旅游产品因子的如表5-8所示。

表5-8　花草种植生产过程旅游要素提取

乡村旅游产品组成因子及权重	提炼可以打造成旅游产品的构成要素	建议旅游产品的打造方法
环节丰度(0.0096)	留种母株选择、种子采集、种子储藏、病虫害防治、切花保鲜、扦插、分生、嫁接、压条、枝插、茎插、根插、叶插、叶芽插、灌溉、保湿、加温等	观光法、体验法

续表

乡村旅游产品组成因子及权重	提炼可以打造成旅游产品的构成要素	建议旅游产品的打造方法
种植环节农俗丰富度（0.0257）	红花及“抹草”（或称仙草）是表示吉祥的植物；驱邪避凶的植物有艾叶、榕树枝叶、竹枝、山青麻（野生草）；院前种榕、院后种竹，有“前成后足”的寓意	演出法、体验法
科普教育性（0.0677）	组织培养（微体繁殖、快速繁殖）、无性繁殖、休眠期扦插、生长期扦插、软枝扦插、硬枝扦插、半硬枝扦插、扦插介质、分株、吸芽、走茎、根茎、球茎、块根、鳞茎	观光法
种植布局协调度（0.0206）	花卉的色彩协调度、高度协调度、层次协调度、生态协调度、物种协调度、与周围景观协调度	观光法
种植方式丰富度（0.0431）	偃枝压条法、壅土压条法、高枝压条法、嫁接（切接、合接、劈接、靠接、芽接、根接）	参与法、观光法
种植工具丰度（0.1466）	插床、花盆、木箱、育苗盘、铲子、铁锹、耙子、灌溉水壶、嫁接刀、固体接蜡、液体接蜡、砧木	陈列法、图片法
色彩丰富度（0.2717）	红色：一串红、榆叶梅、桃花、合欢、红花檵木、蔷薇、月季、石榴、山茶、杜鹃、牡丹、锦带花、夹竹桃、木棉、凤凰木、刺桐、悬铃花、锦带花、扶桑、红千层、玫瑰、彼岸花、月季、康乃馨、凤仙花、郁金香、芍药、美人蕉、大丽花、石竹、四季秋海棠、雏菊、风尾鸡冠、令箭荷花等 白色：姜花、含笑、白兰、栀子、白木香、白色杜鹃、白色山茶、狗牙花、萝芙木、灰莉、茉莉花、白色三角梅、梨花、玉兰花、昙花、珍珠梅、银桂、晚香玉、葱兰、春兰、建兰、菊花、牡丹、月季、芍药、山茶、水仙、蜀葵、木槿、矮牵牛、荻花、晚香玉等 紫色：紫薇、桔梗、紫睡莲、紫三色堇、紫花地丁、诸葛菜、紫牵牛、紫矮牵牛、紫玉兰、薰衣草、鸢尾、紫石竹、益母草、黄芩、紫菀、风铃草、紫罗兰、紫藤、夏枯草、紫花藿香蓟、通泉草、蜂室花、醉蝶花、紫丁香、紫荆、紫花槐、茄子花、扁豆花、蚕豆花、千屈菜、互叶醉鱼草、毛地黄、翠菊、风信子、蝴蝶兰、紫茉莉、锦葵等 黄色：鸡蛋花、油菜花、三色堇、蜡梅、连翘、菊花、蒲公英、美人蕉、黄花风铃木、夹竹桃、太阳花、向日葵、非洲菊、仙人掌、黄牡丹等	做大法、做最法、观光法

续表

乡村旅游产品组成因子及权重	提炼可以打造成旅游产品的构成要素	建议旅游产品的打造方法
种植品种丰度(0.0890)	郁金香、百合、康乃馨、菊花、蔷薇、玫瑰、火鹤花、风信子、小苍兰、海芋、剑兰、向日葵、牡丹、金鱼草、大丽花、满天星、勿忘我、桔梗、迷迭香、桃花、薰衣草、三色堇、天竺葵、芙蓉、非洲堇、四叶草、铃兰、蒲公英、龙胆花、莲花、樱花、油菜花、曼陀罗、紫丁香、石斛兰、金盏花、文心兰、红掌、茉莉、孤挺花、杏花、矮牵牛、薄荷、忍冬、紫罗兰、水仙、天堂鸟、飞燕草、石竹、白头翁、夜来香、山茶、太阳花、蝴蝶兰、绣球花、月桂、雏菊、常春藤、含羞草、睡莲等	观光法
季相变化度(0.2332)	一月:仙客来、非洲菊、朱蕉等 二月:矢车菊、一品红等 三月:玉兰、银杏、紫玉兰、含笑花、二乔玉兰、贴梗海棠、垂丝海棠、山茶、碧桃、紫荆、刺桐、池杉、落羽杉、黄杨、结香、瑞香等 四月:火棘、棕榈、香樟、石楠、紫叶李、垂丝海棠、贴梗海棠、枸骨、牡丹、罗汉松、华山松、蒲葵、香樟、银桦、棕榈、棕竹、发财树、日本冷杉、白皮松、一叶兰、四季桂、锦松、黑松、醉蝶花、矮牵牛、四季报春、含羞草、冬青、琼花、珊瑚树、水杉、佛手、柠檬、金丝柳、龙爪柳、喷雪花、三角梅等 五月:翠菊、百日红、一串红、月季花、杜鹃、吊钟海棠、天竺葵、叶子花、茉莉、珠兰、红桑、溲疏、棣棠、石榴、醉鱼草、凌霄、栀子、麒麟叶、令箭荷花、天女花、五色梅、龙吐珠、广东万年青、火棘、比利时杜鹃、麻叶绣球等 六月:蛇目菊、旱金莲、地肤、天门冬、波斯菊、千日红、龙口花、大丽花、金莲花、八仙花、昙花、虾衣花、夹竹桃、丁香、橡皮树、六月雪、南天竹、红背桂、金银花、扶桑、金丝桃、金丝梅、榕树、朱砂根、山梅花、紫薇、海仙花、锦带花、八仙花、天目琼花等 七月:金鸡菊、万寿菊、槭葵、凤仙花、秋海棠、珊瑚花、金苞花、虎刺梅、米兰、六月雪、无花果等 八月:五针松、苏铁、五色梅、象牙红、巴西木、夹竹桃、酒瓶椰子、银杏、紫薇花、茉莉花、月季、凤仙花、大花美人蕉、一串红、大丽花、翠菊、竹节海棠、龙口花、万寿菊、孔雀菊、福禄考、花菱草、鸡冠花、金盏菊、石蒜、长春花、千日红、黄秋英、紫茉莉、百日红	观光法

续表

乡村旅游产品组成因子及权重	提炼可以打造成旅游产品的构成要素	建议旅游产品的打造方法
季相变化度（0.2332）	九月：文竹、球根海棠、玉簪、澳洲铁树、桂花、石榴、扶桑花、木芙蓉、荷兰铁、变叶木、缅栀子、阔叶十大功劳、紫薇、米兰、白兰、大花美人蕉、一串红、竹节海棠、石蒜、长春花、大丽花、变叶木 十月：鹅掌柴、八角金盘、金钱松、南洋杉、八角金盘、荷兰铁 十一月：仙客来、非洲菊、君子兰、阔叶十大功劳 十二月：仙客来、非洲菊、朱蕉	观光法
土壤类型丰度（0.0276）	扦插培养土、黄沙、泥炭、草木灰、腐殖质土、自然土壤、人为土壤、耕作土壤	观光法、图片法
种植类别丰度（0.0653）	温室种植、露地种植、垄耕种植	观光法、体验法

第三节　种植型乡村旅游目的地的生态容量研究

种植业乡村旅游的旅游目的地分为两种情况：一是在田地上开展的种植，包括作物种植生产、瓜果种植生产、花草种植生产；二是在林地上开展的种植，包括林木种植生产。下面分两种情况进行研究。

一、田地上开展的种植型乡村旅游目的地生态容量测定技术

地面种植目的地的资源容量是指在保证游客旅游质量的前提下，旅游目的地资源能够容纳的最大游客数量或旅游活动量，也是乡村旅游资源能够可持续利用的最大限度。测算旅游资源容量一般用面积法，面积法就是根据景区的空间面积或者可供游览的规模和游客的周转率及其人均游览空间的标准进行计算，具体公式如下：

$$C_{r1}=\frac{S_A}{S_B}\times R$$

式中：C_{r1}——乡村旅游景区每天游客容量；

S_A——乡村旅游景区游览面积；

S_B——乡村旅游景区游览空间的标准（每人 $90\mathrm{m}^2$①）；

①数据来源：世界旅游组织（WTO）旅游活动基本空间标准。

R——游客的周转率(景区每天开放总时间÷每个游客平均停留时间)。

以江西南昌的宝葫芦农庄为例进行资源容量测算,南昌宝葫芦农庄的总面积是1067200 ㎡,去除行政办公面积,游览景区面积为590000㎡,每天开放时间为8:00~17:00,共9 h,游客平均停留时间为6 h(调查数据),那么就可以预测出南昌宝葫芦农庄的每天最大游客量:

$$C_{r1}=\frac{S_A}{S_B}\times R=\frac{590000}{90}\times\frac{9}{6}\approx 9833$$

也就是南昌宝葫芦农庄每天接待的最大游客量约为9833人次,否则旅游资源就会被破坏,生态系统就会受到影响。

二、林地上开展的种植型乡村旅游目的地生态容量测定技术

根据土壤微生物生物量碳、氮、磷来测定生态容量,土壤微生物对土壤有机质的转化和土壤肥力的变化起着重要作用,是土壤养分的储藏库。土壤微生物生物量对土壤生境变化的反应非常敏感,土壤微生物中的碳、氮、磷的量是指土壤活性微生物体中碳、氮、磷的总量,是反映土壤微生物生物量的最关键指标。森林旅游目的地的土壤生境与旅游活动紧密相关,旅游活动对土壤理化性质、土壤流失、当地景观及动植物多样性等影响明显(Dick,1992;张晓兵等,1995;Douglas,1998;冯学钢等,1999;谭周进等,2005)。

三爪仑国家森林公园是国家AAAA级旅游区,公园总面积32万亩,古木参天,巨藤摇曳,原始森林遮天蔽日,森林多为以樟树、茶树为主的常绿阔叶林,以及杉木林、竹林及马尾松林等,空气负离子浓度高达10万个/cm^3,年平均气温13.7~17.5℃。随着旅游业的开发,游客的踩踏对三爪仑国家森林公园的森林生境会造成一定的影响。

为研究旅游活动所产生的影响,本研究以三爪仑国家森林公园为研究对象,监控游客进入景区的游客量及对森林造成的影响,并以土壤微生物生物量碳、氮、磷变化为评价指标,从而为林地上开展的种植型乡村旅游的生态保护提供科学的指导。

(一)样地土壤取样

土壤样品采自三爪仑国家森林公园内相同海拔、向阳程度接近的4个区域,按照游客量的多少,分别如下:①一级景点(候鸟保护区)的游客必经小径(东西350 m×南北3.5 m),踩踏严重;②二级景点(东周古墓)的游客必经小径(东西400 m×南北2.5 m),踩踏明显;③三级景点(况钟园林)的游客必经小径(南北250 m×东西2 m),轻微踩踏;④无人踩踏区(东西200 m×南北200 m),人迹罕至,无踩踏现象。

在每个试验区分别取表层土(0～5 cm)、表下层土(5～15 cm)、深层土(15～25 cm),用五点取样法,铁钻采取,点燃酒精灯按照无菌操作进行,采样使用的工具事先灭菌,处于无菌状态,在试验区的纵向中线处按照纵向每隔50 m设置一个采样点,每个试验区共设置5个采集点,把5个采集点相同层次的土壤进行均匀混合,然后取1000 g装在自封袋中,当天带回实验室,新采集的土壤过2 mm筛,筛后放入冰箱(4℃)备用,同时再取筛后的土壤在105～110℃环境下烘干至恒重,测土壤水分含量,试验数据为一级景点(候鸟保护区)、二级景点(东周古墓)、三级景点(况钟园林)、无人踩踏区4个采样区的数据平均值。另外在每个试验区安装一个监控摄像头,记录每天的踩踏该试验区的游客人数,取踩踏人次最多的5天计算平均值。

(二)测定指标与方法

1. 微生物生物量碳

采用灭菌-K_2SO_4提取的方法,用天平称取25 g过2 mm筛的新鲜土壤,置于200 mL三角瓶中,放进装有100 mL无醇$CHCl_3$烧杯的真空干燥器中,抽至真空使$CHCl_3$沸腾5 min,保持真空状态并在25℃黑暗中灭菌24 h,将装有$CHCl_3$的烧杯取出后,反复抽真空直到除尽样品中的$CHCl_3$为止,加入100 mL 0.5 mol/L的K_2SO_4在三角瓶中,25℃恒温振荡30 min,然后过滤,滤液中的碳采用重铬酸钾容量法进行测定,同时取未灭菌的土壤按照以上方法提取并测定碳,取两者之差除以转换系数0.35(Vancect,1987)就是要的微生物生物量碳的数据。

2. 微生物生物量氮

用Ross1992年提出的方法进行测定,将过2 mm筛之后的新鲜土壤样品进行熏蒸灭菌处理,和微生物生物量碳的测定方法相同,把由灭菌与未灭菌土壤中获得的0.5 mol/ L的K_2SO_4提取液分开置于凯氏烧瓶内进行消化,然后用半微量蒸馏法测定氮,两者之差除以转换系数0.54(Ross,1992)就是我们需要的微生物生物量氮的数据。

3. 微生物生物量磷

采用Brookes在1982年提出的灭菌-$NaHCO_3$提取法,对新鲜土壤样品进行熏蒸灭菌,和微生物生物量碳的测定方法相同,灭菌与未灭菌的土壤采用0.5 mol/L的$NaHCO_3$,于25℃恒温状态下振荡,提取1 h后过滤,滤液经过无磷活性炭脱色,然后用钼蓝比色法测定磷,两者之差除以转换系数0.4(Brookes等,1982)就是需要的微生物生物量磷的数据。

4. 数据的处理方法

本研究中的数据用SPSS 16.0软件进行处理,显著性的分析用配对卡方分析法进行。

（三）结果与分析

1. 游客践踏对土壤微生物生物量碳的影响

土壤微生物生物量碳是土壤有机质中活性较高的部分，是土壤养分的重要来源，游客践踏对三爪仑国家森林公园的土壤微生物生物量碳的影响结果见表5-9。

表5-9　游客践踏对土壤微生物生物量碳的影响

试验区	0～5cm土壤层	5～15cm土壤层	15～25cm土壤层	日最高踩踏人次
候鸟保护区（一级景点）	428.64±10.42[a]	386.71±9.27[a]	243.66±7.28[a]	2417
东周古墓（二级景点）	1081.62±11.15[b]	684.57±6.73[b]	385.19±4.58[b]	1496
况钟园林（三级景点）	1141.57±10.47[b]	703.53±5.14[b]	409.18±3.71[b]	886
无人踩踏区	1230.45±3.81[b]	714.68±2.06[b]	435.22±2.08[b]	6

注：同一列不同字母表示差异显著（$p<0.05$），下同。

从表5-9可以看出，一级景点差异显著（$p<0.05$），二级景点、三级景点与无人踩踏区差异不显著。其中一级景点、二级景点和三级景点的土壤微生物生物量碳在0～5 cm土样中分别比无人踩踏区低了65.16%、12.10%、7.22%；在5～15 cm土样中分别比无人踩踏区低了45.89%、4.21%和1.56%；在15～25 cm土样中，分别比无人踩踏区低了44.01%、11.50%和5.98%。这一结果表明，从3个土壤层的土壤微生物生物量碳的影响程度来看，0～5 cm土壤层中土壤微生物生物量碳影响显著，5～15 cm土壤层次之，15～25 cm土壤层最不显著；从4个试验区土壤微生物生物量碳来看，二级景点和三级景点虽然受到游客的干扰，但影响不明显；从监控摄像头记录的日最高人流量来看，三爪仑国家森林公园每天人流量在1500人次左右时，森林旅游目的地的生态环境受到的影响不显著，一级景点土壤微生物生物量碳降低明显，表明土壤中有机质的活性下降明显，土壤结构受到严重影响；从监控摄像头记录的日最高人流量来看，三爪仑国家森林公园每天人流量达到2400人次左右时，生态旅游环境会受到严重影响。

2. 游客践踏对土壤微生物生物量氮的影响

微生物生物量氮是土壤中氮素的重要储备库之一，占土壤全氮的1%～5%，在土壤的氮素循环和转化中起着重要的调节作用，游客践踏对三爪仑国家森林公园的土壤微生物生物量氮的影响结果见表5-10。

表5-10 游客践踏对土壤微生物生物量氮的影响

试验区	0～5cm土壤层	5～15cm土壤层	15～25cm土壤层	日最高踩踏人次
候鸟保护区（一级景点）	53.21±10.57[a]	46.33±10.57[a]	57.34±6.71[a]	2417
东周古墓（二级景点）	139.18±11.42[b]	69.83±10.13[b]	59.88±8.74[a]	1496
况钟园林（三级景点）	158.39±8.41[b]	87.13±9.41[b]	75.19±5.79[a]	886
无人踩踏区	164.17±5.26[b]	94.25±3.86[b]	86.57±1.87[a]	6

从表5-10可以看出，在0～5 cm土样和5～15 cm土样中，游客践踏对土壤微生物生物量氮和土壤微生物生物量碳的影响显著情况一致，一级景点土壤微生物生物量氮下降显著($p<0.05$)，但是在15～25 cm土壤层，一级景点、二级景点、三级景点与无人踩踏区的土壤微生物生物量氮也是呈下降趋势，但差异不显著。由于无机氮结合到微生物量之中，可以减少土壤中无机氮的挥发或淋失，微生物氮的周转率是土壤中有机氮的周转率的5倍多，大部分矿化氮来自土壤中的微生物氮(Ross，1997)。从4个试验区土壤微生物生物量氮的变化情况来看，0～5 cm土壤层影响最为明显，然后是5～15 cm土壤层，15～25 cm土壤层最不明显，这说明游客践踏对土壤中微生物生物量氮的影响随着土层的加深而逐渐减小，和一般田地中的微生物生物量氮的变化趋势基本一致(徐阳春等，2003)，游客践踏使上层土壤中的微生物受到破坏，土壤的供给氮的能力下降，为部分植物病害的发生提供了机会。从土壤中微生物生物量氮的变化结合监控摄像头记录的日最高游客量看，游客量应该控制在1500人次左右，达到2400人次左右时，旅游景区的生态环境会受到严重影响。

3. 游客践踏对土壤微生物生物量磷的影响

土壤微生物生物量磷占土壤有机磷的5%～47%，与微生物生物量碳氮相比，微生物生物量磷的周转速度更快，在土壤磷素的循环和转化中微生物生物量磷起重要的调节作用(徐阳春等，1997)，游客践踏对三爪仑国家森林公园的土壤微生物生物量磷的影响结果见表5-11。

表5-11 游客践踏对土壤微生物生物量磷的影响(mg/kg)

试验区	0～5cm土壤层	5～15cm土壤层	15～25cm土壤层	日最高踩踏人次
候鸟保护区（一级景点）	23.71±11.03[a]	20.83±8.61[a]	9.04±11.17[a]	2417

续表

试验区	0～5cm 土壤层	5～15cm 土壤层	15～25cm 土壤层	日最高踩踏人次
东周古墓（二级景点）	66.18±8.54^{b}	48.55±7.54^{b}	20.19±7.51^{b}	1496
况钟园林（三级景点）	76.49±7.42^{b}	51.34±6.83^{b}	28.47±9.12^{b}	886
无人踩踏区	80.12±1.86^{b}	60.37±2.15^{b}	31.25±2.07^{b}	6

从表5-11可以看出，游客践踏对一级景点土壤层土壤微生物生物量磷影响最显著。从4个试验区土壤微生物生物量磷看，无人踩踏区土壤微生物生物量磷含量最高，三级景点、二级景点、一级景点逐级下降，一级景点由于游客最多，践踏最严重，土壤微生物生物量磷含量下降最明显，从土壤中微生物生物量磷的变化结合摄像头记录的游客日最高游客量看，游客量应该控制在1500人次左右，达到2400人次左右时，旅游景区的生态环境就会遭到严重破坏。

（四）主要结论

森林土壤微生物生物量碳、氮、磷随土层的加深含量减少，和农田变化趋势基本一致；游客踩踏土壤层会产生影响，影响最严重的是0～5 cm土壤层，土壤微生物生物量碳、氮、磷差异显著；然后依次是5～15 cm和15～25 cm土壤层，但土壤微生物生物量碳、氮、磷差异不显著；江西三爪仑国家森林公园的旅游目的地日游客量应控制在1700人次以下。

第六章　养殖型乡村旅游创意开发的技术集成

养殖型乡村旅游创意开发的技术集成包括家畜养殖乡村旅游的技术集成、家禽养殖乡村旅游的技术集成、水产养殖乡村旅游的技术集成、野生动物养殖①乡村旅游的技术集成等部分,养殖型乡村旅游化的技术集成研究分为组成因子的权重研究、养殖型乡村旅游产品的构成要素提炼研究、养殖型乡村旅游的生态容量研究。

第一节　养殖型乡村旅游产品组成因子的权重研究

一、组成因子选择

养殖型乡村旅游资源评价体系如图6-1所示。

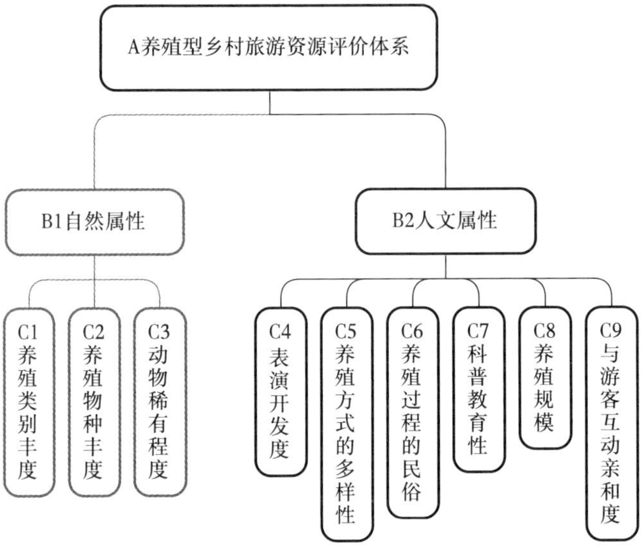

图6-1　养殖型乡村旅游资源评价体系

①根据《中华人民共和国野生动物保护法》第二十五条:人工繁育国家重点保护野生动物实行许可制度。人工繁育国家重点保护野生动物的,应当经省、自治区、直辖市人民政府野生动物保护主管部门批准,取得人工繁育许可证,但国务院对批准机关另有规定的除外。人工繁育有重要生态、科学、社会价值的陆生野生动物的,应当向县级人民政府野生动物保护主管部门备案。

针对养殖型乡村生产过程的具体情况，参考国家标准《旅游资源分类、调查与评价》(GB/T 18972—2017)，以及《家庭养殖业如何适应市场新需求》①、《家庭养殖业发展前景初探》②、《信阳地区家庭养殖"一优双高"模式的探讨》③、《提高学生经营家庭养殖场能力的探讨——关于畜牧企业经营管理课教学的实践与思考》④、《发展家庭养殖业经验谈》⑤、《适合家庭养殖的五种模式》⑥、《观赏金鱼的家庭养殖》⑦等资料，收集构成养殖业乡村旅游产品的组成因子23个，经过4轮专家打分筛选出9项，即养殖类别丰度、养殖物种丰度、动物稀有程度、表演开发度、养殖方式的多样性、养殖过程的民俗科普教育性、养殖规模、与游客互动亲和度。

各因子具体说明如下。

C1养殖类别丰度：养殖动物的大类，大类越多旅游吸引力越大。

C2养殖物种丰度：同一大类中的不同品种，品种越多旅游吸引力越大。

C3动物稀有程度：动物本身的稀有程度，越稀有越有吸引力。

C4表演开发度：动物本身可以被驯化而表现出的表演能力。

C5养殖方式的多样性：动物养殖方式的多样性，养殖方式越多开发旅游的可能性越大。

C6养殖过程的民俗：动物养殖过程中蕴含的民俗习惯等。

C7科普教育性：动物养殖过程中贯穿的知识。

C8养殖规模：养殖动物的多少，规模越大旅游开发效果越好。

C9与游客互动亲和度：动物与游客之间的互动性，越强越好。

二、权重分析方法

对9项指标进行层次分析(AHP)，确定开发过程中的轻重缓急，着力打造好重要环节，兼顾好次要环节，力争把养殖型乡村旅游产品开发好，把专家赋值代入公式：

$$\mathrm{CR}=\frac{\mathrm{CI}}{\mathrm{RI}}$$

经一致性判断后，再代入公式：

$$\lim_{k\to+\infty}\frac{\boldsymbol{A}^{K}\boldsymbol{e}}{\boldsymbol{e}^{\mathrm{T}}\boldsymbol{A}^{k}\boldsymbol{e}}=\boldsymbol{W}$$

---

①阿海．家庭养殖业如何适应市场新需求？[J]. 沿海企业与科技，2004(3).

②朱荣文，杨清智，马明晓．家庭养殖业发展前景初探[J]. 畜牧兽医杂志，2000，19(4).

③冯新民．信阳地区家庭养殖"一优双高"模式的探讨[J]. 化工建设工程，1994(3).

④甘冠宏．提高学生经营家庭养殖场能力的探讨——关于畜牧企业经营管理课教学的实践与思考[J]. 教育导刊，1999(7).

⑤杨春华．发展家庭养殖业经验谈[J]. 农村实用工程技术(农业工程)，1988(6).

⑥付家华．适合家庭养殖的五种模式[J]. 农家顾问，2004(7).

⑦陈亚光．观赏金鱼的家庭养殖[J]. 新农村，2007(10).

三、权重分析结果

权重分析最终结果如表6-1所示。

表6-1 最终结果

备选方案	权重
C1养殖类别丰度	0.5369
C3动物稀有程度	0.2255
C2养殖物种丰度	0.0710
C4表演开发度	0.0626
C9与游客互动亲和度	0.0434
C7科普教育性	0.0255
C8养殖规模	0.0153
C6养殖过程的民俗	0.0108
C5养殖方式的多样性	0.0090

根据表6-1,养殖型乡村旅游资源评价体系各项指标的权重排序如下:养殖类别丰度>动物稀有程度>养殖物种丰度>家畜表演开发度>与游客互动亲和度>科普教育性>养殖规模>养殖过程的民俗>养殖方式的多样性。此排序可以指导我们旅游开发工作的轻重缓急。

通过表6-2可以看出,养殖型乡村旅游资源的自然属性比人文属性重要。

表6-2 养殖型乡村旅游资源评价体系

(判断矩阵一致性比例:0.0000;对总目标的权重:1.0000;\lambda_{max}:2.0000)

A养殖型乡村旅游资源评价体系	B1自然属性	B2人文属性	W_i
B1自然属性	1.0000	5.0000	0.8333
B2人文属性	0.2000	1.0000	0.1667

通过表6-3可知,在自然属性的3项指标中,权重排序如下:动物稀有程度>养殖物种丰度>养殖类别丰度。

表6-3 自然属性

(判断矩阵一致性比例:0.0516;对总目标的权重:0.8333;\lambda_{max}:3.0536)

B1自然属性	C1养殖类别丰度	C3动物稀有程度	C2养殖物种丰度	W_i
C1养殖类别丰度	1.0000	0.1667	0.2500	0.0852

续表

B1自然属性	C1养殖类别丰度	C3动物稀有程度	C2养殖物种丰度	W_i
C3动物稀有程度	6.0000	1.0000	3.0000	0.6442
C2养殖物种丰度	4.0000	0.3333	1.0000	0.2706

通过表6-4可知，在人文属性的6项指标中，权重排序如下：与游客互动亲和度＞表演开发度＞科普教育性＞养殖过程的民俗＞养殖方式的多样性＞养殖规模。

表6-4　人文属性

（判断矩阵一致性比例：0.0802；对总目标的权重：0.1667；\lambda_{max}：6.5051）

B2人文属性	C4表演开发度	C9与游客互动亲和度	C7科普教育性	C8养殖规模	C6养殖过程的民俗	C5养殖方式的多样性	W_i
C4表演开发度	1.0000	0.3333	4.0000	3.0000	4.0000	4.0000	0.2602
C9与游客互动亲和度	3.0000	1.0000	3.0000	4.0000	4.0000	4.0000	0.3753
C7科普教育性	0.2500	0.3333	1.0000	4.0000	2.0000	4.0000	0.1532
C8养殖规模	0.3333	0.2500	0.2500	1.0000	0.5000	0.5000	0.0542
C6养殖过程的民俗	0.2500	0.2500	0.5000	2.0000	1.0000	2.0000	0.0920
C5养殖方式的多样性	0.2500	0.2500	0.2500	2.0000	0.5000	1.0000	0.0651

从计算结果可以判断：在打造养殖型乡村旅游产品时，二级指标中的自然属性（权重0.8333）比人文属性（权重0.1667）重要得多；按照权重的大小，三级指标的排序为养殖类别丰度（权重0.5369）、动物稀有程度（权重0.2255）、养殖物种丰度（权重0.0710）、表演开发度（权重0.0626）、与游客互动亲和度（权重0.0434）、科普教育性（权重0.0255）、养殖规模（权重0.0153）、养殖过程的民俗（权重0.0108）、养殖方式的多样性（权重0.0090）。

第二节　养殖型乡村旅游产品的构成要素提炼研究

养殖型乡村旅游产品的构成要素提炼研究包括家禽养殖生产旅游要素提炼技术、家畜养殖生产旅游要素提炼技术、水产养殖生产旅游要素提炼技术、野生动物养殖生产旅游要素提炼技术四类，每一类依据计算结果，按照指标权重大小逐个进行乡村旅游产品的构成要素提炼。

一、家禽养殖生产旅游要素提炼技术

从种蛋的选择、孵化、生长、成熟到家禽产品加工等各个环节提炼食用功能、观赏功能、娱乐功能等,要素提取如表6-5所示。

表6-5 家禽养殖生产过程旅游要素提取

乡村旅游产品组成因子及权重	提炼可以打造成旅游产品的构成要素	建议旅游产品的打造方法
养殖类别丰度(0.5369)	鸡、鸭、鹅、鸽	观光法
动物稀有程度(0.2255)	旧院黑鸡、珍珠鸡、贵妃鸡、狮头鹅	观光法
养殖物种丰度(0.0710)	茶花鸡、狼山鸡、金阳丝毛鸡、浦东鸡、萧山鸡、沙栏鸡、花东土鸡、乌鸡、新兴竹丝鸡、兰坪绒毛鸡、良凤花鸡、绍兴鸭、金定鸭、山麻鸭、北京鸭 、樱桃谷鸭、番鸭、仙湖肉鸭、三水白鸭、伊犁鹅等	观光法
表演开发度(0.0626)	鸡鸣、斗鸡、驯鹅表演、驯鸭表演	观光法
与游客互动亲和度(0.0434)	给鸡喂食、给鸭喂食、给鹅喂食、喂养鸽子	观光法、体验法
科普教育性(0.0255)	生物学产蛋年、标准品种、配套系、优胜序列、光照制度、蛋形指数、料肉比、孵化率、育雏率、体重均匀度、限制饲养、全净膛重、胚盘、孵化期、产蛋曲线、饲养密度、受精率、产蛋率、群体开产日龄、全进全出制、阶段饲养法	观光法
养殖规模(0.0153)	家禽养殖一定要上规模才有旅游价值,规模越大旅游吸引力越大	观光法
养殖过程的民俗(0.0108)	土法加工叫花鸡、烤鸭加工绝技、烧鸡加工过程	体验法、观光法
养殖方式的多样性(0.0090)	放养、圈养、机械化饲养、笼养	体验法、观光法

注:参考《国家畜禽遗传资源品种目录》等资料。

二、家畜养殖生产旅游要素提炼技术

从家畜的繁殖、生长、驯化、加工等各个环节提炼其生产过程中的科普旅游资源、赏旅游资源、驯化旅游资源、食用旅游资源等,具体见表6-6。

表6-6　家畜养殖生产过程旅游要素提取

乡村旅游产品组成因子及权重	提炼可以打造成旅游产品的构成要素	建议旅游产品的打造方法
养殖类别丰度(0.5369)	马、驴、骡、牛、猪、羊、骆驼、兔、猫、狗、驯鹿等	观光法
动物稀有程度(0.2255)	汗血宝马、蒙古马、伊犁马、独龙牛、约克郡犬、马尔济斯犬、长须牧羊犬、卷毛比熊犬等	观光法
养殖物种丰度(0.0710)	马(汗血宝马、蒙古马、河曲马、云南矮马、建昌马、贵州马、三河马、伊犁马、山丹马、荷兰温血马等),驴(德州驴、新疆驴 、广灵驴 、泌阳驴 、佳米驴 、关中驴等),骡(骡的特殊生育方式:公驴+母马=马骡,公马+母驴=驴骡,了解马骡和驴骡的特点与生活习性),牛(安格斯牛、海福特牛、短角牛、夏洛来牛、契安尼娜牛、利木赞牛、林肯红牛、格罗维牛、无角红牛、墨瑞灰牛、婆罗门牛、婆罗格斯牛、婆罗福特牛、邦斯玛拉牛、圣赫特鲁迪斯牛、爱尔夏牛、比法罗牛、娟姗牛、西门塔尔牛等),羊(波德代羊、白萨福克羊、无角陶赛特羊、考力代羊、边区莱斯特羊、林肯羊、夏洛来羊、杜泊羊、德克塞尔羊、德国肉用美奴羊、罗姆尼羊、大尾寒羊、小尾寒羊、南江黄羊、马头山羊、成都麻羊、黄淮山羊、雷州山羊、承德无角山羊、隆林山羊、贵州白山羊、尧山白山羊等),骆驼(新疆准噶尔双峰骆驼、新疆塔里木双峰骆驼、青海骆驼、苏尼特双峰驼、阿拉善双峰驼等)	观光法、做全法、做大法
表演开发度(0.0626)	马戏表演、骆驼表演、狗参与的杂技表演	观光法
与游客互动亲和度(0.0434)	骑马、骑骆驼、坐羊车、坐马车、坐牛车、狗拉雪橇、赶猪比赛、驯马、牧羊、剪羊毛、挤牛奶、套马等	参与法、观光法
科普教育性(0.0255)	打蚊蝇、挑箍眼、放牧育肥、舍饲育肥、混合育肥、饲养密度、等热区、诱导饲养、群体均值、绝对生长、相对生长	观光法
养殖规模(0.0153)	家畜养殖一定要上规模才有旅游价值,规模越大旅游吸引力越大	观光法
养殖过程的民俗(0.0108)	祭驼习俗、奶茶加工、马奶酒的制作、奶豆腐的制作、奶饼的制作、涮羊肉的方法、特色手抓羊肉的加工方法、古法制作羊肉串、马鞭的制作与使用、马鞍的制作	参与法、观光法

续表

乡村旅游产品组成因子及权重	提炼可以打造成旅游产品的构成要素	建议旅游产品的打造方法
养殖方式的多样性(0.0090)	放养、圈养、机械化饲养、笼养	参与法、观光法

注:参考《国家畜禽遗传资源品种目录》等资料。

三、水产养殖生产旅游要素提炼技术

水产养殖种类繁多,养殖方式多样,可以在观赏性、科普性、互动性等方面提取它的旅游产品组成因子,具体如表6-7所示。

表6-7 水产养殖生产过程旅游要素提取

乡村旅游产品组成因子及权重	提炼可以打造成旅游产品的构成要素	建议旅游产品的打造方法
养殖类别丰度(0.5369)	鱼类养殖、甲壳动物养殖、贝类养殖、藻类养殖	参与法、观光法
动物稀有程度(0.2255)	鲟鱼、大口黑鲈、宝石鲈、鲥鱼、银鲈、半滑舌鳎、革胡子鲶、中华绒螯蟹、肺鱼等	观光法
养殖物种丰度(0.0710)	鱼类(地图鱼、招财鱼、翻车鱼、七星刀鱼、红魔鬼鱼、铅笔鱼、黄花鱼、小黄鱼、鳓鱼、带鱼、马鲛鱼、鲐鱼、鲳鱼、鲷鱼、鳀鱼、蓝圆鲹、太平洋鲱、远东拟沙丁鱼、海鳗、金线鱼、石斑鱼、梭鱼、马面鲀、青鱼、鲢鱼、草鱼、鳙鱼、鲤鱼、鳊鱼、鲫鱼、鲂鱼、鳜鱼、罗非鱼、鳗鲡等),虾蟹类(对虾、龙虾、鹰爪虾、梭子蟹、毛虾、青蟹、中华新米虾、罗氏沼虾、河蟹等),贝类(包括牡蛎、贻贝、蚶、蛤、扇贝、红螺、鲍鱼、响螺、蚌、田螺等),藻类(海带、裙带菜、紫菜、海萝、石花菜、麒麟菜、江篱等),其他水产品(海蜇、海参等)	观光法
表演开发度(0.0626)	鱼群表演等	观光法
与游客互动亲和度(0.0434)	给鱼类喂食、钓鱼、钓虾、捉螃蟹等	参与法、观光法

续表

乡村旅游产品组成因子及权重	提炼可以打造成旅游产品的构成要素	建议旅游产品的打造方法
科普教育性(0.0255)	透明度、网箱、浮游生物、亲鱼、鱼巢、孵化、观赏渔业、水的硬度(强软水、软水、适度硬水、中硬水、硬水、强硬水)、垂直洄游、定置渔具捕捞、产卵场、索饵场、越冬场、渔场、鱼泵、鱼道、染网、鱼栅、渔用纸、夜钓、上层鱼类、底层鱼类、休闲渔业、网片缩结、网目尺寸、网片种类、网片结构、网线粗度、网线结构(长丝、短丝、复丝、单纱和单丝)、回归潮、平均高(低)潮间隙、潮龄、小潮升、大潮升、小潮、大潮、停潮、平潮、落潮、分点潮、涨潮、潮差、潮高基准面、深度基准面、潮汐、海流、赤潮、禁渔期、禁渔区、捕捞限额、捕捞强度、定置渔业、溯河洄游、降河洄游、洄游通道、成鱼、幼鱼、稚鱼、仔鱼、潮间带、鱼粉、鳃裂、围网、休渔、四大家鱼、藤壶、鱼梯、鱼鳍、偶鳍、胸鳍、腹鳍、臀鳍、鳍条、尾鳍、鳃盖、鳃瓣、工程性缺水、水质性缺水、海洋死区、气泡病、渔网漆、限用渔具、漏尾拖网、拖网捕捞、鱼汛	观光法
养殖规模(0.0153)	水产养殖一定要上规模才有旅游价值,养殖规模越大旅游吸引力越大	观光法
养殖过程的民俗(0.0108)	中国开渔节,看风雨、看阴晴、看潮汛、看水势,渔业禁忌习俗较多,主要有语言和行动两个方面,船上的人家忌讳说“fān”“dǒu”“gài”等,不得不说时要使用隐语或肢体语言,他们忌讳掉落筷子和打翻东西,忌讳晒在沙滩上的渔网被人跨过等	表演法、参与法、观光法
养殖方式的多样性(0.0090)	网箱养殖(固定式网箱、浮动式网箱、下沉式网箱)、稻田养殖、池塘养殖、河流湖泊养殖、浅海养殖	观光法

四、野生动物养殖生产旅游要素提炼技术

野生动物具有独特的生活方式,人们旅游时一般不熟知其生长情况,因此可以从珍稀度、观赏度、药用价值、科普价值等方面提取它的旅游产品组成因子,具体如表6-8所示。

表6-8 野生动物养殖生产过程旅游要素提取

乡村旅游产品组成因子及权重	提炼可以打造成旅游产品的构成要素	建议旅游产品的打造方法
养殖类别丰度(0.5369)	鸟纲、兽纲、爬行纲、两栖纲、多足纲、昆虫纲、蛛形纲等	观光法
动物稀有程度(0.2255)	白唇鹿、黑脸琵鹭、扬子鳄、大鲵、朱鹮、丹顶鹤、麋鹿、鳄蜥、藏酋猴、普氏原羚、野牦牛、黑麂、四川山鹧鸪、海南山鹧鸪、黑颈鹤、中华秋沙鸭、白颈长尾雉、黄腹角雉、绿尾虹雉、雉鹑、黑长尾雉、蓝鹇、褐马鸡、白马鸡、藏马鸡、蓝马鸡、斑尾榛鸡、海南虎斑鳽	观光法
养殖物种丰度(0.0710)	梅花鹿、马鹿、蓝孔雀、红腹锦鸡、石鸡、白腹锦鸡、鸳鸯、天鹅、七彩文鸟、白腰文鸟、蓝胸鹑、鹌鹑、鸡尾鹦鹉、虎皮鹦鹉、费氏牡丹鹦鹉、桃脸牡丹鹦鹉、黄领牡丹鹦鹉、黑喉草雀、橙颊梅花雀、红梅花雀、禾雀、金丝雀、貉、银狐、北极狐、水貂、野猪、花鼠、仓鼠、麝鼠、毛丝鼠、豚鼠、海狸鼠、鸵鸟、美洲鸵、鸸鹋、疣鼻栖鸭、绿头鸭、环颈雉、巴西龟、鳄龟、中华鳖、尼罗鳄、湾鳄、暹罗鳄、中国林蛙、黑龙江林蛙、猪蛙、虎纹蛙、蝎子、双齿多刺蚁、大黑木工蚁、黄猄蚁、蜈蚣等	做全法、观光法、做大法
表演开发度(0.0626)	鸟类表演、猴类表演等	参与法、观光法
与游客互动亲和度(0.0434)	喂食鸟类、乘坐动物拉车、喂食猴子等	参与法、观光法
科普教育性(0.0255)	动物福利、屏障环境、悉生动物、无菌动物、无特定病原动物、杂交群动物、封闭群动物、同源导入近交系、同源突变近交系、重组同类系、品系、近交、近交系、重组近交系、人畜共患病、模式动物、人类疾病动物模型、自发性疾病动物模型、诱发性疾病动物模型	观光法
养殖规模(0.0153)	养殖一定要上规模才有旅游价值，规模越大旅游吸引力越大	做大法、做全法、观光法
养殖过程的民俗(0.0108)	赫哲族信奉鹰神、虎神、狼神、犬神、龟神、虾神和金钱豹神；鄂温克族信奉熊神；满族对狗和乌鸦特别崇拜和尊敬；中国南方地区的民族对鸟、虎等动物倍加崇拜；鄂伦春等民族崇拜熊；等等	表演法、观光法

续表

乡村旅游产品组成因子及权重	提炼可以打造成旅游产品的构成要素	建议旅游产品的打造方法
养殖方式的多样性(0.0090)	笼养、圈养、鸟舍天网、野生放养	参与法、观光法

注:参考《人工繁育国家重点保护陆生野生动物名录》和《国家林业和草原局关于规范禁食野生动物分类管理范围的通知》(林护发〔2020〕90号)等资料。

第三节　养殖型乡村旅游目的地的生态容量研究

养殖型乡村旅游目的地分为三大类:一是草地养殖,主要包括家畜养殖生产,野生动物养殖生产;二是水体养殖,主要包括水产养殖生产;三是乡村农家庭院养殖。下面就第一、第二两类进行研究。

一、草地养殖旅游目的地生态容量测定

根据土壤微生物生物量碳、氮、磷的量测定生态容量,土壤微生物对土壤有机质的转化和土壤肥力的变化起着重要作用,是土壤养分的储藏库。土壤微生物生物量对土壤生境变化的反应非常敏感,土壤微生物中的碳、氮、磷的量是指土壤中活性微生物体中碳、氮、磷的总量,是反映土壤微生物生物量的最关键指标。

江西武功山高山草原位于东经114°10′～114°17′、北纬27°25′～27°35′,海拔1600 m。武功山气候温和、雨量丰沛、四季分明,夏季最高气温23℃,年平均气温14～16℃,但随着旅游业的开发,游客的踩踏对武功山景区的草地会造成一定的影响。

为研究旅游活动所产生的影响,本研究以武功山为研究对象,以监控游客进入景区的数量对草原造成的影响,并以土壤微生物生物量碳、氮、磷的含量变化为评价指标,从而为草地养殖旅游的生态保护提供游客量方面的科学指导。

(一) 土壤样品

土壤样品采自武功山高山草原的4个区域,分别是:①从金顶景区入口到一级景点(睡美人),游客踩出的小径(东西400 m×南北3 m),踩踏严重;②从金顶景区入口到二级景点(飞来石),游客踩出的小径(东西300 m×南北2 m),踩踏明显;③从金顶景区入口到三级景点(挂榜石),游客踩出的小径(南北200 m×东西1.5 m),轻微踩踏;④金顶景区的西北部无人踩踏区(东西400 m×南北3 m),人迹罕至,无踩踏现象。

在每个试验区分别取表层土(0～5 cm)、表下层土(5～15 cm)、深层土(15～25 cm),用五点取样法,铁钻采取,点燃酒精灯按照无菌操作进行,采样使用的工具事

先灭菌,处于无菌状态,在试验区的纵向中线处按照纵向每隔50 m设置一个采样点,每个试验区共设置5个采集点,把5个采集点相同层次的土壤进行均匀混合,然后取1000 g装在自封袋中,当天带回实验室,新采集的土壤经过2 mm筛后放入冰箱(4℃)备用,同时再取筛后的土壤在105~110℃环境下烘干至恒重,测土壤水分含量,试验数据为一级景点(睡美人)、二级景点(飞来石)、三级景点(挂榜石)、无人踩踏区4个采样区的数据平均值。另外在每个试验区安装一个摄像头,记录游客最多的4月和5月这两个月每天的踩踏该试验区的游客人数(4月与5月是武功山的旅游旺季),取踩踏人次最多的5天计算平均数。

(二)分析方法

1. 微生物生物量碳

采用灭菌-K_2SO_4提取的方法,用天平称取25 g过2 mm筛的新鲜土壤,置于200 mL三角瓶中,放进装有100 mL无醇$CHCl_3$烧杯的真空干燥器中,抽至真空使$CHCl_3$沸腾5 min,保持真空状态并在25℃黑暗中灭菌24 h,将装有$CHCl_3$的烧杯取出后,反复抽真空直到除尽样品中的$CHCl_3$为止,加入100 mL 0.5 mol/L的K_2SO_4在三角瓶中,25℃恒温振荡30 min,然后过滤,滤液中的碳采用重铬酸钾容量法进行测定,同时取未灭菌的土壤按照以上方法提取并测定碳,取两者之差除以转换系数0.35(Vancect,1987)就是所要的微生物生物量碳的数据。

2. 微生物生物量氮

用Ross1992年提出的方法进行测定,将过2 mm筛之后的新鲜土壤样品进行熏蒸灭菌处理,和微生物生物量碳的测定方法相同,把由灭菌与未灭菌土壤中获得的0.5 mol/L的K_2SO_4提取液分开置于凯氏烧瓶内进行消化,然后用半微量蒸馏法测定氮,两者之差除以转换系数0.54(Ross,1992)就是需要的微生物生物量氮的数据。

3. 微生物生物量磷

采用Brookes在1982年提出的灭菌-$NaHCO_3$提取法,对新鲜土壤样品进行熏蒸灭菌,和微生物生物量碳的测定方法相同,灭菌与未灭菌的土壤采用0.5 mol/L的$NaHCO_3$,于25℃恒温状态下振荡,提取1 h后过滤,滤液经过无磷活性炭脱色,然后用钼蓝比色法测定磷,两者之差除以转换系数0.4(Brookes等,1982)就是需要的微生物生物量磷的数据。

(三)数据的处理方法

本研究中的数据用SPSS 16.0软件进行处理,显著性的分析用配对卡方分析法进行。

1. 游客践踏对土壤微生物生物量碳的影响

土壤微生物生物量碳是土壤有机质中活性较高的部分，是土壤养分的重要来源，游客践踏对武功山高山草原土壤微生物生物量碳的影响如表6-9所示。

表6-9　游客践踏对土壤微生物生物量碳的影响

试验区	0～5cm土壤层	5～15cm土壤层	15～25cm土壤层	日最高踩踏人次
睡美人（一级景点）	618.15±11.65[a]	497.14±10.37[a]	299.68±8.53[a]	3184
飞来石（二级景点）	808.54±7.91[b]	618.17±5.35[b]	320.65±6.96[b]	1702
挂榜石（三级景点）	842.71±5.18[b]	633.82±7.63[b]	366.19±8.64[b]	973
无人踩踏区	848.96±2.67[b]	637.01±1.32[b]	369.67±1.51[b]	10

注：同一列不同字母表示差异显著（$p<0.05$），下同。

由表6-9可以看出，在3个层次的土样中，一级景点差异显著（$p<0.05$），二级景点、三级景点与无人踩踏区差异不显著。在0～5 cm土样中，一级景点、二级景点和三级景点的土壤微生物生物量碳分别比无人踩踏区降低了27.19%、4.76%、0.70%；在5～15 cm土样中，一级景点土壤微生物生物量碳比无人踩踏区和二级景区分别降低了21.96%和19.58%；在15～25 cm土样中，分别降低了18.93%和6.54%。

从3个土壤层的土壤微生物生物量碳的影响程度来看，0～5 cm土壤层中土壤微生物生物量碳影响较大，5～15 cm土壤层次之，15～25 cm土壤层最小，从4个试验区土壤微生物生物量碳来看，二级景点、三级景点虽然受到游客的干扰，但影响不明显，从摄像头记录的日最高人流量来看武功山高山草原每天人流量在1700人次左右时，目的地的生态环境不会受到严重的影响，一级景点土壤微生物生物量碳降低明显，说明土壤中有机质的活性明显下降，土壤结构将会遭到严重影响，从摄像头记录的日最高人流量来看武功山高山草原每天人流量达到3000人次左右时，生态旅游环境将受到严重影响。

2. 游客践踏对土壤微生物生物量氮的影响

微生物生物量氮是土壤中氮素的重要储备库之一，一般占土壤全氮的1%～5%，在土壤的氮素循环和转化中起着重要的调节作用，游客践踏对武功山高山草原土壤微生物生物量氮的影响如表6-10所示。

表 6-10 游客践踏对土壤微生物生物量氮的影响

试验区	0～5cm 土壤层	5～15cm 土壤层	15～25cm 土壤层	日最高踩踏人次
睡美人（一级景点）	34.58±11.41[a]	39.17±11.29[a]	47.23±5.83[a]	3184
飞来石（二级景点）	64.81±10.82[b]	58.19±9.74[b]	50.19±9.61[a]	1702
挂榜石（三级景点）	70.52±7.95[b]	60.42±8.15[b]	53.21±4.86[a]	973
无人踩踏区	73.03±6.47[b]	67.40±4.62[b]	54.76±2.14[a]	10

由表 6-10 可以看出，在 0～5 cm 土样与 5～15 cm 土样中，游客践踏对土壤微生物生物量氮和土壤微生物生物量碳的影响一致，一级景点土壤微生物生物量氮下降显著（$p<0.05$），但是在 15～25 cm 土壤层，一级景点、二级景点、三级景点与无人踩踏区的土壤微生物生物量氮也呈下降状态，但差异不显著。

由于无机氮结合到微生物量之中，就可以减少土壤中无机氮的挥发或淋失，微生物氮的周转率是土壤中有机氮的周转率的 5 倍，大部分矿化氮来自土壤中的微生物氮（Ross，1997），从 4 个试验区土壤微生物生物量氮的变化来看，0～5 cm 土壤层影响最为明显，其次是 5～15 cm 土壤层，15～25 cm 土壤层几乎没有什么影响，说明游客践踏对土壤中微生物生物量氮的影响，随着土层的加深而逐渐减小，和一般田地中的微生物生物量氮的变化趋势基本一致（徐阳春等，2003），游客践踏使上层土壤中的微生物受到破坏，土壤的供给氮的能力下降，为部分植物病害的发生提供了机会。从土壤中微生物生物量氮的变化结合摄像头记录的日最高游客流量看，游客流量应该控制在 1700 人次左右，达到 3000 人次旅游景区的生态环境将受到严重影响。

3. 游客践踏对土壤微生物生物量磷的影响

土壤微生物生物量磷占土壤有机磷的 5%～47%，与微生物生物量碳氮相比，微生物生物量磷的周转速度更快，在土壤磷素的循环和转化中微生物生物量磷起重要的调节作用（徐阳春等，1997），游客践踏对武功山高山草原土壤微生物生物量磷的影响如表 6-11 所示。

表 6-11 旅游践踏对土壤微生物生物量磷的影响

试验区	0～5cm 土壤层	5～15cm 土壤层	15～25cm 土壤层	日最高踩踏人次
睡美人（一级景点）	25.37±12.05[a]	19.24±9.54[a]	8.52±10.83[a]	3184

续表

试验区	0～5cm土壤层	5～15cm土壤层	15～25cm土壤层	日最高踩踏人次
飞来石（二级景点）	38.26±7.12[b]	29.97±8.41[b]	11.28±8.19[b]	1702
挂榜石（三级景点）	52.87±6.47[b]	35.65±7.42[b]	14.48±8.68[b]	973
无人踩踏区	58.22±2.14[b]	39.56±3.52[b]	17.88±1.84[b]	<10

从表6-11可以看出，游客践踏对一级景点土壤层土壤微生物生物量磷影响显著，对其他景点影响不显著。从4个试验区土壤微生物生物量磷看，无人踩踏区土壤微生物生物量磷含量最高，三级景点、二级景点、一级景点逐级下降，一级景点由于游客践踏最严重，土壤微生物生物量磷含量下降最明显，从土壤中微生物生物量磷的变化结合摄像头记录的游客日最高游客流量看，游客流量应该控制在1700人次左右，达到3000人次旅游景区的生态环境就会遭到严重破坏。

4. 结论

（1）高山草原土壤微生物生物量碳、氮、磷随土层的加深含量减少，和农田变化趋势基本一致。

（2）游客的踩踏土壤层会产生影响，影响最严重的是0～5 cm土壤层，土壤微生物生物量碳、氮、磷差异显著；然后依次是5～15 cm和15～25 cm土壤层，但土壤微生物生物量碳、氮、磷差异不显著。

（3）江西武功山高山草原旅游目的地日游客量应控制在1700人次以下。

二、水体养殖生产旅游目的地容量

水体是渔业旅游的自然基础，水体的质量直接决定渔业旅游产品的质量，决定着渔业旅游的生产力，游客对旅游目的地会有诸多影响，对渔业旅游而言，游客的进入给水体带来的影响是最显著的（张建平，2009），只有将游客的人数控制在生态容量范围之内，渔业旅游才能够持续发展。渔业旅游生态容量的计算公式如下：

$$F_0=\frac{\sum_{i=1}^{n}S_iT_i}{\sum_{i=1}^{n}p_i}$$

式中：F_0——旅游生态日容量（每日接待游客的最大容量）；

p_i——每位游客一天产生的第i种污染物的量；

S_i——每日水体自然生态环境净化吸收第i种污染物的数量；

T_i——各种污染物自净的时间；

i——旅游污染物的种类数。

《搜神记》中“仙女下凡”传说之地——江西仙女湖是国家AAAA级旅游景区，在新余市西南16km处，位于东经114°29′～115°24′、北纬27°33′～28°05′，湖光山色、农舍村寨、响泉飞瀑，形成了一幅幅天然图画。湖中的岛屿星罗棋布、风姿绰约、姿态各异。在万顷碧波的仙女湖上，人们既可观赏烟波浩渺、水天相连、渔帆点点的汪洋平湖，也又可领略山水缠绵相依、曲径通幽的迷幻世界，还可轻舟漫游在蜿蜒曲折、船动景移的湖光山色之中。仙女湖是国内闻名的渔业旅游区，水域面积为50 km^2，平均水深7 m，最大水深28 m，年平均入库水量达3.5×10^{10} m^3。

目前国际上通常用3个指标评价自然淡水水质，3个指标分别是生化需氧量(biochemical oxygen demand，BOD)；化学需氧量(chemical oxygen demand，COD)；总有机碳(total organic carbon，TOC)。根据2011年国家环保局测定的数据，仙女湖景区自然水符合国家Ⅲ类水体标准，Ⅲ类水体自净力标准如表6-12所示。

表6-12　Ⅲ类水体自净力标准

指标	BOD	COD	TOC
自净量(g/m^3)	0.0109	0.0071	0.0028

数据来源：张俊秀．环境监测[M]．北京：科学出版社，2003.

按照中国旅游出版社2013年出版的《2012年中国旅游年鉴》公布的数据，中国游客产生的污染物综合量如表6-13所示。

表6-13　中国游客产生的污染物综合量

指标	BOD	COD	TOC
数量(g/人·日)	40	25	10

将表6-13和表6-12的数据代入公式，计算的结果为8132，取近似值8000，计算结果表明：江西仙女湖渔业旅游景区每日游客量最多为8000人次，发展渔业旅游绝不能以牺牲环境为代价，只有在生态阈值范围内发展渔业旅游，资源才能够成为人类的永久财富。

第七章　加工型乡村旅游创意开发的技术集成

加工型乡村旅游创意开发的技术集成包括种植产品加工型乡村旅游、畜禽产品加工型乡村旅游、水产品加工型乡村旅游、其他农产品加工型旅游等方面的技术集成,加工型乡村旅游产品组成因子的权重研究、加工型乡村旅游产品的构成要素提炼研究、加工型乡村旅游的生态容量研究。

第一节　加工型乡村旅游产品组成因子的权重研究

一、组成因子选择

加工型乡村旅游资源评价体系如图7-1所示。

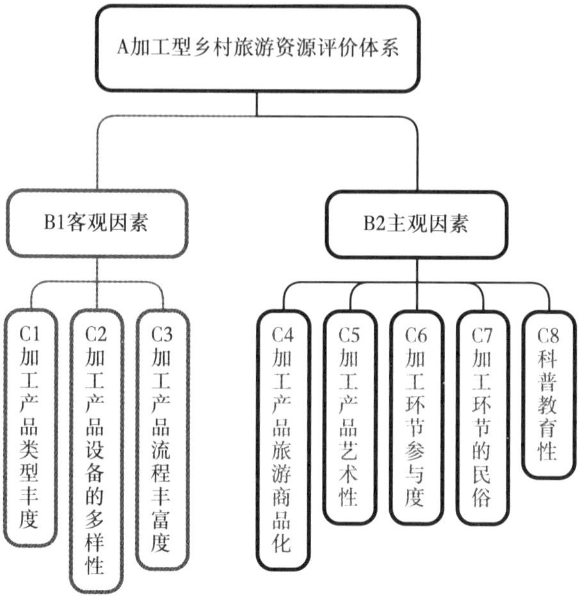

图7-1　加工型乡村旅游资源评价体系

针对加工型乡村生产过程的具体情况,参考国家标准《旅游资源分类、调查与评价》(GB/T 18972—2017),以及《休闲农业与乡村旅游年入账超过1200亿》[①]、《休

①国良.休闲农业与乡村旅游年入账超过1200亿[J].农业知识,2011(13).

闲农业与乡村旅游示范工程将启动》①、《积极探索休闲农业发展之路》②、《加快发展休闲农业和乡村旅游的思考》③、《休闲农业与乡村旅游发展》④等资料，收集构成加工型乡村旅游产品的组成因子19个，经过4轮专家打分筛选出8项，即加工产品类型丰度、加工产品设备的多样性、加工产品流程丰富度、加工产品旅游商品化、加工产品艺术性、加工环节参与度、加工环节的民俗、科普教育性。

各因子具体说明如下。

C1加工产品类型丰度：乡村旅游目的地农产品加工的类型多少，加工产品类型越多越好。

C2加工产品设备的多样性：农产品加工设备的丰富度。

C3加工产品流程丰富度：农产品加工的环节（流程）的多少。

C4加工产品旅游商品化：农产品加工成旅游产品的数量。

C5加工产品艺术性：加工的艺术性强或弱。

C6加工环节参与度：农产品加工过程中游客能够参与的程度。

C7加工环节的民俗：加工过程中的民俗。

C8科普教育性：加工过程中的知识性。

二、权重分析方法

对8项指标进行层次分析（AHP），确定开发过程中的轻重缓急，着力打造好重要环节，兼顾好次要环节，力争把加工型乡村旅游产品开发好，把专家赋值代入公式：

$$CR=\frac{CI}{RI}$$

经一致性判断后，再代入公式：

$$\lim_{k\to+\infty}\frac{\boldsymbol{A}^{K}\boldsymbol{e}}{\boldsymbol{e}^{\mathrm{T}}\boldsymbol{A}^{k}\boldsymbol{e}}=\boldsymbol{W}$$

三、权重分析结果

权重分析最终结果如表7-1所示。

①宁启文．休闲农业与乡村旅游示范工程将启动[J]．北京乡村，2010(25)．

②周应华．积极探索休闲农业发展之路[J]．农村工作通信，2009(7)．

③刘秀晨．加快发展休闲农业和乡村旅游的思考[C]//中国农学会，农业部人力资源开发中心，广西壮族自治区农业厅．2011全国休闲农业创新发展会议论文集．2011．

④郭焕成．休闲农业与乡村旅游发展[C]//贵州省科学技术协会，贵阳市科学技术协会，台湾神农科技发展协会，等．第六届海峡两岸休闲农业发展学术研讨会论文集．2008．

表 7-1 最终结果

备选方案	权重
C1加工产品类型丰度	0.2029
C2加工产品设备的多样性	0.0639
C3加工产品流程丰富度	0.4832
C4加工产品旅游商品化	0.0250
C8科普教育性	0.0161
C7加工环节的民俗	0.0410
C6加工环节参与度	0.0840
C5加工产品艺术性	0.0840

根据表7-1的计算结果,加工型乡村各项指标的权重排序如下:加工产品流程丰富度>加工产品类型丰度>加工环节参与度≥加工产品艺术性>加工产品设备的多样性>加工环节的民俗>加工产品旅游商品化>科普教育性。旅游产品打造可依据这个权重确定开发的先后顺序及其轻重缓急。

从表7-2可以看出,在加工型乡村旅游产品打造过程中,客观因素比主观因素重要。

表 7-2 加工型乡村旅游资源评价体系

(判断矩阵一致性比例:0.0000;对总目标的权重:1.0000;\lambda_{max}:2.0000)

A加工型乡村旅游资源评价体系	B1客观因素	B2主观因素	W_i
B1客观因素	1.0000	3.0000	0.7500
B2主观因素	0.3333	1.0000	0.2500

根据表7-3,客观因素的各影响因子的权重排序如下:加工产品流程丰富度>加工产品类型丰度>加工产品设备的多样性。

表 7-3 客观因素

(判断矩阵一致性比例:0.0516;对总目标的权重:0.7500;\lambda_{max}:3.0536)

B1客观因素	C1加工产品类型丰度	C2加工产品设备的多样性	C3加工产品流程丰富度	W_i
C1加工产品类型丰度	1.0000	4.0000	0.3333	0.2706
C2加工产品设备的多样性	0.2500	1.0000	0.1667	0.0852
C3加工产品流程丰富度	3.0000	6.0000	1.0000	0.6442

根据表7-4,主观因素的各影响因子的权重排序如下:加工环节参与度≥加工产品艺术性>加工环节的民俗>加工产品旅游商品化>科普教育性。

表7-4 主观因素

(判断矩阵一致性比例:0.0703;对总目标的权重:0.2500;\lambda_{max}:5.3151)

B2主观因素	C4加工产品旅游商品化	C8科普教育性	C7加工环节的民俗	C6加工环节参与度	C5加工产品艺术性	W_i
C4加工产品旅游商品化	1.0000	3.0000	0.3333	0.2500	0.3333	0.0998
C8科普教育性	0.3333	1.0000	0.3333	0.3333	0.2500	0.0643
C7加工环节的民俗	3.0000	3.0000	1.0000	0.3333	0.3333	0.1640
C6加工环节参与度	4.0000	3.0000	3.0000	1.0000	1.0000	0.3359
C5加工产品艺术性	3.0000	4.0000	3.0000	1.0000	1.0000	0.3359

从计算结果可以得出:在打造加工型乡村旅游产品时,二级指标中的客观因素(权重0.7500)比主观因素(权重0.2500)重要得多;按照权重的大小,三级指标的排序为加工产品流程丰富度(权重0.4832)、加工产品类型丰度(权重0.2029)、加工环节参与度(权重0.0840)、加工产品艺术性(权重0.0840)、加工产品设备的多样性(权重0.0639)、加工环节的民俗(权重0.0410)、加工产品旅游商品化(权重0.0250)、科普教育性(权重0.0161)。

第二节 加工型乡村旅游产品的构成要素提炼研究

一、种植产品加工乡村旅游构成因素的提炼

种植产品的加工主要包括:稻谷碾米;小麦制粉;杂粮加工;植物油脂的提取、精炼和加工;植物蛋白质产品的生产和淀粉加工;粮油食品加工;粮油加工副产品的综合利用等。从这些过程提取适合旅游的要素进行开发,种植产品加工生产过程旅游因素提取如表7-5所示。

表7-5 种植产品加工生产过程旅游因素提取

乡村旅游产品组成因子及权重	提炼可以打造成旅游产品的构成要素	建议旅游产品的打造方法
加工产品设备的多样性(0.0639)	筛选设备、烘干设备、保鲜设备、储藏设备、加工设备、灌装设备、饲料加工设备、食品加工设备、榨油设备、磨面设备、纺织设备、传统设备、现代化设备等	陈列法、图片法、体验法

续表

乡村旅游产品组成因子及权重	提炼可以打造成旅游产品的构成要素	建议旅游产品的打造方法
加工产品类型丰度(0.2029)	石磨磨面、水力舂米、粉丝制作、麦秆制作工艺品、麦秆作画、玉米叶编制手工品、爆米花、炸麦花、制作米粉、制作饵块、制作肠粉、酿造米酒、制作粉皮、做包子、包饺子、手工擀面条、炸馓子、炸麻圆、包粽子、打年糕、做米果、熬糖、磨豆腐、水果罐头加工、魔芋精粉制作、薯片加工、蒜油制作、盐蒜薹制作、腌制蒜米、蒜粉加工、蒜泥加工、蒜汁加工、大蒜饮料、姜油加工、辣椒油制作、红茶制作、绿茶制作、黄茶制作、白茶制作、黑茶制作、纺线、织布、打绳、编席、编篓、玉米汁制作、葡萄干制作、果脯加工、八宝粥制作、高粱饼制作、曲奇饼干制作、糕点制作、高粱酒酿造、玻璃西瓜的制作、玻璃苹果的制作、玻璃桃的制作、玻璃柿子的制作、豆塑画、异型果、晒字果、根雕、草编、葫芦工艺品、五谷画、干花、南瓜灯、荞麦功能饮料加工、大麦茶加工、大麦咖啡加工、绿豆汁制作、薏仁保健饮料加工、燕麦乳加工、小米乳饮料制作等	体验法、观光法
加工产品旅游商品化(0.0250)	草编旅游纪念品、玻璃西瓜旅游纪念品、异型果旅游纪念品,加工出来的物品都可以打造成旅游商品,越丰富越好	体验法、观光法、作古法、做奇法、做新法
加工产品流程丰富度(0.4832)	一般来讲,流程环节越多越好,但是,无论流程再多,花费的时间不能超过3 h,否则旅游会产生厌倦感	体验法、观光法
科普教育性(0.0161)	商业无菌、焦糖化反应、爆腰、爆腰率、出糙率、麦路、粉路、湿面筋、干面筋、蒸谷米、油料、压延比、干燥贮藏、低温贮藏、气调贮藏、砻谷、砻下物分离、切粉、榨粉、皮磨、渣磨、心磨、高筋粉、低筋粉、表面汽化、水分转移、预干燥、醒面、冲印成型、辊印成型、辊切成型	观光法
加工环节的民俗(0.0410)	祭拜酒神、北方有磨面习俗、南方有碾米和舂米习俗、由家庭加工业发展为专门的磨坊业祭拜雷公老爷,认为抛洒粮食是伤天害理的坏事,雷公会发怒行雷惩罚,所以每年农历六月二十四从事饮食业的人会一起到雷公庙烧香叩头,企求雷公宽恕,即俗称“雷公会”	体验法、观光法

续表

乡村旅游产品组成因子及权重	提炼可以打造成旅游产品的构成要素	建议旅游产品的打造方法
加工环节参与度(0.0840)	加工环节的旅游产品打造应尽量提升游客的参与度,参与度越高,越能够激发游客的兴致	体验法、观光法
加工产品艺术性(0.0840)	产品加工过程中,艺术性越强,观赏性就越强,反之,加工过程中艺术性越强,游客参与的难度就越大,所以艺术性的权重比较小	体验法、观光法

二、畜禽产品加工乡村旅游构成因素的提炼

畜禽产品加工包括:肉与肉制品加工、乳与乳制品加工、禽蛋与蛋制品加工及畜禽副产品加工等,提取这些过程中对游客有吸引力的要素进行开发,打造乡村旅游产品,畜禽产品加工型乡村旅游因素提取如表7-6所示。

表7-6 畜禽产品加工生产过程旅游因素提取

乡村旅游产品组成因子及权重	提炼可以打造成旅游产品的构成要素	建议旅游产品的打造方法
加工产品设备的多样性(0.0639)	保鲜设备、储藏设备、加工设备、灌装设备、饲料加工设备、食品加工设备、传统设备、现代化设备等	陈列法
加工产品类型丰度(0.2029)	奶酪制作、奶茶加工、马奶酒制作、蛋壳作画、牛角制作工艺品、象牙制作工艺品、牛皮加工制作、羊皮制作加工、羊皮画制作、羊毛纺织画、羽毛画制作	体验法、观光法
加工产品旅游商品化(0.0250)	羊皮画、羊毛编织画、羽毛画、蛋壳画、马奶酒等	体验法、观光法
加工产品流程丰富度(0.4832)	奶茶加工(捣碎茶砖、加水煮沸、捞出茶叶、加入适量新鲜牛奶、煮沸至茶乳交融、加盐、出锅),马奶酒制作(将新鲜马/牛/羊奶倒入木桶中、持续搅动、沉淀分离、奶清上浮、奶渣下沉、取奶清在锅中蒸馏、冷却),奶酪制作(将新鲜奶倒入桶中、搅拌后静置、取奶油作他用、加热剩余部分、放置冷湿处待发酵、有酸味后倒入锅中煮熬、呈豆腐状时舀进纱布中、挤出水分、放入模具成型、用刀划成块状),加工出来的物品都可以打造成旅游商品,越丰富越好	体验法、观光法

续表

乡村旅游产品组成因子及权重	提炼可以打造成旅游产品的构成要素	建议旅游产品的打造方法
科普教育性(0.0161)	眼肌面积、肉质、嫩度、韧性、肌肉组织、结缔组织、脂肪组织、骨骼组织、肉类僵直、肉类成熟、肉类腐败、乳、乳制品、预冷、空气冷却法、真空冷却法、水冷却法、冰冷却法、低温冷害、回热、冻结点、低共熔点、冻结曲线、冻结速率、空气解冻法、水或盐水解冻法、冰块解冻法、板式加热解冻法、微波解冻法、高压静电解冻法、板式冻结法、液体冻结法、时间-温度-品质耐性、食品热处理、工业烹饪、焙烤、油炸、热烫、热挤压、干热灭菌、湿热灭菌、常压杀菌、高压蒸汽杀菌、高压水煮杀菌、火焰杀菌、热装罐密封杀菌、预杀菌无菌装罐、DT值、热力致死时间、杀菌值、Z值、热力指数递减时间、酸性食品、低酸性食品、酸化食品、罐头冷点、阿伦尼乌斯模型、温度系数、非热杀菌、超高压(UHP)杀菌技术、高压脉冲电场(PEF)杀菌、脉冲强光杀菌、磁力杀菌、感应电子杀菌、半导体光催化杀菌、超声波杀菌、紫外线杀菌、电阻加热杀菌技术、干燥速率曲线、风干、流化床干燥、喷动床干燥、传导干燥、回转干燥、真空干燥、红外及远红外干燥、微波干燥、升华干燥、干制品的压块、复原性、穿透深度、功率穿透深度、微波膨化、微波解冻、腌渍保藏、干腌法、湿腌法、注射腌制法、烟熏、冷熏法、热熏法、液熏法、辐射保藏、同位素、放射性同位素、放射性活度、放射性比度、化学保藏、防腐剂、抗氧化剂、脱氧剂	观光法
加工环节的民俗(0.0410)	开斋节、全羊宴、宰牛祭祖等	表演法、观光法
加工环节参与度(0.0840)	手工制作豆腐、亲手制作奶茶、亲手制作奶酪、学画羊皮画等	体验法、观光法
加工产品艺术性(0.0840)	羊皮画、蛋壳画、羽毛画等	体验法、观光法

三、水产品加工乡村旅游构成因素的提炼

水产品加工包括剖割、去杂、切块、细碎、调味、油炸、蒸煮、烧烤及烹调等程序，在这些过程中提炼游客感兴趣的组成因子，然后开发成旅游产品，具体情况如表7-7所示。

表7-7 水产品加工生产过程旅游因素提取

乡村旅游产品组成因子及权重	提炼可以打造成旅游产品的构成要素	建议旅游产品的打造方法
加工产品设备的多样性（0.0639）	肉制品加工设备、水产加工设备、水处理设备、杀菌设备、熟化设备等	陈列法、图片法
加工产品类型丰度（0.2029）	鱼叉捕鱼、漂流刺网捕鱼、手线捕鱼、转轮线钓鱼、杆线捕鱼、长线捕鱼、拖网捕鱼、熏鱼加工、酒糟鱼加工、无钩钓鱼、直钩钓鱼、地撩网捕鱼、巨网捕鱼、鱼丝加工、干制、腌制、酱制、腊制、糟制、醉制、矾制、冰鲜	体验法、观光法
加工产品旅游商品化（0.0250）	酒糟鱼、熏鱼、鱼糜、腌制品、鱼卷、碎鱼肉、冻鱼糜、鱼糕、鱼松、鱼粉、鱼汁、鱼肠、鱼饼、鱼酱	体验法、观光法
加工产品流程丰富度（0.4832）	侦察鱼群、设置包围圈、刺网赶鱼、收网与起鱼	体验法、观光法
科普教育性（0.0161）	生干品、腌制品、碎鱼肉、鱼糜、鱼卷、鱼松、鱼糕、鱼粉、鱼汁、终末宿主、中间宿主、寄生、共生、再生、自切、卵黄囊、生殖节、卵囊、外叶、内叶、胸肢、第二小颚、第一小颚、大颚、第二触角、第一触角、复眼、蔓足、关节鳃、足鳃、侧鳃、肢鳃、平衡囊、执握器、叶肢型附肢、触腕、墨囊、齿式、齿舌、外套窦、外套腔、外套膜、本鳃、内壳、内脏团、浮囊体、栉毛带、消化循环腔、刺丝囊	观光法
加工环节的民俗（0.0410）	拜海神、拜鱼神等	表演法、观光法
加工环节参与度（0.0840）	五香熏鱼的制作（去头、去尾、去鳞、去鳍、去内脏，把鱼洗净，切成小段，用酱油、食盐腌制2 h，在油锅中炸至金黄色捞出，用姜汁、白糖、黄酒配制的调味液浸渍3～5 min，把红糖、茴香、花椒、甘草放在锅中，上面放铁丝网，铁丝网上摆放浸渍好的鱼块，盖上锅盖加热，红糖焦化，散发浓烟，熏蒸至鱼块着色）	体验法、观光法
加工产品艺术性（0.0840）	徒手捕鱼技术、鱼酱加工技术等	体验法、观光法

四、其他农产品加工乡村旅游构成因素的提炼

其他农产品类型丰富，如作物的秸秆，果树的叶、茎、果实，家禽、家畜的皮毛，动物粪便及残体，特殊的树根、树枝、树叶等。其他农产品加工环节也很丰富，如脱壳、榨油、制粉、去皮、切块、去骨、冷冻、烘干、膨化、脱水、雾化、脱毒、浸取、干馏、酿造、发酵等，在这些过程中把适宜开发为旅游产品的因子提炼出来，具体情况如表7-8所示。

表7-8　其他农产品加工生产过程旅游因素提取

乡村旅游产品组成因子及权重	提炼可以打造成旅游产品的构成要素	建议旅游产品的打造方法
加工产品设备的多样性（0.0639）	皮革加工设备、肉制品加工设备、水处理设备、杀菌设备、熟化设备等	
加工产品类型丰度（0.2029）	鸡、猪、黄鳝、蛇、鸽、兔、驴、蚕、貂、貉、鹿、蚯蚓、鸵鸟、牛蛙、鹌鹑、孔雀、蜗牛、狐狸、蚯蚓、大麦虫、蝎子、土元、螃蟹、林蛙等	观光法
加工产品旅游商品化（权重0.0250）	猪肉制品、蜂蜜、腊鸡、蛇胆酒、蛇皮工艺品、蚕丝织品、麝香膏、貂皮制品等	体验法、观光法
加工产品流程丰富度（权重0.4832）	蚕茧（煮茧—剥茧—开棉—晒棉—拉丝）、牛/羊/猪皮（消毒—浸泡—刮肉—刮毛—药水处理—过热水—分层—上色）	体验法、观光法
科普教育性（权重0.0161）	特种经济动物、角基、活动温度、母仔分养、适时分群、角盘脱落、休产期、繁殖期、受胎率、群居性、争斗性、生态工程、耐受性定律、生态位、趋适原则、竞争原则等	观光法
加工环节的民俗（权重0.0410）	蛇文化（龙文化）、鸟文化（凤凰文化）、乌龟长寿文化、鹤长寿文化、骆驼任劳任怨精神、狗忠诚理念、蚂蚁集体主义文化、鹰草原王者文化等	表演法、观光法
加工环节参与度（权重0.0840）	骆驼绒（分类、检验、开绒、洗绒、烘绒、分梳、纺纱、上色、织布、制衣等）、肉类加工、皮革加工、食品加工等都可以让游客参与	体验法、观光法
加工产品艺术性（权重0.0840）	纺织艺术、产品加工艺术、工具使用艺术、产品鉴赏艺术等	体验法、观光法

注：表中涉及动物均指人工养殖动物，非野生。

第八章　复合型乡村旅游的创意开发技术研制

复合型乡村旅游创意开发的技术研制分为复合型乡村旅游产品组成因子的权重研究,复合型乡村旅游产品的构成要素提炼研究,复合型乡村旅游目的地的生态容量研究。

第一节　复合型乡村旅游产品组成因子的权重研究

一、组成因子选择

复合型乡村旅游资源评价体系如图8-1所示。

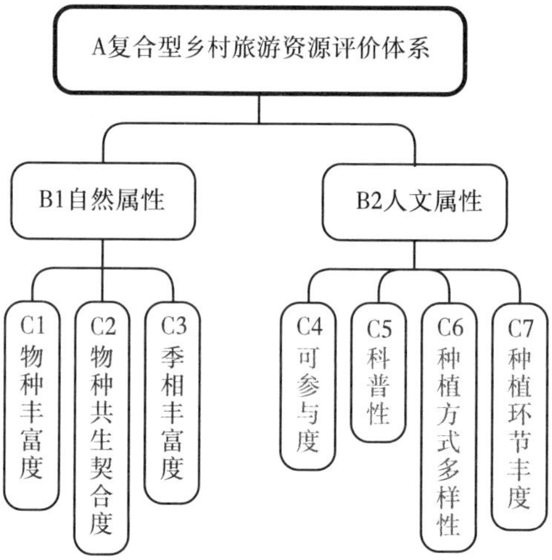

图8-1　复合型乡村旅游资源评价体系

针对复合型乡村旅游产品开发的具体情况,参考国家标准《旅游资源分类、调查与评价》(GB/T 18972—2017),以及《观光农业园景观规划探析》①、《赣西北红壤区观光生态农业发展模式研究》②、《近年来我国观光农业研究综述》③、《乡村旅游消

①张毅川,乔丽芳,姚连芳,等.观光农业园景观规划探析[J].浙江林学院学报,2007,24(4).

②罗天相,刘莎.赣西北红壤区观光生态农业发展模式研究[J].安徽农业科学,2006,34(5).

③田逢军.近年来我国观光农业研究综述[J].地域研究与开发,2007,26(1).

费行为的收入分异研究——以长沙市周边乡村旅游为例》①、《加快发展休闲农业和乡村旅游的思考》②等资料，收集构成复合型乡村旅游产品的组成因子11个，经过4轮专家打分筛选出7项：物种丰富度、物种共生契合度、季相丰富度、可参与度、科普性、种植方式多样性、种植环节丰度。

各因子具体说明如下。

C1物种丰富度：有多少物种进行复合生产。

C2物种共生契合度：每种物种之间的互利共生度。

C3季相丰富度：每个季节生态景观的变化。

C4可参与度：旅游过程中可以参与的程度。

C5科普性：游客在旅游过程中能够获得多少相关知识。

C6种植方式多样性：生产方式的多样化程度。

C7种植环节丰度：生产环节的多少。

二、权重分析方法

对7项指标进行层次分析（AHP），确定开发过程中的轻重缓急，着力打造好重要环节，兼顾好次要环节，力争把复合型乡村旅游产品开发好，把专家赋值代入公式：

$$CR=\frac{CI}{RI}$$

经一致性判断后，再代入公式：

$$\lim_{k\to+\infty}\frac{\boldsymbol{A}^{K}\boldsymbol{e}}{\boldsymbol{e}^{\mathrm{T}}\boldsymbol{A}^{k}\boldsymbol{e}}=\boldsymbol{W}$$

三、权重分析结果

权重分析最终结果如表8-1所示。

表8-1　最终结果

备选方案	权重
C1物种丰富度	0.2013
C2物种共生契合度	0.0879
C3季相丰富度	0.4608
C4可参与度	0.1200
C5科普性	0.0231
C6种植方式多样性	0.0626
C7种植环节丰度	0.0443

①粟路军，方贤寨，郑旗，等．乡村旅游消费行为的收入分异研究——以长沙市周边乡村旅游为例[J]．北京第二外国语学院学报，2007(1)．

②刘秀晨．加快发展休闲农业和乡村旅游的思考[C]//中国农学会，农业部人力资源开发中心，广西壮族自治区农业厅．2011全国休闲农业创新发展会议论文集．2011．

根据表8-1,复合型乡村旅游产品开发的各项指标权重排序如下:季相丰富度＞物种丰富度＞可参与度＞物种共生契合度＞种植方式多样性＞种植环节丰度＞科普性。此排序可以指导我们旅游产品开发工作的轻重缓急。

从表8-2可以明显看出,在复合乡村旅游产品开发因素之中,自然属性比人文属性更重要。

表8-2 复合型乡村旅游资源评价体系

(判断矩阵一致性比例:0.0000;对总目标的权重:1.0000;\lambda_{max}:2.0000)

A复合型乡村旅游资源评价体系	B1自然属性	B2人文属性	W_i
B1自然属性	1.0000	3.0000	0.7500
B2人文属性	0.3333	1.0000	0.2500

从表8-3可以看出,在自然属性的三项指标中,季相丰富度的权重最大,其次是物种丰富度,最后是物种共生契合度。

表8-3 自然属性

(判断矩阵一致性比例:0.0707;对总目标的权重:0.7500;\lambda_{max}:3.0735)

B1自然属性	C1物种丰富度	C2物种共生契合度	C3季相丰富度	W_i
C1物种丰富度	1.0000	3.0000	0.3333	0.2684
C2物种共生契合度	0.3333	1.0000	0.2500	0.1172
C3季相丰富度	3.0000	4.0000	1.0000	0.6144

根据表8-4,人文属性各项指标的权重排序如下:可参与度＞种植方式多样性＞种植环节丰度＞科普性。

表8-4 人文属性

(判断矩阵一致性比例:0.0805;对总目标的权重:0.2500;\lambda_{max}:4.2148)

B2人文属性	C4可参与度	C5科普性	C6种植方式多样性	C7种植环节丰度	W_i
C4可参与度	1.0000	3.0000	3.0000	3.0000	0.4801
C5科普性	0.3333	1.0000	0.3333	0.3333	0.0924
C6种植方式多样性	0.3333	3.0000	1.0000	2.0000	0.2504
C7种植环节丰度	0.3333	3.0000	0.5000	1.0000	0.1771

从以上计算结果可以得出:在复合乡村旅游创意开发打造时,二级指标中的人文属性(权重0.7500)比自然属性(权重0.2500)重要得多,这说明在复合乡村旅游创意开发过程中,人为因素占有较大的比重;按照权重的大小,三级指标的排序为

季相丰富度(权重0.4608)、物种丰富度(权重0.2013)、可参与度(权重0.1200)、物种共生契合度(权重0.0879)、种植方式多样性(权重0.0626)、种植环节丰度(权重0.0443)、科普性(权重0.0231)。

第二节　复合型乡村旅游产品的构成要素提炼研究

复合型乡村生态系统由无机环境、生产者、消费者、分解者四部分形成的综合体,通过循环和能量转换把四者紧密联系起来,它们互相依存、互相作用、互为条件,与传统乡村相比,复合乡村生态系统物种丰富、食物链长、反馈机制强、自我调节能力好、稳定性高、不易受不良环境影响,所以复合乡村的科普性、丰富性更强,在这些环节中可以提取更多的旅游产品组成因子。具体见表8-5。

表8-5　复合型乡村生产过程旅游要素的提取

乡村旅游产品组成因子及权重	提炼可以打造成旅游产品的构成要素	建议旅游产品的打造方法
物种丰富度(0.2013)	桑基鱼塘(桑树、蚕、鱼,见图8-2)、蔗基鱼塘(甘蔗、鱼,见图8-3)、果基鱼塘(果树、鱼)、花基鱼塘(花卉植物、鱼)、菜基鱼塘(蔬菜、鱼)、稻田养鱼(水稻、鱼),以及不同作物的套种	观光法
物种共生契合度(0.0879)	霍香蓟、商陆、粉葛、油莎豆四者套种被称为套种“四君子”。玉米与大豆;玉米与花生;玉米与甘薯、马铃薯;玉米与木薯、甘蔗 蔗田间套作模式:①蔬菜类与冬、春植蔗(以水田蔗为主);②瓜豆类与春植蔗(以田蔗和水浇地蔗为主);③薯类(马铃薯、红薯)与冬、春植蔗(以水浇地蔗为主);④粮食类与春植蔗(以水浇地蔗为主);⑤宿根蔗与蔬菜类、瓜豆类、粮食类(以水田蔗、水浇地蔗为主);⑥春烟与春植蔗(以水浇地为主);⑦春、秋植蔗与绿肥(小葵子,以湿润蔗区山地为主) 玉米、高粱、甘蔗、棉花等茎秆高大、能提供荫蔽环境的农作物种类,可以搭配种植的药材品种有板蓝根、白芷、桔梗、川芎、白术、丹参、射干、薏苡、柴胡、半夏、太子参、黄连、草珊瑚、草果等;红薯、马铃薯、大豆等,可以搭配种植的药材有金银花、黄芪、红花、知母等	观光法
季相丰富度(0.4608)	春季嫩芽萌发;夏季喜光植物生机勃勃,喜阴植物茁壮成长;秋季硕果累累,金叶飘零;冬季白雪皑皑,生机蕴藏	观光法

续表

乡村旅游产品组成因子及权重	提炼可以打造成旅游产品的构成要素	建议旅游产品的打造方法
可参与度 (0.1200)	游客可以参与播种、施肥、灌溉、田间管理、收获、储藏、加工等环节	体验法、观光法
科普性 (0.0231)	间作、套作、争光照、争肥、争水、产量代换法、面积当量法、边行效应折算法	观光法
种植方式多样性 (0.0626)	原始乡村、传统精耕细作、现代化机械乡村、创意乡村、循环乡村、休闲乡村、工厂化乡村、装饰乡村、分子乡村、精准乡村等	体验法、观光法
种植环节丰度 (0.0443)	育种、播种、施肥、灌溉、收获、加工、储藏	体验法、观光法

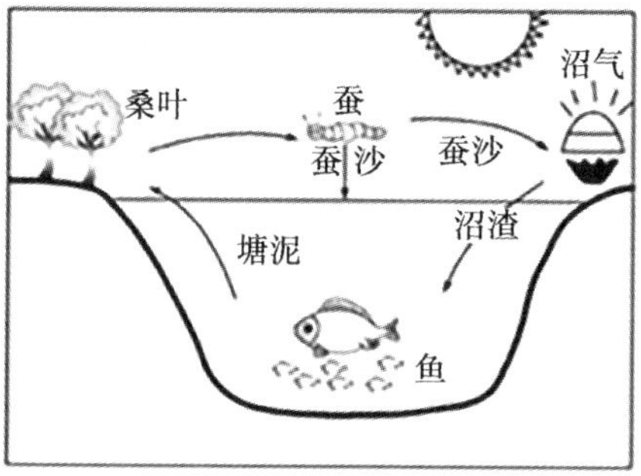

图 8-2 桑基鱼塘生态系统

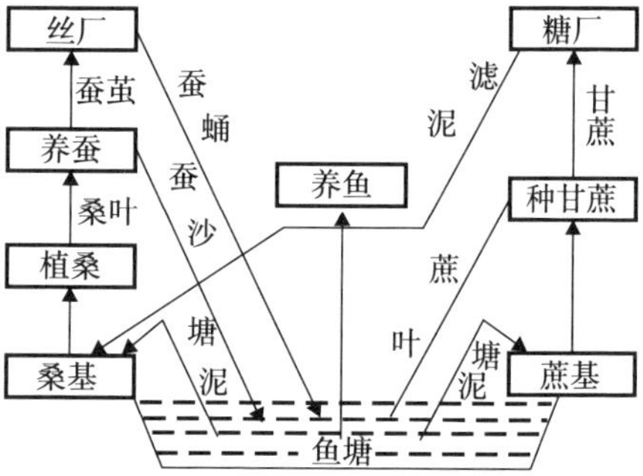

图 8-3 蔗基鱼塘蔗生态系统

第三节 复合型乡村旅游目的地的生态容量研究

复合型乡村旅游的旅游目的地一般在田间。测算旅游资源容量一般用面积法，面积法就是根据景区的空间面积或者可供游览的规模和游客的周转率及其人均游览空间的标准进行计算，具体公式如下：

$$C_{r1}=\frac{S_A}{S_B}\times R$$

式中：C_{r1}——乡村旅游景区每天游客容量；

S_A——乡村旅游景区游览面积；

S_B——乡村旅游景区游览空间的标准（每人 90 $m^2$①）；

①数据来源：世界旅游组织（WTO）旅游活动基本空间标准。

R——游客的周转率(景区每天开放总时间÷每个游客平均停留时间)。

以无锡现代农业博览园为例,博览园位于锡山区安镇,总面积1 km^2,大棚建筑面积18000 m^2,投资2.5亿元。博览园由生态康体康居区、农业博览展示区、乡村旅游观光区和农耕文化展示区四大景区组成,聚集了农产品展示、农产品交易、乡村研发、旅游休闲等几大功能,是现代乡村的先导区、示范区。通过调研得到的数据为$S_A=6667\ m^2$,$S_B=90\ m^2$,$R=3$,把数据代入公式$C_{r1}=\frac{S_A}{S_B}\times R$进行计算后可知,无锡现代农业博览园每天游客量不得超过222人次。

第九章 园区型乡村旅游创意开发的技术研制

园区型乡村旅游创意开发的技术研制分为园区型乡村旅游产品组成因子的权重研究,园区型乡村旅游产品的构成要素提炼研究,园区型乡村旅游目的地的生态容量研究。

第一节 园区型乡村旅游产品组成因子的权重研究

一、组成因子选择

园区型乡村旅游资源评价体系如图9-1所示。

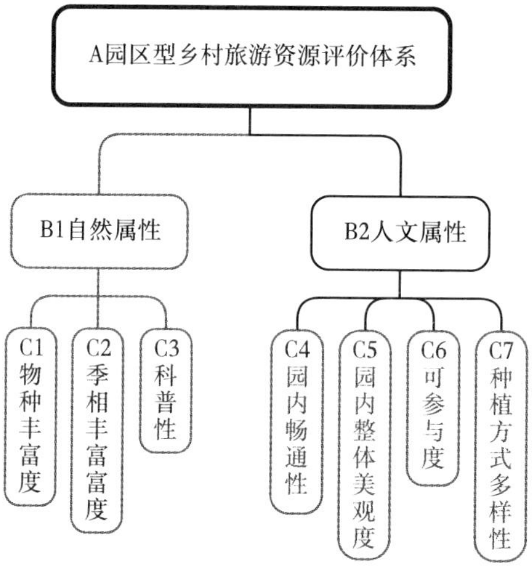

图9-1 园区型乡村旅游资源评价体系

针对园区型乡村生产过程的具体情况,参考国家标准《旅游资源分类、调查与评价》(GB/T18972—2017)规定的内容,以及《景观生态学:理论、方法及应用》[①]、《生物保护的景观生态安全格局》[②]、《农业园区规划思路与方法研究》[③]、《观光采摘

①肖笃宁.景观生态学:理论、方法及应用[M].北京:中国林业出版社,1991.

②俞孔坚.生物保护的景观生态安全格局[J].生态学报,1999(1).

③吴人韦,杨建辉.农业园区规划思路与方法研究[J].城市规划汇刊,2004(1).

园景观规划设计》[①]、《北京市休闲果业发展研究》[②]等资料，收集构成园区型乡村旅游产品的组成因子14个，经过4轮专家打分筛选出7项：物种丰富度、季相丰富度、科普性、园内畅通性、园内整体美观度、可参与度、种植方式多样性。

各因子具体说明如下。

C1物种丰富度：乡村生产的物种多少。

C2季相丰富度：季节景观的变化差异性。

C3科普性：乡村生产过程中可以让游客掌握的乡村知识。

C4园内畅通性：园区内游客的可到达程度。

C5园内整体美观度：园区的景观美感。

C6可参与度：旅游过程中游客可以参与环节的多少。

C7种植方式多样性：种植方式的多少。

二、权重分析方法

对7项指标进行层次分析（AHP），确定开发过程中的轻重缓急，着力打造好重要环节，兼顾好次要环节，力争把园区型乡村旅游产品开发好，把专家赋值代入公式：

$$\mathrm{CR}=\frac{\mathrm{CI}}{\mathrm{RI}}$$

经一致性判断后，再代入公式：

$$\lim_{k\to+\infty}\frac{\boldsymbol{A}^{K}\boldsymbol{e}}{\boldsymbol{e}^{\mathrm{T}}\boldsymbol{A}^{k}\boldsymbol{e}}=\boldsymbol{W}$$

三、权重分析结果

权重分析最终结果如表9-1所示。

表9-1　最终结果

备选方案	权重
C1物种丰富度	0.5496
C2季相丰富度	0.1492
C3科普性	0.1012
C4园内畅通性	0.0244
C5园内整体美观度	0.0502
C6可参与度	0.0844
C7种植方式多样性	0.0410

①吴忆明，吕明伟．观光采摘园景观规划设计[M]．北京：中国建筑工业出版社，2005.

②钟国庆．北京市休闲果业发展研究[D]．北京：北京林业大学，2005.

从表9-1可以看出，各项指标对园区型乡村旅游贡献的权重排序如下：物种丰富度＞季相丰富度＞科普性＞可参与度＞园内整体美观度＞种植方式多样性＞园内畅通性，依据权重的大小指导旅游开发中的主次顺序。

表9-2表明，在园区乡村旅游目的地打造中，自然属性的旅游资源比人文属性的旅游资源更重要。

表9-2　园区型乡村旅游资源评价体系

（判断矩阵一致性比例：0.0000；对总目标的权重：1.0000；\lambda_{max}：2.0000）

A园区型乡村旅游资源评价体系	B1自然属性	B2人文属性	W_i
B1自然属性	1.0000	4.0000	0.8000
B2人文属性	0.2500	1.0000	0.2000

表9-3表明，在自然属性旅游资源中，物种丰富度最重要，其次是季相丰富度，最后是科普性。

表9-3　自然属性

（判断矩阵一致性比例：0.0904；对总目标的权重：0.8000；\lambda_{max}：3.0940）

B1自然属性	C1物种丰富度	C2季相丰富度	C3科普性	W_i
C1物种丰富度	1.0000	5.0000	4.0000	0.6870
C2季相丰富度	0.2000	1.0000	2.0000	0.1865
C3科普性	0.2500	0.5000	1.0000	0.1265

表9-4表明，在人文属性的园区旅游资源中，最重要的是可参与度，其次是园内整体美观度，再次是种植方式多样性，最后是园内畅通性。

表9-4　人文属性

（判断矩阵一致性比例：0.0653；对总目标的权重：0.2000；\lambda_{max}：4.1742）

B2人文属性	C4园内畅通性	C5园内整体美观度	C6可参与度	C7种植方式多样性	W_i
C4园内畅通性	1.0000	0.3333	0.5000	0.5000	0.1219
C5园内整体美观度	3.0000	1.0000	0.5000	1.0000	0.2510
C6可参与度	2.0000	2.0000	1.0000	3.0000	0.4222
C7种植方式多样性	2.0000	1.0000	0.3333	1.0000	0.2050

从以上计算结果可以得出：在园区型旅游产品打造时，二级指标中的自然属性（权重0.8000）比人文属性（权重0.2000）重要得多，这说明在园区型乡村旅游过程中，自然因素占有较大的比重；按照权重大小，三级指标的排序为物种丰富度（权重

0.5496)、季相丰富度(权重0.1492)、科普性(权重0.1012)、可参与度(权重0.0844)、园内整体美观度(权重0.0502)、种植方式多样性(权重0.041)、园内畅通性(权重0.0244)。

第二节　园区型乡村旅游产品的构成要素提炼研究

园区型乡村旅游产品具有知识性、科学性、可观赏性、趣味性和可参与性,是集科研、生产、环保于一体的乡村生产方式,由于人工打造的成分较多,所以更方便提炼适合人们消费需求的旅游产品,具体如表9-5所示。

表9-5　园区型乡村生产过程旅游要素的提取

乡村旅游产品组成因子及权重	提炼可以打造成旅游产品的构成要素	建议旅游产品的打造方法
物种丰富度(0.5496)	水稻、玉米、小麦、大豆、蔬菜、花卉、瓜果、茶及饲养的畜禽等	观光法
季相丰富度(0.1492)	四季花卉轮番开放,春季生机盎然、夏季生命蓬勃、秋季收获喜悦、冬季孕育储藏	观光法
科普性(0.1012)	苗木组培、无性快繁、特异性免疫乳、功能性乳制品、生物制剂、特种蔬菜、组培车间、自动化育苗车间、配套的炼苗温室	观光法
园内畅通性(0.0244)	园区的各个生产点的路径既要满足生产的需要,也要满足游客参观、参与的需要	观光法
园内整体美观度(0.0502)	在园区规划设计之时,就要考虑整体的可视效果,考虑廊道与斑块的配合,考虑景区景物与天际线之间的构成,达到美学的效果	观光法
可参与度(0.0844)	园区内的育苗、移植、灌溉、施肥、收获、加工、储藏等各个环节都可以开发成游客参与的旅游产品	体验法、观光法
生产方式多样性(权重0.0410)	种苗的繁育、种牛繁育、种猪繁育、微生物培养、环保高效农业生产资料、农产品深加工、休闲农业、农作物种子工程、功能性食品开发、园林花卉区、精品蔬菜区、优质畜禽区、名特水果区、鱼稻共生、优质粮油、高产桑茧、种子种苗业、农业生物技术、优质瘦肉型猪养殖、湖羊养殖、家禽珍禽养殖、特种水产养殖、精品蔬菜、西甜瓜、无公害茭白、双低油菜栽培、脱毒马铃薯、种薯繁育、生态养殖区、加工储藏等	观光法

第三节 园区型乡村旅游目的地的生态容量研究

园区型乡村旅游目的地的生态容量是园区具有的生态恢复能力，这种恢复能力包括园区自然环境吸纳污染物的能力，也包括人工净化能力，其生态容量的计算公式如下：

$$E = \min\left(\frac{N_i \times S + H_i}{P_i}\right) \quad (i = 1, 2, \cdots, n)$$

式中：E——旅游目的地生态容量；

N_i——自然环境每天对i种污染物的净化能力；

S——园区面积；

H_i——人工每天对i种污染物的清理能力；

P_i——每位游客一天产生第i种污染物的数量。

以位于大连市金州区北部的石河现代农业园区为例，园区依托现代乡村科技，主攻目标为发展设施农业，以农业为基础，以果业为主导，建立了完整的繁育、科研、生产、加工、储藏、出口等产业化经营体系，2000年被大连市授予“农业精品工程建设优质项目”称号，2002年被辽宁省人民政府批准为省级现代农业园区，园区总面积4500亩，通过调研得到数据为N_i=0. 016kg/hm^2（取最难降解的塑料垃圾为标准），S=4500亩，H_i=100 kg/天（25个清洁工），P_i=0. 8kg/天，将数据代入公式$E = \min\left(\frac{N_i \times S + H_i}{P_i}\right)$进行计算后可知，大连石河现代农业园区每天的游客量不能超过3137人次。

第十章　乡村旅游创意开发的整体规划技术研制

生态美学强调系统的整体性、统一性，在前面章节，探讨了乡村生产过程的每个环节的旅游化，实际就是在每个环节如何打造成单项乡村旅游产品，但是游客到达旅游目的地需要的是包括食、住、行、游、娱、购等的整体旅游产品，乡村的生产过程是长期的，游客的旅游过程是短暂的，每次游客到达旅游目的地都只能体验到乡村生产过程中部分环节的单项旅游产品，我们要把这些单项的旅游产品组合成高质量的整体旅游产品，本章具体研究整体乡村旅游产品的打造。

第一节　乡村旅游产品的整体规划技术

一、乡村旅游目的地的选址

乡村旅游目的地的选址一定要考虑四个方面的条件，即乡村基础、客源市场、外部交通、民风淳朴程度。第一，乡村基础要求乡村发展应该是在全国或本地比较好的乡村，有某一种或几种农作物比较有名气，同时副业配套也比较好，可以提供不同类型的乡村旅游产品。第二，客源市场要求周围要有足够的客源，客源市场距离乡村旅游区不能太远，一般靠近大城市或者靠近著名旅游景区客源会更好。距离越近，游客出游的概率就越大，距离越远，游客到来的可能性就越小。距离与游客量呈反比例关系，通常称这一规律为距离衰减(distance decay)(见图10-1)。第三，外部交通是指游客能够很便利地进来和出去，旅途不会麻烦和辛苦。第四，民风淳朴程度是指旅游目的地的居民在游客心目中最好有友好的社会认知，千万不能有野蛮的社会刻板印象。只有具备这四个方面的条件的乡村才可以选作旅游目的地来打造。

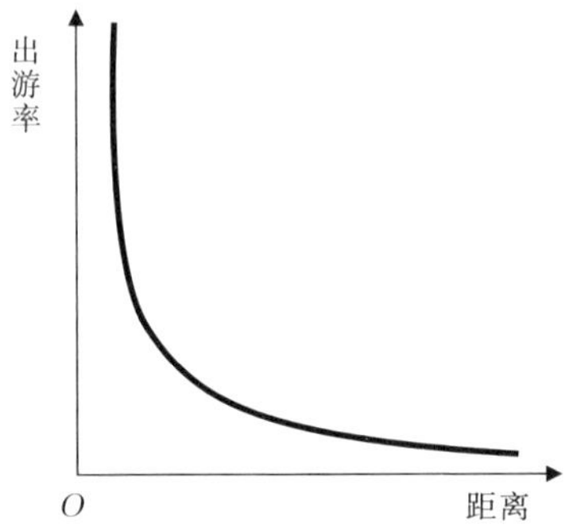

图10-1　距离衰减规律

二、乡村旅游目的地的旅游时间安排

很多乡村旅游目的地的开放时间仅仅局限于短暂的一小段时间范围内，不能够做到持续不断的营销，就很难打造出乡村旅游目的地的品牌效应，以及在旅游淡季时旅游基础设施也会产生很大的闲置浪费，所以一个好的乡村旅游目的地应该是365天随时可以接待游客，要想这样，必须做到以下几个方面。第一，必须把乡村的全部生产过程旅游化，乡村生产的每个环节、每个时间段都有旅游产品提供给游客。第二，乡村生产种类（种植业、牧业、林业、渔业）要丰富多样，每个时间段都有不同的乡村旅游产品。第三，在农事活动比较少的时间段要有农俗、祭祀活动来弥补旅游产品丰富度的不足。同时还要注意，乡村旅游过程不能够代替乡村生产过程，乡村旅游就是使游客体验乡村生产过程，无论有没有游客来旅游，乡村生产过程必须正常进行，游客来了，就按照旅游模式安排农事活动让游客去体验，游客不来，就按照自己正常的生产方式进行乡村生产。

三、乡村旅游目的地的旅游环境营造

乡村旅游产品的核心是原汁原味的农村生态环境，厌倦了城市生活的游客出游是为了亲近自然、享受自然，因此乡村旅游目的地必须保持与营造好乡村环境，不要高耸的水泥设施物，不要艳丽的人工景观，不要马达轰鸣，不要汽车飞奔的喧嚣，等等。多做“减法”，少做“加法”，减去污浊求净化、减去异质求纯粹、减去烦嚣求宁静，减去奢华求朴素，但是鸡鸣狗叫不能减、蝉鸣虫吟不能减、炊烟袅袅不能减、乡村杂耍不能减、民风农俗不能减、“农味”“乡味”“土味”不能减。

四、乡村旅游目的地的旅游主题定位

准确把握乡村旅游目的地的主题定位，才能够有针对性地开发乡村旅游产品，才能在旅游市场中找到自己的客户群，在乡村旅游规划中不能随便照抄照搬，一定要有地方特色，代表本地的特点。比如江西石城着力打造白莲之乡，在365天的乡村旅游中要时时处处体现白莲这个主题，种白莲、养白莲、采白莲、赏白莲、收白莲、储藏白莲、加工白莲、品尝白莲、参观白莲农俗演出等，一年到头每个时间段的乡村旅游都要凸显白莲的主题，可以加入其他农事活动，但是不能离开白莲的主线；又比如云南罗平的油菜花、安徽砀山的梨花等。每个地方的乡村旅游都要有自己的主题定位，才能够各具特色、各具风格，才不会有同质现象产生。

五、乡村旅游目的地的交通规划

便利的交通是乡村旅游设计规划的重要因素，景区内部的自由畅通是整体旅游产品的重要组成部分，畅通但是不能城市化，柏油马路和水泥马路在视觉方面会冲击乡村原有的特色，所以柏油马路和水泥马路不应进村庄，可以在距离目的地

1～2 km的地方规划一个停车场，所有的旅游大巴车和小车只能到达停车场，不能继续向前行，停车场与村庄之间的道路采用乡间道路，道路两边不栽植外来景观树，就栽植当地特色的树种，不能异化，交通方式可以采用步行或乘坐牛车、马车、驴车等乡村特殊交通方式，道路两旁可以设计游客休息的凉亭，但是应注意以下几点：第一，凉亭必须建在田园景观的最佳观测点上；第二，凉亭一定是就地取材，如茅草凉亭、树墩坐具等。乡村旅游景区内部的主干道宽度可以是三辆马车的宽度，次干道可以是两辆马车的宽度，辅道就利用原来的田间小路，道路的铺设要就地取材，多采用石条、石板、石子、木材、砂姜、野草等。

六、乡村旅游目的地的旅舍建设

住是整体旅游产品的另一个重要组成部分，乡村旅游中的住一定要有“农味”，绝不要星级酒店的客房式设计。旅舍的建设应和农家住宅结合，为游客提供乡野生活的住宿场所，和农家小院融为一体，便于庭院式旅游项目的开展、便于副业旅游项目的进行、便于游客了解当地的民风农俗。比如因地制宜、就地取材建设茅庵草舍，利用岩洞盖一间石板房，建一座小竹楼，修一座吊脚楼，造一间小木屋，砌一间石头屋，等等。旅舍的装饰方面也要突出乡村元素，如地方刺绣、土织花布、桐油灯、土陶茶壶、庚帖、红辣椒、斗笠、蓑衣、棕袜、剪纸窗棂等，但是无论怎么“土”和“俗”，一定做到卫生、整洁。

七、乡村旅游目的地的人文环境保护

很多乡村旅游目的地在开发之前民风淳朴，但发展旅游业以后，游客却体验不到当地农民的友好，感受到的是当地农民的抗拒，甚至刁难，为何农民变化这么大，原因就是开发经营模式有问题，一个山清水秀的地方，来了一个旅游开发公司，收了农民的田，占了农民的山，效益是旅游公司的，当地农民没有得到一点好处，反而正常的生活被游客所打扰，所以农民会反感旅游开发，对待游客不友善。而让农民以土地入股、山头入股、农舍入股等方式加入旅游公司的利益共同体之中，则能调动农民的积极性，让他们充分展示出友好、淳朴的一面，调动他们的主人翁意识，农村的传统文化与习俗只有依靠他们才能得到继承和发扬，这才是游客最想体验的。

八、乡村旅游目的地的旅游商品开发

购物不仅是乡村旅游目的地获取经济利益的一条途径，也能满足游客旅游消费的心理需求，更是开发体验性旅游产品的一个项目，旅游商品还是旅游目的地一种好的宣传方式，因此开发出好的旅游商品也是打造乡村旅游目的地的重要举措。旅游纪念品要具有地域性、民俗性和文化性。旅游纪念品主要包括：雕塑工艺品（如牙雕、木雕、石雕、核雕、发雕、米雕、竹雕、玉雕、煤精雕等）；漆器工艺品（通过制胎、脱胎、涂底漆、扫磨、抛光、装饰等工序制成的工艺品）；陶瓷工艺品（通过和泥、制胎、打磨、烧制、上釉等工序制成的工艺品)；编制工艺品(以草、麦秸、竹、柳、藤、玉米皮、棕、麻等为原料编制而成的工艺品)；金属工艺品(以金、银、铜、铁、锡等为原料经过特殊手段加工而成的工艺品)；花画工艺品(主要有绒花、绢花、纸花、塑料花、羽毛花、贝雕画、麦秸画、软木画、牛角画、棉花画、竹帘画、树皮画、彩蛋画、蝴蝶画等)；织绣工艺品(如刺绣、抽纱、织锦、绒绣、花边、挂毯、地毯、花毡等)；杂项工艺品(如手杖、工艺蜡烛、扇、伞、蜡染、面塑、泥塑、风筝、剪纸、水晶工艺品、玻璃工艺品、玉石等)；土特产(如茶叶、中药材、保健产品、食品等)；民俗工艺品(主要有民族服饰,如耳坠、耳环、项链、手镯、玉佩、乌毡帽等)；文化类商品(如文房四宝、文物古董、字画金石、光盘图像、书刊图片等)。无论开发哪一种旅游纪念品,都必须在取料、内容等方面和当地紧密联系,没有特色的旅游纪念品是没有生命力的。

第二节 基于模糊数学的乡村旅游目的地总体评价

在日常生活中,人们常常会碰到一些需要比较、判断的问题。例如,在北京、上海和云南三处选择一个旅游目的地,要考虑景点风景、居住条件、饮食风味、交通便利性与旅游费用；选择酒店时,要考虑酒店价格、顾客满意度、安全系数、服务质量和环境质量；在旅游方式的选择上,是选择团体旅游、自助旅游还是单项旅游产品,这都取决于游客的性格、爱好、经济能力、健康状况和游客对旅游目的地的了解程度等。处理这些问题的时候,人们要考虑的因素会涉及社会、经济、人文等许多方面,但共同的特点是它们都需要比较、判断、评价和决策,人的主观选择可能起相当重要的作用,若需要更为准确的决策,就需要借用数学方法,但影响判断的很多因素的影响力、重要性或优先程度很难量化,这就给解决问题带来了实际上的困难。

对方案、计划、成果的评价,人们往往是从多种因素考虑的,并且这些考虑也只能采用模糊语言描述,评价有模糊因素的系统或对象时很难给出精确的表达,这时就可以采用模糊评价法。

乡村旅游资源是指以农作物生长过程、乡村生产环境及农俗为内涵,以休闲旅游为基本形式,组织接待游客学习乡村科普知识、参观体验乡村生产过程,达到锻炼、放松身心、开阔视野的目的的旅游活动资源,是传统乡村与休闲旅游的结合体。江西是一个乡村旅游资源大省,乡村资源丰富并且品种多 、分布范围广、类型齐全、品位比较高,是全国重点乡村生产基地,这里有江西南昌县的江西国鸿现代农业生态科技园、江西龙虎山的九曲洲生态园、江西宜春的金泉农庄等,在此运用定量分析方法对这三个乡村旅游目的地进行品质综合评价。

评价指标说明如下。

I_1:交通便利程度评价指标。

I_2:环境和服务质量的评价指标。

I_3:乡村旅游资源的知名度评价指标。

W_1:交通便利程度评价指标的权重。

W_2:乡村旅游资源知名度的评价指标权重。

W_3:环境和服务质量的评价指标权重。

一、景点品质的综合评价模型和求解

对于交通便利程度(I_1)和环境和服务质量(I_2),这两个指标我们用模糊集{很好、好、较好、一般、较差}来表示;对于乡村旅游资源知名度(I_3)这个指标,我们采用访问量来表示。

1. 交通便利程度

以市区和目的地之间的距离为标准,用百度地图查询它们之间的距离。根据游客的旅游心理,肯定是花费在交通车上的时间越少越好。南昌的地理位置比较优越,江西国鸿现代农业生态科技园地处长江的中游,鄱阳湖的西南岸,贯通东西,承南启北。宜春地处在江西与湖南的交界地带,金泉农庄邻近铁路,交通非常的便利。而龙虎山位于江西南部与福建接壤的两省交界处,九曲洲生态园交通不是很畅通。

2. 环境和服务质量

游客满意度是最能体现乡村旅游景区服务质量的好坏,游客满意度主要表现在游客游览过程中享受到的无形旅游产品、有形旅游产品的使用价值,所得到的物质感受与心理评价,景区的软件和硬件等每个方面的质量最终都要通过游客满意度表现出来,所以本研究在景区发放了200份调查问卷,收回有效问卷197份,最终得出调查结论。

对于乡村旅游资源的知名度(I_3)这个指标,本研究用访问量(2013年7月份)来表示。具体情况见表10-1。

表10-1　江西国鸿现代农业生态科技园、金泉农庄和九曲洲生态园的情况一览表

乡村旅游目的地	交通便利程度	乡村旅游资源知名度	环境和服务质量
江西国鸿现代农业生态科技园	很好	300125	较好
金泉农庄	很好	372300	好
九曲洲生态园	一般	187504	较好

数据来源:江西省旅游局(现江西省文化和旅游厅)。

二、将数据进行归一化处理

这里将要用到隶属度和隶属函数模型,对象x具有某一种性质的程度差异性,可以用[0,1]闭区间的一个实数去度量,这个数就是所谓的隶属度,如果它依据变量

x的不同而发生改变，就成了隶属函数，隶属函数描述因子与对象之间的模糊关系，它可用模糊统计的方法进行确定，也可凭经验进行判断，隶属函数可以用来衡量在策略集合之中选定不相同的策略时，究竟能够在多大的程度上达到了目标，利用它就可以选定最佳方案，隶属函数$\mu(x)$必须要满足$0\leqslant\mu(x)\leqslant 1$。

由于交通便利程度(I_1)以及环境和服务质量(I_2)这两个指标采用模糊集{很好、好、较好、一般、较差}表示，那么它对应的隶属度就分别为(1.0000、0.9162、0.8、0.5245、0.01)。

对于乡村旅游资源的知名度(I_3)这个指标用极差标准化公式，将数据进行处理，极差标准化公式为$I_{ij}=\dfrac{x_{ij}-\min(x_j)}{\max(x_j)-\min(x_j)}$(假设有$i$个评价对象，$j$个评价指标，每个指标的原始数据为$x_{ij}$)，如南昌江西国鸿现代农业生态科技园的农业旅游知名度$=\dfrac{300125-187504}{372300-187504}=\dfrac{112621}{184796}\approx 0.6094$。

那么经过数据化处理后的结果如表10-2所示。

表10-2　江西国鸿现代农业生态科技园、金泉农庄和九曲洲生态园的数值一览表

景点名称	交通便利程度	乡村旅游资源知名度	环境和服务质量
江西国鸿现代农业生态科技园	1.0000	0.6094	0.8
金泉农庄	1.0000	1.0000	0.9162
九曲洲生态园	0.5245	0.0000	0.8

从表10-2可以看出，各因素对乡村旅游景点的评判，考虑了所有的因素，把每个单因素的评判模糊子集作为一行，可以得出(因素)模糊的评判矩阵$\boldsymbol{R}$：

$$\boldsymbol{R}=\begin{bmatrix}1.0000 & 0.6094 & 0.8\\1.0000 & 1.0000 & 0.9162\\0.5245 & 0.0000 & 0.8\end{bmatrix}$$

三、确定权重系数

在应用数学上，为了显示一些量数在总量中所占有的重要程度，分别给定不同比例系数，也就是加权，加权的指派系数也就是权数，又被称为权重或权值，权重系数表示某一项指标在整体指标项系统中所占的重要程度，它表示假如其他指标项数据不变的情况下，这一指标项数据的变化，对整体结果的影响，权重系数的大小和它的重要程度有关，权重系数大小，表明了各个要素指标的重要程度。对于不同的地区、不同的旅游景点，每个指标项的权重是不同的。常用的权重系数确定方法有单位加权法、主观经验法、加权平均法、德尔菲法、等量加权法、多元回归法和矩阵运算法。

本研究用到的方法是加权平均法，加权平均法就是指将根据各子要素的分数在整体中所占的比率作为这个子要素的重要程度的方法，假如有n个子要素，其测评数据就分别为$x_1, x_2, \cdots, x_n$，那么每个子要素的权重系数计算公式为

$$w_i = \frac{x_i}{\sum x_i} \quad \left(\sum_{i=1}^{n} w_i = 1\right)$$

式中：w_i——第i个要素的权数；

x_i——第i个要素测评的原始数据；

$\sum x_i$——所有要素测评的原始数据的和。

以下为各个指标的权重：

$$w_{\text{国鸿}} = \frac{1.0000 + 0.6094 + 0.8}{(1.0000 + 0.6094 + 0.8) + (1.0000 + 1.0000 + 0.9162) + (0.5245 + 0.0000 + 0.8)} \approx 0.3623$$

$$w_{\text{金泉}} = \frac{1 + 1 + 0.9162}{(1 + 0.6094 + 0.8) + (1 + 1 + 0.9162) + (0.5245 + 0 + 0.8)} \approx 0.4385$$

$$w_{\text{九曲洲}} = \frac{0.5245 + 0 + 0.8}{(1 + 0.6094 + 0.8) + (1 + 1 + 0.9162) + (0.5245 + 0 + 0.8)} \approx 0.1992$$

从而得出：

$$w = (w_{\text{国鸿}}, w_{\text{金泉}}, w_{\text{九曲洲}}) = (0.3623, 0.4385, 0.1992)$$

四、计算综合评价的总分值（P）

$$\begin{aligned} P &= \sum_i r_{ij} w_i \\ &= \begin{bmatrix} 1.0000 & 0.6094 & 0.8 \\ 1.0000 & 1.0000 & 0.9162 \\ 0.5245 & 0.0000 & 0.8 \end{bmatrix} (0.3623, 0.4385, 0.1992) \\ &= (1\times 0.3623 + 0.6094\times 0.4385 + 0.8\times 0.1992, \\ &\quad 1\times 0.3623 + 1\times 0.4385 + 0.9162\times 0.1992, \\ &\quad 0.5245\times 0.3623 + 0 + 0.8\times 0.1992) \\ &\approx (0.7889, 0.9833, 0.3494) \end{aligned}$$

这组数据就是江西三个乡村旅游目的地的最终综合评价指标：

$$P = [0.7889, 0.9833, 0.3494]$$

五、结论及建模对于旅游实际工作的指导意义

柚江西国鸿现代农业生态科技园、金泉农庄、九曲洲生态园三个旅游景点的数

据采集及其处理都达到了模型构建的要求,本研究构建了整体性的科学模型。评价模型中的观测变量和潜变量之间的关系,以及评价模型中各个潜变量间的相互关系都通过了检验,达到了合理的要求,表明构建的综合评价模型具有较强解释能力。

通过综合评价模型分析可以知道:金泉农庄在江西的乡村旅游市场中处于领导地位,江西乡村旅游管理部门在全省乡村旅游的总体布局工作中,要合理地进行调控,全盘进行考虑,充分发挥金泉农庄的表率引领作用,同时要兼顾江西国鸿现代农业生态科技园和九曲洲生态园在乡村旅游方面的后发优势,力争达到区域间的和谐发展。

参考文献

[1] 邹冬生,廖桂平. 农业生态学[M]. 长沙:湖南教育出版社,2002.
[2] 王树进. 观光农业园规划与经营[M]. 北京:中国社会出版社, 2008.
[3] 李仲广. 旅游经济学模型与方法[M]. 北京:中国旅游出版社, 2006.
[4] 骆高远. 观光农业与乡村旅游[M]. 杭州:浙江大学出版社,2009.
[5] 陈学珍,赵波,谢皓. 观光农作物[M]. 北京:气象出版社,2010.
[6] 唐德荣. 乡村旅游行为研究——基于重庆市城市游客的实证分析[M]. 北京:中国农业出版社, 2011.
[7] 蒋和平,何忠伟. 生态旅游农业开发模式的研究——珠海生态农业科技园区开发实证分析[J]. 古今农业,2004(3).
[8] 谢雨萍,任冠文. 生态农业旅游内涵及相关概念辨析[J]. 旅游论坛,2009(3).
[9] 范水生,朱朝枝. 休闲农业的概念与内涵原探[J]. 东南学术,2011(2).
[10] 耿红莉. 休闲农业体验活动设计与开发——农业资源的创意应用[J]. 农产品加工(创新版),2010(1).
[11] 钟平. 休闲农业体系构建与实证研究[D]. 沈阳:沈阳农业大学,2012.
[12] 赵航. 休闲农业发展的理论与实践[D]. 福州:福建师范大学,2012.
[13] 王慧,张岩,谢倩. 农业旅游发展的实证分析与产业升级策略——以辽宁省沈阳市为例[J]. 改革与战略,2012(11).
[14] 王小嘉,张兆,王征兵. 试论乡村旅游与农业旅游[J]. 经济问题探索,2007(2).
[15] 林秀治. 农业生态旅游资源评价指标体系构建研究[D]. 福州:福建农林大学,2011.
[16] 魏敏,冯永军,李芬,等. 农业生态旅游可持续发展评价指标体系研究[J]. 山东农业大学学报(社会科学版),2004(1).
[17] 喻红林,路娜,邓楚雄. 基于AHP的新疆博湖县农业生态旅游资源评价研究[J]. 内蒙古农业科技,2012(1).
[18] 张攀攀. 福建省生态农业旅游资源评价及开发研究[D]. 福州:福建农林大学,2011.
[19] 王锋. 环太湖生态农业旅游圈综合评价与可持续发展研究[D]. 南京:南京

农业大学,2010.
[20] 孙影,王帅.农业生态旅游开发模式的研究——以湖北省恩施州枫香坡侗族风情寨为例[J].商业文化(下半月),2011(11).
[21] 陈佳平.河南省乡村生态旅游开发问题研究——基于中原经济区的视角[J].河南社会科学,2012(10).
[22] 义旭东,陈国先.探索大城市近郊农业生态旅游开发的新模式——以成都市温江区为[J].地方文化研究辑刊,2011.
[23] 付娟.中牟发展休闲农业旅游研究[J].云南社会主义学院学报,2013(2).
[24] 杨美霞.景观农业旅游资源的碳汇价值及开发路径研究——以泰州兴化千岛菜花景观区为例[J].资源开发与市场,2013(9).
[25] 张瑜,雷丽.基于内容分析法的农业旅游概念界定[J].西南师范大学学报(自然科学版),2013(6).
[26] 王中雨.旅游伦理视域下我国生态农业旅游研究[J].农业经济,2013(5).
[27] 王洁佳,陈巍.国外农业旅游及发展实例分析[J].世界农业,2013(5).
[28] 廖慧怡.基于《里山倡议》的乡村旅游发展途径初探——以台湾桃园地区对乡村旅游转型的需求为例[J].旅游学刊,2014(6).
[29] 丰向红.竞争与(不)平等:湖南凤凰苗寨游家庭餐馆的个案研究[J].旅游学刊,2016(3).
[30] 王汝辉,吴涛,樊巧.基于扎根理论的三圣花乡旅游景区原住民生存感知研究[J].旅游学刊,2014(7).
[31] 席建超,张楠.乡村旅游聚落农户生计模式演化研究——野三坡旅游区苟各庄村案例实证[J].旅游学刊,2016(7).
[32] 李玉新,靳乐山.基于游客行为的乡村地区游憩价值研究——以北京市延庆县为例[J].旅游学刊,2016(7).
[33] 崔勇前.城乡融合战略视野下乡村养生度假型旅游的发展取向与实现路径[J].农业经济,2018(5).
[34] 何仁伟.城乡融合与乡村振兴:理论探讨、机理阐释与实现路径[J].地理研究,2018(11).
[35] 陆林,任以胜,朱道才,等.乡村旅游引导乡村振兴的研究框架与展望[J].地理研究,2019(1).
[36] 李翠.城乡融合视野下乡村旅游的发展路径[J].黑河学院学报,2020(11).
[37] 邱浩,王义德.城乡融合发展视域下乡村振兴的实现路径——以巢湖市三瓜公社为例[J].佳木斯大学社会科学学报,2020(6).
[38] 钱贵霞,谷红阳.中国乡村振兴研究现状与趋势展望[J].农业经济与管理,

2020(5).
[39] 梁辉. 城乡融合发展背景下乡村旅游可持续发展路径研究[J]. 农村经济与科技,2020(19).
[40] 徐立敏,谭诚. 城乡融合背景下我国乡村旅游产业园区开发研究[J]. 农业经济, 2021(5).
[41] 姚晓燕. 城乡融合背景下乡村旅游发展思考——以江苏泰州为例[J]. 对外经贸,2021(11).
[42] Zhang W, Richetts T H, Kremen C, et al. Ecosystem services and dis-services to agriculture[J]. Ecological Economics,2007(2).
[43] Mäler K G, Aniyar S, Jansson Å. Accounting for ecosystem services as a way to understand the requirements for sustainable development[J]. Proceedings of the National Academy of Sciences, 2008(28).
[44] Fuller D O. Forest fragmentation in Loudoun county, Virginia, USA evaluated with multi-temporal Land sat imagery[J]. Landscape Ecology, 2001, 16.
[45] Croissant C. Landscape patterns and parcel boundaries: an analysis of composition and configuration of land use and land cover in south-central Indiana [J]. Agriculture Ecosystems and Environment,2004(2-3).
[46] Chen G J, Liu Q. Evaluation of sustainable land management and diagnosis of obstacle at county scale in Sichuan basin: taking Lezhi county as example [J]. Wuhan University Journal of Natural Sciences,2006(4).
[47] Brown D G, Duh J D, Drzyzga S A. Estimating error in an analysis of forest fragmentation change using North American landscape characterization (NALC) data[J]. Remote Sensing of Environment, 2000(1).
[48] Ares J, Bertiller M, Del Valle H. Functional and structural landscape indicators of intensification, resilience and resistance in agroecosystems in southern Argentina based on remotely sensed data[J]. Landscape Ecology, 2001(3).
[49] Sew J W. David gauntlett, creative explorations: new approaches to identities and audiences[J]. Pragmatics & Cognition,2010 (1).
[50] Blapp M. CreatIve tourism in Balinese rural communities[J]. Current Issues in Tourism, 2018(12).